커리어 수업

커리어 업그레이드 전략

CAREER LESSON
커리어 수업

카렌 O. 다우드 · 셰리 공 다구치 지음 | 최종옥 옮김

 시아

■ 이 책에 보내는 찬사들

이 책은 수많은 직장인들이 항상 고민하는 '다음에는 어떤 직업을 선택할까?'라는 질문에 해답을 제시해 준다. 독자들은 카렌(Karen)과 셰리(Sherrie)의 인생 교훈을 통해, 과거의 삶이 미래의 성공에 어떤 영향을 미치는지 알게 될 것이며, 새로운 직업이 삶의 다음 장을 어떻게 형성해 가는지 이해하게 될 것이다.

—다이앤 맥개리(Diane McGarry), 제록스(Xerox) 사 마케팅 본부장

카렌과 셰리는 이 책을 통해 커리어를 쌓아가는 전 과정을 상세하게 밝혀 주고 있다. 이러한 종류의 책들이 대부분 다음에는 어떤 직업을 갖는 것이 좋은가에 대해서만 이야기하는 데 반하여, 이 책은 각자의 과거와 현재의 경험을 바탕으로 자신만의 고유한 삶을 살아가는 방법을 제시해 주고 있다. 또한 저자들은 예리한 통찰력으로 삶이 자기 자신 및 자신이 원하는 것에만 국한되지 않고 주변에 있는

소중한 사람들, 즉 배우자나 가족, 친구 등과도 깊이 연관되어 있음을 밝히고 있다.

—스투 하아스(Stu Haas),
아마존 닷컴(Amazon.com) 관리부장, 스탠퍼드 대학 MBA 출신

대부분의 사람들은 커리어를 관리하기 위해 미리 계획적으로 행동하지 못하고 기회가 주어졌을 때에야 비로소 반응하는 경향을 보이고 있다. 이러한 측면에서 볼 때, 이 책은 매우 실용적인 조언들과 실제 상황의 생생한 이야기들로 가득 차 있어서 커리어 관리에 대해 미리 생각하고 집중하고 행동할 수 있도록 해준다. 이 책을 읽는 것은 우리 각자에게 큰 투자를 하는 것과 같다.

—사이먼 서튼(Simon Sutton),
메트로-골드윈-메이어(Metro-Goldwyn-Mayer) 사 국제TV국 부국장

이 책에는 커리어를 관리하는 데 필요한 모든 것이 다 들어 있다. 이 책을 통하여 당신의 삶에서 가장 의미 있는 것이 무엇인지를 발견하게 될 것이다.

—리비 사튼(Libby Sartain), 야후(Yahoo!) 인력관리부 수석부장

카렌과 셰리는 직장을 구하는 수많은 사람들에게 도움이 될 수 있는 매우 실용적인 방법을 제공해 주고 있다. 대부분의 책들이 커리어 관리가 대단히 중요하다는 사실만 언급하고 있는 데 반해, 카렌과 셰리는 커리어 관리의 중요성뿐만 아니라, 실제 사례들을 통해 어떻게 커리어 관리를 해나갈 것인지에 대해서도 상세하게 설명해 주고 있다.

—다니엘 내기(Daniel Nagy), 듀크 대학 경영대학원 학장

이 책은 커리어의 변화를 시도하고자 하는 사람이라면 반드시 읽어야 할 책이다. 당신은 이 책에서 제시하고 있는 각종 사례와 연습 문제들을 통하여 당장 활용 가능한 전략과 아이디어를 얻을 수 있을 것이며, 커리어 관리에 어려움을 겪고 있는 다른 사람들도 큰 도움을 얻을 수 있을 것이다.

—야나 리치(Jana Rich),
러셀 레이놀즈 협회(Russell Reynolds Associates) 관리이사

수많은 커리어 관련 책이 있지만 그중에서도 카렌과 셰리가 함께 저술한 이 책은 단연 돋보인다. 수년간 학생들이나 직장인들을 상대로 커리어 관리 상담을 해왔던 그들의 경험에서 우러나온 조언들은, 현재 자신의 인생에 있어서 의미 있고 역동적인 커리어를 추구하는 많은 사람들에게 분명한 도움을 줄 것으로 확신한다.

—진 M. 브룸(Jean M. Broom),
이토추 인터내셔널(ITOCHU International Inc.) 수석 부사장

현재는 우리 모두에게 매우 도전적인 시기이다. 이 책은 이러한 도전의 시기에 살고 있는 우리들이 어떻게 해야 성공적으로 인생을 항해해 나갈 수 있으며, 주변에 일고 있는 풍랑을 잠재울 수 있는지 알려 주고 있다.

—록산 호리(Roxanne Hori),
켈로그(Kellogg) 경영대학 부학장 겸 커리어 관리교수

카렌과 셰리는 이 책에서 일생에 걸친 커리어 관리에 관한 내용을 깊이 있게 다루고 있다. 이 책을 읽으면 마치 두 사람의 커리어 코치

가 당신을 안내해 주는 것 같은 느낌이 들 것이다. 즉, 한 명은 당신이 인생에 있어서 무엇을 생각해야 하는지를 코치해 주며, 다른 한 명은 당신이 원하는 커리어를 어떻게 획득하고 유지하며 변화시켜 나가야 하는지를 코치해 준다. 놀라운 형식이며 내용이다.

—크리스 브리스토(Chris Bristow),
런던 경영대학원 커리어 관리 센터 이사

만일 당신이 현재 다음 단계의 커리어를 준비하고 있다면, 당신은 오늘날 서점에 나와 있는 책들 중에서 가장 중요한 책을 선택한 것이다. 이 책은 각 장마다 당신의 커리어를 관리하고 향상시키는 데 필요한 지식들을 폭넓고 깊이 있게 다루고 있으며 실용적인 내용들로 가득하다.

—게리 알퍼트(Gary Alpert), 웨트피트(Wetfeet) 사 CEO

■감사의 글

이 책이 나오기까지는 수많은 사람들의 땀과 수고가 있었다. 따라서 우리는 그들 한 사람 한 사람의 수고에 대해 감사의 말을 전하지 않을 수 없다. 특별히 우리의 글이 책으로 출판되도록 조언과 지도를 아끼지 않은 맥그로-힐(McGraw-Hill) 출판사 편집부의 낸시 핸콕(Nancy Hancock)에게 감사하며, 편집장님과 여러 편집위원들에게도 감사를 드린다. 또한 우리가 공동저술을 하는 데 매번 중요한 역할을 담당하며 우리에게 힘과 도움을 주었던 멕 레더(Meg Leder) 씨에게도 감사의 마음을 전하고 싶다. 이 밖에 우리가 이 책을 저술하는 데 있어서 전문가적 의견을 제시해 주고 이 책의 교정에도 수고를 아끼지 않았던 다이애나 페니카스(Diana Penikas)와 앨리스 매닝(Alice Manning)에게 감사를 전한다.

한편, 책의 내용이 더욱 알차고 풍부해질 수 있도록 도움을 주기도 하고 같이 작업에 참여하기도 했던 여러 기업체의 임원들과 관리자들, 해당 기업의 고객들과 학생들에게도 감사드리지 않을 수 없다. 그리고 우리에게 여러 가지 사례들을 제공했던 사람들과 특별히 이 책에 자신의 실제 사례를 실을 수 있도록 허락해 준 사람들에게 진심으로 감사의 말씀을 전한다.

이 책이 나오기까지 우리에게 도움을 주었던 기업들이나 기관들은 다음과 같다. 앨러미다(Alameda) 지역사회 서비스 협회, 아마존 닷컴, AOL, 앤더슨 컨설팅(Andersen Consulting), 오토데스크(Autodesk), 뱅크 오브 아메리카(Bank of America), 버거킹(Burger King), 카네이션(Carnation), 케이스 웨스턴(Case Western), 챈(Chan) CPA & Co., 코카콜라(Coca Cola), 컬럼비아 대학교 비즈니스 스쿨, 버지니아 대학교 다든(Darden) 경영대학원, 데이턴 허드슨(Dayton Hudson) 사, 딜로이트(Deloitte) 컨설팅, 돌 포장식품(Dole Packaged Foods) 사, 도트 미디어 스튜디오(Dot Media Studios), 듀크 대학교, 푸쿠아(Fuqua) 비즈니스 스쿨, EDS, 엠파워(Empower) 그룹, 제너럴 일렉트릭(General Electric), 필드 글래스(Field Glass), Greer & Co., LLC, 하버드 대학교, 아이디어 워크스(Idea Works), 인텔(Intel), 국제 MBA 협회, 이토추 인터내셔널, 제임스 매디슨(James Madison) 대학교, 짐 콜린스(Jim C. Collins) 사, KPCB 벤처 캐피탈, 런던 비즈니스 스쿨, LVMH(Louis Vuitton Moet Hennessey), 마케토크러시와 마스터스(Marketocracy and the Masters) 100 뮤추얼 펀드, 맥그로-힐, 맥킨지(McKinsey) 사, MGM/UA, 국제산

학(産學) 협회, 뉴욕 시 상공회의소, 네슬레(Nestle)의 NBA 아시아, 넥스트파트(NextPart), 노스 스타(North Star), 노스웨스턴 대학교, 켈로그 경영대학원, 오르가닉(Organic) 사, 러셀 레이놀즈 여론조사, 세인트 마리아(Saint Mary's) 대학, SMU, 서비다인(Servidyne) 시스템스, 인력관리 협회, 식스콘티넨트(SixContinents) 호텔/남아메리카, 스탠퍼드 대학교 경영대학원, 스타우드 호텔 앤 리조트(Starwood Hotels and Resorts), 스타우파처(Stauffacher) 생명공학, 테라피 링크(Therapy Links), 썬더버드(Thunderbird), 캘리포니아 대학교, 시카고 대학교 경영대학원, 덴버 대학교, 일리노이 대학교, 네브래스카 대학교, 펜실베이니아 대학교 와튼(Wharton) 스쿨, 버지니아 귀금속 세공협회, 웨트피트, 제록스, 야후!

특별히 우리에게 창의력과 전문적인 지식을 제공해 주었던 오픈 웨이브 시스템(Openwave Systems) 사의 키스 윌슨(Keith Wilson)에게 감사드리며, 2천 명의 스탠퍼드 MBA 과정 학생들을 조사하는 과정에서 헌신적인 도움을 아끼지 않았던 아그네스 레(Agnes Le)에게도 감사드린다. 또 면접 인터뷰에서 자주 나오는 질문들의 사례를 모아주었던 존 브리스코(Jon Briscoe)와 팀 홀(Tim Hall)에게도 감사드리며, 그들을 도와주었던 데이브 라자스(Dave Lazas)에게도 감사드린다. 한편, 우리가 전 세계를 돌아다니며 준비했던 원고를 한데 모아 정리해 주었던 보니 고벨(Bonnie Goebel)에게도 감사를 표하지 않을 수 없다. 그 외에 전문 분야인 의사결정 과정, 예산 수립 과정, 재정 계획 수립 과정에서 전문가적인 의견을 보내주었던 존 셀로나(John Celona), 다이애나 챈(Diana Chan), 켄 캄(Ken Kam)에게도 깊은 감사를 드린다.

이 밖에 우리가 생각하는 바를 구체화시키는 데 도움과 지원을 아끼지 않은 수많은 동료들이 있다. 하지만 그들 한 사람 한 사람의 이름을 밝히는 것은 지면상 도저히 불가능할 것 같다. 그럼에도 위대한 리더나 관리자들의 자격 요건에 대한 좋은 사례를 제공해 준 마이클 스펜스(Michael Spence)와 자신의 학생들에게 우리의 목적을 이해시키고 우리에게 적극 협조하도록 도움을 주었던 짐 콜린스(Jim Collins)의 이름을 이 자리에서 밝히지 않을 수 없을 것 같다. 그들에게 진심으로 감사의 마음을 전한다. 마지막으로 이러한 주제에 대해 막연한 생각만 가지고 있던 우리에게 책을 쓸 수 있도록 우리의 생각을 구체화시키는 데 도움을 주었던 딕 볼스(Dick Bolles)와 하워드 피글러(Howard Figler)에게도 감사를 드린다.

목차

"

CAREER
LESSON

제1부

과거의 삶에서 배워라

인생 전반에 걸쳐 지속적으로 커리어를 쌓아가기 위해서는
자신의 지나온 삶을 되돌아보고 학습하는 과정이 반드시 필요하다.
과거를 돌이켜봄으로써 현재 자신에게 필요한 것이 무엇이며,
미래를 어떻게 살아가야 할지 깨달을 수 있기 때문이다.
또한, 과거를 돌이켜보면 현재 자신이 잘해 나가고 있는지,
앞으로 어떻게 해야 더 잘할 수 있는지를 알 수 있다.
이 책의 1부에서는 성공적인 커리어를 쌓는 첫 단계로
자신의 과거를 돌이켜볼 것을 강조한다.
지금부터 독자 여러분들은 자신의 경험이나 경력을 통해
무엇을 배울 수 있는지 살펴보아야 한다.
자신의 과거를 살펴보고 이를 통하여 현재를 개선하며
미래를 형성해 나가는 것이 생각만큼 쉬운 일은 아니다.
그러나 '원칙 1'에서 제시하는 자기 평가를 직접 작성해 보고
'원칙 2'에서 여러 경험 등을 학습한다면,
자신의 인생을 어떤 방향으로 개척해 나갈 것이며
이를 위해 어떤 커리어를 쌓아야 할지
좀더 쉽게 결정할 수 있을 것이다.

너 자신을 알라

모든 심각한 위기는 자기 자신으로부터 시작된다.

—유도라 웰티(Eudora Welty)

/ 자신에게 적합한 커리어를 분명하게 알라 /

당신은 지금 앞으로 무슨 일을 해야 할지 고민하고 있지는 않은가? 성공적인 인생을 위해선 어떤 커리어를 쌓아야 할지 궁금해하고 있지는 않은가? 지금까지는 그런대로 만족스럽게 살아왔지만, 앞으로 어떤 방향으로 삶을 이끌어 가는 것이 좋을지 걱정하고 있지는 않은가? 만일 본인의 의사와 상관없이 주변 여건이 변한다면, 당신은 이러한 변화에 스스로 맞추어 나갈 수 있는가? 각자가 처해 있는 형편이나 여건 변화에 상관없이, 자신이 원하는 인생을 살아가고 또 이에 필요한 커리어를 쌓기 위해서는 먼저 자아 성찰과 같은 근본적인 자기 진단 과정이 필요하다.

이 세상에 똑같은 사람은 단 한 사람도 없기 때문에 커리어를 쌓고 인생을 살아가는 방식이 동일한 사람은 단 한 사람도 없다. 당신은 유일한 존재다. 당신은 당신만의 가치 체계와 목표, 관심 분야, 기술, 능력을 가지고 있으며, 개인적인 여건 또한 당신 주변에 있는 친구나 동료들과 분명하게 다르다. 다른 사람이 당신에게 무엇을 해야 할지 간단히 말해 줄 수 있다면 얼마나 좋겠는가? 그러나 스스로의 힘으로 자신의 진로나 필요한 커리어가 무엇인지 찾아내는 것이 훨씬 더 만족스러운 결과를 가져올 수 있을 것이다. 물론 이러한 일을 하는 데 타인의 도움이 필요하기는 하다. 하지만 그 시작은 자기 자신에 대한 스스로의 평가로부터 출발하여야만 한다.

따라서 이 책을 통하여 자기 평가라는 것이 무엇이며, 왜 중요한지 그리고 평가 과정을 통해 각자가 풀어야 할 숙제에는 어떠한 것들이 있는지 밝히고자 한다. 또한 이 책에서 당신은 자기 평가를 통해 삶을 성공적으로 이끌어 간 사람들의 실제 사례도 접하게 될 것이다. 그 외에 여러분들 스스로가 자기 자신의 가치나 기호, 관심 분야, 특기나 재능 등이 무엇인지 좀더 쉽게 알 수 있도록 여러 가지 평가 문제들을 준비했다. 이 문제들을 직접 풀어보는 과정을 통해 자신에 대해 좀더 정확하게 알게 될 것이며, 각자가 앞으로의 커리어와 인생의 방향을 결정하는 데 있어서 어떠한 요소들을 중요하게 생각해야 하는지도 명확히 알게 될 것이다.

/ 당신의 인생과 커리어에서 다음 단계는 무엇인가? /

오늘날 거의 모든 사람들이 스스로에게 다음과 같이 묻고 있다.

"내 인생과 커리어에서 다음 단계는 무엇인가?"

이렇게 묻는 데는 여러 가지 이유가 있다. 경기의 급격한 변동, 전쟁 발생, 2001년 9월 11일 발생한 미국 무역센터 테러의 후유증, 세계적 대기업들의 추락, 닷컴 열풍과 갑작스러운 거품 해소 등이 사람들을 불안하게 만들고 있으며, 이에 따라 사람들은 자신의 미래에 대해 심각하게 생각하지 않을 수 없게 되었다. 또한 테크놀로지의 발달로 인해 사회가 요구하는 개개인의 능력에 대한 기대치가 급상승하고 있으며, 주식 시장이 급등락하면서 불안한 장세를 연출하고 있는 상황 등으로 인해 사람들은 편안한 마음으로 자신의 미래를 맞이하지 못하고 있다.

이러한 때 앞으로의 커리어를 결정하는 가장 좋은 방법은 자신에게 숨겨져 있는 성취 동기와 재능, 자원, 도전, 기회가 어떤 것들인지 충분히 생각한 후 결정하는 것이다. 극히 드문 경우이긴 하지만 충동적으로 자신의 진로를 선택하여 성공한 사례도 있기는 하다. 하지만 대부분의 사람들의 경우, 다음과 같은 사항들을 충분히 검토한 후에 자신의 진로를 결정하는 것이 바람직하다.

- 당신은 왜 변화를 생각하고 있는가?
- 변화를 통해 당신이 달성하고자 하는 목표는 무엇인가?
- 당신이 변화를 시도할 경우 이로 인해 가장 큰 영향을 받는 사람은 누구인가?
- 변화 과정에 내재된 위험과 주어질 보상은 어떤 것들이 있는

가?

- 선택 가능한 대안들 중 가장 적합한 안을 선택하기 위한 평가 방식은 무엇인가?
- 변화의 과정에서 필요한 자원(시간, 돈, 격려, 후원 등)은 무엇이라고 생각하는가?

이러한 사항들이 앞으로의 인생이나 커리어의 방향을 설정하는 데 있어서 사전에 조사되어야만 할 사항들이다.

/ 자기 평가란? /

자기 평가란 자신(또는 자신과 관련된 중요한 사람)의 현재 상황과 앞으로 기대하는 상황, 동기와 목적, 기회나 도전, 장애가 될 요인과 이용 가능한 자원 등에 대하여 평가를 내리는 일련의 과정을 말한다. 자기 평가 과정을 거치게 되면 자신의 장단점과 현재 자신이 필요로 하는 것 또는 선호하는 것이 무엇이며, 자신이 중요하게 생각하는 가치와 목표는 무엇인지 정확하게 파악할 수 있다. 또한 자신이 가지고 있는 재능과 기술, 특기 등에 대해서도 명확하게 알게 된다. 이렇게 파악된 사항을 바탕으로 미래의 진로나 커리어를 설정하게 되면 자신에게 가장 적합한 것을 선택하게 될 가능성이 매우 높아진다. 따라서 자기 평가야말로 개인적 변화를 시작하는 대단히 중요한 첫 단추라고 할 수 있다. 아래의 사항들 중 자신에게 해당하는 것이 있는가?

- 이제 막 대학을 졸업하여 '이 길이 옳은 길인지'를 확신하지 못하고 있는가?
- 자신의 현재 직업에 만족하고 있으며 그 조직에서 성장하기를 원하고 있는가?
- 경제가 어려워지면 현재의 직장을 유지하기가 어렵다고 생각하는가?
- 자녀를 출산할 경우, 현재 다니고 있는 직장에서 그러한 상황 변화에 적절히 대응할 수 있는가?
- 최근에 배우자와 사별 혹은 이혼하여 인생을 새롭게 시작할 필요를 느끼고 있는가?
- 사회적으로 어느 정도 성공하기는 하였으나 몸과 마음이 모두 지친 상태라, 이제는 좀 쉬면서 개인적으로 만족스러운 의미 있는 인생을 살고 싶다는 생각을 가지고 있는가?
- 현재 다니고 있는 직장을 그만두고 새로운 직업을 갖거나 은퇴를 생각하고 있는가?
- 지금까지는 별 탈 없이 지내왔지만, 미래를 위해 현재의 직장을 계속 다닐 것인지 아니면 새로운 분야로 진출할 것인지 고민하고 있는가?
- 이제 막 결혼하여 배우자와 함께 새 인생을 어떻게 설계할지 고민하고 있는가?
- 건강상의 이유로 직업을 바꾸지 않으면 안 될 상황에 처해 있

는가?

- 연로하신 부모님을 보살피기 위해 일을 하면서도 개인적으로 좀더 많은 시간을 낼 수 있는 방법을 찾고 있는가?
- 비록 현재 성공하기는 하였지만, 지금 하고 있는 일이 진정으로 자신이 원했던 일인지 고민하고 있는가?
- 아직도 자신의 꿈이 무엇인지를 찾고 있는 중인가?

/ 자기 평가의 의의 /

개인적으로 커리어 변화를 추구하는 이유가 무엇이든 간에, 당신이 밟아야 할 과정이나 스스로에게 질문해야 할 내용은 다른 사람들과 유사하다. 먼저 커리어 변화에 대한 계획을 세워 이를 진행하기 전에, 자신의 현재 상황과 소망하는 것들의 목록을 작성하라. 이는 다음과 같은 측면에서 당신에게 도움을 준다.

- 현재 자신에게 가장 심각한 문제가 무엇이며, 소중한 것이 무엇인지 분명하게 알 수 있다. 따라서 자신이 진정으로 원하는 방향으로의 변화가 가능하다.
- 과거의 경험과 현재 처해 있는 상황에 대한 이해를 통해 자아를 확연히 느끼게 되며, 변화를 통해 자신이 달성하고자 하는 것이 무엇인지 분명해진다.
- 자신의 핵심 역량(core strength)을 발견하게 된다. 이 핵심 역량

이야말로 앞으로 속하게 될 기업이나 조직의 발전을 위해 당신이 제공해야 할 가치들이다.

- 자신에게 더 이상 도움이 되지 않는 낡은 습관이나 원칙들을 버리고, 자신이 원하는 목표에 부합하는 새로운 원칙이나 행동 습관을 채택하게 한다.
- 자기 평가를 하지 않았다면 발견할 수 없었거나 생각조차 해보지 못했을 새로운 선택이 가능해진다.
- 새로운 목표를 설정하고 이를 달성하기 위한 가장 적절한 방안을 강구하게 된다.
- 당신이 원하는 바를 당신 주변의 소중한 사람들(배우자, 파트너, 친구, 가족들)과 긍정적이며 건설적으로 대화할 수 있게 된다.
- 주변 사람들로부터 피드백을 받을 수 있으며, 이러한 피드백은 더욱 분명한 미래의 계획을 세우는 데 큰 도움이 된다.
- 성급하게 행동하는 것을 막아주며 좀더 신중하게 생각하도록 만든다.
- 미래에 또 다른 변화가 필요하다고 생각될 때 사용할 수 있는 체계적인 과정이 마련된다.

/ 자신의 꿈을 분명히 하라 /

당신이 삶에서 성취하고자 하는 것은 무엇인가? 이것이 너무나 막연하다면 질문을 바꾸어, 앞으로 5년 이내에 이루고자 하는 것은 무엇이며, 10년 이내에 이루고자 하는 것은 무엇인지 스스로에게 물어보라. 이에 대한 답을 찾는 가장 좋은 방법은 자신의 현재 상황과 바라는 바를 형식에 구애받지 말고 생각나는 대로 종이 위에 적어보는 것이다. 자신의 생각을 종이 위에 기록할 때 비로소 그러한 생각들이 현실에 구체적으로 떠오르기 시작한다. 더더욱 중요한 것은 기록하는 과정만으로도 그러한 문제들을 진지하게 생각해 볼 수 있는 기회가 주어진다는 사실이다. 또한 종이에 자신의 생각을 기록하다 보면, 좀더 깊이 생각해 봐야 할 것들을 자연스럽게 식별할 수 있다. 한편, 자신에게 동기를 부여하는 요소로는 어떤 것들이 있는지, 그리고 목표를 이루기 위해서는 어떤 행동 양식이 필요한지도 좀더 명확해진다.

자신의 꿈이 무엇인지를 찾아내는 과정에서 자신의 생각을 주변의 파트너나 동료들에게 이야기해 보는 것도 매우 좋은 방법이다. 또한 자신에게 도움이 될 만한 장소를 방문하거나, 자신의 꿈을 달성하기 위해 반드시 들어가야 할 직장이 있다면 용기를 내어 원서를 제출해 보는 것도 좋다.

당신 자신이 1인 사업체인 〈YOU, Inc.〉의 사장이며 당신의 사업을 하고 있다고 생각하라. 일반적으로 사업을 시작하려면 먼저 시장 조사를 거친 후, 사업 계획서를 작성하고 투자자를 모집한다. 그리고 자신의 사업에 적합한 전략과 전술을 구상하는 단계를 밟는다. 자기 평가란 이처럼 사업을 시작하기 전에 시장 조사를 하듯이 자신에 대해 낱낱이 조사하는 과정을 말한다. 이렇게 자기 평가를 통한 시장 조사가 끝나면, 사업 계획서를 작성하듯 인생의 목표와 계획을 세우고, 투자자를 모집하듯 자신의 능력을 필요로 하는 직장에 지원하여 기회에 도전해 나가야 한다.

이 장에 마련되어 있는 자기 평가와 관련된 평가 문제들은 흥미와 함께 자신을 되돌아볼 수 있는 좋은 계기를 마련해 줄 것이다. 또 당신의 미래에 있어서 무엇이 가장 좋은 것인지를 확인할 수 있는 기회도 제공해 줄 것이다.

/ 개인적 변화를 이루라 /

우리는 변화의 시대에 살고 있다. 사람들은 앞으로 자신들의 인생이나 직업에 있어서 많은 변화가 있을 것임을 느낀다. 이것은 우리가 좋든 싫든 각자의 삶에서 변화의 주체가 되지 않으면 안 된다는 것을 의미한다. 변화에 효율적으로 대처하기 위해서는 다음과 같은 사항들에 대한 이해가 필수적이다.

- 자신의 정확한 현재 모습
- 자신이 원하는 상황
- 자신을 변화로 내몰고 있는 요인들
- 원하는 변화를 이루는 데 있어서 장애 요인들
- 변화를 이루기 위해 갖추고 있어야 할 자원들
- 자신이 만들어 가는 변화가 주변의 소중한 사람들에게 미칠 영향

- 변화를 이루기 위한 최선의 방법

'원칙 3'에서는 좀더 쉽게 변화를 이루어 내는 전략에 대해 설명하고 있으며, 변화가 진행되는 과정에서 잘못된 의사결정으로 위험에 처할 경우 이에 대처해 나가는 방법에 대해서도 자세하게 언급하고 있다.

인생에서 좋은 결과를 얻기 위해서는 자기 평가에도 많은 시간과 노력이 필요하다. 하지만 그 결과를 보면 충분히 시간과 노력을 투자할 만한 가치가 있음을 알 수 있을 것이다. 다음의 더그(Doug)와 브리지트 플레처(Brigitte Fletcher)의 사례를 보면 자기 평가가 인생에 있어서 얼마나 중요한지 다시 한 번 확인할 수 있을 것이다. 더그와 브리지트 플레처는 현재 30대 부부로서, 결혼 후 생활 터전을 이스트 코스트(East Coast)에서 몬태나(Montana)로 옮겨 새로운 인생을 개척해 나가고 있다.

장기 계획을 세우고 새로운 인생을 준비하다
— 더그(Doug)와 브리지트 플레처(Brigitte Fletcher) 부부

"누가 이 말을 했는지 기억나지는 않지만, 이 말은 내 인생의 좌우명이 되었다. '모든 것을 다 가질 수는 없다. 원하는 것을 얻기 위해서는 다른 것을 포기할 줄 알아야 한다.' 따라서 자신에게 소중한 것을 선택하고, 선택하지 않은 것에 대한 미련을 버려야 한다."

더그 플레처는 아내 브리지트와 함께 14년 전에 내렸던 새로운 인생의 선택에 대해 회상하면서 이와 같이 말했다. 20대 후반에 더그는 널리 알려진 컨설팅 회사에서 컨설턴트로 근무하고 있었으며, 브리지트는 디자인 관련 직종에 종사하고 있었다. 하지만 결혼을 하고 나자 그들은 돈만 버는 것이 아닌, 지금까지와는 다른 삶을 살고 싶어졌다.

대학에서 공학을 전공했던 더그는 제너럴 일렉트릭에서 엔지니어로 직장 생활을 시작했다. 그 후 버지니아 대학교의 다든 비즈니스 스쿨(Darden Graduate School of Business)에서 MBA를 취득하여 EDS

컨설팅 회사에서 컨설턴트로 근무하고 있었다. 더그는 이때의 심정을 다음과 같이 말하고 있다.

"브리지트와 나는 돈의 의미와 돈을 버는 목적에 대해 많이 생각했다. 그리고 진실로 자신이 즐길 수 있는 일을 직업으로 가져야 한다고 결론 내렸다. 그래야만 아침에 기쁜 마음으로 일어날 수 있으며 살아가는 것 자체가 기쁨이기 때문이다. 물론 풍족한 부를 획득하는 것도 대단히 중요하다. 그러나 그것이 인생에서 다른 것들을 희생한 대가로 얻어져서는 곤란하다. 브리지트와 나는 사회적으로 성공한 비즈니스맨으로 기억되기를 원하는 한편, 부모님께 효도하고 지역 사회에 봉사하면서 이웃의 좋은 친구로 남기를 원했다. 우리 부부는 또한 가치 있는 인생을 창조하고 싶었다. 이러한 균형적인 삶을 살 때 비로소 우리의 존재 가치가 입증될 수 있다고 생각했다."

이것은 그들에게 너무도 분명한 목표였다. 그리하여 이 젊은 부부는 자신들이 다니고 있던 직장에 과감하게 사표를 던지고는 새롭게 인생을 시작하기로 결심했다. 하지만 그들의 이러한 결정은 결코 충동적인 것이 아니었다.

"브리지트와 나는 우리의 인생에 대해 끊임없이 의논하며 계획을 세웠다. 우리가 앞으로 해야 할 사업, 가족 문제, 주택 문제, 은퇴 후의 생활 등 모든 것에 대해서 상의했다."

그들은 신혼 초에 두 차례의 긴 여행을 했다. 이 여행에서 그들은 자신들이 방문했던 지역의 특색을 조사했다. 그들은 한 작은 대학이 있는 시골 마을을 방문하여 자신들의 수첩에 '살 만한 곳'이라고 적고는 그 마을의 특색과 그들이 조사한 내용을 기재해 놓기도 했다. 그들은 사전에 자신들이 이사하여 살아갈 곳에 대한 기준을 미리 세워 놓았다. 그 기준에 의하면 인구, 대외 활동 가능성, 경제 상황, 문화적 특색, 공항의 소재 등등이 상세하게 설정되어 있었다. 이렇게 그들은 수십 군데의 지역을 여행한 끝에 마침내 몬태나를 자신들이 설정한 기준에 가장 부합하는 곳으로 결정했다.

이렇게 자신들이 이주할 장소를 물색하는 동안, 더그와 브리지트는 가능한 한 많은 돈을 모으기 위하여 매우 검소한 생활을 꾸려나갔다. 그래야만 새로이 이주하는 곳에 보다 쉽게 정착하여 자신들이 원하는 삶을 조금이라도 빨리 이룰 수 있을 것이기 때문이었다. 그들은 자신들이 이주할 곳인 몬태나에 대해 많은 의견을 나누었으며, 그곳에서 어떤 직업을 가질 것인지에 대해서도 토론했다.

"나는 자신의 꿈이나 계획, 목표, 진행 방법 등을 종이 위에 직접 기록하는 것이 좋은 방법이라고 생각한다. 그러한 것들을 종이에 적어나가다 보면 생각들이 좀더 현실적으로 바뀌게 된다. 10년 이상, 나는 내 목표와 달성하고 싶은 것들을 종이 위에 적어나가는 과정을 계속했다. 이러한 과정을 통해서 무엇이 중요하며 어떻게 해야 그 목표들을 이룰 수 있는지에 대한 방법을 생각해 내게 되었다. 그리고 매년 새해 첫 날, 노트를 펼치고는 지난해를 되돌아보았다. 과연 의도한 목표를 향하여 한 해 동안 얼마나 전진해 나갔는가? 만약 그러지 못했다면, 왜 그렇게 되었는가? 내가 생각했던 중요도의 우선순위가 혹시 바뀐 것은 아닌지도 점검해 보았다. 이 노트는 단순히 일만을 기록해 놓은 것은 아니다. 이 노트에는 가족의 문제, 개인적인 문제, 재정적인 문제, 사회 활동 상황, 내 인생에 있어서 정신적인 부분까지 총망라되어 있었다. 이러한 자기 평가 과정이 오늘날 우리의 성공을 가져온 도구가 되지 않았나 생각한다."

이들 부부가 행했던 이러한 단계적 행동들, 즉 계획, 여행, 조사, 저축, 지속적인 자기 평가의 과정은 그들이 이주할 장소로 몬태나를 결정할 수 있도록 도와주었으며, 또한 그곳에서 사업을 시작할 수 있는 정보를 제공해 주고 재정적인 여건을 마련할 수 있도록 해주었던 것이다.

더그와 브리지트는 현재 몬태나에서 두 개의 사업체를 성공적으로 운영하고 있다. 더그는 현재 균형 잡힌 삶을 살고 있다. 한 달에 100시간 정도 컨설팅 업무를 수행하며, 나머지 시간은 아이들과 보내거나 낚시를 즐기기도 하고 자신의 사업을 한 단계 발전시켜 나갈 새로운 방법을 모색하기도 한다. 그리고 브리지트는 두 아이가 초등학교에 들어갈 때까지 집에서 아이들을 돌보며 아이들과 함께 지내고 있다.

당신은 그들이 몬태나로 이주하였기 때문에 이러한 결과를 얻을 수 있었다고 생각하는가? 물론 당신은 그들이 어떠한 과정을 겪었는지 정확히 알 수 없을 것이다. 어쩌면 당신은 그들이 가족과 멀리 떨어져 몬태나에서 사는 것 자체가 고통이며 희생이라고 생각할지도 모른다. 그러나 분명한 것은 플레처 부부가 현재 자신들의 삶에 대단히 만족해하고 있으며, 그러한 삶에 도달하기 전까지의 과정에서 어떤 불평도 하지 않았다는 것이다. 더그는 이에 대해 다음과 같이 말한다.

"우리가 겪는 모든 일들은 우리가 세웠던 장기 계획을 향한 하나의 단계였다. 따라서 짧은 기간 동안의 고통이나 희생은 실제로 고통이나 희생이 될 수 없다. 그것은 우리가 선택한 것들이다. 처음에 대부분의 사람들이 우리가 직업을 버리고 몬태나로 이주하려 하자 무모한 짓이라며 반대했다. 그러나 우리는 그들과 같은 시각으로 인생을 보지 않았다. 우리는 오히려 목표를 향해 전진해 나가지 않는 것이 더 위험하다고 생각했다. 생각해 보라. 어느 날 잠에서 깨어났을 때, 자신이 원하는 위치에 있지 않다는 사실을 깨닫게 된다면 얼마나 절망스럽겠는가? 나는 비록 실패로 끝나더라도 꿈을 추구해 나가는 것이 그러한 노력조차 기울이지 않는 것보다는 백배 낫다고 생각한다."

앞에서도 언급했듯이, 이제 변화는 피할 수 없는 일이다. 따라서 자신에게 닥친 변화가 비록 계획되지 않고, 예기치 않은 것이라 할지라도 긍정적인 결과를 얻을 수 있도록 노력해 나가야 한다. 가장 좋은 방법은 변화가 다가오기 전에 스스로 먼저 변화를 시도하는 것이다. 더그와 브리지트의 사례에서 보았듯이, 자발적으로 의미 있고 즐거운 인생을 추구해 나가는 것이 가장 바람직하다. 이를 위해서는 자신의 목표를 확인하고, 변화의 물결에 능동적으로 대처해 나가면서 자신의 인생을 원하는 방향으로 이끌어 나갈 수 있도록 계획을 세워 나가야 한다.

변하지 않는 삶이란 존재할 수 없다. 심지어는 오랫동안 세워왔던 계획조차 한순간에 변하기도 한다. 사랑하는 사람을 예기치 않게 잃을 수도 있으며, 배우자와 이혼할 수도 있다. 어느 날 갑자기 직장에서 해고당할 수도 있으며, 사업에서 실패할 수도 있다. 이러한 것들을 경험해 본 사람은 자신의 계획이 틀어지기 시작했을 때 다가오는 고통이 어떤 것인지 잘 알고 있다. 이러한 것들을 피할 수 있는 유일한 방법은 미리 계획을 세우고, 그 계획이 진행되는 동안 생길 수도 있는 돌발 상황에 대비하여 신속하게 이를 극복해 낼 수 있도록 만반의 준비를 갖추는 것이다.

/ 자기 평가 연습 문제 /

효율적인 의사결정을 위해서는 현재 자신의 커리어나 여건을 정확하게 평가하는 것이 반드시 필요하다. 어쩌면 현재 당신은 다음에 어떤 직업을 택해야 할지 고민 중일 수 있다. 아니면 지금의 직장에서 승진을 위해 어떤 커리어를 갖추어야 할지 생각 중일 수도 있다. 혹은 이제 현역에서 은퇴를 할 것인지, 아니면 다시 새로운 것을 시작해 볼 것인지 결정하지 못하고 있을 수도 있다.

이러한 모든 일에 있어서 문제 해결의 출발점은 자신의 현재 상황을 정확하게 평가하고, 자신이 원하는 것이 무엇인지를 명확히 밝히는 것이다. 다음의 자기 평가 연습 문제들은 자신의 현재 상황과 앞으로 원하는 것들이 무엇인지 파악하는 데 도움이 되는 것들이다.

이 책은 각 장이 하나의 원칙으로 구성되어 있는데, 각 원칙들마다 직접 풀어볼 수 있도록 자기 평가 연습 문제를 제공하고 있다. 우리는 이러한 연습 문제를 MBA 과정에 있는 사람들이나, 대학 혹은 대학원 재학생들, 직장의 간부들이나 기업체 고객들을 대상으로 여러 차례 테스트를 해보았다. 이 장에 있는 연습 문제는 세 그룹으로 분류할 수 있다. 과거로부터 학습하는 과정, 현재 무엇이 가장 중요한지를 확인하는 과정, 그리고 미래를 계획하는 과정이 그것이다(그림 1-1 참조). 각각을 순서에 상관없이 풀어도 좋지만, 그 내용만은 자신의 입장에서 사실적으로 답해야 한다.

한편, 지금 당신이 결정하고자 하는 일이 당신에게 소중한 사람들에게 큰 영향을 미치게 되는 경우, 그 당사자들도 당신과 동일하게 연습 문제를 풀도록 하여 그 답을 서로 비교하면서 토론하는 것이 좋다. 그러한 방식을 거치면 당신 및 당신이 소중하게 생각하는 사람들 모두에게 이익이 되는 방향으로 결정을 내릴 수 있기 때문이다.

물론 여기에 나오는 자기 평가 문제에 대해 모두 답할 필요는 없다. 우리가 여기에 다양한 유형의 자기 평가 문제를 나열해 놓은 이유는 이러한 문제들을 접하면서 필요할 때마다 시간을 내어 자신을 돌아볼 수 있는 계기를 마련해 주기 위함이다.

그림 1-1. 자기 평가 구조도

/ 지나온 삶을 돌아보라 /

변화의 시기에는 현재 자신이 무엇에 의해 동기 부여되는지, 그리고 욕구는 무엇인지를 정확히 이해하고 있어야 한다. 그리고 이러한 것들이 자신의 과거와 어떤 관계가 있는지 반드시 확인해야 한다. 과거 자신이 성취했던 일, 잘못된 결정으로 인해 실패로 끝났던 일 등 자신의 경험을 분석하다 보면 그 안에 숨겨진 일정한 패턴이나 경향을 발견할 수 있다. 바로 이것이야말로 지금 당신이 선택하려고 하거나 결정하려고 하는 일의 방향을 좌우하는 근간이다.

과거 경험 분석하기

1. 당신이 지금까지 해왔던 모든 일, 즉 직업과 자원 봉사 활동, 리더십을 발휘했던 경력, 중요한 인생 경험 등을 전부 나열하라. 나열한 것들을 현재에서 과거의 역순으로 배열하라. 그러면 그 마지막 부분은 당신이 기억할 수 있는 최초의 직업이나 일이 될 것이다. 그것은 초등학교 시절 레모네이드를 판매하던 일일 수도 있고, 고등학교 때 유아를 돌보던 일일 수도 있을 것이다.

2. 각 직업이나 활동에 대해 다음 사항들을 써라.
    a. 날짜
    b. 조직의 형태
    c. 그 직업을 갖게 된 방법
    d. 그 직업을 선택하게 된 이유
    e. 그 직업을 선택하는 데 영향을 준 사람의 이름
    f. 그 직업이 속한 산업, 주 기능, 직장의 위치
    g. 그 직장에서 하는 주 업무와 책임
    h. 초봉과 최종 임금, 상여금과 수당 등 급여 조건

i. 퇴직 사유

j. 그 직장이나 역할에 대한 기타의 의견

3. 당신의 경험으로부터 향후 직장이나 인생의 방향에 영향을 줄 것으로 생각되는 행동 패턴을 찾아내라. 다음의 질문들이 당신의 행동 패턴을 찾는 데 도움을 줄 것이다.

    a. • 최근에 겪은 삶이나 커리어의 변화는 무엇이며, 이러한 변화를 유발시킨 동기는 무엇이었나?(돈, 직장에 대한 불만, 새로운 기회, 나이 등)

        • 당신은 어떠한 방법에 의해 그와 같은 변화를 결심하게 되었는가?(타인의 도움으로, 충동적으로 또는 충분히 조사를 마친 후)

        • 그와 같은 커리어나 인생의 변화와 마주쳤을 때 당신이 활용한 정보나 자원은 무엇인가?(친구, 신문, 전문 상담 기관, 인터넷 또는 기타 정보 등)

        • 각각의 경우에 당신은 그 결과에 대해 얼마나 만족하고 있는가? 그리고 그 이유는?

    b. • 당신의 인생에 있어서 가장 중요한 사람을 2~3명 꼽으라면 누구를 꼽겠는가?

        • 당신에게 긍정적 또는 부정적으로 영향을 미쳐온 사람은 누구인가?

        • 당신에게 멘토 혹은 역할 모델이 있는가? 있다면 구체적으로 누구인가?

        • 지금까지 당신이 살아오면서 인생의 중요한 결정을 내릴 때 결정적 영향을 미친 사람은 누구인가?

    c. • 당신이 가지고 있는 장점을 2~3개 정도 꼽는다면 무엇이라고 생각하는가?(낙천성, 추진력, 성실성 등)

        • 당신의 친구나 동료들이 생각하거나 기대하는 당신의 장점은 무엇인가?

    d. 당신이 가장 내세울 만한 특기나 재능은 무엇이라고 생각하는가?(사교성, 세일즈, 컴퓨터 조작 능력, 신규 사업 기획 및 추진 등)

    e. • 수년 동안 당신의 직장 생활에서 도움이 되어왔던 핵심적 행동 양식(직

업 윤리 등)과 태도(타인을 돕는 것 등)를 2~3개 꼽는다면?

- 반대로 당신의 직장 생활에서 당신에게 부정적 영향을 미쳤던 행동 양식 (감정 통제 부족 등) 또는 태도(거만함 등)를 2~3개 꼽는다면?

f. 당신이 타인에게 기여를 했거나 지대한 영향을 미쳤던 적이 있다면 어떤 경우인가? 지금과 그때 간에는 어떤 차이점이 있는가?

g. • 당신에게 매우 어려웠던 상황이 있었다면 어떤 상황이었나?

- 당신은 그 상황에서 어떻게 대처하였는가?
- 당신은 그 상황을 겪으며 무엇을 배웠나?
- 그 경험을 바탕으로 자신을 변화시키려고 시도한 적이 있는가?

h. 당신에게 풍족한 자원은 무엇이며, 부족한 자원은 무엇인가?

i. 당신이 가장 중요하게 생각하고 있는 가치는 무엇인가?(부, 지혜, 세계 평화, 성취감, 자유, 행복, 열정 등)

j. • 당신이 목표로 했던 바를 가장 만족스럽게 성취한 경험은 어떤 것이 있는가?

- 그렇게 된 이유는 무엇이라고 생각하는가?

k. 지금까지 당신을 이끌어 왔던 동기는 무엇인가?(돈, 특권, 기술 습득 등)

l. 당신이 지금까지 성취하여 만족을 느꼈던 일을 3~5개 정도 나열해 보라.(중요한 일이건 사소한 일이건 상관이 없으며, 개인적인 일도 좋고 직업과 관련된 일도 좋다. 예를 들면, 자신의 분야에서 최고가 된 것이라든지, 개인적인 문제를 극복한 경험일 수도 있고, 가족 구성원과의 관계를 회복한 일도 해당될 것이다. 또한, 재정적 위기에 빠진 회사의 위기를 극적으로 타개한 일도 해당될 수 있을 것이며, 어린 시절에 힘들었던 일을 극복해 낸 일이라든지, 마라톤에서 완주했던 일 등 어떤 것이라도 좋다.)

m. • 지금까지 당신이 인생을 살아오거나 직업적 커리어를 쌓아가면서 배운 것은 무엇인가?

- 앞으로 자신의 미래를 개척해 나가는 데 있어서 참고할 만한 교훈이 있다면 무엇이라고 생각하는가?(예를 들어 과로하지 않겠다든지, 타인으

로부터 진실된 피드백을 받도록 노력하겠다든지, 혹은 일을 좀더 계획적으로 하겠다는 것 등)

n. 당신이 향후에 지금과는 다르게 행동할 것이 있다면 그것은 무엇인가?(쏟아진 물에 대해 후회하면서 지나치게 많은 시간을 보낼 필요는 없다. 앞으로 변화를 시도하는 부분에서 그와 같은 경험을 바탕으로 동일한 실수나 잘못을 행하지 않는 것으로 충분하다.)

o. • 지금까지 당신이 커리어를 쌓아오면서 직면했던, 특별하거나 문제시되었던 이슈는 무엇인가?(인종 차별, 외국인 차별, 성 차별, 종교, 경제적 배경, 언어, 학력, 육체적 한계 등)

 • 이러한 문제들이 어떻게 당신의 발전을 가로막았으며, 당신의 목표 달성이나 진로에 방해가 되었는가? 또는 역으로 이러한 문제들이 당신에게 강점으로 작용하여 당신이 직장이나 인생에서 성공하는 데 도움을 주었다면 그 이유는 무엇인가?

p. 당신이 직업을 선택하거나 인생의 방향을 결정하는 데 영향을 주었던 개인적 문제 또는 가족과 관련된 문제가 있는가?

q. • 지금까지 당신의 인생에 영향을 끼쳤던 그러한 일들에 당신은 어떻게 대처하였는가?(예를 들면 사랑하는 사람과의 이별, 건강을 잃게 된 일, 노부모를 모시는 일, 배우자의 질환 등)

 • 이러한 일들이 당신의 직업 선택이나 성공에 얼마나 영향을 미쳤는가?

당신의 이상적인 자아

이제 당신의 마음속에는 당신이 어떤 존재이며 소중하게 생각하는 것은 무엇인지, 또한 어떤 직업이 당신에게 가장 적합한지에 대한 이해가 자리 잡게 되었을 것이다. 당신의 마음속에 자리 잡은 그 모습이 바로 당신의 이상적인 자아의 모습이다.

때때로 당신은 직장 생활이나 일상생활에서 자신의 진정한 자아를 잃어버리는 경우도 있을 것이다. 매우 위태로운 상황에 처해 있을 경우, 당신은 전략적이고도 체계적인 방법으로 자신의 커리어를 관리해 나가지 못할 수도 있다. 이때는 과감하게 일상의 잡다한 일을 중단하고, 자신이 과거에 일상생활이나 직장에서 가장 훌륭한 결과를 이루었던 경험을 떠올려 보라. 자신의 가장 화려했던 순간들을 생각하게 되면, 자신의 이상적인 자아를 구성하고 있는 요소들이 무엇인지를 알 수 있게 된다. 때로는 다음과 같은 연습 문제를 통한 분석적인 방법보다 본능적 직관에 의지하여 자신의 과거 경력이나 삶을 되돌아보는 것이 이상적인 자아의 모습을 찾는 데 도움이 되기도 한다.

과거의 경험에 대해 생각할 때는 자신의 '가장 화려했던 시절'을 생각하라. 그러면 그때 당시 다음과 같은 사항들을 느꼈음을 알 수 있을 것이다.

- 일이 매끄럽게 진행되었다. 당신은 이때 자신이 일을 통제하는 위치에 있었음을 느꼈다.

- 여러 사람들과 능동적으로 관계를 형성하며 당신이 일을 주도해 나갔음을 느낄 수 있었다. 또한 당신이 주변에 있는 사람들에게 영향력을 행사했음도 느꼈다.
- 당신은 그때의 상황을 즐기고 있었다.
- 당신은 자신의 재능이 가치를 발하고 다른 사람들에게 긍정적으로 평가받고 있음을 알 수 있었다.
- 당신이 하는 일들이 너무도 자연스럽게 이루어지고 있어서 그 일들을 완성하는 데 별다른 고통이나 부담감을 전혀 느끼지 않았다.

당신의 '이상적인 자아'를 발견하기 위해 다음의 질문들이 도움이 될 것이다.

1. 당신이 즐겨 사용하는 기술은 무엇인가? (다른 사람을 설득하는 능력, 타인에게 영향을 미치는 능력, 사람들로 하여금 주어진 상황을 다른 각도에서 볼 수 있도록 돕는 능력 등)
2. 당신이 그와 같은 기술을 썼을 때 어떤 결과를 얻었나? (누군가에게 물건을 팔 수 있었다. 정책이 변경되었다. 당신의 충고를 받아들여 친구가 변화를 시도했다 등)
3. 이때 당신이 보여준 성향은 어떤 것인가? (열정적인 모습, 낙천적인 모습, 사교적인 모습 등)
4. 이때 당신이 그러한 행동을 하게 된 동기는 무엇이었는가? (타인에게 인정받고자 하는 욕구, 자율성, 새로운 것에 대한 창조 욕구 등)
5. 당신의 가장 화려한 성공은 무엇에 근거하고 있는가?

- 핵심 기술(core skills)
- 주요 동기(primary motivation)
- 선천적으로 타고난 능력(natural abilities)
- 이상적인 직업 환경이나 삶의 여건에 대한 욕구

성취 부분 되돌아보기

자신의 과거 경험에 대해 생각할 때는, 가능한 한 실수에 대해서는 생각하지 말고(당신도 인간이며, 모든 사람이 실수를 한다!), 오히려 자신이 성취했거나 성공했던 일들에 대해 집중적으로 생각하는 것이 좋다. 자신의 삶에서 긍정적인 일들을 돌이켜봄에 따라, 미래에 집중적으로 활용해야 할 당신의 자질이 어떤 것인지를 명확히 알게 된다. 당신이 성취했거나 성공적으로 마무리했던 일은 어떤 일이었나? 이러한 일들이 반드시 직업과 관련된 것일 필요는 없으며, 당신에게는 중요한 일이지만 다른 사람에게는 그렇지 않은 일이어도 상관없다. 하지만 다음의 4가지 조건은 충족시켜야 한다.

- 당신은 그 일의 성과와 일을 이루어 가는 과정 모두를 즐겼다.
- 당신은 그 일을 잘 수행했다.
- 그 일에 대해 당신이 직접적인 책임을 지고 있었다.
- 당신은 그 일에 대해 자부심을 가지고 있었다.

과거의 삶에서 배워라

당신의 성취에 대한 이해를 돕기 위하여, 개인적으로 또는 직업적으로 성공한 일들을 3~5개 정도 리스트로 작성하라. (대학에 합격한 일, 친구의 개인적 문제를 해결해 준 일, 사업을 시작한 일 등; 앞의 자기 평가 문제에서 작성했던 답을 또 써도 좋다.) 그러고 나서 다음의 질문에 답해 보라.

- 당신이 성과를 얻기 위해 사용했던 핵심 기술이나 역량은 무엇이었나?
- 이 성취로 인하여 당신이 가장 즐길 수 있었던 것은 무엇이었나?
- 이 일을 성취하게 한 요소는 무엇인가? (기술, 인간성, 추진력, 가치 체계, 관심 등)

핵심 역량과 개발 가능 역량 확인하기

변화의 시기에는 자신의 숙련된 역량과 자신이 즐겨 사용하는 역량이 무엇인지를 생각해야 한다. 삶이 진행되어 가는 동안, 당신은 자신이 가지고 있는 역량들이 다음과 같은 몇 개의 카테고리로 나누어질 수 있음을 알게 될 것이다(그림 1-2 참조).

그림 1-2. 나의 핵심 역량과 개발 가능 역량

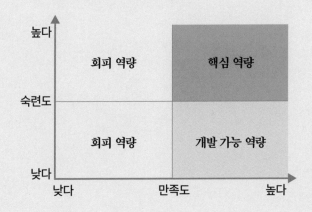

- 당신이 가장 자신 있으며 즐겨 사용하는 역량(핵심 역량)
- 당신이 잘 하기는 하지만 솔직하게 말하자면 별로 사용하고 싶지 않은 역량(회피 역량)
- 현재는 잘 하지 못하지만 개선하고 싶은 역량(개발 가능 역량)
- 현재도 잘 못하지만 앞으로도 잘 할 것 같지 않고, 또 역량을 강화하고 싶은 마음도 들지 않는 역량(회피 역량)

당신의 역량에 대한 생각을 돕기 위해, 다음의 질문에 답해 보라. 앞에서 나온 여러 연습 문제들에 대한 답을 참조하여 작성해도 무방하다.

- 당신의 핵심 역량─현재 처해 있는 상황에서나 또는 앞으로 발휘하고 싶은 역량은 무엇인가?
- 당신의 개발 가능 역량─현재 또는 미래에 배우고 발전시키고 싶은 역량은 무엇인가?
- 당신의 회피 역량─당신이 미래에 결코 사용하고 싶지 않은 역량은 무엇인가?

자신의 핵심 능력 파악하기

과거 수십 년 동안, 기업들은 '능력 개발 모델'이라는 이름으로 조직원 개개인의 능력을 향상시키고자 노력해 왔으며, 오늘날까지도 조직원들의 우수한 재능을 발견하고 이를 개발하고자 '능력 개발 모델'을 활용하고 있다.

능력 개발 모델이란 한 조직 내에 있는 다양한 직종과 업무 수준에서 발휘될 수 있는 최고의 수행 능력이 어떤 것인가를 연구하는 모델이다. 조직 내에서 최고의 수행 능력을 발휘하게 해주는 공통된 패턴과 주제를 개발하여 반복 실험하고, 그 과정을 통하여 최고의 수행 능력을 발휘하는 특성이 어떤 것인지를 가려내는 것이다. 이와 같은 능력 개발 모델을 통하여 얻은, 몇몇 조직에서 최고 수행 능력자들이 공통적으로 가지고 있는 핵심 능력이라고 생각하는 것들이 아래에 예시되어 있다. 빈 칸은 당신의 직업과 관련하여 당신이 채울 수 있도록 남겨둔 공간이다.

핵심 능력의 예

지적 호기심   낙천적인 성격

확실치 않은 상황을 다룰 수 있는 능력	감정조절 능력
강한 고객 중심 마인드	경쟁 의식
변화 추진력	비즈니스 통찰력
사람과 상황에 대한 판단력	관리 능력
독립적 사고 능력	조직에 대한 이해력
전략적 사고방식	능동적 청취자
개념적 사고	_____

다음 질문에 답해 보라. 그러면 당신이 가지고 있는 핵심 능력이 무엇인지를 아는 데 도움이 될 것이다. 자신의 핵심 능력을 파악하여 그 능력을 미래에 강점으로 활용할 수 있도록 하라.

1. 직장에서 당신의 핵심 능력이 발휘된 일 다섯 가지를 나열해 보라.
2. 그 다섯 가지 일에 대해 각각 다음 항목에 따라서 자세한 상황을 기술해 보라.
   - 그 일의 주 과업은 무엇이었나?
   - 해당 일과 관련된 핵심 인물은 누구였는가? 또 어떤 이슈와 관련이 있었는가?
   - 그 일에서 당신의 역할은 무엇이었나?
   - 당신은 무슨 일을 했으며, 그 일을 한 이유는?
   - 당신을 이끌었던 동기는 무엇이었는가? (해당 일과 관련된 용어를 써서 좀더 자세히 설명해 보라.)
   - 당신은 그 상황을 어떻게 평가했으며, 그 상황에서 필요로 한 것은 무엇이었나? 그리고 당신은 어떤 방법으로 결정을 내렸는가?
   - 그러한 경험의 과정과 그 경험 직후에 당신은 무슨 생각을 했는가?

- 문제가 있었다면 어떤 것이었는가?
- 또한 당신은 그 문제를 해결하는 데 어떤 방식으로 기여하였는가?
- 그때 당신이 사용한 역량은 무엇인가?
- 그러한 문제가 발생했을 때, 그 일에 같이 참여한 다른 사람들에게 당신은 어떤 반응을 보여 주었는가?

3. • 이러한 상황에서 당신이 행했던 일을 제3자의 입장에서 한번 생각해 보라. 예를 들어, 고용주의 입장이나 팀 동료의 입장에서 생각해 보라.
- 그들은 당신이나 당신의 강점에 대해 어떻게 평가하겠는가? 그들이 당신의 강점으로 꼽는 것은 무엇인가?
- 당신이 선정한 5가지 경험담에서 가장 많이 언급된 특성은 무엇인가?

4. 예시한 사례에서 당신이 일을 이루어 나가는 데 가장 많이 기여했던 자질은 무엇인가?

5. • 당신의 핵심 능력을 무엇이라고 생각하는가?
- 어떤 개인적 또는 직업적 상황에서도 자연스럽게 나타나는 당신의 자질은 무엇인가?

과거의 삶에서 배워라

당신을 보는 타인의 관점—360도 피드백

최근 기업체에서는 직원들의 개인적 강점이나 개선 가능한 잠재적 분야를 개발해 주기 위해 '360도 피드백'이라는 방법을 쓰고 있다. 이는 해당 직원의 상사와 주변의 동료들이 그 직원을 객관적으로 평가하는 방법이다. 이렇게 평가된 자료는 공식적으로는 문서로 제출되지만 비공식적으로는 이메일로 보고하기도 한다.

다음의 항목들은 기업체의 360도 피드백에서 하는 질문들의 예이다. 조사 결과는 취합되고 분석되어, 해당 직원에게 개인별로 통보된다. 이와 같은 조사를 통해 직원들은 각자가 자신이 어떤 분야에서 재능을 발휘하고 있으며, 어떤 분야를 개선해 나갈 수 있는지 알 수 있다. 기업들은 이러한 방법으로 잠재력이 있는 직원을 식별하고, 직원들의 해당 잠재 분야를 발전시켜 나갈 수 있는 프로그램에 활용하고 있다. 기업체뿐만 아니라 개인들도 이러한 방법을 잘만 활용한다면, 자신에게 적합한 능력을 개발하고 증진시키기 위한 계획을 스스로 세워 나가는 데 큰 도움이 될 것이다.

360도 피드백 질문 사항의 예

- 이 직원의 핵심 강점은 무엇입니까?
- 이 직원은 스트레스나 어려움을 당할 경우 어떤 반응을 보이는 경향이 있습니까?
- 이 직원은 그룹이나 팀에서 효율적으로 일하고 있습니까?
- 이 직원은 문제가 있을 때 필요한 정보를 어떻게 수집합니까?

- 개인의 발전을 위한 차원에서 앞으로 이 직원이 참여해야 할 세미나나 필요한 교육이 있다면 제안해 주시기 바랍니다.

타인이 보는 자신의 모습 파악하기

다른 사람들이 당신을 어떻게 생각하고 있는지 알기 위해, 백지 위에 다음을 적어보라.

- 현재 또는 이전에 함께 근무했던 동료, 급우, 팀원의 이름
- 현재 또는 이전의 당신에 관한 보고서 내용
- 현재 또는 이전 상사의 이름

1. 각 사람의 이름을 적었으면, 그 이름 밑에 다음과 같은 질문에 대한 답을 써라.
   "이 사람은 나에 관하여 무엇이라고 언급하였는가?"
   각 사람에 대해 그 사람이 당신에 대해 평가했던 내용을 3~5개 정도 적어보라. 필요하다면 언급된 내용을 긍정적 부분과 개선이 필요한 부분으로 분류하여 써라.
2. 각기 열거된 사람들이 미래의 고용주에게 당신을 평가해야 하는 입장에 있다면 어떻게 말할 것 같은가?

이 사람들은 당신의 가장 큰 장점을 무엇이라고 말할 것 같은가?

또한 당신의 약점이나 한계에 대해 뭐라고 말할 것 같은가?

3. 지금까지 적은 내용들을 분석하여 보라.

어떤 경향이 발견되는가?

다른 사람들의 관점에서 바라본 당신의 강점은 무엇인가?

또 당신의 약점이나 한계는 무엇인가?

당신이 취업 현장의 협상 테이블에 자신 있게 가지고 나올 수 있는 강점은 무엇인가?

또 가까운 시일 내로 당신이 개발할 수 있는 영역은 어떤 것이 있는가?

4. 당신의 강점과 약점이 현재 당신이 직면하고 있는 현실이나 직장에 어떠한 영향을 미치고 있는가?

/ 현재를 아는 것이 중요하다 /

변화를 위한 동기 부여

직장을 바꾸는 등 중요한 결정을 내릴 때, 자신이 소중하게 생각하는 것들이 어떤 것인지를 파악하여 결정에 반영하는 일은 대단히 중요하다. 점차 나이를 먹어감에 따라 경험이 쌓이게 되면서, 또한 개인적 가치관이 형성되면서 사람들은 저마다 자연스럽게 자신에게 가장 소중한 것이 무엇인지를 깨닫게 된다. 어쩌면 2년 전, 혹은 10년 전에는 당신에게 매우 소중하게 생각되었던 것들이 현재에 와서는 그다지 중요하지 않을 수도 있을 것이다. 그렇다면 현재 당신에게 가장 소중한 것은 무엇인가?

표 1-1에는 사람들이 직장을 결정하거나 인생의 방향을 설정할 때 일반적으로 소중하게 생각하는 요소들이 나와 있다. 추가할 것이 있다면 표의 하단에 당신의 상황과 관련된 것들을 추가하도록 하라. 그리고 현재 당신이 처한 상황에서 당신에게 동기를 부여하는 가장 중요한 5가지 요소를 선택해 보라.

표 1-1. 변화 유발 요인들의 예

집과 직장과의 거리	새로운 기술의 습득
친구나 가족과 보다 많은 시간 보내기	직업 환경
전문적인 분야 개발	동료와의 네트워크 구축
책임감의 증가	보상
은퇴 이후의 삶에 대한 대비	커뮤니티에의 참여 욕구
여행	나와 관계된 사람들에게 필요한 사람 되기

대의(大義)를 위해 일하고 싶은 욕구	배우자/파트너에 대한 고려
새 분야 학습 욕구, 도전 욕구,	자율적 독립
경험을 쌓고 싶은 마음	
가족에 대한 고려	특권, 사회적 신분
혁신과 창조의 기회	건강에 대한 고려
새로운 경력 분야의 발견	여가 시간에 대한 욕구 증대,
	개인적 관심 부문
타인과의 협력 관계,	일과 인생의 균형 유지
동료와의 팀웍 관계	영향력을 행사할 수 있는 기회
새로운 지식 습득/ 지식의 이전	재정적 안정
권위, 책임감	부의 축적
타인을 이끌어 주고 싶은 욕망	동종업계로 이동
이동성의 상승	캐주얼 복장 근무 환경
유연한 시간 관리	변화
인생의 향유	꿈의 성취
자신의 미래에 대한 통제	가족의 부양
개인적 성장	자신의 강점 향상
변화에 대한 욕구	다양성
타인의 결정에 연루됨	자극
우정	업무 관련 여행 탈피
노동 시간의 단축	보다 많은 혜택
지적 도전	가족에 충실
사회에의 공헌	성취 욕구
좀더 규모가 큰(작은) 조직에 대한 선호	

변화하고자 하는 동기

변화하고자 하는 동기를 유발시키는 데 도움을 주기 위해 다음의 질문에
답하라.

1. 당신은 이 책을 왜 읽는가? 당신이 처한 현재의 상황을 평가하고 새로
   운 직업이나 인생의 방향을 설계하도록 만드는 개인적 또는 직업적 환
   경은 무엇인가? (예를 들어 변화에 대한 욕구, 발전하고 싶은 욕망, 배우자의 예
   기치 않은 죽음, 나이를 먹어감, 각성, 자연스러운 변화 욕구 등)

2. 지금 현재 당신에게 중요한 요소들은 무엇인가?
   만일 당신이 직업을 바꾸거나 인생의 방향을 변화시킨다면, 어떤 요인
   들이 당신의 결정에 가장 많은 영향을 미칠 것 같은가? (예를 들어 집과
   직장 간의 거리, 직업에 대한 의미, 효과, 돈, 균형, 권위, 가족에 대한 배려, 새로운
   도전 등)
   이처럼 당신에게 가치 있게 생각되는 요인들이 이전에 당신의 직업이
   나 인생에 영향을 미쳤던 것과 차이가 있는가? 만약 있다면 어떤 면에
   서 차이가 있는가?

3. 당신의 단기적 목표(예를 들어 학업을 다시 시작하는 것, 대학원에 진학하는 것 등), 중기적 목표(주택 장만 등), 장기적 목표(전문가 되기 등)와 최종 목표(친구들과 강한 네트워크 구축, 편안한 은퇴 등)는 무엇인가?

당신이 진정으로 성취하고자 하는 것은 무엇이며, 그것을 성취하기 위해서는 어느 정도의 시간이 필요할 것으로 예상되는가?

4. 당신은 재정적 안정을 얼마나 중요하게 생각하는가?

최근 수년 내에 당신의 재정적 안정에 큰 변화가 발생하였는가? 만일 그렇다면 그 이유는 무엇이며 어떤 변화인가?

이 재정적 변화가 당신의 미래 직업이나 인생의 방향에 어떤 영향을 미칠 것 같은가?

5. 당신은 일과 인생의 균형을 얼마나 중요하게 생각하는가?

최근 수년 내에 일과 인생 사이의 균형에 변화가 발생하였는가? 만일 그렇다면 그 이유는 무엇이며 어떤 변화인가?

이러한 변화가 당신의 향후 직업이나 인생의 방향에 어떤 영향을 미칠 것으로 생각되는가?

6. 현재 당신이 가장 중요하게 생각하는 가치를 다섯 가지 꼽는다면?

당신의 커리어 단계

도널드 수퍼(Donald Super)나 더글러스 홀(Douglas T. Hall)과 같은 커리어 이론학자들은 대부분의 사람들이 표 1-2와 같은 일련의 커리어 단계를 거치는 것으로 주장하고 있다.

표 1-2. 커리어 단계

단 계	필요로 하는 것	중점 영역
조사 단계	해당 분야에 대한 정보	인생의 선택, 갈림길
시도 단계	조직과의 융화	조직의 상황
발전 단계	훈련	코칭, 멘토링
숙련 단계	책임의 증가	조직 내·외부로부터의 인정
유지 단계(정점)	직장에서 안정된 위치	삶의 질적 향상 및 균형
변화 단계	기존의 경력 단계 마감	
은퇴 준비	새로운 역할 인식 및 새로운 경력 단계 재돌입	

*도널드 수퍼와 더글러스 홀의 '커리어 단계'에서 참조

최근 들어 사람들의 평균 수명이 길어지고, 평생 동안 여러 곳의 직장을 거치거나 한 직장에서 여러 기능을 담당하게 됨에 따라, 각 개인들이 이와 같은 커리어 단계를 각자의 형편에 따라 여러 차례나 반복하는 것이 점차 일반화되고 있다.

• 당신은 현재의 직장에서 어느 단계에 있는가? 당신이 현재 어느 단계에 있는지 확인하는 것은 현 단계에서 필요한 것이 무

엇이며, 중점을 두어야 할 부분이 어떤 것인지를 이해하는 데 도움이 된다.

- 인생 전반의 커리어 관점에서 당신의 현 단계는 어느 단계인가?
- 당신의 인생 커리어 단계에서 현재 당신에게 필요한 것과 중점을 두어야 할 부분이 있다면 그것은 무엇인가?

성공이 의미하는 것

성공에 대한 정의가 변하고 있다. 어떤 사람은 성공을 부의 축적이라고 생각한다. 또 어떤 사람은 직장에서의 지위 혹은 사회적 신분 등으로 성공을 평가하기도 한다. 친분을 맺고 있는 사람들의 수준을 성공의 척도로 삼는 사람도 있다. 이 밖에 일과 삶의 균형을 얼마나 유지하는가로 성공을 평가하는 사람도 있는 반면, 자신이 좋아하는 일을 마음껏 할 수 있는 자유로 성공을 평가하는 사람도 있다. 그렇다면 당신의 성공에 대한 정의는 무엇인가? 당신이 아직 성공에 대해 명확한 정의를 가지고 있지 않다면, 다음의 자기 평가 문제는 성공에 대한 정의를 수립하는 데 도움을 줄 것이다. 문제를 풀 때 주의해야 할 점은 당신에 대한 타인의 기대 혹은 타인이 생각하는 성공의 관점이 아닌, 바로 당신 자신의 생각으로 풀어야 한다는 것이다.

성공의 정의

각각의 종이 위에 다음의 문제들을 하나씩 적고 그 문제에 대한 답을 써라.

- 만일 당신이 더 이상 일할 필요가 없는 경우에도 당신은 일을 계속하겠는가?
- 당신이 평소 존경하는 사람의 직업이나 라이프스타일은 어떤 것인가? 그리고 그 사람을 존경하는 이유는 무엇인가? (예: 잭 웰치, 테레사 수녀, 부모, 동료, 학교 선생님 등)
- 당신의 급여 수준에 훨씬 못 미치는 급여를 받더라도 기꺼이 하고 싶은 일이 있다면 그것은 어떤 일인가? 그리고 그 일을 통하여 당신이 얻을 수 있는 무형적인 보상은 무엇인가?
- 당신의 인생이나 커리어에서 성공의 정의는?
- 이 시점에서 성공의 개념을 다시 정의한다면 어떤 사항을 새롭게 추가하겠는가?

커리어 진로(Career-Path) 모델

과거에는 한 직장에서 30년 동안 한 사람의 고용주 밑에서 해당 조직의 상위 직급으로 올라가려고 열심히 일해 왔다. 그러나 오늘날에는 자신의 커리어와 인생을 관리하는 여러 가지 다양한 방법들이 있으며, 여러 형태의 모델들이 존재하고 있다. 이러한 커리어와 관련된 모델 중 대표적인 것으로는 커리어 모자이크(career mosaic)와 포트폴리오 커리어(portfolio career)가 있다.

모자이크란 전체적인 모양을 형성하기 위해 색깔 있는 유리조각이나 돌조각을 하나하나 붙여 나가는 것을 말한다. 커리어 모자이크란, 이처럼 자신의 최종 목표를 완성하기 위해 자신의 전 생애에 걸쳐 직업이나 경험들을 취합해 나가는 것이다. 이때 경험은 굳이 직장이 아니더라도 자신의 생산적 재능을 사용한 경우—그 결과에 대해 보수를 받았건 받지 않았건 상관없다—를 모두 포함한다.

포트폴리오란 재무 관리에서 쓰는 용어로, 개인이나 조직이 보유하고 있는 자산이나 투자 대상의 집합을 의미한다. 따라서 포트폴리오 커리어란 한 직장에서 발휘할 수 있는 여러 가지 다양한 자신의 능력(기술 또는 재능)을 의미하며, 이는 일시에 다양한 고객이나 여러 조직을 위해 일할 수 있는 능력을 일컫는다. 원칙 3에서는 특히 위험 관리와 관련하여 포트폴리오 커리어에 대해 자세하게 다루고 있다. 그리고 원칙 4에서는 커리어 모자이크와 포트폴리오 커리어를 포함한 선택 가능한 커리어 모델들을 설명하고 있다.

마이클 드라이버(Michael Driver)와 켄 브루소(Ken Brousseau)의 연구

조사에 의하면, 세상에는 매우 많은 커리어 진로가 있는 것으로 판명되었다. 어떤 진로를 택할 것인지는 각자의 일이나 결정을 내리는 스타일에 따라 달라진다. 어떤 조직이 더 만족스럽고 어떤 작업환경에서 더 생산성을 발휘할 수 있는지는 사람마다 다르기 때문이다. 아래에는 당신이 커리어·인생 진로를 결정할 때 생각해 보아야 할 사항들이 언급되어 있다.

- 빠른 성장 vs 안정적 성장
- 직위의 상승 vs 다방면으로의 성장
- 한 직장, 한 분야에서만 근무함 vs 여러 회사에서 다양한 직종을 경험함
- 단일한 경력 vs 다양한 경력
- 풀타임 근무 vs 파트타임 근무
- 직업적 전문 분야 vs 개인적 흥미 분야
- 돈을 버는 것 vs 자신을 차별화시키는 것
- 자신을 위한 삶 vs 남을 위한 삶
- 전문 지식 vs 다양한 기능 취득

당신의 직업이나 인생에 있어서 가슴에 가장 와 닿는 스타일은 어떤 것인가? 표 1-3에는 각각의 선택 가능한 커리어 진로의 형태와 그에 상응하는 가치를 나열해 놓았다. 이 표에는 드라이버와 브루소가 제안한 4가지 커리어 진로 형태 이외에 우리가 고객들과 상담을 하면서 생

각한 것들을 첨가했다. 만일 당신이 자신의 경험에 근거하여 생각하고 있는 또 다른 커리어 진로 형태가 있다면 추가하여도 무방하다.

- 표 1-3에 언급된 형태 가운데 당신의 인생이나 커리어로 가장 바람직하다고 생각되는 것은?
- 당신이 현 단계에서 선호하는 형태는?
- 각각의 형태는 고유한 핵심 가치를 가지고 있다.

표 1-3. 커리어 진로 형태

형태	가치
지위 상승*	성취감
측면 성장*	기능의 확장
나선형*	다양성 추구
전문가*	직업 의식의 강화
기업가	혁신
계약직 컨설턴트, '프리 에이전트'	자율성, 전문성
의도적 '커리어 축소'	균형감(일과 인생의)
자영업	통제 욕구, 자율성
소시민적 조직원	소속감, 관계
젊은 백만장자(20년 동안 열심히 일하고 은퇴하고자 하는 사람)	자유로움, 특권

*출처: 마이클 J. 드라이버(Michael J. Driver), 케네스 R. 브루소(Kenneth R. Brousseau), 필립 L. 헌세이커(Philip L. Hunsaker) 공저, 『역동적 의사결정자(The Dynamic Decision Maker)』 참조.

당신의 최우선 욕구

직업이나 커리어에 관한 상담을 할 때, 심리학자인 에이브러햄 매슬로(Abraham Maslow)의 '욕구 단계설'을 빼놓을 수 없을 것이다. 매슬로는 인간이 일련의 육체적 욕구와 심리적 욕구를 가지고 있으며, 이 욕구는 피라미드 형태를 띠고 있다고 말한다.

매슬로는 욕구의 제일 하단에 생존(음식이나 거주지)과 안전(정규적 급료)에 해당하는 욕구가 존재하며, 이 욕구가 충족되어야만 상위의 욕구, 즉 소속감(사회 공동체나 조직의 일원이 되는 것)이나 만족감(자신의 직업이나 일에 대한 만족), 자아실현(일이나 인생에서 자신의 모든 잠재적 가능성에 도달하는 것)과 같은 욕구에 눈을 돌릴 수 있다고 말하고 있다.

당신은 현재 어떤 욕구 단계에 있는가? 이것을 확인하는 것은 당신이 어떤 핵심 동기에 의해 의사결정을 하는지 밝히는 데 도움이 된다.

- 매슬로의 욕구 단계 중 현재 당신은 어떤 단계에 속해 있는가?
  (경제적, 육체적 또는 심리적으로)
- 이러한 사실이 현재 당신이 직면한 직업이나 인생의 결정에 어떠한 영향을 미치고 있는가?

당신은 프로티언(protean)인가?

고용 계약의 변화에 따라 기업에 대한 근로자들의 충성은 과거의 일이 되었다. 최근 30년 동안 기업들은 계속하여 고용 규모를 줄여나가며 적정 규모의 고용을 유지하려고 노력하여 왔다. 이에 따라 근로자들도 평생직장이라는 개념에서 벗어나 자신의 능력에 맞는 직장을 찾아 자리를 옮기거나, 균형 잡힌 능력을 개발해 나가지 않으면 안 되게 되었다. 이제 근로자들이 과거 자신의 고용주들에게 보여 주었던 충성심은 더 이상 찾아보기 힘든 상황이다. 현재 근로자들은 직장을 옮기고 싶거나 새로운 기회가 주어지면 아무런 미련 없이 기존 직장을 그만두고 새 직장으로 이동하고 있다. 심지어는 많은 연구 기관들이 우수한 재능을 보이는 젊은 학자들에게 보장해 주었던 종신계약 제도를 재조정하거나 포기하기 시작함으로써 학계에서조차도 이와 같은 전직 현상이 나타나고 있다.

더글러스 홀 교수는 지난 30년 동안 이러한 현상을 연구해 왔다. 그리고 그는 이러한 사람을 '프로티언'(protean : 아메바처럼 여러 가지 체형으로 쉽게 변화하는 생물—역주)이라고 명명하였다.

프로티언이란 변덕스럽게 자신의 모습을 끊임없이 변화시켰던, 그리스 신화에 나오는 신(神) 프로메테우스에서 따온 것으로, 고용주 한 사람에게 귀속되지 못하고 자신의 정체성을 확인하기 위해 끊임없이 자신의 커리어나 직업을 변화시키는 사람을 말한다. 그들은 매우 강한 '자기 정체성'(self-identity)을 가지고 있어서, 자신이 몸담고 있는 조직에 도움이 되건 안 되건 상관없이 자신에게 필요하다고 생각되는 커리어나 경험들을 개발하고 발전시켜 나가는 행동 양식을 보인다.

이들은 또한 이동 성향이 매우 높고, 자신이 몸담고 있는 조직의 내부와 외부에서 기회를 찾기 위해 부단히 노력한다. 종종 이들은 기업가적 자질을 보이기도 하는데, 자신이 몸담고 있는 조직과 동일한 산업군 내에서 또는 자신만의 독자적인 영역을 개발하여 새로운 기업을 설립하는 경우도 있다. 그들의 또 다른 특징은 경제적 안정보다는 개인적인 성취감이나 만족감을 통해 동기가 부여되는 경향이 높다는 점이다. 그들은 또한 자신의 삶과 일의 관계에서 균형을 유지하고자 하는 욕구에 따라, 자신의 정력을 모두 소모해야만 하는 현재의 직장에서 예전보다 근무 시간을 줄이려는 경향도 보인다. 프로티언들은 결코 어떤 특정한 조직에 의존하지 않으며, 스스로 자신이 설정한 궤도를 따라 자신의 커리어를 관리해 나간다. 그들 스스로가 자신의 커리어 관리자인 셈이다. 표 1-4는 프로티언 성향을 보이는 개인들의 특성이 어떠한지 보여 주고 있다.

표 1-4. 프로티언의 특성

프로티언	전통적 근로자
스스로 자신의 정체성을 확인하려고 함 자신의 커리어를 스스로 관리 기업가적 사고방식(자신의 일 이외의 분야에도 관심이 많음) 개인적 성취감에 의해 동기가 부여됨 이동성이 높고, 결코 한 사람의 고용주에게 충성하지 않음	고용주나 조직을 통해 자신의 정체성을 확인하려고 함 타인이나 조직에 의해 커리어 관리 자신의 업무 분야에만 관심을 기울임 급여 수준이나 소득에 따라 동기가 부여됨 이동성이 낮고, 조직이나 고용주에게 높은 충성심을 보임

당신이 현재의 직장이나 커리어에서 프로티언 경향을 보이고 있는지 확인하기 위해서는 다음의 질문에 답하는 것이 도움이 될 것이다.

- 위에서 언급한 프로티언 경향을 보이는 사람들의 특성이 마치

당신을 말하는 것 같은가? 당신은 자신의 커리어를 스스로 관리하고 있는가?

- 만일 그렇다면, 당신의 관리 방식과 현재 커리어 혹은 직장이 어떤 상관관계를 가지고 있는가?
- 만일 그렇지 않다면, 앞으로 당신 스스로 자신의 커리어를 관리해 나가면서 프로티언 성향을 갖출 경우, 지금보다 더 나은 선택을 할 수 있다고 생각하는가?

자신에게 가장 적합한 직업 평가하기

수년 동안 많은 연구 기관들과 커리어 상담가들은 개인과 직업 간의 적합도에 대해 연구해 오면서, 인생의 성공에 있어서 개인과 직업 간의 적합도가 대단히 중요함을 깨닫게 되었다. 이것은 각자가 하고 있는 일이 개인의 가치나 선호와 부합할 때 더욱 만족하게 됨을 의미한다.

인력 관리 전문가로 잘 알려진 제프리 에드워즈(Jeffrey Edwards)는 개인과 직업 간의 적합도를 보여 주는 개인·직업 적합 모델을 개발했다. 이 모델에 의하면, 각 개인이 자신의 직업에서 추구하는 목표나 보상과 해당 기업에서 제공해 주는 보상 능력 사이에 밀접한 상호 작용이 있음을 알 수 있다. 즉, 당신의 현재 직업이나 일이 당신이 높은 가치를 부여하고 있는 것들을 많이 제공해 주면 제공해 줄수록 당신의 만족도와 생산성은 더욱 높아진다는 것이다. 그리고 어떤 어려움이 있더라도 현재 상태를 유지하려고 애쓰게 된다는 것이다. 반면,

현재의 상황이 당신이 원하는 것을 제대로 충족시켜 주지 못하면 당신은 불만족스러워지게 되고, 그에 따라 점차 수행 능력과 생산성이 떨어지며 가능하면 현재 상황에서 벗어나기를 원하게 된다는 것이다. 심지어는 아주 사소한 일에도 짜증을 부린다고 한다. 에드워즈의 개인·직업 적합도의 내용은 그림 1-3에 나와 있다.

그림 1-3. 에드워즈의 개인/직업 적합도

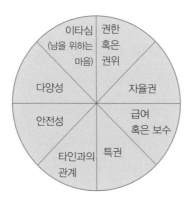

자신의 욕구가 무엇인지를 이해하는 것은 쉬운 일이지만, 현재 조직에서 그러한 욕구를 얼마나 충족시켜 주고 있는지 평가하는 것은 쉬운 일이 아니다. 그렇지만 이 모델을 통하여 자신의 욕구가 무엇인지를 확인하는 일은 대단히 의미 있는 일이라고 하겠다. 이를 통하여 현재 일하고 있는 직장이 계속 일할 만한 가치가 있는지 평가할 수 있으며, 또 어떤 욕구가 충족되어야 할지를 확인할 수 있기 때문이다.

에드워즈의 개인·직업 적합도

다음 문제들은 에드워즈의 개인·직업 적합도를 좀더 쉽게 이해하는 데 도움을 줄 것이다.

- 당신에게 다양한 커리어의 선택 기회가 주어진다면 어떤 요인을 가장 중요시하겠는가?
- 당신의 현재 직업과 당신 간의 적합도는 어떤 요인으로 연결되어 있는가?
- 적합도가 강하지 못한 면은 어떤 면인가?
- 만일 당신이 현재의 상황을 재고해 볼 필요가 있다고 생각한다면, 그 요인은 어떤 것들인가?
- 어떤 형태의 조직에서 당신이 가장 중요하다고 생각하는 요인들을 발견할 수 있을 것 같은가?

과거의 삶에서 배워라

만일 자신이 현재의 상황이나 직업에서 무엇을 추구하고 있는지 이해하게 되었고, 향후 새로운 직장이 이러한 욕구를 충족시켜 줄 수 있는지 평가할 수 있게 되었다면, 당신의 미래는 지금보다는 좀더 나은 위치에 있게 될 것이다. 그리고 자신의 커리어 관리를 위해 또 다른 변화를 시도하기 전까지 그 직장에서 과거보다는 다소 오랫동안 머물러 있게 될 것이다. 원칙 9에서는 당신이 커리어 관리 측면에서 변화를 시도하기 전에 선택하고자 하는 산업 또는 직장에 대해 조사해야 할 사항들과 주의할 점들이 무엇인지를 알려 준다.

/ 자신의 미래를 상상하라 /

변화

영국에서 변화 관리자이자 컨설턴트로 명성을 떨치고 있는 배리 홉슨(Barrie Hopson)과 마이크 스컬리(Mike Scully)는 변화 과정을 겪고 있는 많은 사람들을 대상으로 조사를 실시한 결과, 경험하고 싶지 않은 변화를 겪거나 변화에 적응하지 못하는 사람들의 경우에는 마치 사랑하는 사람을 잃은 사람들과 비슷한 현상을 보인다고 밝혔다. 또한 그들의 변화 이론에 의하면 인생에서 중요한 변화, 즉 중요한 역할을 맡게 되었다든지, 혹은 직장을 잃거나 자신의 커리어 또는 라이프스타일에 큰 변화가 있는 경우에도 서로가 비슷한 현상을 보인다고 말한다.

한편, 자발적인 변화의 경우에도 그 변화의 정도가 극적이면 극적일수록, 열정이나 흥분과 같은 긍정적인 감정과 염려나 우려와 같은 부정적인 감정을 동시에 경험하게 된다고 그들은 말하고 있다.

표 1-5는 몇 가지 전형적인 변화 단계의 예를 보여 주고 있다. 당신의 상황이 어떤 단계와 관련이 있는지 살펴보도록 하라. 혹시 당신이 생각하는 또 다른 단계가 있다면 임의로 추가하여도 무방하다.

표 1-5. 변화 사이클

변화 단계	필요로 하는 일
변화의 사건 발생	여러 가지 질문을 던지도록 하라. 또한 충분한 시간을 가지고 주관적 · 객관적 입장에서 해당 상황을 정확하게 파악하도록 하라.
경악/불신	자신 또는 타인을 비난하거나 감정적인 반응을 하지 않도록 노력하라. 지나치게 경악이나 불신의 감정에 노출되지 않도록 하라.
충격/부인	자신을 보호하도록 하라. 성급한 결정을 피하라.
염려/우유부단	선택 가능한 대안들의 정보 수집에 총력을 기울이라.
수용	변화에 내재되어 있는 긍정적인 부분을 바라보라.
행동 개시/통제	창조적인 대안을 만들고 평가하라. 결정에 필요한 정보들을 수집하고 행동 계획을 수립하라.
결정	결정을 내리고 새로운 목표를 향한 과정들이 잘 진행되는지 살펴보라.
재평가	피할 수 없는 또 다른 변화를 겪게 될 때, 이와 같은 변화를 다시 시작할 수 있도록 준비하라.

당신은 현재 어떤 변화 단계에 있는가? 자신이 현재 어떤 단계에 위치하고 있는지를 알아야 현 상황을 타개하기 위한 명확한 행동을 취할 수 있을 것이다.

당신이 위치하고 있는 변화 단계는?

- 당신이 현재 직면하고 있는 커리어 혹은 인생의 변화는 어떤 것인가?
- 당신은 현재 변화 단계의 어디에 위치하고 있는가?
- 당신이 최근 경험하고 있는 감정은 어떤 감정들인가?
- 이 단계에서 당신이 취할 수 있는 행동은 무엇인가?

과거의 삶에서 배워라

인생이나 커리어에 있어서 큰 변화를 겪는 동안에는 주변에 격려나 지원을 받을 수 있는 사람이 3~4명 정도는 반드시 있어야 한다. 당신이 필요로 하는 모든 것을 한 사람이 충족시켜 줄 수는 없다. 당신을 도와줄 수 있는 여러 사람의 조합을 구성하도록 하라. 이들은 당신이 목표를 명확하게 세울 수 있도록 도와줄 것이며, 그 목표를 달성해 나갈 수 있도록 지원해 줄 것이다. 또한 당신이 갈림길에 서 있을 때, 어느 길이 적합한지 각각의 길에 대해 이점과 불리한 점을 지적해 주고, 어느 것이 당신에게 가장 적합한지도 충고해 줄 수 있을 것이다. 자신에게 격려나 지원을 해줄 수 있는 사람들로 구성된 개인적 '충고위원회'와 같은 그룹 결성에 관하여 생각해 보라. 이 그룹에 속하는 사람들은 당신을 소중하게 생각하고 좋아하는 사람들이어야 한다. 그러면서도 그들은 당신의 강점이나 약점에 대해 정확하게 평가해 줄 수 있는 객관적인 판단 기준을 가지고 있어야 한다. 이 밖에도 그들 각자가 당신이 닮고 싶은 생각이 들도록 높은 삶의 질을 보여 주어 당신에게 긍정적인 역할 모델이나 멘토가 될 수 있어야 할 것이다.

표 1-6은 타인이 당신을 위해 해줄 수 있는 역할들을 나열하고 있다. 이 밖에도 당신이 필요하다고 생각되는 역할이 있다면 표의 하단에 추가하여도 무방하다. 당신이 현재 처해 있는 상황에서 표에 열거된 역할을 해줄 사람이 있는가? 있다면 누구인가? 그 사람의 이름을 빈 칸에 적어 넣어라. 표에 열거된 각각의 역할에 해당되는 사람의 이름을 모두 채우지 못할 수도 있다. 그러나 그렇다고 결코 실

망할 필요는 없다. 당신의 '충고 위원회'를 가동시키기 위해 필요한 사람은 2~3명만으로도 충분하기 때문이다.

표 1-6. 지원 및 협력자별 역할

역할*	역할 수행자의 이름
후원자/옹호자 도전자 동기를 부여해 주는 사람/용기를 북돋워 주는 사람 믿을 만한 친구(비밀 등을 털어놓을 수 있는) 아이디어 제공자 문제 해결사 즐거움을 선사해 주는 사람 기타	
*출처: 역할의 종류는 더그 모젤(Doug Mosel)의 저서, 『조언의 원천(Consulting Resources)』에서 발췌.	

개인적 목표

목표를 설정하는 것과 이를 달성하는 것은 전혀 별개의 일이다. 우선 실행에 옮길 수 있는 장기 및 단기 목표를 손쉽게 세우기 위해서는 일반화된 목표 설정 이론을 참고하는 것이 좋다. 개인적 목표를 설정할 때 주의해야 할 점들은 다음과 같다.

첫째, 자신이 통제할 수 있는 목표에 집중해야 한다. 예를 들어, 당신은 현재 살고 있는 곳에서 다른 곳으로 이사하는 문제를 가지고 배우자를 설득하기를 원한다고 하자. 이때 당신은 이사에만 목표를 집중시켜야지, 이사하고자 하는 지역을 목표로 설정해서는 안 된다.

이사하고자 하는 지역은 여러 곳이 있을 수 있으므로 이는 당신의 통제권을 벗어난다고 볼 수 있다. 또 다른 사람을 설득하여 자신의 생각과 일치하는 결정을 내리도록 할 수는 있다. 하지만 타인이 내린 결정에 대해서까지 당신이 책임질 수는 없다. 그러므로 통제 가능한 목표를 설정해야만 한다.

둘째, 한 번에 너무 많은 목표를 설정하여 주의가 분산되어서는 안 된다. 실제로 이루어질 수 있는지 여부와는 상관없이 많은 수의 장기적 목표를 꿈꾸고 설정하는 것이 결코 나쁜 것은 아니다. 하지만 단기에 집중할 수 있는 단기적 목표는 그 숫자를 좁히는 것이 바람직하다. 만일 단기에 2~3개 정도의 목표만을 설정한다면, 그 목표를 수행하는 과정에서 여러 개의 목표를 설정한 경우보다 훨씬 덜 지칠 것이며 더욱 높은 성공 가능성을 경험하게 될 것이다. 그리고 또 다른 장기적 목표를 향하여 전진해 나갈 수 있을 것이다.

셋째, 목표 설정은 개인적 목표와 직업상의 목표를 통합할 수 있어야 한다. 목표를 추구해 나가는 과정에서 우리는 때때로 개인적 활동과 직업적 활동을 혼합하여 행하는 경우가 많다. 따라서 이 두 영역을 각각 따로 분리하여 관리할 것이 아니라 통합하는 삶을 이끌어 가는 것이 오히려 바람직하다. 이러한 통합 작업을 통하여 당신은 개인적 목표와 직업적인 목표를 동시에 이행할 수 있게 된다.

마지막으로, 설정된 목표를 달성하는 데 실패할 수도 있으며, 당초 계획과는 다른 방향으로 진행될 수도 있음을 예상해야 한다. 이때는 실패로부터의 좌절감을 극복하고 다시 원래의 위치로 되돌아와 처음부터 다시 시작하겠다는 각오가 필요하다.

개인적 목표 설정

- 다음의 카테고리에 맞추어, 혹은 당신의 상황에 적합한 카테고리를 설정하여 단기 목표(1년 이내), 중기 목표(3~5년), 장기 목표(자녀의 대학 진학, 부동산 취득, 은퇴 등)를 설정하라. 이때 각각의 카테고리별로 최대한 많은 수의 목표를 창의성을 발휘하여 생각해 내도록 하라.
  - ― 커리어, 직업
  - ― 경제적 측면
  - ― 가족, 친구
  - ― 공동체 사회, 사회봉사 활동
  - ― 건강, 체중 조절, 스포츠
  - ― 학문적, 지적 측면
  - ― 레저
  - ― 정신적 측면
  - ― 기타
- 자신이 나열한 목표들 중에서 6개월 내지 1년 이내의 단기간에 달성하고 싶은 목표를 간추려 내고, 그중에서 가장 중요하다고 생각되는

과거의 삶에서 배워라

079

것을 각각의 카테고리별로 2개씩 선택하라.

- 이렇게 선택된 단기 목표들 중에 현 시점에서 가장 중요하다고 생각되는 것을 카테고리에 관계없이 3개만 선택하여 보라. 바로 이것이 앞으로 수개월 이내에 당신이 진행해야 할 3가지 단기 목표인 것이다. 각각의 단기 목표에 대해 다음의 가이드라인을 따라서 목표 달성 방안을 기술하도록 하라.
  - 각각의 단기 목표에는 '언제까지'라는 기한이 명시되어야 한다.
  - 목표 달성 방안은 구체적이고 명확해야 한다.
  - 각각의 목표는 현실성이 있어야 하며, 측정 가능하고 달성 가능한 목표여야 한다. 또한 당신의 통제권 범위 내에 있어야 한다.
  - 각각의 목표는 당신의 열망이 반영되어 있어야 한다. 즉, 해당 목표는 자신이 원하는 것이어야 하며, 당신의 상사나 동료 또는 배우자가 바라는 것이어서는 안 된다.

- 각각의 목표에 대해 구체적인 행동 계획을 수립하도록 하라. 행동 계획은 다음 사항을 포함하고 있어야 한다.
  - 목표 달성을 위한 단계별 과정
  - 각 단계별 과정의 시작 시기와 각 단계별 과정에서 책임 있는 사람의 이름
  - 목표 달성 과정에서 예상되는 장애 요인과 장애를 극복할 수 있는 방법들
  - 목표 달성에 필요한 정보, 피드백, 지원 시스템 등

- 행동 계획에 있어서 각 단계별 과정을 이행하는 시기에 구체적인 날짜를 기입하라.

- 목표를 향하여 진행하고 있는 동안 긍정적인 활동 결과를 날마다 혹은 주 단위로 평가하고 기록하라.

- 정기적으로 자신의 목표를 되새겨 보라. 그리고 이를 친구나 가족, 동료들에게 알려라.
- 진행 과정에서 아무리 작은 것이라도 성취한 것이 있으면 이를 기념하라. 또한 진행 과정에서 상황 변화로 인해 추가할 것이나 삭제할 것은 없는지 수시로 점검하라.

/ 자기 평가 종합해 보기 /

이 장에 나온 모든 자기 평가 문제에서 당신이 답한 것들을 살펴보라. 이제 당신은 자신이 어떤 사람이며, 무엇을 중요하게 생각하고 있는지 알게 되었을 것이다. 백지 위에 현재의 직업이 아닌, 다음번에 갖게 될 직업에서 당신이 중요하게 생각하는 것들을 나열하여 보라. 특정한 형식에 구애받지 말고, 생각할 수 있는 한 많은 사항을 쓰도록 하라. 자신의 생각을 억제하지 말고, 생각나는 대로 그대로 적어라. 예를 들어 가족과의 친밀감 형성이나 여행 기회, 최첨단 테크놀로지 학습, 캐주얼 복장 근무, 품위 있는 생활수준 유지, 현재의 부채를 모두 상환할 수 있는 만큼의 소득을 버는 것, 자신이 가지고 있는 재능을 활용할 수 있는 기회, 새로운 기능의 습득 등을 자유롭게 적을 수 있을 것이다.

당신이 적은 모든 것들을 다시 살펴보면서, 우선순위를 1번부터 끝까지 차례대로 부여하도록 하라. 순위를 부여하는 것이 어려운 경우에는, 자신에게 다음과 같이 자문해 보라. "만일 내가 이 직업과 관련하여 중요한 것 한 가지만을 택해야 한다면 그것은 무엇일까?" 이렇게 하여 하나하나씩 우선순위를 부여해 나가면 된다.

이 리스트는 자신이 어떤 존재이며, 자신에게 소중한 것과 다음번 직업에서 자신이 원하는 것이 무엇인지 알게 해준다. 물론 당신이 원하는 것 모두를 얻을 수는 없을 것이다. 그러나 어쨌든 이 리스트는 다음번 변화에 있어서 당신이 고려해야 할 직업, 조직의 형태, 지

역적 위치, 선택 가능한 라이프스타일 등에 대한 청사진으로서의 역

할을 하게 될 것이다.

실패를 딛고 일어서라

더 많이 시도할수록, 행운의 기회는 늘어난다.

—아놀드 파머(Arnold Palmer)

/ 지속적으로 학습하라 /

자신만의 분명한 커리어를 획득하기 위한 두 번째 원칙은 자신의 실수나 실패의 원인이 무엇이었는지를 학습하고, 미래의 학습 곡선을 지속적으로 그려나가는 일이다. 전 네브래스카 주 상원의원이었던 밥 케리(Bob Kerry)는 2002년 6월 6일에 있었던 국영 라디오 방송과의 인터뷰 도중 자신이 베트남 전쟁에서 저질렀던 심각한 과오 몇 가지의 내용을 밝히는 과정에서 다음과 같이 말했다.

"과거의 일이나 삶에서 겪었던 좌절, 실패 혹은 실수나 그릇된 판단에 대해 철저히 분석하지 않는다면, 이는 결코 자신의 경험에 대해 완전하게 분석했다고 할 수 없다."

케리는 사람들이 일반적으로 자신들의 삶에 있어서 결과가 좋았던 것만을 받아들이고 학습하려는 경향이 있다고 말한다. 하지만 우리는 인생에 있어서 나쁜 결정을 내릴 때도 있다는 사실을 인정해야 한다. 그래야만 과거의 잘못된 결정으로부터 교훈을 얻고 변화를 통해 새로운 모습으로 미래를 향해 나갈 수 있다.

케리의 말이 의미하는 바는 우리가 변화를 수용하고, 새로운 행동과 태도를 갖추어 변화되기 위해서는 무엇보다도 먼저 자신의 실수로부터 학습하고자 하는 마음가짐을 갖추어야 한다는 것이다. 그리고 이러한 특성은 자신의 커리어를 관리하고자 하는 사람에게 있어서는 필수적이다. 자신이 어디로 가고 있는지 확실히 알기 위해서는 자신의 과거 행적을 분명하게 알고 있어야 한다. 단, 과거로부터 자신의 미래가 방해받는 일이 있어서는 안 될 것이다. 이것이 소위 말하는 지속적 학습이다.

/ 새로운 기술과 경험을 습득하라 /

지속적 학습은 일과 삶의 질을 개선해 나가는 데 도움이 되는 새로운 기술과 경험, 통찰력을 계속적으로 획득해 나가는 과정이라고 정의할 수 있다. 지속적 학습은 자기 스스로 해나가야 한다. 이것은 다른 사람이 당신을 위해 대신 해줄 수 있는 일이 결코 아니기 때문이다. 당신의 상사가 당신의 학습 동기 부여를 위해 책임질 이유가 없다. 바로 당신이 스스로에게 책임을 져야 한다. 또한 지속적 학습은 계속적으로 이어지는 프로세스다. 가장 좋은 학습 방법은 실제로 뛰어들어 직접 경험해 보는 것이다.

지속적 학습은 공식적 또는 비공식적인 활동을 통해서 이루어진다. 공식적인 활동으로는 워크숍이나 기업체 혹은 산업체에서 주관하는 세미나, 여러 가지 실행 프로그램, 코칭 및 멘토링 프로그램 등에 참가하는 것을 말하며, 이외에도 개인적으로 세운 계획이나 기술 향상을 위한 워크숍, 피드백 도구, 훈련 등을 포함한다. 일반적으로는 매년 워크숍이나 훈련 코스와 같은 공식적인 학습 활동에 최소한 하나 이상 참가하는 것이 바람직하다.

한편, 개인들은 저마다 다양한 방법을 통하여 비공식적인 학습을 하게 된다. 이러한 비공식적인 학습으로는 자신의 경험을 통하여 학습하는 것이 대표적인 예가 될 것이다. 과거의 경험이 성공적이었건 또는 실패로 끝났건, 사람들은 저마다의 경험을 통해 무언가를 배울 수 있다. 또 책을 읽거나 개인적으로 멘토링 혹은 코칭 프로그램에 참여하거나, 그 밖에 자신이 형성한 네트워킹을 통해서도 학습이 가능하다. 이와 같은 지속적인 학습의 효과는 자신이 속해 있는 조직의 목표에 자신을 맞추어 나가는 데 도움이 되며, 현재 자신이 두 개의 직장을 놓고 저울질을 하고 있는 중이라면 어느 직장이 자신의 목적에 더 부합하는지를 결정하는 데 도움을 주기도 한다. 또한 자신의 개인적인 목표를 향하여 자신을 계속적으로 발전시켜 나가는 데도 큰 도움이 될 것이다.

/ 지속적 학습의 이점 /

지속적 학습은 여러 가지 측면에서 중요하며, 무엇보다도 개인의 평생 발전과 진보의 원천이 된다. 사람들은 과거의 경험과 새로운 경험에서 학습한 것들을 통하여 자신이 누구인지를 확인하게 되며, 다른 사람들이 자신을 어떻게 인식하고 있는지 알게 된다. 또한 지속적 학습은 이러한 학습이 없었더라면 불가능할 것으로 여겨지는, 자신의 내부를 들여다볼 수 있는 통찰력도 갖게 해준다.

지속적 학습은 과거에 일어났던 일을 학습하여 그 학습 결과를 미래에 집중시키는 것이다. 한편, 지속적 학습은 당신이 현재 가지고 있는 직업과 삶에서 필요로 하는 자극에 따라 반응한다. 또한 고용주의 입장에서도 이러한 지속적 학습 활동을 하고 있는 사람들은 대단히 매력적으로 보인다. 계속적으로 무엇인가를 배우는 능력과 배우려는 동기는 EQ 개념의 창시자인 다니엘 골먼(Daniel Goleman)과 카네기 멜론(Carnegie Mellon) 대학 교수인 로버트 켈리(Robert Kelley)에 의해 현대인들이 가지고 있어야 할 가장 중요한 자질로 소개되었다.

지속적 학습의 또 다른 혜택으로는 학습자에게 직업적 만족감을 가져다준다는 것이다. 새로운 경험을 하고 그 경험으로부터 무엇인가를 학습한다는 것은, 지금처럼 한 직장에서 위로 올라가는 것보다는 여러 가지 다양한 직업을 갖는 것이 보편화되어 있는 시기에 더욱 필요한 것이다. 조직의 구조가 수평적으로 바뀜에 따라, 과거와 같은 조직 내에서의 지위 상승 기회는 훨씬 줄어들었다. 따라서 지속적으로 새로운 기술과 경험을 습득하는 것은, 직장 바꾸기를 꺼리거나 원치 않는 사람들에게 있어서도 자신을 새롭게 하고 젊음을 되찾는 좋은 방법이 될 것이다.

/ 효과적인 학습 전략 /

시작은 작게

이것은 비록 매우 희망적인 메시지이기는 하지만, 어떤 면에서는 기를 죽이는 것일 수도 있다. 우리는 우리가 가진 모든 시간을 학습하는 데만 소비할 수는 없다. 또한 모든 시간을 학습하는 데만 소비한다면 얼마 못 가서 틀림없이 지치고 말 것이다. 다행스러운 것은 통상 하나의 경험에서 다른 경험으로 이동하기까지 다소 충분한 시간이 주어진다는 것이다. 하지만 간혹 학습 과정을 진행시키거나 학습 과정으로부터 교훈이 될 만한 것을 배울 수 있는 시간이 거의 없는 경우도 있다. 어쨌든 지속적 학습자가 되기 위해서는 최근에 경험했던 몇 가지 핵심적인 경험에 집중하여, 그 안에 존재하는 일정한 형식이 무엇인지를 분석하고 그 형식이 미래에 어떻게 변할 수 있는지를 살펴보아야 한다. 다음 리스트는 자신의 경험을 돌이켜보면서 그 안에 어떤 형식이 존재하는지 스스로 확인하는 데 도움을 주는 항목들이다.

학습 원천으로서의 경험

1. 최근 당신에게 실망을 안겨주었던 2~3개의 경험을 상기해 보라.

2. 당신이 달성하려고 했던 목표를 생각하면서 그 경험들을 분석하고, 달성하려고 했던 목표와 실제의 결과가 어떻게 다른지 비교하여 보라.

3. 그 상황에서 자신이 어떤 역할을 담당했는지 생각해 보라. 당신이 무엇을 했는지, 그리고 의도했던 대로 이루어진 것은 무엇이고, 이루어지지 않은 것은 무엇인지를 생각해 보라.

4. 당신은 당신 자신에 관하여 무엇을 배웠으며, 그 상황에 어떻게 대처해 나갔는가?

5. 당신이 얻은 교훈은 무엇인가? 당신은 미래에 동일한 상황이 발생한다면 어떤 식으로 행동을 하겠는가?

6. 결과를 바꾸기 위해서 어떤 행동이나 태도 변화가 요구된다고 생각하는가?

이러한 식으로 자신의 경험을 되짚어 보면 많은 것을 배울 수 있으며, 그 배운 바를 자신의 발전을 위해 전략적으로 쓸 수 있게 된다.

시간을 마련하라

지속적인 학습에 있어서 한 가지 문제점은 새로운 것을 배울 수 있는 시간적 여유가 많지 않을 수도 있다는 것이다. 오늘날의 직업 환경은 학습을 하기에 바람직한 여건을 갖추고 있지 못하다. 현대의 일들은 미친 듯이 빠르게 진행되기 때문에 학습을 위하여 시간을 내는 것이 결코 쉽지 않다. 또한 개인적인 사생활을 보장해 줄 수 있는 작업 공간도 거의 없는 형편이다 보니, 작업 공간 내에서 창조적 사고를 하는 것도 거의 불가능한 일이다.

이러한 문제점들은 가정에서 더한층 심화된다. 가정에서는 가족들과의 약속이나 기타 가정에서 반드시 해야만 할 일들로 인해 업무 후의 매우 적은 여유 시간마저 마음대로 쓸 수 없게 된다. 이러한 모든 일들로 인해 각 개인들은 자신이 과도한 업무에 시달리고 있다는 느낌을 갖게 되며, 자신을 위해 쓸 수 있는 시간이 거의 없다는 생각을 갖게 된다. 그리고 이처럼 과도한 역할에 대한 부담감은 당신이 새로운 학습에 도전하는 데 장애가 될 수 있다. "새로운 것을 학습할 기회가 전혀 없어!" 또는 "지금으로도 충분해!"라는 말이 당신이 고작 스스로를 위로하기 위해 뱉을 수 있는 말의 전부가 될 수도 있다.

하지만 이와는 정반대로, 주변에서 끊임없이 지속적인 학습을 하는 사람들의 왕성한 활동에 자극받아, 당신에게 집중되는 수많은 요구들을 충분히 해결하고도 스스로 학습을 통해 이전보다는 훨씬 나은 모습이 될 수도 있다.

따라서 당신 자신의 학습 욕구가 어느 정도인지를 먼저 이해하는 것이 중요하다. 자신의 학습 욕구에 따라서 지속적인 학습의 효과가 달라지기 때문이다. 또한 지속적 학습 효과는 당신이 새로운 학습 기회를 얼마나 적극적으로 수용하는지의 여부나 또는 타인에 의해 방해받는 정도에 따라서도 차이가 난다.

예를 들어, 대학원에 진학하는 것과 같은 새롭고도 중요한 학습 활동을 시작하면서 동시에 아이를 갖는 것은 현실적이지 못하다. 당신은 다른 사람들에 의해 어느 정도 방해를 받는다고 느끼는가? 또한 삶의 환경이나 작업 환경에 의해 얼마나 방해를 받는다고 생각하는가? 그리고 이러한 방해 요인들로 인해 딩신이 새로운 학습 활동을 위해 쓸 수 있는 시간과 정력이 얼마나 영향을 받고 있다고 생각하는가?

그림 2-1은 이것을 도표화했다. 그림 2-1의 세로축은 '가용 시간'을 나타낸다. 이는 새로운 학습을 위해 사용 가능한 시간과 에너지의 양을 의미한다. 가로축은 '책임감의 수준'을 나타낸다. 이는 당신이 일이나 그 밖의 것에 대해 얼마나 책임감을 느끼고 있는지의 정도를 나타내 준다.

그림 2-1. 개인적 방해 척도

고		
	2. 과도한 책임감을 느끼고 있지만, 새로운 학습에 투자할 시간적 여유는 많은 경우	3. 일에 대한 책임감을 느끼지도 않으며, 새로운 학습에 투자할 시간적 여유도 많은 경우
가용 시간		
저	1. 과도한 책임감을 느끼고 있으며, 시간적 여유도 없는 경우	4. 일에 대한 책임감을 느끼지는 않지만, 시간적 여유가 없는 경우
고	책임감의 수준	저

그림 2-1이 의미하는 바와 같이, 당신이 다른 사람의 요구나 일에 대한 책임으로부터 벗어날수록, 새로운 학습 활동을 위한 에너지와 시간을 더 많이 가질 수 있다. 지속적 학습자가 되기 위해서는 자신의 스케줄을 정기적으로 점검하여 학습을 위한 가용 시간을 마련할 필요가 있다. 가장 좋은 방법은 근무 시간의 최소한 5퍼센트 정도는 개인적 학습 활동(이러한 활동에는 교육 프로그램, 기술 향상, 팀 미팅, 인터넷 리서치 등의 활동을 포함한다)에 투자하려고 노력하는 것이다. 그리고 때때로 당신의 업무가 가벼워졌을 때는 개인적 학습 활동에 투자하는 시간을 10퍼센트 정도까지 늘릴 수도 있을 것이다.

실수나 실패로부터 학습하라

만일 당신이 학습하기를 원했던 분야에서 큰 실수를 저질렀다면 어떻게 하겠는가? 아마도 당신은 자신의 결정이 잘못됐다고 생각하고 성급하게 그 일을 중단할 것이다. 그리고 자신은 아직 애송이며 다른 사람에게 피해를 주는 일을 더 이상 해서는 안 된다고 결정을 내릴지도 모른다. 그러나 이러한 결정이 더욱 나쁠 수 있는 것은, 스스로 실시한 자기 진단 과정에서 당신이 또다시 실수를 저지를 수도 있다는 것이다.

예를 들면, 당신은 좋은 결정을 내리고서도 자신에 대한 잘못된 평가로 인해 그 결정을 번복하게 되는 잘못을 저지를 수도 있으며, 지나치게 금전적인 문제에 집착하여 위험을 기꺼이 감수했어야 할 일을 피하게 되는 잘못을 저지를 수도 있다. 사람들은 한 번 실수는 괜찮다고 말한다. 심지어는 두 번 정도의 실수도 봐줄 만하다고 말한다. 그러나 동일한 실수를 반복해서 저지르는 것은 정말로 바보 같은 짓이다. 당신이 만일 실수를 저질렀다면 그 원인이 무엇인지를 살펴보고, 학습을 통하여 동일한 실수를 다시 반복하는 일은 피해야 한다.

자신이 저지른 실수에서 배우기 위해서는 먼저 그때의 상황이 어떠했는지를 살펴보고, 다양한 시각에서 그 상황을 평가해야 한다. 그 상황에서 어떻게 하면 다른 결과를 유도할 수 있었을까, 또는 그때의 상황에서 자신의 역할이 어떠했는가를 냉정하게 분석하는 것도 필요하다. 그리고 한 걸음 더 나아가 그 상황을 발전적으로 개선시키기 위해서 자신에게 필요한 행동 양식이나 태도의 변화는 무엇인지를 생각해 보아야 한다. 가장 중요한 것은, 자신이 저지른 실수를 통해 무언가를 배우기 위해서는 인생에 있어서 누구나 실수나 잘못된 판단을 할 수 있다는 것을 인정하고 자신을 너그럽게 용서할 수 있어야 한다는 것이다.

점차 감퇴하는 지속적 학습에 대한 의욕

한 사람이 동일한 위치에서 오랫동안 근무하거나, 장기간 동일한 역할을 수행하는 경우에는 지속적 학습이 특히 더 어렵다. 일반적으로는 한 직장이나 직급에서 3년 정도 근무하고 나면, 대부분의 사람들은 다른 부서나 다른 위치에서 근무하고 싶은 변화의 욕구를 갖게 된다. 당신의 경우는 어떠한가? 당신의 현재 상황에서 학습 의욕을 나타내는 학습 곡선은 어디에 위치하고 있는가? 그리고 당신은 현재 어떤 자리에서 근무하고 싶은가? 동일한 자리나 동일한 지위에서 오래 근무하면 할수록 당신의 학습 의욕은 감퇴하게 되며, 심지어는 아예 사라지고 말 것이다.

때때로 어떤 사람이 너무나 유능한 경우, 고용주가 그 사람을 해당 직책에서 다른 조직이나 직책으로 이동시키길 원치 않는 경우가 있는데, 이러한 사람들에게 이와 같은 현상이 종종 발생하곤 한다. 또 다른 경우로는, 사람들이 일정 수준에 오르게 되면 자신의 일에 매우 익숙해져 편안함을 느끼면서 이러한 현상이 발생하기도 한다. 그림 2-2에서 보여 주는 '파멸의 고리'(doom loop)는 동일 직급에서의 기간과 지속적 학습 능력의 상관관계를 잘 나타내 주고 있다.

그림 2-2의 세로축은 '새로운 능력의 향유'를 표시하고 있다. 이는 개인의 학습 의욕과 새로운 기술을 사용하면서 느끼는 기쁨의 정도를 나타낸다. 그리고 가로축은 해당 직급에서의 근무 기간을 나타내고 있다.

그림 2-2. 파멸의 고리

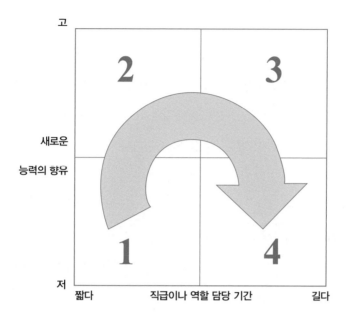

- 해당 직책에 새로이 근무하여 학습을 시작하는 사람은 1사분면에 표시된다.

- 해당 직책에서의 근무 기간이 다소 늘어나면서, 필요로 하는 기술을 학습하고 이를 다양하게 활용하는 사람은 2사분면에 표시된다.

- 해당 직책에서 상당 기간 근무하여 그 직책에 익숙해져서 새로운 기술의 활용이나 학습의 필요성이 감소하는 경향을 보이는 사람은 3사분면에 표시된다.

- 해당 직급에서 너무 오랜 기간 근무하는 바람에 새로운 기술을 학습하고자 하는 의욕이 멈추어 버리고 새로운 기술을 써보는

즐거움을 잃어버린 사람은 4사분면에 표시된다.

파멸의 고리는 직장에서의 지속적인 학습이 얼마나 중요한지를 나타낸다. 특정 직급에 오래 근무하면 할수록, 그 사람은 점점 더 취약해지며 직업에 대한 불만족이 함께 작용하여 학습 의욕을 더욱 감소시키거나 떨어뜨리게 된다. 당신은 현재 파멸의 고리에서 어떤 위치에 있는가?

- 만일 당신이 1사분면에 위치하고 있다면, 당신은 자신의 새로운 일을 잘해 내기 위해 새로운 기술과 능력을 학습하는 데 더욱 집중하여야 한다.
- 최고의 수행 능력을 보이는 지점은 2사분면과 3사분면의 사이에 위치하고 있다. 만일 당신이 2사분면에 위치하고 있다면, 당신은 그 직책이나 역할에서 전문가가 되고 있는 중이며, 새로운 기술의 학습에도 열중하고 있을 것이다.
- 만일 당신이 현재 3사분면에 위치하고 있다면, 아마도 당신은 자신의 역할을 마스터했을 것이다. 그러나 불행하게도 당신의 학습 의욕은 점차 감퇴하고 있다. 따라서 현재의 상황을 타개하기 위해 새로운 방법을 모색하게 될 것이며, 어쩌면 다른 사람을 멘토링하기를 원할지도 모른다.
- 만일 당신이 4사분면에 위치한다면, 당신은 해당 직장에서 다른 일을 하기를 원하거나 직장과는 별개의 새로운 활동을 하기

를 원하게 될 것이다. 그리고 그렇게 되어야만 자신을 재충전할 수 있으며 새로운 학습 기회를 찾을 수 있다. 만일 그렇지 못할 경우, 당신은 역할을 바꾸거나 직장을 떠나는 것을 심각하게 고려하게 될 것이다.

/ 능력 위주의 커리어 /

당신의 학습 곡선의 질을 높이기 위해서는 커리어 전문가 마이클 아서(Michael Arthur)가 제안한 '지적 커리어' 모델을 살펴볼 필요가 있다. 아서의 주장에 의하면, 모든 조직들은 능력 있는 직원을 원하며 경쟁에서 이기기 위하여 조직은 조직원들로 하여금 필요한 기술과 능력으로 무장할 것을 원하고 있다. 따라서 각 개인들은 능력 위주의 커리어를 갖추지 않으면 살아남을 수 없다고 한다. 당신의 조직에 대한 가장 최우선적인 책임은 조직에서 당신에게 필요로 하는 기술과 능력이 무엇인지를 파악하고 그것을 습득하는 것이다.

이 모델에 의하면, 당신 자신이 당신의 학습에 있어서 관리자이며 협력자라는 것이다. 그리하여 스스로 활용할 수 있는 모든 학습 기회를 이용하고 창출해 내는 데 전력을 다하여야 한다고 말하고 있다. 자신의 커리어를 새로운 학습 기회를 갖는 것에 집중시켜 나가다 보면, 커리어가 발전할수록 새로운 기술과 재능들을 개발할 수 있게 된다. 지금과 같은 '새로운 고용 계약'의 시대에서는 한 사람의 고용주에 의해 평생직장을 보장받을 수 없기 때문에, 이와 같은 '이동 가능한 지적 자산'의 개념만이 당신으로 하여금 새로운 고용주나 새로운 조직에서 필요로 하는 커리어를 갖출 수 있도록 도움을 줄 것이다.

아서의 견해에 따르면, 능력 위주의 커리어를 추구하기 위해서는 표 2-1에 나와 있는 세 가지 영역인 (1)이유를 아는 것(knowing why), (2)방법을 아는 것(knowing how), (3)누가 도움이 될지를 아는 것(knowing who)에 관한 책임은 당신 자신에게 있다는 것이다.

표 2-1. 능력 위주의 커리어에 필요한 지식

이유를 아는 것(knowing why)	조직의 문화를 이해하라. 왜 이러한 비즈니스를 하며, 해당 비즈니스에서 성공하도록 만드는 것은 무엇인가?
방법을 아는 것(knowing how)	조직에 활력을 불어넣을 수 있는 기술과 능력으로 어떠한 것들이 있는지 파악하고 이를 갖추도록 하라(자신의 부가 가치를 높여라).
누가 도움이 될지를 아는 것 (knowing who)	조직 내에서 좀더 효율적으로 일하기 위하여 조직에 있는 어떤 사람들이 자신에게 도움이 되는지를 확인하고, 그들과 동료로서의 관계를 증진시켜 나가야 한다.

*출처: 마이클 아서(Michael B. Arthur), 프리실라 클래먼(Priscilla H. Claman), 로버트 드필리피(Robert J. Defilippi), 제롬 아담스(Jerome Adams) 공저 「지적 기업, 지적 커리어(Intelligent Enterprise, Intelligent Careers)」, *The Academy of Management Executive*, November 1995.

당신의 커리어 학습 단계는 어디인가?

당신은 현재 커리어 학습 단계의 어느 부분에 와 있는가? 앞서 언급했던 바와 같이, 당신이 현재 머무르고 있는 커리어의 단계에 따라 당신에게 필요한 것들의 우선순위와 활동 계획이 달라진다. 당신의 커리어와 관련한 학습은 두 가지 측면으로 분류할 수 있다. 개인적 측면과 조직적 측면이 그것이다.

표 2-2는 각 개인이 자신의 커리어 단계에서 필요로 하는 학습 과제들이 무엇인지를 보여 주고 있다. 여기서 주의할 점은 이 표에 나와 있는 커리어의 단계들이 나이에 따른 연대순식의 배열이 아니라는 것이다. 새로운 환경에 뛰어들거나, 혹은 현재의 환경이 변하는 경우에는 이러한 단계를 나이와 상관없이 또다시 반복해서 밟아 나가야 하기 때문이다.

표 2-2. 커리어 단계별로 조직적, 개인적 측면의 중점 학습 내용

커리어 단계	조직적 측면 중점 학습 내용	개인적 측면 중점 학습 내용
시작 단계	조직에 적응	자기 관리 및 개인적 기능 향상
발전 단계	훈련 과정 및 멘토링 교육	관리자 기능 및 개인적 기능 향상
완성 단계	타인에게 멘토링 실시 (조직 내에서, 조직 바깥에서 좀더 폭넓은 역할 수행)	종합적 관리 기능 및 리더십 향상
유지 단계(정점)	조직에 대한 열정을 새롭게 함	균형 감각 및 향후 전망
커리어 변화	새로운 조직에 진입 (경력 단계 다시 반복)	기존의 조직이나 새로운 조직에서 새로운 기능 또는 적용 가능한 기능 습득

과거의 삶에서 배워라

은퇴 준비	학습 내용의 이전	비업무 분야에 필요한 기능 습득(새로운 기술 학습, 새로운 관심 분야 개발)

*출처: 도널드 수퍼(Donald E. Super), 『커리어 심리학(*The Psychology of Careers*)』(New York: Harper & Row, 1957), 더글러스 홀(Douglas T. Hall), 『조직에서의 경력(*Careers in Organizations*)』(Glenview, Ill.: Xcott, Foresman, 1976) 참조.

커리어의 발전 단계에 있는 경우 당신의 학습 방향은 지식기반을 확충시키는 데 집중되어야 할 것이다. 그리하여 당신이 맡은 분야에서 초보자의 단계를 벗어나 전문가로 탈바꿈하여야 한다. 이 단계에서 당신에게 필요한 활동은 코칭과 멘토링을 받는 것이다. 개인적 측면으로는 당신 자신의 관리자 능력과 조직원 상호 간의 관계 형성 능력을 발전시켜 나가야 한다.

커리어의 완성 단계에 있는 경우 이 단계에서는 자신의 업무에 필요한 거의 모든 것들에 능통해 있어야 하며, 모범적인 역할을 담당할 수 있어야 한다. 이 단계에서 당신에게 필요한 것은 태스크포스(task force : 특수 임무를 맡은 팀–역주)나 프로젝트 팀에서의 활동이며, 다른 사람들을 멘토링하거나 코칭하는 활동도 필요하다. 또한 전문가들의 모임이나 지속적 학습 프로그램에 적극적으로 참여하는 것도 요구된다. 개인적 측면에서는 특수한 기술이나 테크닉 분야에서 전문성을 높이기보다는 일반 관리자 능력을 확장시켜 나가야 한다.

커리어의 유지 단계(정점)에 있는 경우 이 단계에서는 당신의 학습 곡선이 하강하거나 멈추어 버릴 수도 있다. 따라서 이 사실을 조직에 알려서 당신이 조직을 위해 얼마나 많은 일을 해왔으며, 앞으로도 조직을 위해 계속 기여하기 위해서는 어떻게 해야 하는지를 의논하여야 한다. 이 단계에서 당신이 해야 할 일은 매년 자신을 재평가하고 짧은 교육 훈련에 참여하거나, 조직 내외부의 활동에 자발적으로 참여하여 경험을 축적해 나가는 일이다. 또한 현재 몸담고 있는 조직 내에서 잠재되어 있는 새로운 기회를 모색할 수도 있다. 그러나 그것이 여의치 못하면 다른 조직에 그러한 새로운 기회가 있는지를 탐색해 보아야 한다. 한편, 개인적 측면으로는 업무와 비업무적인 일상 간의 균형을 유지하도록 비업무적인 일에도 시간을 투자하여 좀 더 폭넓은 시야를 갖도록 노력해야 할 것이다. 이러한 폭넓은 시야는 조직의 피할 수 없는 문제점들을 바라볼 수 있도록 해준다.

커리어의 변화 단계에 있는 경우 학습 사이클이 다시 반복되어 시작된다. 당신은 새로운 환경에 집중하여야 하며, 새로운 환경에 맞추어 학습 사이클을 다시 새롭게 시작하여야 한다. 만일 당신이 은퇴를 준비하고 있다면, 조직적 측면에서는 자신이 알고 있는 지식을 다른 사람들에게 전수하는 작업이 필요하다. 그렇게 해야만 조직에 남게 되는 다른 사람들이 조직의 목표를 수행하는 데 있어서 필요한 지식들을 갖출 수 있다. 또한 당신은 변화를 위한 준비와 새로운 기술의 습득 그리고 새로운 관심 분야의 발굴 등에 관심을 기울여야 한다. 이 밖에 이전 환경으로부터 벗어나 새로운 변화에 적응하기 위한 노력도 기울여야 할 것이다.

/ 학습자로서의 자신을 평가하라 /

당신은 지속적 학습자인가? 지속적 학습자란 다음 리스트에 언급된 자질들을 갖추고 있는 사람을 말한다. 리스트에 언급된 것 이외에 추가로 포함시킬 것이 있다면 빈 칸에 적어 넣도록 하라.

지적 호기심이 많음	판단을 내리기 전에 모든 각도에서 바라보기를 즐겨함
실수를 기꺼이 인정함	자신에 대해서 잘 알고 있으며, 다른 사람들과 함께 일하는 방법에 대해서도 잘 알고 있음
조직의 내부 업무에 정통함	의사결정을 하거나 문제를 해결하는 데 도움이 될 만한 툴이나 방법을 발견하고 사용하는 일에 적극적임
외부 자원을 찾아서 이를 이용하고자 함	경쟁적 우위 확보를 위해 외부 자원에 관해 연구하고, 이를 활용하는 것에 관심이 많음
나이에 대한 선입견을 가지고 있지 않음 (청년층이나 장년층을 불문하고 아이디어를 진지하게 수용함)	긍정적 태도를 보임
다른 사람으로부터 피드백 받기를 즐겨하며, 이러한 피드백 관계를 구축하기를 좋아함	새로운 것들을 학습하는 데 시간을 기꺼이 투자하고자 함
의사결정을 하기 전에 주제에 관한 학습에 전념함	적응력이 뛰어나고 유연함
_____	_____

모든 사람이 지속적 학습자는 아니다. 어떤 사람은 자신의 눈앞에 있는 급박한 일들을 처리하는 데 바빠서 그 밖의 다른 일들을 할 만한 시간이 부족하기도 하다. 또 어떤 사람들은 현재의 편안함에 안주하여 현 수준을 뛰어넘는 새로운 노력을 기울이기를 싫어한다. 그밖에 특정 분야에서 자신이 전문가라고 생각하여 새로운 것을 배울 필요성을 느끼지 못하는 사람들도 있다.

- 위의 리스트에서 당신이 일을 할 때 보여 주는 행동이나 태도와 관련된 것들을 표시하여 보라.
- 그중에서 당신이 특별히 강한 것들을 2~3개 골라보라.
- 특별히 강하다고 생각되는 행동이나 태도와 관련하여, 종이 위에 각각의 항목에 대해서 그러한 특성을 보였던 자신의 경험 사례를 간략하게 기술하라. 또, 당신이 개선할 수 있다고 생각하는 항목이 있다면 2~3개를 골라보라.
- 별도의 종이 위에 해당 항목에 대해 당신이 가까운 시기에 달성할 수 있다고 생각되는 것들을 적어보라. 또한 이것들을 달성하기 위해 시도해야 할 변화에는 어떠한 것들이 있는지 적어보라.

평생 학습을 통해 자신에게 투자하다

—앨라나 베일러(Alana Baylor)

미국 남서부 및 중서부에 있는 대기업들에서 비즈니스 우먼으로 성공한 앨라나 베일러는 학습에 매우 적극적이었으며, 그녀의 커리어 전체가 지속적 학습을 통해 이루어졌다. 그녀는 자신을 지속적 학습자로 평가하고 있다.

앨라나는 스스로가 자신의 커리어 관리자였다. 자신의 커리어를 스스로 관리하는 것에 대해 그녀는 이렇게 말하고 있었다.

"무엇이 나에게 좋을지, 혹은 나쁠지를 생각하면서 내 스스로 커리어를 완벽하게 관리할 수 있었다. 그리고 모든 사람이 자신의 커리어 관리자가 되어야 한다고 생각한다. 나는 앞으로 사람들에게 자신의 커리어를 스스로 관리하는 것이 얼마나 중요한지를 말해 줄 생각이다."

그녀의 커리어 관리의 핵심 요소 중 하나는 학습에 지속적인 관심을 기울였다는 것이다. 앨라나는 계속하여 다음과 같이 말한다.

"노동 시장에서 내 자신이 경쟁력을 유지하기 위해서는 학습을 계속하는 것이 필요하다는 사실을 알았다. 지속적인 학습을 통해서만이 나의 안전이 보장되기 때문이다. 따라서 나는 내 자신에 투자할 필요가 있었다. 시대의 흐름에 뒤떨어지지 않도록 노력해야 했으며, 가지고 있는 능력이나 기술들을 항상 최신의 상태로 만들 필요가 있었다."

앨라나는 자신이 시장 경쟁력을 유지하기 위하여 새로운 것의 학습에 열중하게 되자, 새로운 것을 배운다는 것이 본질적으로 즐거운 일임을 발견하게 되었다고 말한다.

앨라나는 수십 년 동안 매우 다양한 학습 기술들을 활용하여 왔다. 이러한 것들 중에는 360도 피드백(원칙 1 참조), 커리어 평가와 워크숍 참가, 독서, 개인적 코칭, 일기 쓰기, 타인과의 대화 등이 포함되어 있다.

앨라나는 자신의 지적 호기심이 그녀에게 있어서 커다란 자산이되었다는 사실을 알았다.

"나는 끊임없이 학습의 기회를 찾았으며, 내 경험에 근거하여 자신을 향상시킬 수 있는 방법을 모색했다. 이러한 행동이 나로 하여금 관리자로서, 다른 사람의 코치로서, 팀원으로서 유능해질 수 있도록 해주었다고 생각한다. 나는 내가 필요로 하고 또 가지고 있는 여러 가지의 기술에 대한 평가를 완성할 수 있었다. 자기 진단 평가, 종이와 연필로 하는 테스트, 경력 카운슬링 모두가 나에게 수십 년 동안 여러모로 큰 도움이 되었다."

한편, 앨라나는 자신의 지속적인 학습에 타인이 어떤 역할을 하는지도 잘 알고 있었다. 그녀는 종종 특정 프로젝트를 진행할 경우 다른 사람들과 팀을 짜 의견을 공유하기도 하고, 자신이 가지고 있는 정보나 기술을 타인에게 전수하기도 했다. 그녀는 이러한 상황에 대해 다음과 같이 말하고 있다.

"나는 정보를 상호 공유하는 것에 대해 열렬한 지지를 보낸다. 이러한 정보의 상호 공유는 해당 정보가 비어 있는 나의 빈 공간을 채울 수 있으며, 정보를 공유하는 사람들과의 네트워크 구축이 가능해지기 때문이다. 비록 커리어 관리를 위한 툴과 정보에 접근할 수 있는 테크놀로지가 늘어나고는 있지만, 그러한 테크놀로지가 사람들과 직접 대화하는 것보다 효과적일 수는 없다."

앨라나는 지속적 학습이야말로 가장 확실하게 자신에게 투자하는 것이라는 사실을 깨달았다. 지속적 학습은 그녀로 하여금 시장 경쟁력을 유지할 수 있도록 해주었으며, 새로운 기술을 습득할 수 있도록 해주었고 그녀의 네트워크를 강화시켜 주었다. 또한 그녀는 지속적 학습을 통하여 개인적 자질과 직업적 자질이 향상되었음을 잘 알고 있었다. 지속적 학습을 통해 앨라나는 자신의 경험을 극대화할 수 있었으며, 과거의 성공 또는 실패 사례로부터 중요한 것들을 학습할 수 있었고, 경험의 토대가 깊어짐에 따라 끊임없이 자신을 향상시켜 나갈 수 있었던 것이다.

제2부

현재를 평가하라

제1부에서는 과거의 경험에 초점을 맞추어 정확하게 자기 진단 평가를 내리고,
과거의 실패로부터 학습하며 이를 바탕으로 지속적으로 학습해 나가는 것이
얼마나 중요한지에 대해 살펴보았다.
이제 제2부에서는 현재로 관심을 옮겨,
현재 자신에게 가장 중요한 것이 무엇인지를 살펴보고자 한다.
이에 따라 지금부터는 자신의 삶과 커리어를
과거와는 달리 보다 적극적으로 관리해 나갈 수 있도록 도움을 주는
여러 원칙들을 설명할 것이다.
이를 위해서 우리는 다음과 같은 사항을 집중적으로 다룰 것이다.

• 예측된 위험 감수의 필요성과 위험 분석 방법
• 꿈의 실현을 위해 필요한 지금을 조달하는 방법
• 커리어와 관련하여 자신이 내린 결정을 타인이 존중하도록 만드는 방법
• 미래를 위한 계획의 단계별 접근법

또한 우리는 직업의 변경이나 커리어 관리를 위해
언제라도 활용 가능한 프레임워크(틀)를 제공할 것이다.
이 프레임워크에는 실질적인 전략과 실용적인 길잡이들을 소개하고 있으며,
이러한 방법을 이용하여 새롭게 인생의 변화를 경험하였던 사람들의
실제 사례들도 포함되어 있다.

예측된 위험을 감수하라

항구에 정박해 있는 배는 비록 안전하기는 하지만,
그것이 배를 건조한 목적은 아니다.

—머레이 호퍼(Murray Hopper), 해군 제독

/ 불확실한 세상 /

지금부터 설명할 원칙 3의 주요 골자는 자신의 삶과 커리어를 분명하게 하기 위해서는 위험을 감수해야 한다는 것이다. 우리는 위험이 닥쳤을 때 적극적으로 위험에 맞서 싸울 수도 있고, 위험을 회피할 수도 있다. 하지만 지금부터 여러분들이 적극적으로 위험에 맞서 싸우려고 할 경우, 그 위험을 식별하고 평가하며 관리할 수 있는 도구와 기술, 프레임워크(framework)를 제공하고자 한다. 또한 위험을 기꺼이 감수한 사람들이 성공하거나 실패한 사례를 살펴보면서, 그들에게서 교훈으로 삼아야 할 것이 무엇인지도 살펴보고자 한다.

펜실베이니아 대학 교수인 요람 제리 윈드(Yoram Jerry Wind)는 다음과 같이 말하고 있다.

"과거 수년 동안에 일어났던 여러 재앙들, 즉 경기 침체, 테러, 전쟁과 같은 것들이 세상은 끝없이 번영할 것이라고 믿어왔던 우리의 환상을 여지없이 무너뜨리고 말았습니다. 그 결과 우리가 세상에 대해 갖고 있던 믿음은 깨져 버렸으며, 우리의 일상은 날마다 혼란에 빠지게 되었습니다."

이러한 불확실한 세계에서, 개인이 내리는 결정은 현재 매우 제한적인 정보에 의존하거나 좁은 선택 범위 내에서 이루어지고 있는 형편이다. 사실 가장 바람직한 결정은 모든 정보가 제공되며, 그 정보들이 정확하고 선택의 범위가 폭넓게 주어졌을 때 내려지는 것이라고 할 수 있다. 이러한 상황에서 의사결정자는 선택 가능한 것들에서 얻을 수 있는 결과들을 정확하게 계산하여, 자신의 기호에 가장 적합한 최적의 선택을 할 수 있다. 이때는 완전한 확신을 가지고 의사결정을 할 수 있게 된다.

/ 왜 위험을 감수하려고 하는가? /

리 아이아코카(Lee Iacocca)는 "모든 일에는 어느 정도 실패의 위험이 내재되어 있다."라고 말했다. 결론적으로 말하자면, 우리는 개인적·직업적으로 성장하기 위해, 또한 잃는 것보다 더 많은 것을 얻기 위해서는 위험을 기꺼이 감수해야 한다. 현재의 상황이나 삶의 조건을 개선시키고자 한다면 위험을 감수하지 않으면 안 된다. 만일 우리가 변화를 유발하는 어떠한 행동도 취하지 않는다면, 우리의 직장에서 자신의 지위를 높이거나 더 좋은 커리어를 갖거나 혹은 지식이 종전보다 나아지기를 기대하기란 불가능하다. 위험을 감수하는 것은 매우 효과 높은 학습일 수도 있다. 새로운 일을 경험하거나 시도하면서 우리는 실패로부터 교훈을 얻기도 하고, 성공을 통해 확신을 키워 나가기도 하기 때문이다.

윈드(Wind) 박사는 혼란의 시기에는 어떠한 전략도 낙관적일 수 없다고 말한다. 그는 '적응에 관한 실험 이론'을 제시하고 있는데, 그의 이론에 의하면 사람은 스스로 자신에게 가장 적합한 환경을 창조해 내기 위해 지속적으로 실험을 한다는 것이다. 그리고 그러한 실험을 통해 자신의 전략을 재점검하면서 환경에 적응해 나간다는 것이다.

/ 커리어 관련 위험 /

커리어에 대한 결정은 항상 3가지 종류의 위험을 내포하고 있다. 그것은 바로 물리적 위험과 정서적 위험, 재정적 위험이다.

- **물리적 위험** 모든 직업이 물리적인 위험을 안고 있다. 당신이 근무하는 사무실 천장의 석면이 떨어져 내릴 수도 있으며, 컴퓨터 작업을 하다가 손목 관절에 마비가 올 수도 있다. 또한 사무실 리모델링 공사 중에 불의의 사고로 부상을 입을 수도 있다. 어떤 직업은 다른 직업보다 특별히 더 위험할 수도 있다. 예를 들면, 소방관들은 투자은행의 직원보다는 훨씬 많은 위험에 노출되어 있다. 여러 나라를 방문해야 하는 비즈니스맨들도 물리

적 위험에 노출되어 있다고 볼 수 있다. 이 밖에 장시간 근무해야 하는 사람들이나 철야 작업을 하는 경우, 혹은 스트레스가 많은 근무 환경도 건강에 부정적 영향을 줄 수 있는 물리적 위험을 안고 있다.

- **정서적 위험** 직업과 관련하여 다른 사람들과 상호 작용을 하면서 발생하는 위험이 있다. 예를 들면, 대중 앞에서 말하기를 꺼려하는 사람이 직업상 어쩔 수 없이 대중들에게 연설을 해야 하는 경우가 이에 해당한다. 또, 세일즈 자체를 별로 달갑게 생각하지 않는 사람이 세일즈 직업을 갖는 경우에도 이러한 정서적 위험을 겪을 수 있다. 이러한 위험은 한편으로는 내적 긴장을 불러일으키지만, 다른 한편으로는 성장과 자신감을 키워 나가는 기회가 될 수도 있다. 이 밖에 또 다른 정서적 위험으로는 까다로운 동료 혹은 매우 고약한 상사와 근무하게 되는 경우를 들 수 있다.

- **재정적 위험** 이 위험은 당신의 재정적 상태와 당신이 속한 조직의 재정적 상태 양쪽 모두에 적용되는 위험이다. 미래를 위해 공부를 좀더 하고자 장기간 직장을 떠나 있어야 한다든지, 혹은 자신의 사업을 하기 위해 직장을 그만두어야 하는 경우 재정적 위험이 발생한다. 또한 당신이 속해 있는 조직이 안고 있는 재정적 위험도 당신에게 영향을 미친다. 예를 들어, 당신이 다니

고 있는 회사가 원격통신 사업을 시작했다면 「포춘(Fortune)」지에 소개되고 있는 100대 하이테크놀로지 회사들보다는 훨씬 많은 재정적 위험을 안고 있는 셈이다.

/ 위험에 접근하는 5단계 방식 /

예측된 위험을 수용하고 관리하는 데는 다음과 같은 5단계 접근 방식이 유효하다.

1단계: 자신의 위험 선호도를 파악하라

원칙 1에서 실시했던 자기 진단 평가를 참고하라. 당신이 직업이나 인생을 선택하는 데 있어서 가장 중요하게 생각하는 것은 무엇인가? 당신의 동기유발 요인은 무엇인가? 돈인가? 명예인가? 아니면 삶의 질인가? 그렇지 않다면 지겨움을 피하는 것인가? 혹은 남을 돕고 봉사함으로써 행복과 만족을 느끼는 것인가? 한편, 당신 자신은 위험을 얼마나 감수할 수 있다고 생각하는가? 이와 관련하여 다음 질문들에 답해 보라.

- 당신은 위험 추종자(위험을 찾아다니는 사람), 위험 회피자(전염병 피하듯 위험을 피하는 사람) 또는 위험 중립자 중 어디에 속하는가?
- 현재 당신의 개인적 혹은 직업적 환경에서 당신이 직면하고 있

는 위험은 어느 정도인가?

- 당신의 위험 허용도는 어느 정도인가? 일반적으로 위험 허용도 가 낮은 사람들은 안정적인 직장이나 익숙한 환경을 원하는 반 면, 위험 허용도가 높은 사람들은 새로운 도전을 좋아하고 새 로운 기술을 익혀서 자신의 영역을 넓혀 가려고 한다. 한편, 각 개인이 위험을 어느 정도나 허용할 수 있는가는 지극히 주관적 일 수밖에 없다. 이는 나이나 경제적 여건, 타인에 대한 책임감 의 정도, 자기 평가 결과 등에 따라 동일한 사람이라 할지라도 얼마든지 달라질 수 있기 때문이다.

2단계: 위험을 분석하고 평가하라

위험을 분명하게 파악하고 평가하라. 당신이 선택할 수 있는 것은 어떤 것들인가? 각각의 선택에서 예상되는 결과는 무엇인가? 또 각 각의 결과가 이루어질 가능성은 어느 정도나 되는가?

당신이 선택할 수 있는 각각의 시나리오들이 예상대로 이루어질 확률을 분석하여, 다양한 선택안들 중에서 당신에게 최대의 이익을 줄 수 있는 선택안을 찾아내는 것은 대단히 중요하다.

기대 가치(EV)를 이용한 양적 접근 커리어에 관한 의사결정이 어 떠한 경로로 이루어지는지를 보여 주는 간단한 다이어그램을 예로 들어보자. 앤 백스터(Anne Baxter)는 한 은행으로부터 비즈니스 개발 업무 매니저로 근무하지 않겠느냐는 제안을 받았다. 그녀는 과거 은

현재를 평가하라

행에서 근무했던 경험도 가지고 있었으며, 이것은 그녀에게 매우 좋은 기회였다. 그러나 그녀는 은행이 아닌 다른 산업에서 일해 보고 싶었다. 그녀가 원하는 분야는 교육 분야였다. 자신이 가지고 있는 재능을 교육 분야에서 펼쳐 보기를 원했다. 이에 자신이 할 만한 일이 있는지 알아보기 위해 여러 비영리 교육 단체에 찾아가 자문을 구했지만, 과거 이 분야에서 일한 경험이 전혀 없는 그녀로서는 마땅한 직업을 구하기가 쉽지 않아 보였다. 그녀는 자신이 교육 분야에서 새로운 직장을 구할 수 있는 가능성을 50퍼센트 정도로 평가했다. 그림 3-1은 그녀가 선택할 수 있는 선택안들을 평가하기 위해 EV(기대 가치)를 사용하는 방법을 보여 주고 있다.

그림 3-1. 위험 수용을 위한 EV(기대 가치) 사용의 예

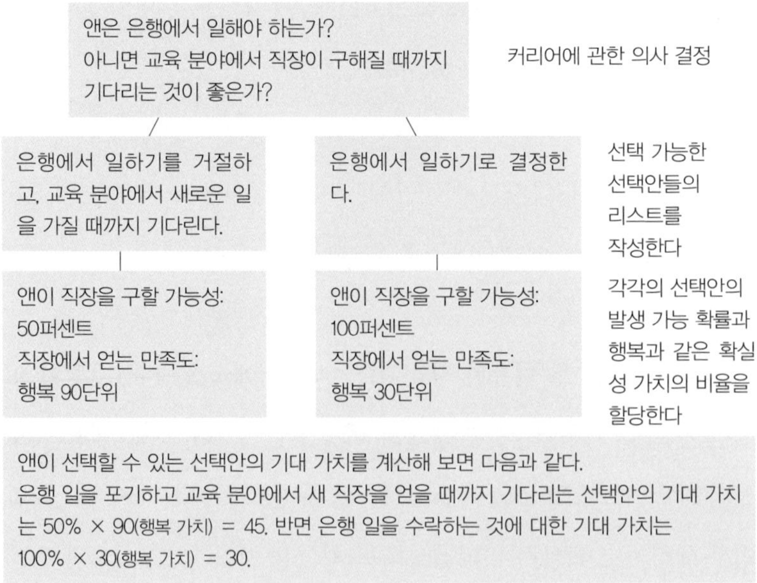

앤은 은행에서 일해야 하는가?
아니면 교육 분야에서 직장이 구해질 때까지
기다리는 것이 좋은가?

커리어에 관한 의사 결정

은행에서 일하기를 거절하고, 교육 분야에서 새로운 일을 가질 때까지 기다린다.

은행에서 일하기로 결정한다.

선택 가능한 선택안들의 리스트를 작성한다

앤이 직장을 구할 가능성: 50퍼센트
직장에서 얻는 만족도: 행복 90단위

앤이 직장을 구할 가능성: 100퍼센트
직장에서 얻는 만족도: 행복 30단위

각각의 선택안의 발생 가능 확률과 행복과 같은 확실성 가치의 비율을 할당한다

앤이 선택할 수 있는 선택안의 기대 가치를 계산해 보면 다음과 같다.
은행 일을 포기하고 교육 분야에서 새 직장을 얻을 때까지 기다리는 선택안의 기대 가치는 50% × 90(행복 가치) = 45. 반면 은행 일을 수락하는 것에 대한 기대 가치는 100% × 30(행복 가치) = 30.

만일 앤이 자신의 미래를 결정하는 기준으로 기대 가치를 적용하기로 하였다면, 앤은 은행 일을 거절하고 교육 분야에서 새 직장을 얻을 때까지 기다리는 것을 선택해야 한다.

하나의 선택안에는 몇 가지 위험이 있을 수 있으며, 각각의 위험들은 저마다의 발생 확률과 가치들을 갖고 있다. 이러한 경우에 해당 결정에 대한 기대 가치는 각각의 위험들의 확률과 가치들을 곱하여 얻어낸 기대 가치의 총합으로 산출해 낼 수 있으며, 다음과 같은 공식으로 표시된다.

$$EV = \Sigma(Pn \times Rn)$$

여기에서 P는 발생 확률이며, R은 해당 위험에
내재되어 있는 보상/가치이다.

다음은 하나의 선택안에 여러 가지 위험이 있는 경우로서, 여러 가능한 선택안 중에서 최적의 결정을 얻는 방법에 대한 예이다. 조 런드그렌(Joe Lundgren)은 A 직장을 택할 것인지, B 직장을 택할 것인지 고민 중이다. 그는 급여 조건을 가장 중요하게 생각하고 있다. A 직장에는 세 가지 위험이 내재되어 있다. 성과가 매우 좋을 경우 연봉 10만 달러를 받을 수 있다. 그러나 그 가능성은 25퍼센트 정도밖에 되지 않는다. 반면, 보통 정도의 성과를 보이면 연봉 9만 달러를 받게 된다. 이 가능성은 50퍼센트 정도이다. 그리고 평균 이하의 성과로 8만 달러밖에 받지 못할 가능성도 25퍼센트 정도나 된다. 한편, 좀더 작은 회사인 B 직장은 두 가지 위험이 있다. 하나는 성과가 매우 좋을 경우 연봉 15만 달러를 받을 수 있다. 그리고 그 가능성은 50퍼센트이다. 반면 성과가 안 좋을 경우 5만 달러밖에 받지 못할 수도 있으며, 그 확률 또한 50퍼센트나 된다.

급여 조건을 기준으로 보았을 때 조는 A 직장을 택해야 하는가? B 직장을 택해야 하는가? 그림 3-2는 이에 대한 답을 제시하고 있다.

그림 3-2. 기대 가치(EV)를 이용한 평가 결과

직장 A의 시나리오	가능성	보상 가치
우수한 성과	25%	$100,000
보통의 성과	50%	$90,000
보통 이하의 성과	25%	$80,000
EV	100%	$90,000

EV=$100,000×25%+$90,000×50%+$80,000×25%=$90,000

직장 B의 시나리오	가능성	보상 가치
우수한 성과	50%	$150,000
보통 이하의 성과	50%	$50,000
EV	100%	$100,000

EV=$150,000×50%+$50,000×50%=$100,000

기대 가치(EV)를 계산해 본 결과 A 직장의 시나리오보다는 B 직장의 시나리오가 더 나음을 알 수 있다.

문제를 조직화한 구조도를 이용한 질적 접근 의사결정 분석 전문가인 존 셀로나(John Celona)는 캘리포니아 주 팔로알토(Palo Alto)에

있는 '소송관련 위험관리 연구소'(Litigation Risk Management Institute)의
소장으로 있으며, 『전문가들을 위한 의사결정 분석(*Decision Analysis
for the Professional*)』을 저술하여 직장 선택과 같은 의사결정에 있어서
고려해야 할 문제들을 조직화한 구조도를 공식화했다. 그림 3-3은
문제를 조직화한 구조도가 어떤 것인지를 보여 준다.

**그림 3-3. 직장이나 직업과 관련한 의사결정에서 선호도, 위험, 보상 등을
종합적으로 고려할 수 있도록 만든 문제의 조직화 구조도**

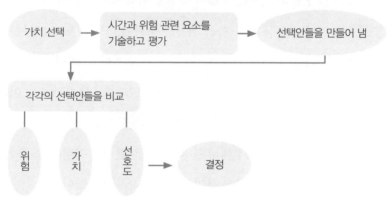

직장이나 직업을 선택할 때 선호도, 위험, 보상 등을 종합적으로 고려하여 결정하라.

셀로나는 이 구조도를 이용하여 다음과 같은 과정을 밟아 나갈 것
을 권하고 있다.

1. 당신의 가치가 무엇인지 생각하고, 이를 리스트로 작성하라(원
   칙 1에서 실시한 자기 평가 문제 참조). 당신에게 중요한 것은 무엇
   인가? 돈인가? 특정 산업인가? 쾌적한 직장인가? 혹은 커리어
   의 발전인가? 혹시 가족과 같이 보낼 수 있는 시간을 가장 중요

하게 생각하지는 않는가? 저녁시간과 주말에 자유 시간을 갖기를 원하는가? 당신이 중요하다고 생각하는 것들을 모두 적어보라. 그러면 그러한 것들이 당신의 직업이나 인생의 방향에 따라 영향을 받게 됨을 느끼게 될 것이다.

2. 당신의 시간 선호도와 위험 선호도를 생각해 보고 이를 기술하라. 시간 선호도란 얼마나 빨리 결과를 보기 원하는가 하는 정도를 말한다. 당신은 그 일이 지금 당장 이루어지기를 바라는가? 아니면 그 일이 이루어질 때까지 참고 기다릴 수 있는가? 이것은 일정 금액의 돈을 보다 빨리 취득하기 위해 어느 정도의 이자를 지불할 의향이 있는가로 비유할 수도 있을 것이다. 만일 10만 달러의 대출을 지금 당장 얻을 수 있다면, 12퍼센트에 해당하는 이자를 지불할 용의가 있는가? 아니면 5퍼센트밖에 지불할 용의가 없는가? 경제학적 관점에서 볼 때, 이것은 현재와 미래의 소비에 대하여 그 가치를 어떻게 부여하는가에 따라 달라진다.

한편, 위험 선호도는 당신이 얼마나 기꺼이 위험을 감수하고자 하는가의 정도를 의미한다. 당신은 성과에 따라 많은 금액의 상여금을 받을 가능성이 있는 경우, 낮은 급여를 감수할 용의가 있는가? 여기에는 스톡옵션이나 별도의 특별 상여금 계획 등도 포함될 수 있을 것이다. 당신이 감수해 낼 수 있는 위험의 크기는 어느 정도까지인가? 이것은 당신의 자산 상태와 매월 지출되는 경비의 규모에 따라 달라질 수 있다.

3. 당신의 선택안들을 나열하라. 선택안들은 실제로 당신이 시행할 수

있는 것이어야 하며, 단지 나열을 위한 나열이 되어서는 안 된다.

4. 당신이 중요하게 생각하는 가치들에 부정적인 영향을 미치는 선택안들을 하나씩 삭제하라. 즉, 당신이 택하기에는 희생이 너무 큰 선택안들을 배제시켜라.

5. 당신이 통제하기 어려운 위험들에 관하여 생각해 보라. 의사결정은 당신이 통제할 수 있는 것이다. 의사결정 결과에 따라, 당신은 특정 선택안으로부터 특정 가치를 얻게 될 것이다. 각각의 선택안에 내재되어 있는 위험들을 나열해 보라. 어떤 선택은 다른 것에 비해 특별히 더 많은 위험이 내재되어 있을 수도 있다. 이때 위험을 어느 정도까지 기꺼이 수용할 것인가는 당신의 위험 선호도에 달려 있다.

6. 선택 가능한 대안들의 가치를 비교해 보라. 특정 가치에 있어서 어떤 선택안이 가장 탁월한가? 위험들을 살펴보라. 주어진 선택안에서 당신이 원하는 가치를 얻는 데 그 위험들이 얼마나 영향을 미칠 것인지 살펴보라. 이러한 과정을 한 장의 종이에 차례로 써 나가면 비교적 쉽게 그 결과를 알 수 있을 것이다.

다음 사례는 릴리앤 테일러 백스터(Liliane Taylor Baxter)의 예이다. 그녀는 자신과 자신에게 소중한 사람들이 중요하게 생각하는 6가지의 핵심 가치를 설정했다. 릴리앤은 자신의 다음 직업을 결정하기 위해 2개의 선택안 중에 하나를 결정하는 프레임워크를 사용하고 있다. 그녀가 현재 고려하고 있는 직업은 통신 관련 직업과 교사다.

핵심 가치들을 선택하라

- 나는 우리 가족의 최저 생활을 유지하기 위해서 1년에 최소 8만 달러는 벌어야 한다. (V1)

- 우리 부부는 1명 내지 2명의 자녀를 갖기를 원하고 있다. 그리고 나는 아이들이 어느 정도 성장할 때까지는 아이들과 시간을 보낼 수 있기를 원한다. (V2)

- 15년 이내에 집을 장만하고, 아이들을 대학까지 보낼 수 있을 정도의 돈을 모을 수 있기를 원하고, 은퇴 후에도 지금과 같은 수준의 생활을 유지할 수 있을 정도의 돈을 벌고 싶다. (V3)

- 주당 50시간 일할 용의가 있으며, 경우에 따라서는 80시간도 일할 마음이 있다. 그러나 항상 주당 80시간씩 일하기를 원하는 것은 아니다. (V4)

- 1주일에 3회 정도는 운동할 시간을 갖기를 원하며, 그중 한 번은 주말이었으면 좋겠다. (V5)

- 나는 내 직업이 흥미로우며 전문적이고 도전적이기를 원한다. 또한 같이 일하는 동료들도 좋은 사람들이기를 바란다. (V6)

자신의 위험 선호도와 시간 선호도를 살펴보라

- 비록 그 직업이 급여가 매우 낮더라도, 성과에 따라 상여금이나 보너스, 주식 등의 형태로 보상이 주어진다면 그 직업을 택할 용의가 있다.

- 나는 주식 배정을 받거나, 혹은 개인적으로 금융 자산을 늘릴

수 있는 기회가 주어진다 하더라도 낮은 급여를 수용할 마음은 전혀 없다.

- 나는 야심찬 전략을 가지고 있고, 그 전략들이 지속적으로 결과를 생산해 내는 성장 지향적인 회사를 원한다.
- 나중에 그에 상응하는 보상이 주어진다면 새 차 구입이나 주택 구입을 뒤로 미룰 용의가 있다. 하지만 자녀들의 대학 교육을 위한 자금은 저축할 수 있어야 한다.

선택안들을 만들어 보라

- 통신 관련 직업
- 지방 대학에서 강사로 일하기

각 선택안을 비교하고, 선택안 중에서 결정을 내려라

다음에 나오는 표에서 가로열은 특정 선택안들을 나열하고 있다. 그리고 세로행의 경우 첫 번째 항목은 선택안의 리스트, 두 번째 항목은 해당 선택안에 내재되어 있는 위험들을 나열하고 있다. 자신이 뽑은 핵심 가치에 대해 각각의 선택안들이 어떠한지 평가하라. 이때 플러스(+) 혹은 마이너스(−) 기호로 표시하라. 그리고 각각의 가치들의 결과가 선택안에 내재되어 있는 위험에 따라 얼마나 변할 수 있는가를 생각해 보라.

핵심 가치

위험 요소들	V1	V2	V3	V4	V5	V6	시간 선호도	위험 선호도
통신 관련 직업								
회복을 기대하기에 매우 긴 시간이 필요한 산업. 임금 상승이 다소 더딜 것으로 보이며 상여금도 기대할 수 있다.	+	−	+	OK	OK	+	그 산업의 현재 상태로 보아, 어느 정도 기간은 수용할 수 있다.	조임이 매우 높게 시작하는 이점이 있다.
만일 회사가 합병을 당하게 되면, 그 기회를 활용할 수 있다.	+						장기적으로 볼 때 잠재력은 있으나 위험성이 높다.	최종 수입 측면에서 볼 때, 가변성이 크다.
								종합적으로 경제적 목표를 이룰 가능성은 높다.

핵심 가치

	위험 요소들	V1	V2	V3	V4	V5	V6	시간 선호도	위험 선호도
강사직	교직을 얻기가 쉽지 않으며 금여가 인상되는 데 시간이 걸린다.	−	+	−	+	+	+	정적인 생활을 유지하기에 좋다.	교직을 얻지 못할 위험이 매우 크다. 그러나 일단 교직을 얻게 되면 다른 선택안들보다 더 위험하다.
	컨설팅의 기회가 낮은 수입에 대한 보상으로 충분치 않을 수 있다.	−						잠재적으로 소득의 차원에서 큰 문제가 있다.	예상 수입이 비교적 확실하다. 그러나 그 수입이 비교적 적다.
								일단 한번 임용되면 매우 안정적이다.	생활 양식을 변경시키거나 급진적인 부분 목표를 변경하지 않으면 경제적 목표를 달성하기 어렵다.

다음으로는 돈과 위험에 대한 시간 선호도를 생각해 봐야 한다. 여기에서 제일 먼저 고려해야 할 점은 미래에 주어질 것으로 보이는 확실치 않은 보상(주식 배정 등)을 위해 현재 시점에서 일정 기간 적은 급여를 수용할 마음이 있느냐 하는 점이다. 특히 이것은 신생 기업에 취업하는 경우 거의 전형적으로 나타나는 상황이다. 당신이 매월 고지서나 공과금을 납부하기 위해 필요로 하는 금액은 어느 정도인가? 당신이 매월 필요로 하는 금액을 낮추는 대신 해당 직장이 생활 방식 등에 있어서 당신에게 제공해 줄 수 있는 것은 무엇인가? 그리고 당신은 그것을 받아들일 용의가 있는가? 4번째 항목에는 각각의 선택안에서 기대할 수 있는 금전적인 보상과 관련하여 시간과 위험에 대해 주의해야 할 점들이 기록되어 있다.

마지막 항목인 다섯 번째 항목은 위험 선호도에 관한 항목이다. 당신은 어느 정도까지 불확실성을 수용할 수 있는가? 비록 불확실하긴 하지만 보상이 매우 크다면 그 위험을 기꺼이 수용하겠는가? 예를 들어, 금전적인 보상이 확실하게 주어질 것이라는 보장이 없는 상황에서 많은 시간을 근무해야 하며, 심지어는 개인적인 시간까지도 빼앗길지 모르는 직업을 선택할 수 있는가? 한편, 당신은 어느 정도 위험을 감수할 수 있는가? 만일 주식 배정과 같은 보상이 주어진다면 수입을 전혀 얻지 못해도 수용할 수 있는가? 반면, 자신이 진정으로 원하는 지위를 얻지 못할 것이 확실함에도 위험도가 낮다는 이유로 그러한 선택안을 받아들일 수 있는가?

이러한 예에서 당신이 가장 좋은 선택안을 결정할 수 있는 비법은 없다. 각각의 선택들은 저마다 확실치 않은 면들을 가지고 있다. 어쨌든 릴리앤은 자신과 자신에게 중요한 사람들의 가치에 근거하여 결정을 하게 될 것이며, 그 결정은 그녀에게는 가장 적절한 결정이 될 것이다. 중요한 점은 사람들이 저마다 다른 가치 체계를 가지고 있으며, 자신들에게 적합한 결정을 내리기 위해 각각의 가치에 대해 서로 다른 가중치를 부여한다는 사실이다.

여기서 배워야 할 점은 어떤 선택이 최상의 선택인지 가리기 위해 고려해야 할 것이 무엇인가 하는 점과 또한 계획을 짜고 실행하기 전에 이러한 위험 평가에 근거하여 선택안들을 상호 비교해 보는 것이 대단히 중요하다는 점이다.

3단계: 위험을 관리하라

일단 당신이 어떤 선택안을 택할 것인지, 그리고 그 선택안에는 어떤 위험들이 내재되어 있는지 파악하였다면 다음에는 그러한 위험들을 관리해야 한다. 위험을 관리한다는 것은 위험이 발생할 확률을 낮추든지, 혹은 위험이 발생했을 때 그 피해를 최소화시키는 것을 의미한다.

예를 들어, 당신은 사전에 면접 준비를 철저히 하여 면접에서 실패할 위험을 관리할 수 있다. 면접과 관련하여 면접 전에, 면접 중에, 또 면접이 끝난 후에 취할 수 있는 일련의 행동들이 있다. 원칙 9에서는 이러한 행동에 어떤 것들이 있는지 자세히 밝히고 있다.

만일 당신이 투자자를 물색 중이라면 그들의 투자 결정 기준과 포트폴리오 전략을 사전에 파악하여 그들을 사로잡을 수 있는 사업 계획을 마련한 후에, 그들 앞에 나서서 투자자 유치 실패의 위험을 최소화하는 것이 바람직하다.

당신이 현재의 직장을 그만두고자 한다면, 갑작스럽게 직장을 그만두는 것보다는 직장에 다니고 있는 동안에 선택할 수 있는 대안을 찾아내어 충격을 완화하고 피해를 최소화하도록 노력하라. 구체적인 방법으로는 파트타임으로 할 수 있는 일을 찾아보는 것 등이 해당될 것이다. 그렇게 하여 당신이 직장을 그만두게 될 때까지 위험을 줄여 나가면서 예기치 않게 일어날 수 있는 일들이 무엇인지를 생각하고, 단계적으로 계획을 세워 추진해 나가도록 하라.

4단계: 계획을 수정하고 보완하라

계획을 진행시켜 나가는 과정에서 학습하게 된 것이나 주의해야 할 것들을 명심하라. 비록 계획을 진행시켜 나가는 과정에서 실패나 좌절이 있을지라도 그 실패와 좌절에서 무엇을 배울 수 있을지 살펴보아야 한다. 그리하면 중간에 궤도 수정을 통하여 최대한 빨리 실패의 길에서 성공의 길로 옮겨갈 수 있다.

- 해당 위험이 반드시 감당할 필요가 있는 것인지 살펴보라. 굳이 불필요한 위험을 감수할 이유는 없다.
- 나무만 보고 숲을 보지 못하는 우를 범하지 말라. 또한 자신이 내릴 결정에서 최상의 시나리오와 최악의 시나리오를 예상해

보라. 만일 최악의 시나리오가 당신에게 그다지 나쁘지 않은 반면, 최상의 시나리오는 당신에게 믿을 수 없을 정도의 행복을 가져다줄 수 있다면, 더 이상 무엇을 주저할 것인가?(피터 드러커는 다음과 같이 말했다. "위험을 감수하지 않으려는 사람들도 일 년에 한두 가지 정도의 큰 실수는 저지르게 마련이다. 하지만 정작 위험을 감수하는 사람들이 일 년에 저지르는 큰 실수는 많아야 한두 가지 정도밖에 되지 않는다!")

- 분석에서 실수를 저지르지 않도록 주의하라. 이를 위해서는 적절한 분석 도구나 기술 혹은 분석 모델이나 프레임워크를 쓰는 것이 좋다. 하지만 자신의 내면의 소리에도 귀를 기울일 줄 알아야 한다. 자신의 잘 발달된 예감을 적극 활용하라.

- 일단 무엇을 할지 결정하였다면 과감하게 밀고 나가라. 자신의 모든 의지를 그 결정에 쏟아 부었을 때만이 좋은 결과를 얻을 수 있다. 동기 부여를 하여 계속 전진해 나가라. 그리고 필요할 때마다 계획을 보완하고 수정하라.

- 당신은 자신이 감당할 수 있는 능력 이상의 일을 해낼 수 있는가? 당신은 문제를 해결하기 위한 통찰력을 얻기 위해 내적 자아와 대화를 나눌 수 있는가? 당신은 면접에서 면접관에게 그 직장과 관련된 많은 사항을 질문할 수 있는가? 당신은 상황을 분석하고 평가하는 데 많은 시간을 할애할 수 있는가?

- 당신은 자신이 내린 선택안을 헷지(hedge)할 수 있는 수단, 즉 모든 달걀을 하나의 바구니에 담지 않고 복수의 선택안을 택하

여 위험을 분산시킬 수 있는가? 헷지라는 것은 내재된 위험을 없애기 위해 반대편에도 베팅을 하여 위험을 줄이는 투자 행위를 말한다. 예를 들어 설명하자면, 당신이 정말로 들어가고 싶은 직장에 취업되기를 기다리면서 새로운 비즈니스를 시작하여 수입을 보충하는 행위 등이 이에 해당할 것이다. 혹은, 낮에는 자신의 강점을 활용할 수 있는 익숙한 직장인 사무직에 종사하면서, 저녁에는 파트타임으로 코미디 프로와 같은 전혀 새로운 분야에서 일해 볼 수도 있다.

삶과 직업에 있어서 모험가 정신을 발휘하다

—랜스 힐(Lance Hill)과 그의 아내 재닛(Janet)

 랜스 힐과 재닛은 자신들의 일과 인생에서 발생할 수 있는 위험들을 충분히 분석한 후에 모험가 정신을 발휘한 사람들이다. 그들은 서로의 생각을 교환하고, 결정을 내린 후에는 정기적으로 진행 상황을 점검해 나가는 방식을 택했다. 페루의 안데스 산맥을 등정할 때나 유카탄(Yucatan) 해변에 있는 작은 마을로 가기 위해 정글을 뚫고 나갈 때도, 그리고 네팔에 있는 산악 등반에 참여했을 때에도 그들은 자신들에게 닥쳐온 문제를 해결하기 위해 서로의 생각을 교환하고 도와주며 함께 노력했다. 그들의 일과 인생은 이러한 면을 그대로 반영하고 있다. 각자가 자신들의 핵심 가치가 무엇인지를 파악하고는 같이 성장하기 위해 노력하면서, 서로를 도와주고 존중해 주는 모습으로 살아왔던 것이다.

 금년에 그들 부부는 새로운 모험을 시작했다. 바로 뉴질랜드로 이주한 것이다. 그들은 항상 해외에서 살기를 희망했었다. 랜스의 아버지가 52세의 나이에 심장병으로 돌아가신 후 랜스의 어머니는 그가 평소에 마음먹고 있던, 세상을 더 넓게 보고 싶다는 꿈을 실현해 보도록 권유하셨다. 랜스와 그의 아내 재닛은 그때부터 자신들의 계획에 해외로 나가서 사는 것을 포함하게 되었다.

한편, 그들 부부는 지금까지와는 전혀 다른 직업을 생각하고 있었다. 랜스는 이렇게 말했다.

"아내 재닛은 뉴질랜드에 있는 큰 병원 중 한 곳에서 산파 보조원 역할을 하기로 했습니다. 그 일은 지금까지와는 달리 의료 분야에서 근무하고 싶어 하는 그녀의 열망을 만족시킬 만한 일이었습니다."

랜스도 런던에 있는 여러 곳의 회사에서 높은 급여를 지급하겠다는 제의를 모두 거절하고 직접 컨설팅 회사를 차렸다. 이는 보다 폭넓은 사업 경험을 쌓고 싶은 그에게는 매우 좋은 기회였다.

재닛과 랜스는 뉴질랜드로 이주할 경우 발생할 수 있는 위험들을 하나씩 구체화해 나갔으며, 그 위험들을 관리할 수 있는 방법들도 생각해 나갔다. 예를 들면, 이국에서 살게 되면서 생길 수 있는 정서적인 위험을 관리하기 위해, 정기적으로 고향을 방문하고 평소에도 계속 가족들과 연락할 수 있는 방법들을 구체화시켰다. 랜스가 시작할 컨설팅 회사와 관련하여 발생할 수 있는 경제적 위험에 대비해, 첫해에는 수입이 전혀 없을 것이라 가정하고 다른 수입으로 살아갈 수 있는 방법들을 찾아보았다. 그들 부부는 또한 자신들이 예상치 못했던 일이 발생할 경우를 대비한 계획도 세웠다. 즉, 랜스의 사업이 여의치 않거나 또는 그들의 재정적 상황이 매우 악화되어 더 이상 버티기가 어려울 경우에는 즉시 미국으로 돌아와서 다른 기회를 찾아보기로 했다. 랜스는 사실 자신의 사업을 시작하기에는 준비가 완전치 못했지만, 아내인 재닛의 새로운 분야에 대한 관심과 결심이 대단하다는 사실을 깨닫고는 모험을 감행하기로 결심하게 된 것이다. 그 후 랜스는 사업을 진행해 나가는 과정에서 실수나 과오를 범하기도 했지만, 이러한 학습을 통해 변화와 위험을 관리할 수 있었고 개인적인 성장도 이루어 나갈 수 있었다.

자신의 삶 전체에 대한 비전/커리어 모자이크라는 더욱 큰 그림을 그리기 위하여 랜스가 기울였던 이와 같은 커리어 관리 과정은 다른 사람들에게도 큰 도움이 될 것이다.

- 다른 사람이 바라는 목표나 수준이 아닌 자신만의 목표와 수준을 설정하라.
- 처음부터 완벽함을 추구하다가는 결코 바라는 것을 달성할 수 없다. 일단 계획을 진행시키고, 상황이 진행되는 과정을 보면서 수정해 나가는 방법을 택하라.
- 당신의 정열이 식고 몸과 마음이 지쳤을 때, 자연스럽게 다가가 도움을 청할 수 있는 사람을 미리 만들어 두라.
- 타인의 기대대로 하기보다는 그들의 기대를 관리하라.
- 실패 후에 다른 분야로 뛰어들기보다는 일이 잘 풀리고 있을 때 시작하라.

5단계: 현재를 다양화하여 미래를 대비하라

금융 부문에서 분산이라는 개념은 위험을 최소화할 수 있는 전략임이 입증되었다. 이 개념을 커리어 관리와 인생의 방향을 결정하는 데에도 적용할 수 있을 것이다. 다음은 위험을 줄이기 위한 분산 전략의 예이다.

- **직업과는 다른 분야에 투자하라** 예를 들어, 당신이 GM에 근무하고 있다면, 자동차 산업에 당신의 모든 자산을 투자하지 않도록 주의하라.

- **당신의 배우자와 당신의 직업이 서로 다르도록 하라** 만일 당신의 배우자가 위험도가 높은 직업을 가지고 있다면, 당신은 안정적인 직장을 갖는 것이 좋다. 서로 다른 산업에서 근무하거나 다른 형태의 직장에서 근무하는 것이 당신과 당신의 배우자가 위험에 노출되는 것을 최소화시킬 수 있는 방법이다. 만일 당신이 속해 있는 직장이나 산업이 급격히 위축되고 있다면, 당신의 배우자는 좀더 안정적이거나 성공적인 곳에 있어야 한다. 만일 당신의 직업에 대한 수요가 그다지 많지 않다면, 당신의 배우자는 비교적 수요가 많은 직업을 택하는 것이 좋다.

- **당신의 조직도 다양화가 필요하다** 당신의 조직이 맞는 위험은 결국 당신에게도 영향을 줄 것이다. 따라서 당신의 회사가 하나 이상의 다양한 산업이나 영역, 비즈니스 라인이나 시장에서 활동을 하도록 하라. 그리하면 당신의 조직에 미치는 위험은

훨씬 줄어들게 될 것이다.

- **당신의 기술과 재능을 다양화시켜라** 기술과 재능만 있다면 얼마든지 다양한 분야에서 활동할 수 있으며, 이에 따라 소득을 얻을 수 있는 여러 선택안들을 갖게 될 것이다. 그래야만 만일 한 가지 기술에 대한 수요가 없을 경우, 당신이 가지고 있는 기술자산 포트폴리오에서 또 다른 기술을 끄집어내어 쓸 수 있을 것이다. 원칙 1에서 언급한 핵심 역량에 내하어 다시 한 번 생각해 보라. 당신이 가장 잘하는 기술 이외에 앞으로 발전시켜 나갈 수 있는 또 다른 기술을 개발하여 우발적인 위험에 대비하라. 예를 들면, 이벤트를 기획하는 일이나 혹은 골프나 프랑스어를 가르치는 일을 취미 활동으로 할 수 있을 것이다. 원칙 10에서는 후퇴의 기미가 분명한 기술, 일생을 두고 개발할 만한 기술에는 어떠한 것들이 있는지 자세히 언급하고 있다.

- **당신의 고객을 다양화하라** 이것은 당신의 달걀을 한 바구니에 담지 말라는 의미이며, 또 한 회사에만 인생을 의지하지 말라는 것이다. 다른 산업이나 영역, 다른 지역, 연령의 차이가 나는 사람과도 폭넓게 관계를 유지하라.

다양화의 최종 목적지―포트폴리오 커리어

2002년에 재위 50년을 맞는 기념식에서 엘리자베스 2세 여왕 (Queen Elizabeth II)는 다음과 같이 말했다.

"변화는 계속되어야 합니다. 그 길만이 우리의 미래를 분명하게 해줄 수 있습니다."

과거에는 직업을 바꾸거나 이 직장에서 저 직장으로 옮겨 다니거나 또는 풀타임 근무가 아닌 다른 형태의 근무(파트타임, 프로젝트식 근무 등)는 좋게 인식되지 않았다. 또한 그러한 비전통적인 방식으로 근로 계약을 체결하는 것은 근로자들이 불안해져서 고용주에게 전적으로 충성할 수 없도록 만들었다. 따라서 사람들은 그러한 근무 방식에 대해 오랫동안 관심을 갖지 않았다.

그러나 시대가 변했다. 이제는 직장을 자유롭게 옮기는 것이 그 횟수가 너무 빈번하지만 않다면 오히려 그 사람이 유능하며 적응력이 뛰어나고 신뢰할 만한 사람이라고 생각하는 시대가 되었다. 또한 각 개인들의 상이한 커리어 모델에 대한 욕구와 가치가 높아지고 있다. 이러한 커리어 모델에 대해 사람들은 이를 커리어 모자이크, 포트폴리오 커리어, 경계 없는 커리어 등 다양한 이름으로 부른다(원칙 1의 커리어 모델 관련 자기 평가 문제를 참조하라).

원칙 4에서는 이와 같은 다양한 커리어 모델에 관하여 심도 있게 다루고 있다. 이제 '프리 에이전트'(free agent)의 시대가 도래했다. 할리우드를 생각해 보라. 할리우드에서 일하는 사람들은 자신들이 속한 조직의 내부 및 외부에서 다양하게 쓰일 수 있는 기술들을 습득하고 발전시켜 나가고 있다. 사람들은 마치 배우들처럼 한 명의 고용주에게 자신을 귀속시키려고 하지 않으며 동시에 여러 개의 프로젝트에 참여하려 노력하고, 하나의 프로젝트가 완료되면 곧바로 다른 프로젝트에 참여를 시도하고 있다.

두드러진 특징 이와 같은 전통적 고용 계약의 변화는 개인적 성향과 기업들의 욕구가 변했기 때문이다. 구체적으로 다음의 두 가지 원인을 들 수 있다.

- **근로 계약 조건의 변화** 이제 일생 동안 한 회사에서 평생토록 근무할 수 있는 기회는 거의 없어졌다. 각 기업들은 근로자들에게 좀더 많은 기술의 습득과 학습 기회를 제공하고 있지만, 평생고용을 보장하지는 않는다. 기업들은 자신이 원할 때에는 언제든지 근로자를 해고할 수 있다.
- **복잡한 테크놀로지의 사용과 활용도의 증가** 새로운 테크놀로지의 사용으로 사람들은 종전과는 다른 방식으로 일하는 것이 가능해졌다. 이제 사람들은 집에서도 일할 수 있게 되었으며, 가상적 공간에서 일하는 것도 가능해졌고, 또한 다른 사람에게 의존하지 않고 독립적으로 일할 수도 있게 되었다. 그들은 자신들이 지니고 있는 기술을 가지고 자신이 원하는 어느 곳에서도 일할 수 있게 된 것이다.

또한 직업에 대한 인식의 변화가 고용 시장의 극적인 변화를 가져오게 하였다. 닷컴 기업들의 열풍으로 파트타임직, 계약직, 프로젝트별 고용 등이 붐을 이루게 되었으며 전통적인 굴뚝 산업들이 구조 조정을 겪으면서 많은 근로자들을 해고하자, 자연스럽게 유동적인 노동 시장이 형성되었다.

캐쉬 플로(cash-flow) 삶―포트폴리오 커리어

포트폴리오 커리어에 대한 개념은 원칙 1에서 자세히 소개했다. 다양화된 포트폴리오 커리어를 갖는 것이 위험을 최소화할 수 있으며, 삶에 있어서 다양성과 자극을 줄 수 있고 또한 만족도도 높여 준다. 찰스 핸디(Charles Handy)는 『불합리의 시대(Age of Unreason)』에서 포트폴리오 근로자라는 개념을 처음으로 썼는데, 이는 봉급 생활자가 아닌 현금의 흐름을 좇아 살아가는 사람을 지칭하는 용어다. 이제 사람들의 소득은 한 직장에서 매월 규칙적으로 급여를 받는 것이 아니라 다양한 소득원을 통해서 동시에 벌어들인다는 것이다.

포트폴리오 커리어를 가진 사람의 예를 한번 살펴보자. 전직 리쿠르트 회사의 임원이었던 그레이서 헌터(Gracia Hunter)는 현재 직장을 구하는 사람들에게 커리어 코치를 해주는 일을 파트타임으로 하고 있다. 그녀는 임시직 근로자를 큰 기업체에 제공하는 용역 회사와 계약하여 때때로 자신의 수입을 보충하고 있으며, 신규 사업을 전문적으로 지원해 주는 기업의 팀원으로 일하기도 한다. 그 밖에 남는 시간에는 자신의 컴퓨터 기술을 사람들에게 가르치는 일로 자원 봉사하고 있다.

포트폴리오 커리어란 이처럼 보수를 받는 일이나 보수를 받지 않는 일 모두를 통칭한다. 따라서 주된 직장 이외에 당신에게 추가적인 소득을 가져다주거나 삶을 더욱 풍요롭게 해주는 부가적인 일들 모두가 포트폴리오 커리어에 포함되는 것이다. 현재 포트폴리오 커리어를 가진 사람들은 직업이라는 것을 자원 봉사를 포함한 평생 학

습을 통해 자신의 커리어를 관리하는 모든 활동을 포괄하는 의미로
받아들이고 있다.

/ 실패로부터의 학습과 우발적 사건의 발전 /

당신이 아무리 위험을 줄이려고 노력하더라도 도저히 통제할 수
없는 일들이나 예기치 않은 사건들이 일어날 수 있다. 이러한 이유
때문에 항상 최악의 상황이 발생할 것을 예상하여, 그러한 일이 일어
났을 때 어떻게 행동할 것인가를 미리 준비하고 있어야 한다. 자신에
게 최악의 상황에서 빠져나올 수 있는 전략이나 행동 계획이 세워져
있는지 반드시 확인하라. 만일 그러한 위기 상황에서 무사히 빠져나
왔다면 그 다음에는 어떻게 할 것인가? 원칙 2에서 우리는 이미 과거
의 실수로부터 학습하는 방법을 자세히 설명하였다. 이를 참조하여
실패에서 배움을 얻어 현재의 상황을 개선시켜 나가야 할 것이다.

/ 위험 관리 방법 /

- 결코 불필요한 위험을 감수하지 말라. 해당 위험을 꼭 감수해
  야만 하는 것인지 살펴보라. 또한 자신이 감수하기를 원하고
  있는지도 확인하라.
- 위험에 관하여 깊게 생각하라. 충분한 시간을 가지고 과연 그
  위험을 감수할 필요가 있는지 고려해 보아야 한다.

- 사용 가능한 모든 수단과 자원을 동원하여 위험을 관리하라. 심지어는 본능적인 감각도 최대한 활용토록 하라. 한편, 성공이나 실패 사례로부터 배운 것을 최대한 활용하라. 이러한 경험을 통하여 당신은 점차 위험을 다루는 데 익숙해질 것이다.

- 자신이 무엇을 염려하고 있으며 두려워하고 있는지 확실하게 알도록 하라.

- 소중한 사람들을 포함하여 중요한 사람들의 우선순위를 정하고 그들로부터 협조와 지원을 끌어내라.

- 흥미롭게 생각하는 분야와 취미를 즐겨라. 그리고 이러한 활동을 통하여 항상 당신을 긍정적인 상태로 유지하도록 하라.

- 실패할 경우, 어떠한 일이 발생할 것인지에 대해 지나치게 염려하지 않도록 하라. 당신이 내리는 결정이나 행동의 결과를 가능한 한 객관적으로 바라보도록 노력하라. 만약 이 일에 실패하면 해고될 것인가? 또는 상사나 동료가 당신을 처벌할 것인가? 만일 지금 당장 사업을 시작하지 않는다면, 영원히 그런 기회가 다시는 주어지지 않을 것인가?

- 사실 당신은 이러한 것들을 너무도 잘 알고 있다. 만일 문제가 될 것들이나 고려해야 할 것들이 어떤 사항인지 인식하였다면, 자신의 내적 감각들에게 최대한 이것을 알리도록 하라. 당신이 본능적으로 보유하고 있는 내적 감각에 이것을 맡기고 그것들을 신뢰하라.

- 현재 당신이 처해 있는 상황이나 직장 또는 직업에서 당신이

직면할 수 있는 최고 위험의 한계를 설정해 보라. 예를 들면, 당신은 외국에 이주하여 근무를 하는 것이 불가능하거나 산업 또는 직종을 바꾸지 못할 수도 있다.

- 당신의 위험을 관리하기 위한 계획을 세우고 그 계획을 진행시켜 나가라(원칙 6 참조).

- 목표는 높게 설정하되 기대치는 낮게 잡아라. 절대로 성공을 확신해서는 안 된다. 때로 당신은 실패할 수도 성공할 수도 있다. 그것으로 족한 것이다. 가능한 한 물 위에 오래 떠 있을 수 있도록 노력하는 것이 중요한 것이다.

- 위험에 직면하게 되면 여러 가지 다양한 형태의 질문을 던져라. 가지고 있는 정보가 많을수록 현명한 결정을 내릴 수 있는 확률은 높아진다. 그리고 현명한 결정을 내리게 되면 그만큼 위험 관리는 쉬워진다.

- 당신을 변화하지 못하도록 막는 타성에서 벗어나라. 사람들은 오랜 기간 현재의 위치에서 교육과 훈련을 받아왔기 때문에 자신도 모르게 타성에 젖어 있다. 이러한 것들은 당신에게 깊이 뿌리를 내려 새로운 변화로 나아가려고 하는 것을 억제하는 역할을 한다. 또한 지금까지 이루어 왔던 성공이나 지위 또는 신분이 당신에게 닻의 역할을 할 수도 있다. 그러한 것이 때에 따라서는 좋은 역할을 하기도 하지만, 때에 따라서는 악영향을 미칠 수도 있다. 이는 당신이 현재의 지위에서 안정적으로 머물기를 원하는지, 혹은 파도를 타고 나아가기를 원하는지에 달

려 있다.

위험을 기회로 인식하기 위해 노력하라. 오프라 윈프리(Oprah Winfrey)는 다음과 같이 말했다.

"행운은 기회를 맞이하기 위해 준비하는 사람의 몫이다."

커리어와 고객을 다양화하다
—다이애나 챈(Diana Chan)

　다이애나 챈은 자신의 위험 관리 능력을 오랜 기간 동안 발전시켜 왔다. 그녀는 미시시피 강 유역의 목화 농장과 잡화점을 경영했던 부친의 맏딸로 태어나, 아버지가 35세의 젊은 나이에 암으로 갑작스럽게 세상을 뜨자 어머니를 도와 집안의 가장 역할을 맡아야 했다. 그녀는 동생들에 비해 발육 상태가 좋아 어린 동생들의 어머니 역할을 맡게 되었으며, 자연스럽게 감성적인 면에서도 리더가 되었다. 챈은 다음과 같이 말한다.

　"우리 가족은 믿을 수 없을 정도로 가까워졌다. 아버지의 죽음이 우리를 똘똘 뭉쳐 가난을 이겨내고 미래를 향해 나아갈 수 있도록 하는 계기가 되었다. 어머니는 우리들에게 바람직한 역할 모델이었다. 우리는 어머니가 가족을 부양하기 위해 매번 다른 기술을 써가며 수차례에 걸쳐서 직장을 바꾸는 것을 지켜보았다. 어머니는 힘든 일을 하면서도 우리에게 인내와 낙천적인 생활 자세 등 바람직한 가치를 가르쳐 주었다."

챈은 숫자에 재능이 많았기 때문에 미시시피 대학에서 회계학을 전공했다. 그녀는 회계학이 실용적인 학문이며, 자신에게는 하나의 도전이 될 수 있다는 것을 알았다. 챈은 리더십과 학업 성적이 매우 뛰어나, 졸업을 앞두고 좋은 기회를 얻을 수 있었다. 1970년대로서는 매우 드문 케이스로, 여성이며 아시아인이기도 했던 챈이 '빅 8' 회계 회사 중 하나인 딜로이트 & 투쉬(Deloitte & Touche) 사에 취업할 수 있었던 것이다. '빅 8' 회계 회사는 그녀가 다니던 미시시피 대학에서 오직 두 명의 여성만을 채용했다. 챈은 자신에게 기회가 다가왔음을 직감했다. 하지만 기회의 이면에는 주로 남성들만이 근무하는 곳에서 소수의 여성으로 근무하는 것에 대한 위험도 도사리고 있음을 알고 있었다. 후에 챈은 산업체와 금융 부문의 경험을 쌓기 위해 셰브론 코퍼레이션(Chevron Corporation) 사로 직장을 옮겼다가, 다시 '빅 8' 회계 회사 중 선두의 위치에 있던 KPMG에 입사했다. 그곳에서 챈은 세금 부문을 전담하게 되었다.

결혼하여 첫 번째 아이를 임신하게 되자 챈과 그녀의 남편은 이를 계기로 자신들의 전체적인 인생의 비전을 설계하면서, 현재 자신들이 가지고 있는 직업이 그 비전에 적합한지를 살펴보게 되었다. 남편과 함께 자신들이 무엇을 원하고 있는지, 그들에게 소중한 것은 어떤 것들인지 깊이 있게 의논한 뒤 그들 부부는 변화를 추구하기로 결심했다. 그들에게 중·단기 관점에서 제일 중요한 것은 유연한 근무 시간과 자녀를 돌볼 수 있는 충분한 시간을 제공해 주는 직장이나 일이었다. 또한 챈은 세금과 회계 부문에 대한 흥미와 경험을 충분히 활용할 수 있어야 했다. 챈은 이를 전체적으로 충족시킬 수 있는 것은 자신의 사업을 시작하는 것이라고 결론 내렸다. 한편, 경제적인 부담을 최소화하기 위해 시작 단계에서는 집을 사무실로 한 1인 창업을 시작했다.

챈은 'Chan CPA'라는 회사를 설립하여, 자신과 교류가 있었던 개인들과 작은 규모의 회사들을 상대로 세무회계 업무를 전담해 주는 일을 하게 되었다. 사업은 날로 번창하였으며, 곧이어 챈은 자신과 비슷한 입장에 처해 있으면서 계속 회계 업무를 하고 싶어 하는 또 다른 여성을 전문 회계사로 채용했다. 챈은 사람을 채용할 때 자신이 이미 그 실력을 잘 알고 있는 사람이거나 혹은 그쪽 계통에서 상당히 널리 알려진 사람만을 선발하여, 직원 채용에 내재된 위험을 관리해 나갔다.

챈이 두 번째 아이를 갖게 되었을 때도 챈의 사업은 여전히 번창하였으며 그녀 자신도 그 일을 즐기고 있었지만, 이미 챈은 마음속에 또 다른 도전을 준비하고 있었다. 그녀는 이제 회계 사업이 아닌 전혀 새로운 분야에 도전하고 싶었다. 그리하여 챈은 직원들의 업무 영역을 자신이 하던 부분까지 할 수 있도록 좀더 폭넓게 개발시켜 나갔으며, 일상적 오퍼레이션 업무를 담당할 수 있는 사람들을 추가로 고용했다. 또한 남편의 윈드서핑 동료들의 소개로 퀀텀(Quantum) 사에서 파트타임 컨설팅 업무를 맡게 되었다. 그녀는 이 일을 통하여 세무회계 사업을 계속해 나가는 한편, 전혀 새로운 하이테크놀로지 분야를 배워 나갈 수 있었다.

퀀텀 사에서 5년 정도의 시간을 보내면서 이제는 더 이상 아이들을 돌보는 데 많은 시간이 소요되지 않게 되자, 그녀는 좀더 많은 책임을 맡는 상위 관리자의 직책을 맡아 다양한 프로젝트에 참여했다. 예를 들면, 오라클(Oracle) 사가 추진하던 범세계적인 전사적 자원 관리(enterprise resource planning, ERP)와 같은 전략적 프로젝트 팀의 리더 역할을 맡기도 했다. 그녀는 그 프로젝트에서 전략적 제휴를 위한 국제간 적용 시스템을 개발했고, 원가 절감을 위한 통합회계 및 사업 시스템도 만들어 냈다. 퀀텀 사에서 근무했던 경험이 그녀에게 새로운 분야에서 재능을 발휘할 수 있도록 해주었으며, 동료들에게 리더로서 또한 관리자로서 신뢰를 줄 수 있었다. 그리고 이 분야에서의 경험은 그녀에게 하이테크 산업에 대한 더욱 깊이 있는 지식을 제공해 주었다.

닷컴 열풍이 불어왔을 때, 챈은 자신에게 또 다른 기회가 찾아왔다는 것을 깨달았다. 그녀가 세무 업무를 처리해 주고 있는 기업들이나 개인들, 퀀텀 사의 동료들의 소개로 알게 된 사람들을 통하여, 이제 막 창업한 회사들이 사업 전략이나 기획, 오퍼레이션, 금융, 회계, 인력 관리, 구매 분야와 같은 곳에 전문가를 고용할 여유가 없다는 사실을 알게 되었다. 그리하여 챈은 Chan CPA의 업무 영역을 확장하여 이러한 서비스를 전문적으로 제공하기로 했다. 그녀의 서비스에 대한 수요가 폭발적으로 증가하자, 챈은 자신과 함께 성장할 수 있는 능력과 다양한 재능을 가지고 있는 사람들을 추가로 고용했다.

닷컴 열풍이 사라지고 거품이 꺼진 지금 시점까지도 챈은 자신이 고용한 직원들을 한 사람도 해고시키지 않고 계속 고용하고 있다. 챈의 사업은 어려운 시기에도 살아남을 수 있었을 뿐만 아니라 계속 번창해 나갔다. 이는 일찍부터 챈이 고객을 창업 회사로부터 금융 서비스 회사나 전통적 기업들로 다양화하는 방법으로 위험을 관리했기 때문이다. 챈은 또한 자신이 고용한 직원들의 강점과 그들이 흥미 있어 하는 분야를 중심으로 하여 직원들의 개인적인 발전도 적극 권장했다. 그리하여 그녀의 사업은 다른 경쟁사들이 주춤할 때 수요가 많은 부문을 중심으로 최상의 서비스를 제공할 수 있는 위치까지 상승할 수 있었다. 또한 사업 전략이나 기획 등의 서비스를 필요로 하는 비즈니스가 다소 주춤거릴 때, 회계 부문 비즈니스가 그 간격을 메워 주는 등 각각의 사업 부문들이 상호 보완적인 역할을 적절히 해줄 수 있도록 했다. 챈의 (그녀 자신과 회사의) 다양화가 그녀의 사업이 후퇴하는 것을 막아주었고, 이제 그녀의 회사는 그룹으로 발전하여 다양한 분야에서 역량을 발휘하게 되었다.

Chan CPA & Company는 지속적인 혁신과 다양화를 통하여 현재도 계속 번창해 나가고 있다. 챈은 이제 CEO에게 자문을 제공하는 업무와 여성 임원들을 위한 코칭 업무를 새로이 개발했다. 현재 그녀의 회사는 '1040 to Go Program'이라는 혁신적 프로그램을 실험적으로 운영하고 있는데, 이것은 회사가 근로자들에게 세금 관련 세미나와 세금 정산을 위한 준비 과정, 금융 관련 계획을 수립하는 방법 등을 교육하는 프로그램이다. 챈은 다음과 같은 격언을 항상 가슴에

품고 있었다. "위험 없이는 보상도 없다." 그녀는 모든 가능한 결과를 예상하면서 위험을 신중하게 관리하였고, 혹시라도 놓치게 되는 기회가 없는지 항상 예의 주시해 왔던 것이다.

돈에 관한 균형 잡힌 사고를 가져라

돈이 아무리 많다 하더라도 그것으로 무엇인가를 살 수 없다면
당신은 결코 부자라고 할 수 없다.

—가스 브룩스(Garth Brooks)

/ 풍성한 보상 /

자신에게 적합한 커리어가 무엇인지를 밝히는 네 번째 원칙은 돈
이란 어떤 의미이며, 얼마나 많은 돈이 있어야 충분하다고 생각되는
지 이해하는 것이다. 당신은 지금까지 자신에게 중요한 것이 무엇인
지, 그리고 미래에 달성하고자 하는 것이 무엇인지에 대해 생각해 보
았다. 그리고 새로운 계획을 세워 이를 실행해 나가는 데는 위험이
수반된다는 사실도 알았다. 만약 돈이 장애 요인으로 작용하지만 않
는다면 이러한 모든 일들은 좀더 쉽게 이루어질 수 있을 것이다. 따
라서 원칙 4에서는 충분한 돈을 벌되 그 돈에 지배되지 않는 직업관
을 구축하기 위해서는 어떻게 해야 할지 살펴보고자 한다. 또한 행
복을 추구하는 데 도움을 주는 구조와 개념을 제공할 것이다. 이 밖
에 성취감도 느끼면서 금전적으로도 풍성한 보상이 주어지는 선택

현재를 평가하라

147

을 하기 위해서는 어떻게 해야 하는지도 가르쳐 주고자 한다.

이 장에서 우리는 다른 사람의 눈에 비친 성공이 아닌, 자신 스스로가 생각하는 성공이 무엇인지를 정의할 수 있도록 몇 가지 연습 문제를 제공하고 있다. 그리고 돈의 새로운 의미에 대해서도 논의하고 있다. 예산을 어떻게 짜야 하며 비가 오는 날에 대비해 무엇을 준비해야 하고, 휴식을 위해서는 어떻게 준비해야 하는지 등 당신의 재정적인 부분에 대해 조언하고 있다. 또한 전형적인 근무 형태인 풀타임제 이외의 근무 형태에 대해서도 언급한다.

/ 돈의 의미 /

우리는 우리에게 상담을 요청해 왔던 고객들에게, 직장이나 타인과의 관계에서 자신의 감정과 기쁨과 정열에 따라 살 것을 권유해 왔다. 그러나 우리는 실용주의자들이다. 그리고 실용주의적 관점에서 자신의 꿈을 실현시키기 위해 요구되는 안전한 토대를 갖추는 것은 대단히 중요한 일이라는 사실을 충분히 인식하고 있다. 따라서 이제 우리는 성공을 금전적인 것으로 평가하는 사람들이나 행복과 같은 비금전적인 요소로 평가하는 사람들 모두에게 공통적으로 적용될 수 있는 전략과 길잡이들을 제공하고자 한다. 우리의 경험과 연구 결과에 근거한 이와 같은 전략과 길잡이들을 실생활에 적용할 경우, 여러분의 직업적 인생은 좀더 풍요로워질 수 있을 것이다. 그리하여 궁극적으로는 돈만을 목적으로 인생을 살아가는 것보다 훨씬 더 큰 만족을 누릴 수 있을 것으로 믿는다.

　돈이 모든 것을 충족시켜 줄 수 없다는 사실은 금전적 보상이 직업 만족의 주요 요인이 아니라는 것을 보여 주는 많은 연구들에 의해 밝혀졌다. 예를 들면, 2002년에 MBA 출신들을 대상으로 조사한 웨트피트 프레스(WetFeet Press) 사의 조사 결과는 그들이 대인 관계나 지적 자극, 커리어의 확장 기회, 권한 등을 돈보다 훨씬 더 중요하게 생각하는 것으로 나타났다. 이 연구나 다른 비슷한 조사 결과가 보여 주듯이, 직업을 가지려는 사람들에게 있어서 금전적 보상은 상위 5위 내지 상위 10위의 중요 요인들 중 하나이긴 하지만, 결코 상위 3위 안에는 들지 않는 것으로 조사되었다. 돈이 중요한 것은 사실이지만, 가장 중요한 것은 아니라는 것이다. 이 장에서는 당신에게 중요한 것들이 무엇인지 전체적으로 조망하는 가운데 돈에 대해 생각해 볼 것이다. 우리는 돈에 관한 균형 잡힌 사고, 즉 돈이 모든 것이 아니며 단지 어떤 것에 불과하다는 생각을 발전시켜 나가고자 한다.

/ 당신에게 돈은 어떠한 의미인가? /

　돈이란 목적에 이르기 위한 수단에 불과하며, 돈 자체가 결코 목적이 될 수는 없다. 돈이란 우리가 이루려고 하는 삶과 커리어를 성취할 수 있도록 해주는 수단일 뿐이다. 돈이란 궁극적으로 심리학자들이 말하는 커리어 실현(자아 성취 및 실현)이나 커리어 초월(타인의 자아 성취 및 실현을 돕는 것)을 이루도록 해주는 도구에 불과하다.

워런 버핏(Warren Buffett)은 스탠퍼드 대학 MBA 과정의 강사로 초
빙되어 학생들에게 다음과 같이 말했다.

"인생에 있어서 가장 중요한 일들은 사랑, 건강, 행복 등입니다.
내 경험에 비추어 볼 때, 돈으로는 결코 이러한 것들을 살 수 없었습
니다."

인생에 있어서 보이지 않는 중요한 것들을 돈으로 살 수 없다는
것은 진실이다. 그러나 현실적으로 돈은 인생에 있어서 좀더 많은
자유, 즉 좀더 많은 선택과 유연성을 제공할 수 있음을 알고 있다. 충
분한 돈을 가지고 있다면 다음과 같은 일들을 할 수 있을 것이다.

- 자신의 모습을 새롭게 하기 위해 휴식을 취할 수 있다.
- 삶이나 직업에 있어서 좀더 다양한 모험을 시도해 볼 수 있다.
- 자신이 진실로 원하는 직업을 계속해서 찾아볼 수 있다.
- 소득이 중단되더라도 직업의 변화를 추구해 볼 수 있다.
- 자신이 즐길 수 없는 직업에서 벗어날 수 있다.
- 바람직한 일들을 하는 데 기여할 수 있다.
- 배우자나 자신의 파트너들이 꿈을 실현하는 것을 지원해 줄 수
  있다.
- 직장이나 일에 얽매여서 자녀들의 욕구를 무시하는 일이 발생
  하지 않는다.

/ 자신에 대한 성찰 리스트 /

원칙 1에 있는 자기 평가 문제를 통해 당신은 이미 자신에 대한 진단을 마쳤으며 당신의 역량이 무엇이고, 당신에게 중요한 것이 어떤 것인지를 이해하게 되었을 것이다. 또한 자신에게 의미 있는 직업으로는 어떤 것들이 있으며, 성공이란 무엇인지를 타인의 시각이 아닌 자신의 시각으로 정의할 수 있게 되었을 것이다. 원칙 1에 나와 있는 자기 평가 문제를 다시 한 번 살펴보기 바란다. 그리고 당신 혹은 배우자와 함께 다음의 질문에 대해 깊이 생각해 보기 바란다.

1. 나는 인생에 있어서 무엇을 가치 있게 생각하는가? 이러한 생각이 몇 년 사이에 변하지는 않았는가? 미래에 이러한 생각이 어떻게 변할 것 같은가?

2. 지금 당장 나에게(그리고 나에게 소중한 사람들에게) 진실로 중요한 것은 어떤 것들인가? 이러한 것들도 몇 년 사이에 변했는가? 미래에는 어떻게 변할 것 같은가?

3. 만일 내가 원하는 것을 자유롭게 할 수 있다면, 내 인생에 있어서 진실로 하고 싶은 일은 무엇인가? 또 지금 당장 해야만 할 일은 무엇인가? 하고 싶은 일을 해야만 할 일의 범주 안에 포함시킬 수 있는 방법은 무엇인가?

4. 내 자신을 위해 성공을 어떻게 정의할 것인가? 나에게 소중한 사람들은 성공을 어떻게 정의하고 있나? 유사점은 무엇이고 차이점

은 무엇인가? 성공에 대한 이러한 유사점과 차이점이 내 인생과 직업 선택에 있어서 어떤 영향을 미치는가?

　5. 나를 행복하게 해주는 것은 무엇인가? 나는 직업에서 행복을 느끼는가? 혹은 취미삼아 하는 일에서 행복을 느끼고 있는가?

돈과 상관없이 열정을 좇아서 일하다

—메리 조 더닝턴(Mary Jo Dunnington)

메리 조 더닝턴은 한때 아멕스(AMEX)에서 상위 관리자로 일했으며, 거브워크(GOVWORKS) 사에서는 이사로 근무하기도 했다. 그러나 그녀의 내부 깊숙이 숨겨져 있던 열정이 그녀로 하여금 비영리직에서 남을 위하여 봉사하도록 자극하였고, 결국 그녀는 뉴욕 상공회의소에서 기업 담당 부회장직을 맡게 되었다. 메리 조는 다음과 같이 말한다.

"많은 사람들에게 돈과 잠재적인 소득은 직업을 결정하는 중요한 요인으로 작용한다. 실제로 비즈니스에서 만났던 많은 사람들이 자신이 진실로 원하는 일은 따로 있지만, 우선 돈을 벌기를 원한다고 말했다. 그들의 그러한 방법은 얼핏 보면 매우 바람직한 접근 방법인 것처럼 보인다. 하지만 내 경우에 있어서는 내가 진실로 원하는 일을 하는 것이 매우 중요하게 생각되었다. 매일 아침 침대에서 일어나고 싶다는 마음이 들기 위해서는 커피 말고도 추가적인 동기 유발이 필요하다. 나는 내 자신에 대해 누구보다도 잘 알고 있었다. 그래서 많은 보수를 지불하는 직장이나 그러한 보수가 결코 나에게 만족을 주지 못한다는 사실도 잘 알고 있었다. 나는 그러한 직업들보다는 개인적 만족을 줄 수 있는 직업을 택할 수밖에 없었다."

결국 메리 조는 자신의 정열을 좇아서 자신에게 만족을 주는 직업으로 자리를 옮겼다. 그녀는 10년 전에(아니 2년 전만 해도) 누군가 그녀에게 물어보았다면 결코 생각해 보지도 않았을 그러한 직업에 종사하고 있다. 그녀는 자신이 맡은 역할을 소화해 내기 위해 새로운 지식과 재능을 계발하였으며, 자신에게 진실로 소중한 일을 하고 있다는 기쁨에 젖어 있다. 그녀는 현재 뉴욕 시 기업가 협회에 속한 기업을 중심으로 그룹을 결성하여 공공 부문과 관련해 그들의 관심을 재고시키기 위해 노력하고 있으며, 이런 와중에서 뉴욕 시의 비즈니스 리더들과 가깝게 지낼 수 있는 기회도 갖게 되었다. 또한 그녀는 자신이 결성한 그룹 활동을 통하여 뉴욕 시가 직면하고 있는 문제들, 예를 들면 공공교육 시스템의 문제, 9월 11일 무역센터 테러 이후 맨해튼 시가의 재건축 문제, 뉴욕 시 공항의 혼잡과 교통 정체에 관련된 문제 등을 해결하는 데 도움을 주고자 노력하고 있다.

메리 조가 그런 일을 한다고 하여 정당한 보수가 주어지는 것도 아니지만, 그녀는 그것에 전혀 개의치 않고 열심히 즐거운 마음으로 그 역할을 수행해 내고 있다. 그녀는 다음과 같이 말한다.

"나는 이 일을 하면서 내 인생을 마감하고 싶다. 왜냐하면 나는 지금 나를 진정으로 행복하게 해주는 일에 종사하고 있기 때문이다."

/ 계획 수립을 위한 예산 편성 /

기본적인 욕구가 충족되지 않은 상태에서 자신이 가장 좋아하는 일을 선택하기란 쉽지 않다. 이럴 때 예산은 당신이 '충분히' 살기 위해 얼마의 금액이 필요한지, 그 기본적인 최저 수준을 살펴보는 데 도움이 된다. 또한 당신이 직업을 선택하거나 커리어를 변경하고자 하거나 혹은 재충전을 위해 직장을 쉬고자 하는 경우에 자신에게 어느 정도의 금액이 필요한지를 살펴볼 수 있도록 해준다.

실리콘 밸리(Silicon Valley)에 위치하여 비즈니스 전략과 재무, 회계, 세금, 기타 전문 서비스를 제공하고 있는 Chan CPA & Company의 설립자 다이애나 챈은 사람들이 필요한 예산을 짜는 데 도움이 될 수 있는 하나의 예산 편성표를 제시하고 있다. 이 표는 세 부분으로 나누어져 있는데, 한 부분은 기초 예산 편성을 위한 가이드로 쓸 수 있으며(그림 4-1 참조), 나머지 2개의 부분은 비용을 분석하고 돈의 흐름을 추적할 수 있도록 되어 있다.

그림 4-1. 예산 편성표

	월별	실제 금액				
	예산	1월	2월	3월	4월	~
수입 총 근로 소득(A) 총 근로외 소득(B) **수입 총계**						
비용						
가변 비용: 의복 외식 오락 가구 구입 등 기타(1) 레크리에이션 저축 및 투자(2) 휴가(3)						
가변 비용 총계						
고정(필수) 비용: 자동차 관련 비용(4) 자녀 양육비 교육비 금융 비용(5) 식품류 주택 관련 제비용(6) 의료비(7) 급여 관련 각종 세금(8) 전기, 통신 등 사용료(9)						
고정 비용 총계						
비용 총계						
총 비용						
총 수입						
흑자(적자) 금액						

(A) 근로 소득은 다음을 포함한다: 보너스, 정기 급여, 배우자 급여 및 사업 소득
(B) 근로외 소득은 다음을 포함한다: 배당 소득, 증여, 이자 소득, 투자 소득, 임대료, 세금 환급금, 실업수당 등
(1) 기타 부분은 나음을 포함한다: 기부금, 선물, 잡지 구독료 등
(2) 저축 및 투자는 다음을 포함한다: 401K(퇴직급여 공제액), IRA(개인연금), 우리사주 취득 공제액, 개인 저축, 주식, 뮤추얼 펀드, CD 등
(3) 휴가는 다음을 포함한다: 숙박비 및 여행 경비 등
(4) 자동차 관련 비용은 다음을 포함한다: 연료비, 자동차 할부금, 정비 및 수리 비용, 자동차보험료
(5) 금융 비용은 다음을 포함한다: 은행 수수료, 대출 이자 등
(6) 주택 관련 제비용은 다음을 포함한다: 임대료, 수리비, 주민세, 주택 관련 보험료, 재산세
(7) 의료비는 다음을 포함한다: 병원료, 약국 비용, 의료보험료, 치과 관련 비용, 생명보험료 등
(8) 급여 관련 제세금은 다음을 포함한다: 주정부 및 연방정부에 납부하는 세금, 사회안전비 등
(9) 전기, 통신 등 사용료는 다음을 포함한다: 케이블 TV 시청료, 오물 수거료, 가스 및 전기료, 전화요금, 수도세 등

이 표는 당신이 워크시트 형식으로 작성할 수 있도록 샘플로 만든 예산 편성표이다. 이 표에 당신의 수입 및 지출 금액을 채워 넣도록 하라. 공란으로 비워놓기보다는 대략적인 추정치라도 적도록 하라.

진일보한 예산 관련 테크닉

먼저 예산을 편성한 후에 금전을 관리하는 진일보한 테크닉은 비용을 추적해 보는 방법(그림 4-2 참조)과 당신의 돈이 어디에 쓰였고 그 비율은 어느 정도인지를 차트로 표시해 보는 방법이다(그림 4-3 참조). 여기에서 가장 중요한 포인트는 현금 수입의 흐름과 지출 흐름을 이해하고, 향후 어떤 흐름이 예상되는지 예측하는 한편 돈이 구체적으로 어느 곳에 쓰이고 있는지를 파악하여 자신의 개인적인 목적이나 경제적 필요에 적절하게 분배될 수 있도록 조정하는 것이다.

그림 4-2. 비용 추적: 계획 대비 실제 비용 지출 상태

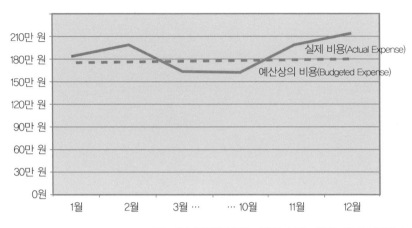

가정: 예산에 반영된 월별 비용은 1년간 비용의 1/12에 해당한다.

비용을 추적하는 것은 매우 유용한 수단이다. 특히 당신의 실제 지출 비용이 계획 비용을 초과한 부분에 주목하여 그 시점이 언제이며, 그 편차가 어느 정도인지를 주목하라.

그림 4-3. 비용 사용처별 비율 차트

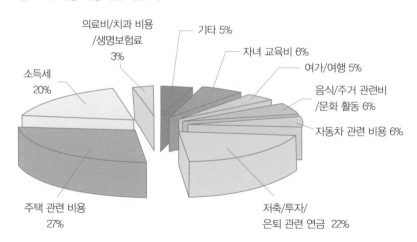

/ 당신의 재정 상태를 위한 프레임워크 /

예산 편성표는 당신의 현금 수입의 흐름과 소득의 원천이 무엇인지, 얼마나 벌고 있는지를 이해하는 데 도움을 준다. 또한 현금 지출의 흐름과 비용이 얼마나 되는지를 파악하게 해준다. 그러나 개인적으로 얼마나 버는지, 어디에 쓰고 있는지보다는 전체적으로 재정 상태가 어떠한지를 파악할 수 있다는 것이 더욱 중요하다고 하겠다.

인터넷 기반의 투자 관리 회사인 마케토크러시 사의 CEO이자 뮤추얼 펀드의 톱 매니저인 켄 캄(Ken Kam)이 고안하여 발전시킨 프레임워크는 당신의 재정 관련 계획과 투자 전략을 수립하는 데 좋은 참고가 될 것이다. 여기서 이야기하려고 하는 것은 투자에 대한 조언이 아니라, 자신의 개인적인 재정 상태에 관해 생각해 볼 수 있는 프레임워크를 말하려는 것이다. 즉, 어떻게 재정 계획을 수립해야 하며, 계획 수립 시 고려해야 할 문제들은 어떤 것들이 있는지 전문가에게서 배울 수 있을 것이다.

기본적 재정 계획

캄은 재정 계획의 수립을 위해 다음의 10가지 체크 포인트를 제시하고 있다.

1. 계획을 세워라 건전한 재정 계획은 경제적인 자유를 얻을 수 있는 최선의 방법이기 때문이다.

현재를 평가하라

2. **급여를 받을 때마다 당신의 계획을 위해 일정 금액을 적립하라** 당신이 경제적으로 자유로움을 얻기 위한 첫 단추는 급여에서 일정 금액을 적립하기 시작할 때 꿰어진다. 이때 당신의 총지출이 급여에서 적립금을 뺀 금액을 결코 넘어서지 않도록 해야 한다.

3. **처음부터 큰 금액을 저축할 생각을 하지 말라** 또 적은 금액으로 시작하는 것을 부끄럽게 여기지 말라. 비록 적은 금액이지만 규칙적으로 적립할 때 그 돈은 어느덧 큰 금액으로 불어나게 된다. 특히 당신의 나이가 젊다면 그 결과는 더욱 놀랍다. 그러나 나이가 많더라도 결코 이러한 저축을 시작하기에 늦은 것은 아니다. 또한 급여가 상승할 때마다 저축액을 늘리도록 하라. 만일 급여가 10퍼센트 인상되었다면, 당신의 저축 금액은 현재의 금액에다 급여 상승폭의 절반인 5퍼센트 정도를 증가시킨 금액이 적당할 것이다. 이러한 방법으로 매번 급여 인상이 있을 때마다 저축액을 증가시켜 나가면, 소비를 줄이지 않고서도 상당 금액을 저축해 나갈 수 있게 된다.

4. **'유동 자산'(liquid assets)을 확보하라** 실직하였더라도 최소 6개월 이상 지출을 충당할 수 있을 만큼의 여유 자금을 확보하라.

5. **'유동 자산'의 개념을 확대시켜라** 대부분의 사람들은 유

동 자산의 개념에 현금과 은행 예금 정도를 포함시킨다. 나는 이 유동 자산의 개념에 내가 보유하고 있는 주식의 50퍼센트를 포함시킨다. 보유 주식의 50퍼센트만 유동 자산에 포함시키는 이유는 언제 돈이 필요할지 정확히 알 수 없기 때문이다. 비록 돈이 급히 필요한데 주식 시장이 매우 안 좋은 상황이더라도 최소한 주식 가격의 50퍼센트 정도는 건질 수 있을 것으로 보기 때문이다. 만일 좀더 안전한 계획을 짜고 싶다면, 유동 자산의 수치에 주식 가치의 비율을 50퍼센트 이하로 낮추면 된다.

6. **주식에 투자하라** 많은 사람들이 주식 투자로 돈을 잃을 수도 있기 때문에, 이를 마치 카지노 도박과 같은 것으로 생각한다. 그러나 가장 큰 차이점은 카지노의 경우 확률이 항상 당신에게 불리하다는 점이다. 따라서 카지노 게임을 오래 하면 할수록 돈을 잃을 확률은 더 높아진다. 그러나 주식 시장은 다르다. 당신이 주식을 오래 가지고 있으면 있을수록 돈을 벌 수 있는 가능성은 높아진다.

7. **안전을 위한 완충 장치를 만든 후, 장기 투자를 하라** 안전장치를 만들어 놓은 후, 남은 돈을 균등하게 나누어서 1년에서 5년에 걸쳐 투자하여 5년짜리 투자 사다리를 만들어라. (매년 총 투자금액의 1/5에 해당하는 금액이 이

자와 함께 회수될 것이다. 그러면 이를 다시 재투자하라.) 이러한 방식으로 진행해 나가면 당신의 투자는 모두 5년 단위의 투자로 바뀌게 될 것이며, 매년 20퍼센트에 해당하는 포트폴리오를 변경할 수 있게 된다.

8. **자산이 늘어나게 되면, 좀더 장기에 걸쳐 공격적으로 투자하도록 하라** 현재 10년 단위로 투자를 하고 있는 사람은 거의 없다고 해도 과언이 아니다. 따라서 투자자의 입장에서 보면 좋은 투자 기회가 많다는 것을 의미한다.

9. **다양한 목적의 신탁을 활용하라** 이것은 우발적 채무에서 당신의 자산을 보호할 수 있는 가장 좋은 방법이다.

10. **결코 자녀에게 당신의 재산을 증여하지 말라** 돈이 자녀의 인생에서 매우 파괴적인 요소가 될 수도 있다. 올바른 성인으로 자라나기 위해서 아이들은 모든 것에 적절한 가치를 부여하는 방법을 배워야 한다. 그런데 그들에게 돈이 풍족하게 주어지게 되면 이러한 교훈을 결코 배울 수 없게 되며, 심지어는 재앙과 같은 결과를 초래하기도 한다.

/ 종합적으로 고려하라 /

앞에서 언급했던 원칙들에서 살펴보았듯이, 만일 당신에게 배우자나 당신이 내리는 금전적인 결정에 영향을 받을 수 있는 소중한 사람이 있다면, 당신의 계획 속에 이러한 사람들을 마땅히 포함시켜야 한다.

양보가 아닌 협상을 하라

여기에서 중요한 점은 돈에 관한 당신의 생각, 선호도, 믿음, 철학을 대화를 통해 상대에게 전달해야 한다는 것이다. 이러한 일은 특히 당신의 배우자와 생각이 같지 않을 때 중요하다. 우리는 이때 서로가 양보를 하기보다는 적절한 협상을 통해 결정하기를 권한다. 만일 당신과 당신의 배우자가 서로 양보를 하게 되면, 거의 대부분의 결정이 둘의 관심사의 중간 지점에서 이루어지게 된다. 이는 결코 어느 한쪽도 완전히 만족시킬 수 없는 결과를 초래한다. 그러나 협상은 각 사람이 자신이 흥미 있어 하는 것이나 중요하게 생각하는 바를 얻을 수 있는 기회를 제공한다. 협상의 목적은 선택이나 결정을 내리기 전에 서로가 무엇을 중요하게 생각하는지 이해할 수 있는 기회이기도 하다.

서로의 생각에 대한 이해야말로 재정적인 문제를 계속 협의해 나갈 수 있도록 해주는 원동력이다. 협상을 통하여 당신과 당신의 배우자(혹은 파트너)는 '윈-윈' 선택을 도출해 낼 수 있게 된다. 부부인 벤(Ben)과 베티(Betty)의 경우를 상상해 보자. 그들은 한 번은 벤에게 가장 중요한 것을 선택할 것이다. 그리고 그 다음에는 베티에게 가장 중요한 것을 찾을 것이다. 세 번째에는 또다시 벤에게 가장 중요한 것이 무엇인지를 선택할 것이다. 그들은 상대를 이기려고 하는 것이 아니다. 그들은 서로의 기호나 욕구가 다를 때 그 사실을 받아들이고, 이번에는 누구를 위한 것을 선택할 것인가를 합의하는 것이다. 이렇게 그들은 지속적으로 '기브 앤 테이크'(give and take)를 실시해 나간다.

실제적인 문제들

당신과 당신의 배우자(또는 파트너)가 각자 무엇을 중요하게 생각하고 있으며, 서로 어느 부분에서 차이가 나는지를 알아야만 협상을 시작할 수 있다. 따라서 협상을 시작하기 전에 먼저 실제적인 문제점들을 생각해 보고 서로의 의견을 교환해야 한다. 우선 각자가 무엇이 중요한지를 밝히고, 목표 달성을 위해 어떤 결정을 내렸으면 좋겠다는 당신의 생각을 상대에게 말하도록 하라. 아래에는 원만한 협상을 위한 몇 가지 예시적인 질문들이 나와 있다.

당신이 배우자와 의논하기 전에, 백지 위에 다음 질문을 적어놓고 그 질문을 상대에게 물어보면서 돈이 당신에게 어떤 의미인지, 상대방은 어떤 생각을 가지고 있는지에 관한 대화를 시작하도록 하라.

1. 당신은 돈을 어떻게 생각하는가? 당신은 그것을 필요 악으로 보고 있는가? 당신은 돈을 당신의 최종 목적, 즉 여유로운 은퇴나 자유로움을 얻기 위한 수단으로 생각 하는가?

2. 당신이 재정 계획을 세우는 궁극적인 이유는 무엇인가?

3. 당신은 또 다른 소중한 것을 얻기 위해 기꺼이 돈을 포기할 용의가 있는가? 예를 들어, 배우자가 당신과 더 많은 시간을 함께 보내기를 원하면서 당신에게 1년간 일을 쉬도록 요청할 경우, 이것을 기꺼이 받아들일 수 있는가?

4. 당신은 행복해지기 위해서는 무엇이 필요하다고 생각하는가? 자신이 하고 있는 게임에서 승리하기를 원하는가? 혹은 풍족하고 안락한 생활을 원하는가? 여러 가지 대답이 있을 수 있을 것이나, 그 대답을 가지고 당신의 배우자와 의논을 시작해야 한다.

5. 당신의 배우자(혹은 파트너)는 자신의 꿈을 성취하기 원하는 반면, 당신은 현재의 직장에 만족하며 정착하기를 원하고 있는가? 혹시 인생에 있어서 당신은 상대와 역할을 바꾸어 볼 용의는 없는가?

6. 당신과 배우자 둘 다 일을 쉬고 싶어 하는가? 만일 그렇다면 언제쯤, 또 얼마나 쉬기를 원하는가? 당신은 그럴 경우 어떻게 대처해 나갈 생각인가? 당신이 그러한 휴식을 위해서 지금 해야 할 일은 무엇인가? 원칙 8에서는 직장을 쉬고 휴식을 갖는 것에 대해 자세하게 설명하고 있다.

7. 당신은 언제 은퇴하기를 원하는가? 당신과 당신의 배
   우자(혹은 파트너)는 은퇴를 무엇이라고 생각하는가? 어
   떤 사람은 은퇴를 일은 계속하되, 돈을 벌어야 된다는
   걱정에서 벗어나는 것이라고 생각한다. 또 다른 사람은
   이전에는 시간이 없어서 즐길 수 없었던 것들을 즐기는
   것이라고 생각하기도 한다.
8. 당신과 배우자가 동시에 은퇴하지 않을 경우, 당신은
   은퇴에 어떻게 대비할 것인가?
9. 당신은 그 모든 것을 위해 어떤 계획을 세울 것인가? 이
   부분에 대해서는 원칙 6에서 좀더 깊이 있게 다루게 될
   것이다.

/ 휴식과 갑작스러운 일들이 벌어질 때를 대비하여 저축하라 /

준비금은 많으면 많을수록 좋겠지만 최소한 6개월분의 비용을 지출할 수 있을 만큼의 준비금은 모아두는 것이 바람직하다고 한다. 만일 당신에게 수입원—급료, 투자 수입 또는 기타 수입—으로부터 들어오던 돈이 중단되었을 때 최소한 6개월 정도는 편안하게 살 수 있을 정도의 현금·유동 자산을 가지고 있어야 한다는 것을 의미한다. 준비금은 지출을 줄이고, 추가적인 소득이 발생했을 때 이를 적립하여 만들어 나갈 수 있다.

준비금을 적립하라

고통을 악물며 저축할 필요는 없다. 원칙 8에서는 커리어 관리의 한 방편으로 휴식을 취하는 데 필요한 돈을 저축하는 방법에 대해 자세히 다루고 있다. 어떤 형태로든 저축을 시작하는 것이 목표에 빨리 도달할 수 있는 방법이다. 저축한 금액이 많으면 많을수록, 당신에게 완충 작용을 해줄 수 있는 장치는 더 많이 생기는 셈이다. 저축을 하게 되면 당신이 돈을 어떻게 써야 하는지에 대해 훈련이 되며, 신중하게 소비를 하게 된다.

예산을 짜는 것 이외에도 자신이 사용한 비용을 추적해 보는 것이 여러모로 도움이 될 수 있다. 자신이 돈을 어디에 썼는지 알게 되면, 어느 부분에서 절약할 수 있는지도 알 수 있게 된다. 임의로 소비하는 것들(의복, 외식, 오락, 여행 등)을 종류별로 분류하여, 지출액이 큰 것 순으로 배열하여 보라. 그리고 각각의 항목이 전체 소비에서 차지하는 비율이 얼마나 되는지 계산하여 보라. 현실적으로 어느 부분을 어느 정도까지 줄일 수 있을지를 생각하여 목표로 설정하라. 이렇게 했을 때 절약되는 것이 확연하게 나타날 것이며, 계속하여 절약을 시도하도록 도와줄 것이다.

이 작업을 통해서 당신은 그동안 지불해 왔던 비용의 일정 부분, 예를 들면 15~30퍼센트 정도를 저축으로 돌릴 수 있을 것이다. 이렇게 절약되는 부분을 당신의 급여에서 자동적으로 빠져나가 저축이 될 수 있도록 설정해 놓는 것이 고통을 줄이는 방법이다. 그렇게 되면 당신은 처음부터 그 돈은 만져보지도 못하게 될 것이며, 소비하고

자 하는 욕망도 그만큼 덜 느끼게 된다.

시간이 지나면 이렇게 해서 모인 돈이 상당한 액수에 이르게 된다. 그러면 이 돈을 어디에 예치해 둘 것인지를 생각해 보아야 한다. 이율이 낮은 저축예금에 예치할 수도 있을 것이고, 정기예금이나 기타 저축 수단을 이용할 수도 있을 것이다.

준비금을 마련하는 방법은 무수히 많다. 부업을 통해 추가적인 소득을 올릴 수도 있을 것이며, 지금보다 급여가 높은 직업을 택할 수도 있을 것이다. 또한 추가적인 소득을 위해 프로젝트에 참여할 수도 있다. 예를 들어, 당신이 유능한 웹 마스터라면 당신의 친구가 새로 만든 회사의 웹 사이트를 구축하는 일을 돕거나, 또는 이런 일을 전문적으로 알선해 주는 회사의 사이트를 통하여 당신의 서비스를 제공할 수도 있을 것이다. 또 다른 방법으로는 당신의 전문적 지식을 이용하여 추가적인 프로젝트를 맡는 것인데, 이는 여분의 시간이 얼마나 있느냐에 달려 있다.

/ 직업 형태에 있어서 유연성을 확보하라 /

예산 계획을 세우고 지출을 예산에 맞추어 균형 있게 해나가며 준비금을 적립하게 되면, 일을 선택할 때 좀더 유연성을 확보할 수 있게 될 것이다. 자신의 커리어 관리를 위해 정기적으로 자신에게 가장 적절한 직업 형태가 무엇인지를 자문해 보도록 하라. 과거에는 풀타임제가 주요 직업 형태였다. 리사(Lisa)와 데니스 먼로(Dennis

Monroe)는 이러한 직업 형태를 가지고 있는 사람들이다. 그들 부부는 남편 데니스가 높은 임금을 받는 것이 중요하다고 생각했다. 그래서 리사는 남편인 데니스가 풀타임 업무에 전념할 수 있도록 도움이 되는 일이라면 무엇이라도 하고 있는 중이다.

이것이 과거 대부분의 사람들이 가졌던 직업 형태이다. 그러나 오늘날에는 여러 가지 다양한 선택 방법들이 있다. 예를 들면 부업이라든지, 파트타임 업무라든지, 또는 자신이 추구하고자 하는 커리어 관리를 본격적으로 시작하기 전에 계약직으로 컨설팅 업무를 한다든지, 또는 프로젝트를 맡거나 하는 등의 임시직이 그것이다. 현재는 수용할 만한 여러 가지 형태의 다양한 직업들이 존재하고 있다. 따라서 이제는 각자가 자신의 개인적 환경과 직업적 욕구를 일치시킬 수 있는 방향으로 커리어 포트폴리오나 직업 패턴을 짜 맞추어 나가는 것이 점점 보편화되고 있다.

당신은 풀타임으로 사회생활을 시작할 수 있다. 그러나 시간이 지나면서 자신만의 시간이 점차 많이 필요하게 됨에 따라(다른 관심 있는 분야를 연구한다든지, 대학원에 진학하거나 혹은 결혼을 하여 가족이 생기는 등), 점차 파트타임이나 시간에 구애받지 않고 근무하는 형태 또는 계약직으로 직업 형태를 바꾸어 나가게 될지도 모른다.

제인 마이어(Jane Meyer)도 이런 식으로 직업 형태를 바꾸었다. 그녀는 임상 전문의로서 10년 동안 병원에서 풀타임으로 근무했다. 지금 30대 후반인 그녀는 병원과 계약직으로 근로 계약을 변경하였고, 파트타임으로 학교에서 임상학을 가르치고 있으며 또한 임상학회 등에서 강사로 활동하고 있다. 이러한 직업 형태는 그녀에게 유연성을 부여하였고 그리하여 스트레스에서 해방될 수 있게 해주었으며, 남편과 함께 보낼 수 있는 시간도 훨씬 많이 가질 수 있게 되었다. 이제 그들은 베이비붐 세대가 나이 많은 부모들을 돌봐 주는 프로그램에 대한 욕구가 늘어나는 것을 겨냥하여 새로운 비즈니스를 시작할 계획을 가지고 있다.

어쩌면 당신은 아직 나이가 어리므로 자신의 커리어 관리는 나중으로 미루고 세계를 여행하고 싶어 할지도 모른다. 팀 댄즈(Tim Danz)는 이런 유형이었다. 어릴 때 그는 자신의 할아버지가 65세에 은퇴한 후 급속도로 늙어가는 모습을 보았다. 그래서 그는 법과대학을 졸업하면서 자신에게 여건이 주어지는 한 인생을 즐기기로 마음먹고, 1년에 6개월 정도를 여기저기 돌아다니거나 새로운 곳을 여행할 수 있는 직업을 가졌다. 이러한 생활을 8년 정도 한 후, 팀은 전통적인 직업으로 직장을 바꾸었다. 그는 현재 대학 행정 관리로서 매우 성공적으로 근무하고 있으며, 자신의 커리어 관리를 늦게 시작한 것에 대해 전혀 후회하지 않고 있다.

자녀를 양육하기 위해 가정에 머물러야 하는 사람들은 대개 비슷한 과정을 겪는다. 자녀가 성장할 때까지 풀타임 근무를 뒤로 미루고 자신의 커리어 관리를 천천히 하는 것이다. 조셀린 밀러(Jocelyn Miller)도 이런 경우이다. 그녀는 방어용 기자재를 만드는 회사에서 경리 책임자로 근무하였지만, 자녀가 점차 성장하자 자녀를 돌보기 위해 직장을 그만두었다. 그리고 두 자녀가 고등학교에 들어가게 되자 다시 직장을 갖게 되었다. 현재 조셀린은 매우 행복해하고 있으며, 자신의 분야에서 인정받고 있다.

당신은 어쩌면 해외의 이곳저곳을 옮겨 다니며 근무하기를 원할 지도 모른다. 수잔 올리버(Susan Oliver)가 이런 유형이다. 그녀는 프로젝트 업무를 간헐적으로 맡아서 태국, 호주, 독일 등으로 옮겨 다니면서 모험적인 인생을 살아가고 있다. 그녀는 자신의 커리어 관리보다는 여행과 모험에 인생의 초점을 맞추어 살고 있다.

다음은 당신이 고려해 볼 만한 몇 가지 모델들이다. 각각의 모델은 당신이 목표로 하고 있는 인생이나 커리어를 관리해 나가는 과정에서 돈을 벌 수 있는 방법을 알려 주고 있다. 각각의 모델에서 당신은 어떤 조직에 직접 고용될 수도 있을 것이며, 중개업소(임시직 알선업체나 에이전시)를 통해 간접 고용될 수도 있으며, 자영업을 할 수도 있을 것이다. 또 이 모델들의 상당 부분은 중복되기도 한다. 예를 들면, 파트타임 근무를 하면서 프로젝트에 따라 일하는 동시에 계약직 컨설턴트 업무도 겸할 수 있을 것이다. 이 모델들은 근무 시간별로, 직업 형태별로 구분되어 있다.

근무 시간별 직업 유형

- **풀타임 근무**: 정해진 주당 노동 시간(통상 1주에 40시간)의 100퍼센트를 근무해야 한다. 복수 직업(서너 가지의 직업을 동시에 갖는 경우)을 가질 수도 있을 것이다. 또한 때에 따라서는 일을 갖지 않을 수도 있다. 그러나 일을 하게 되는 경우에는 주당 40시간

이상을 근무한다.

- **간헐적 근무:** 일정 기간 동안은 계속하여 일을 하지만, 그 후 상당 기간 동안 일을 쉬고 또다시 일을 시작하고는 한다. 각각의 일은 그 기간이 서로 다르다. 처음 일은 3년 동안 하게 될 수도 있고 그 다음 일은 2년간 하며, 그 이후 1년짜리 일을 두 개 정도 더 하고는 휴식을 가질 수도 있을 것이다.
- **임시직 근무:** 시간당 임금을 받으며, 그 근무 기간은 언제까지 할지 정해져 있지 않다.
- **파트타임 근무:** 주당 40시간보다 적게 근무한다. 예를 들면, 주당 36시간 또는 주당 20시간을 근무할 수도 있다. 현재 각 기업체들은 종전보다 훨씬 많은 파트타임 근무자들을 고용하는 추세이다.

직업 형태별 직업 유형

- **계약직 근무:** 기업체에서 항시 필요한 기능이 아닌 경우, 해당 프로젝트가 발생할 때 관련 업무 전문가와 계약을 체결하는 경우를 말한다. 예를 들어, 컴퓨터 회사에서 상품 외관을 아름답게 도안하거나 포장하기 위해 디자이너와 계약을 체결하거나, 또는 자사 상품의 PR을 위해 사람을 고용하는 경우가 여기에 해당된다. 연례 보고서 작성을 위해 전문직을 고용하는 경우도 계약직 근무의 일종이다. 이 밖에 경영 전략 등을 대신 작성해 주는 회사에서 네트워크를 설치하기 위해 컴퓨터 전문가를 고

용하는 형태도 이러한 계약직 근무에 속한다.

- **임시직 근무:** 계약직 근무의 또 다른 형태로 볼 수도 있지만, 엄밀하게 따지면 계약직 근무와는 약간의 차이가 있다. 임시직 근무는 갑작스레 주문이 쇄도하여 일손이 딸리는 경우에 풀타임이나 파트타임으로 직원을 고용하는 경우이다. 이때 고용된 직원은 밀린 주문이 모두 처리되고 회사가 기존의 직원만으로도 충분히 정상 운영될 수 있다고 판단되면 회사를 그만두어야 한다.

- **프로젝트별 근무:** 이는 종종 프리랜싱이라고 불리기도 한다. 기업체에서 특정 프로젝트를 위해 사람을 고용하는 경우에 해당한다. 이러한 기업들은 통상적으로 해당 프로젝트를 전담할 관리자를 한 사람 선정하는데, 그가 외부에서 핵심 멤버를 채용하는 형식으로 팀을 구성한다. 그리고 해당 프로젝트가 끝나면 팀은 해체된다. 예를 들면 영화를 제작하는 경우 프리랜서 카메라 작가와 프로덕션 운영자로 한 팀을 구성하게 되는데, 영화 제작이 끝나면 그 팀은 해체되고 또 다른 프로젝트를 향하여 팀원들은 해체된다.

- **컨설팅:** 프로젝트별 근무와 비슷한 개념이기는 하지만, 기업체나 개인이 컨설팅을 받을 필요가 생겼을 경우 컨설턴트가 자신이 고용한 전문가를 고객에게 보내는 것이 차이점이다. 예를 들면, 경영 코칭 전문가가 현재 비효율적으로 운영되고 있는 고위 임원진의 경영방법을 개선하기 위해 컨설턴트로 근무하

게 되는 경우가 이에 해당된다. 회사에서 이전에 근무하던 기술직 임원이 기술 전략 수립을 돕기 위해, 회사의 요청으로 컨설팅을 하는 경우도 이에 해당한다.

어렵사리 달성한 커리어 모자이크

—매트 로버츠(Matt Roberts)

매트 로버츠는 잘생긴 외모와 푸른색 눈동자를 가진 엔지니어 출신으로 나중에 법과 대학원에 진학하여 기업체의 CEO가 된 인물이다. 그는 재치와 유머를 가지고 있었으며, 여러 가지 인간적인 장점들을 많이 소유하고 있었다. 그는 3종 경기의 선수이기도 하였으며, 또한 이웃의 어려운 점을 보면 가만히 있지 못하고 도움의 손길을 뻗치는 좋은 친구이자 유머가 넘치는 작가이기도 했다. 그 밖에 요리에 정통한 요리사이기도 했다. 그렇다면 그는 완벽한 사람인가? 아니다. 그러나 표면적으로 보았을 때 매트가 매우 매력적인 삶을 살아가고 있음은 쉽게 알 수 있을 것이다.

매트는 매우 용기 있는 사람이었다. 그는 실패와 성공을 반복하면서 매우 힘든 나날을 보냈다. 그리고 돈의 유혹과 충실한 삶을 사는 것 사이에서 많은 갈등을 겪기도 했다. 그러나 마침내 소중한 인생을 즐기면서 이를 즐길 수 있도록 뒷받침이 될 정도의 돈을 벌 수 있는 직업을 선택하기로 결정하고는 자신만의 커리어 모자이크를 실시하게 되었다. 하지만 이렇게 되기까지는 매우 힘든 여정을 겪어야만 했다.

매트 로버츠는 1980년대에 스탠퍼드 대학을 졸업하였으며 공학을 전공했다. 그리고 헤이스팅스(Hastings) 법대를 마친 후에 하와이주 대법원 서기직에 합격했다. 그는 또한 최고 경영 전략 컨설팅 회사의 상급 관리자로 근무하기도 하였으며, e-비즈니스 사업을 갓 시작한 회사의 CEO로 근무한 적도 있다. 그렇게 하여 그는 자신이 번 돈으로 샌프란시스코에서 금문교가 보이는 주택을 구입할 수 있었다. 그러나 그렇게 세월이 흘러가자, 그는 자신이 원했던 삶을 살지 못했음을 깨닫게 되었다. 그리하여 자신이 진정으로 원하는 삶을 살기 위해 다시 시작하기로 결심했다.

매트는 미국 동부 지역의 염색 공장이 많은 곳에서 성장했다. 고등학교를 졸업한 후 그의 꿈은 그 지역을 영원히 벗어나서 사는 것이었다.

스탠퍼드 대학을 마치기 위해 매트는 과거 자신이 고등학생 시절에 1년 동안 했던 일보다 훨씬 많은 일을 한 달 동안에 해야만 했다. 이러한 상황에 대처해 나가기 위해서 그의 생활은 학업과 일, 스트레스 해소를 위한 가벼운 운동, 수면, 식사로만 구성되어 있었다. 부모의 재정적인 지원은 전혀 없었기에 그는 파트타임 직업을 구해 학업과 생계를 이어나가지 않으면 안 되었다. 그의 이러한 생활 패턴은 후일 그의 인생에서 다시 한 번 반복되었다.

지도 교수의 추천으로 매트는 컨설팅 회사에 취업하게 되었으며, 기업의 경영 관리를 책임지게 되었다. 그는 많은 월급을 받았으며 이때 결혼도 했다. 그는 곧 성공의 함정—새 자동차, 멋진 주택, 황금 같은 휴가 등—에 빠졌으며 이를 유지하기 위해 애를 쓰게 되었다.

컨설턴트로 일하면서 매트는 스탠퍼드 대학을 다닐 때 했었던 일에 버금갈 정도로 많은 양의 일을 해야만 했다. 몇 년 동안, 그는 사무실에 제일 먼저 출근하여 제일 늦게까지 남아서 일하곤 했다. 주말에도 일했으며 휴일에도 일했다. 그의 출장 일정은 눈이 핑핑 돌아갈 정도였으며, 이에 따라 그의 가정생활도 고통 받기 시작했다.

결국 일에서 벗어나 휴식을 취하기 위해, 그리고 자신의 미래를 위해 매트는 법과 대학원에 진학했다. 법대 졸업장은 그에게 주어진 여건에서 최상의 선택처럼 여겨졌다. 그리고 법과 대학원에서의 생활은 컨설팅 회사에서의 생활과 비교하면 마치 산들바람이 부는 것처럼 편안했다.

졸업이 임박해짐에 따라 매트는 다시 미친 듯이 일해야 하는 현업으로 되돌아가야 한다는 생각에 두려워지기 시작했으나, 그는 결국 경영 컨설팅 회사로 되돌아가지 않을 수 없었다. 이는 자신의 전문성을 높이는 것뿐만 아니라 그처럼 힘든 시간을 이겨낼 수 있을 만한 보수가 주어지기 때문이었다. 상급 컨설턴트로서, 매트는 비즈니스 전략 수립 부분 중 특히 법률적 문제를 중심으로 자신의 영역을 특화시켜 나갔다. 그가 하는 컨설팅에는 기업의 환경 관련 책임, 생산 책임, 반독점법 관련 사안, 주주 관련 소송 문제, 지적 재산권 문제 등이 포함되어 있었다. 그의 출장 일정은 빡빡했으며, 매주 월요일부터 금요일까지 쉴 틈이 없었다. 품격 있는 가정생활이란 그에게 존재하지 않았으며, 이에 따라 그는 자신의 인생에서도, 일에서도 결코 깊은 만족을 느낄 수 없었다.

그로부터 5년이 지난 후, 매트는 결국 부인과 이혼하고야 말았다. 개인적 삶이 완전히 망가짐에 따라, 매트는 자신의 삶의 우선순위를 다시 정리하지 않으면 안 되었다. 그리하여 20년 동안 줄기차게 일해 왔던 현업에서 벗어나 일단은 철저하게 휴식을 취하기로 마음먹었다. 그러자 그에게 극적인 변화가 찾아왔다. 무엇보다도 그는 자신이 원하는 것을 마음대로 할 수 있을 만큼의 충분한 돈을 벌 필요가 있었다. 따라서 당분간은 자신의 삶의 일부분을 기꺼이 희생하여 충분히 돈을 버는 일에 전념할 용의가 있었다. 그리고 당시 독신 상태였기 때문에 그때가 바로 그 일을 할 수 있는 시간임을 깨달았다.

그는 매우 공격적으로 준비금을 축적해 나가기 시작했다. 그리고 어느 정도의 준비금이 축적되자 자신의 직업을 컨설팅에서 프로젝트 업무로 바꾸었다. 그런데 이 일은 그가 사업을 일으키기 위해 필요한 경험을 갖게 해주었다. 마침내 그는 과거 경영 전략을 수립했던 경험을 적극 활용할 수 있는 위치인 CEO의 자리에 오를 수 있었다. 새로운 사업은 그에게 큰 수익을 올릴 수 있는 무대를 제공해 주었다. 비록 사업이 실패로 돌아가고 말았지만, 매트는 또한 실패에서 많은 것을 배울 수 있었다.

이 실패의 경험을 바탕으로 그는 벤처 캐피탈 회사에 취업하여 새로 창업한 회사의 컨설팅 업무를 담당했다. 이 일은 한편으로는 고정적 급여를 받게 되어 경제적으로 도움이 되었으며, 다른 한편으로는 회사를 창업하고 경영해 나가는 것이 무엇인지 배울 수 있는 기회를 제공해 주었다. 또한 벤처 캐피탈 회사의 중역으로 근무하면서, 벤처 캐피탈 회사들이 기업체의 사업 계획이나 기업 가치를 어떻게 평가하며, 기업의 인수 합병을 어떤 방식으로 처리하는지도 이해할 수 있었다. 그 후, 매트는 또 다른 신설 기업의 CEO로 취임했다. 이번에 맡게 된 기업은 현재도 잘 굴러가고 있는 중이며, 그는 벤처 캐피탈 회사들이 하는 방식과 같은 방법으로 벤처 부문에 투자할 수 있는 기회도 얻었다.

그가 새로운 비즈니스를 시작한 지 얼마 되지 않아서 대단히 높은 수입을 보장하는 컨설팅 업무의 기회가 그에게 다가왔다. 그러나 그 일은 월요일부터 금요일까지 미시간 주에서 캘리포니아 주를 누비고 다녀야 하는 빡빡한 일정의 일이었다. 이 일이 그가 이제 막 시작한 비즈니스에 지장을 초래할 것을 알고 있었지만, 그럼에도 매트는 컨설팅 업무를 받아들이기로 결심했다. 그는 자신이 또다시 돈의 함정에 빠져들 가능성이 있음을 알고 있었지만, 이 기회를 잘만 활용하면 자신이 원하는 미래의 자유를 얻을 만큼 충분한 돈을 벌 수 있는 기회임을 깨달았기 때문이다. 그는 결코 돈의 함정에 빠지지 않기로 스스로에게 약속했다. 그 프로젝트가 끝났을 때, 매트는 소중한 사람과 함께 여행을 즐길 수 있는 여유도 가질 수 있게 되었으며, 유머 넘치는 책도 저술했다.

이런 일들을 계기로 그는 삶의 가치와 우선순위를 비로소 확립할 수 있었다. 그 후, 계속하여 프로젝트 컨설팅 업무와 자신이 맡고 있는 기업의 CEO로서의 책임을 병행해 나가면서, 한편으로는 일과 인생에 대한 자신의 비전을 실현시켜 나갔다. 돌이켜보면 돈을 버는 것과 자신의 인생을 즐기는 것 사이의 균형을 어떻게 유지해 나갈 것인가를 학습하는 데 매우 긴 시간이 걸린 셈이다. 어쨌든 그는 앞으로도 자신의 철학을 계속 관철시켜 나갈 것임에 틀림없다.

사람을 소중하게 생각하라

당신의 부의 원천은 당신의 친구들이 있는 곳에 있다.

―플라우투스(Plautus)

/ 상호 의존 관계를 확립하라 /

자신에게 적합한 커리어가 무엇인지 확인하고 이를 달성해 나가기 위한 5번째 원칙은 삶에서 만나는 사람들을 잘 활용하고 또 그들에게 도움을 제공하는 것이다. 이 장에서는 상호 의존 관계의 중요성에 대해 언급할 것이다. 이는 당신이 커리어를 관리하고 선택하는 데 있어서 왜 사람들을 소중하게 생각해야 하는지 알 수 있도록 해줄 것이다. 또 무엇이 상호 의존 관계이며, 왜 그것이 중요한지 살펴보다 보면 우리의 삶을 풍요롭게 하는 데 다른 사람의 역할이 얼마나 소중한지를 다시 한 번 깨닫게 될 것이다. 또한 다른 사람의 도움으로 좀더 쉽게 자신의 커리어를 관리해 나갈 수 있는 방법도 찾게 될 것이다. 우리가 타인과 상호 작용을 하는 방법은 무수히 많다. 우리는 이 장에서 그중 몇 가지 방법을 살펴보고자 한다. 공동 의사결정 방법, 네트워킹, 코칭, 멘토링 등이 바로 그것이다.

경력을 의미하는 커리어라는 말은 사다리(ladder)를 의미하는 프랑스어 단어에서 유래되었다. 전통적인 관점에서 볼 때, 커리어는 그림 5-1에서 볼 수 있듯이 각 개인이 상위 직급으로 승진하기 위해 밟게 되는 여러 단계의 스텝들로 구성되어 있다. 그러나 이러한 비유는 오늘날 그 의미가 상당히 퇴색되었다. 오늘날 사람들은 더 이상 상위 직급으로 승진하는 것만으로 자신의 커리어를 관리하거나 그것으로 커리어의 성공 여부를 평가하지 않는다. 커리어의 성장은 한 조직 내에서 수평적으로 일어날 수도 있으며, 이 조직에서 다른 조직으로 자리를 옮김에 따라 이루어질 수도 있기 때문이다.

그림 5-1. 전통적 의미의 커리어 사다리와 현대적 의미의 커리어 사다리

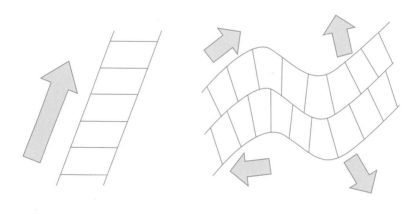

전통적 의미의 커리어 사다리   현대적 의미의 커리어 사다리

/ 다른 사람도 중요하게 생각하며
자신의 커리어를 관리하라 /

타인을 고려한다는 것은 자신의 삶이나 일에서 타인을 위해 시간을 할애하고, 그들과 어떻게 잘 지낼 수 있을 것인지를 의식적으로 생각한다는 것이다. 이 일을 잘하기 위해서는 당신에게 중요한 사람들의 리스트를 작성하는 것이 도움이 된다. 당신의 인생이나 일에서 같이 시간을 보내야 할 사람, 혹은 당신이 같이 시간을 보내기를 원하는 사람의 리스트를 작성하라. 당신의 배우자(혹은 파트너), 아이들, 그 밖의 가족 구성원, 친구, 직장 상사, 직장 동료 또는 부하 직원, 기타 전문가 집단이나 당신이 속한 커뮤니티의 회원 등이 리스트에 해당되는 사람들일 것이다. 만일 당신이 새로운 직업을 구하고 있거나 현재 종사하고 있는 직장에서 새롭게 변화를 모색하고 있다면, 찾고자 하는 직업이나 변화에 관한 정보를 줄 수 있는 사람들도 그 리스트에 포함될 수 있을 것이다.

그리고 나서 최근 1개월 동안(또는 적절한 기간 동안) 당신의 리스트에 포함된 사람들과 각각 얼마나 시간을 보냈는지 계산하여 보라. 계산해 본 결과는 어떠한가? 어떤 변화가 필요하다고 생각되는가? 또한 각 사람들과 시간을 보낸 방법에 대해서도 생각해 보라. 최근에 그들과 보낸 시간이 만족스러웠는가? 그 시간만으로 그들과 끈끈하고 강한 유대 관계를 유지해 나가기에 충분하다고 보는가? 리스트에 있는 사람들과 더 나은 시간을 보낼 수 있는 방법은 없는가? 만일 당신이 리스트에 있는 사람들과 좀더 많은 시간을 보낼 필요가 있다면, 어떻게 그 시간을 마련할 생각인가? 어떤 시간을 쪼개어 가족들과 좀더 많은 시간을 보내고, 부하 직원들과 정기적으로 점심을 같이하며, 전문가들 모임에도 가입하여 분기에 한 번 정도 회합에 참여할 것인가? 만일 당신이 아이들을 돌보아야 하거나 연로한 부모나 병든 친구를 간호해야 하는 특수한 상황에 처해 있다면, 그들의 특별한 욕구를 충족시켜 줄 수 있을 정도의 시간이 어느 정도나 될 것인지를 미리 계산해 보아야 한다. 왜냐하면 이들의 욕구를 충족시켜 주기 위해서 다른 소중한 사람들과 보낼 수 있는 시간을 줄여야 할지도 모르기 때문이다.

커리어 관리에 있어서 타인을 위한 시간을 배려하게 되면서부터, 당신은 자신의 커리어와 타인 간의 상호 의존적 관계에 대해 인식하기 시작할 것이며, 자신의 성공과 타인의 성공이 한데 얽혀 있다는 것을 깨닫게 될 것이다. 이는 특히 공동 의사결정이나, 윈-윈 네트워킹, 타인 지향적인 삶에 있어서 더더욱 분명해진다.

/ 자신의 결정에 타인을 고려하라 /

타인이 우리의 삶과 우리가 내리는 결정의 중심에 있어야 한다. 이러한 개념은 커리어 관리에 있어서 너무나 기본적인 이야기이다. 그럼에도 현재 시중에 나와 있는 커리어 관리에 관한 책들을 살펴보면, 그 내용들이 하나같이 타인과의 관계에 있어서 한쪽 면만을 강조하고 있다. 상당수의 책들이 네트워킹에 있어서 타인의 역할에 대해서만 언급하고 있으며, 우리의 학습과 발전에 있어서 타인의 역할만을 강조하고 있다. 우리가 직업을 선택하고 커리어를 관리하는 데 타인이 미치는 영향이 얼마나 큰지, 의사결정에 있어서 자신에게 소중한 사람들을 고려하는 것이 얼마나 중요한지를 말하고 있는 책은 거의 없는 실정이다.

그러나 이 책은 타인의 욕구와 관심이 자신의 커리어 관리에 대단히 중요한 영향을 미치고 있음을 강조하고 있다. 현실적으로 대부분의 사람들은 자신의 삶이나 직업을 선택할 경우에 타인을 고려하지 않을 수 없다. 우리들 중에서 자신의 직업이나 인생의 변화를 추구할 때, 타인에 대한 고려 없이 마치 홀로 존재하는 것처럼 의사결정을 내리는 기쁨을 누릴 수 있는 사람은 거의 없다고 해도 과언이 아니다. 이것은 성(性), 나이, 생활환경과 상관없이 적용되는 사항이다. 부모의 강요에 의해 직업을 선택해야만 하는 풋내기 사회 초년생들, 나이 들거나 병든 부모를 부양해야 하는 중년들, 맞벌이 부부들, 아이를 양육해야 하는 편모·편부, 매 2년마다 귀국해야 하는 외국인 근로자들, 커뮤니티에 속하여 자신의 관심 분야를 키워 나가는 독신자들, 이 모든 사람들이 공통적으로 관심을 기울여야 할 부분은 바로 의사결정에 있어서 타인에 대한 배려와 영향력이다.

당연히, 타인을 고려한 의사결정은 결정 자체를 좀더 복잡하게 만들 것이다. 그러나 그 보상은 매우 값지다고 할 수 있다. 우리가 코칭을 실시하였던 많은 사람들이 타인을 고려한 의사결정이 자신들에게 매우 긍정적인 결과를 가져다주었다고 털어놓았다. 그들이 말한 플러스적인 효과로는 타인의 적극적인 지원으로 부족한 부분을 보완하거나 객관적인 시각을 확보할 수 있었으며, 무엇보다도 혼자서 해나가야 한다는 생각 대신 파트너십을 느낄 수 있어서 좋았다고 말한다.

다른 사람의 욕구를 고려한 의사결정의 또 다른 장점은 균형을 유지할 수 있다는 점이다. 이혼한 부인과 함께 자녀 문제를 결정해야 했던 한 남성은 다음과 같이 말했다.

"알다시피, 과거에는 일과 생활에서 전혀 균형을 유지할 수 없었다. 오직 내 자신이 중요하다고 생각하는 것만 했다. 그러나 이제는 아들과 더 많은 시간을 보내야겠다고 생각하고, 그 일의 우선순위를 높게 부여하자 오히려 예전보다 생산성이 더욱 높아졌다."

가족들을 위하여 커리어를 변경하다

—수잔 히긴스(Susan Higgins)

지금까지의 삶에 있어서 수잔의 관심은 온통 자신의 커리어 관리에 관한 것뿐이었다. 대학에서 특수 분야를 전공한 그녀는 졸업 후 중서부 지역에 있는 한 회사의 관리자로 직장 생활을 시작하게 되었다. 그러다가 자신의 라이프스타일을 바꾸기 위하여 다른 지역으로 이주하여 변화를 추구해 나가던 중, 지금의 남편과 만나 결혼하게 되었다.

그녀는 자신에게 주어진 새로운 기회로 시애틀에서 근무하는 직업을 선택하였다. 그러고는 수년 동안 커리어 향상을 위해 노력한 끝에 마침내 시애틀에 자리 잡은 한 기업의 고위 관리자로 승진할 수 있었고, 변호사인 지금의 남편을 만나 결혼하게 되었던 것이다. 수잔은 결혼 후에도 아무 문제 없이 자신의 커리어를 관리해 나갈 수 있었다.

그러나 자녀 둘이 성장해 감에 따라, 수잔은 기업주의 욕구와 자녀들의 욕구 사이에서 점차 지쳐가기 시작했다. 그녀는 자신이 집에 있을 때에는 직장 일을 걱정하였으며, 직장에서는 집안일을 걱정하게 되었다고 털어놓았다.

그녀는 더 이상 이래서는 안 되겠다는 판단 아래 남편과 상의했다. 결국 보수는 많지만 시간을 내기 어려운 당시의 직장을 그만두고, 독립적인 컨설턴트의 대열에 합류하기로 하는 힘든 결심을 하게 되었다. 그 당시 그녀의 결정에 있어서 가장 큰 관심사는 가족에 대한 부분이었다. 하지만 그러한 결정을 내리면서도 그녀는 경제적인 손실 부분이 매우 마음에 걸렸다. 직장 포기와 그로 인한 수입의 감소가 가정 경제에 위협을 줄 수도 있는 큰 모험임을 알고 있었기 때문이다.

그러나 그 이후 10여 년이 흐른 지금, 그녀는 결과에 대단히 만족하고 있다. 사업가로서 직업에 대한 만족도는 그녀가 종전에 다른 직장에 고용되어 있을 때와는 비교도 할 수 없을 정도로 높았다. 게다가 현재의 사업에서 대단한 성공을 이루어, 과거 직장에서 받던 보수보다 훨씬 많은 수입을 얻고 있었다. 수잔은 처음에 그녀의 가족들 때문에 어쩔 수 없이 자신의 커리어를 변경하게 되었으나, 결과적으로는 개인적인 만족도와 재정적 풍요로움을 동시에 달성할 수 있었던 것이다.

/ 자신에게 소중한 사람을 고려하여
인생의 방향을 설정하라 /

당신은 인생의 방향을 설정할 때 소중한 사람들을 어느 정도 고려하는가? 앞에서 살펴본 바와 같이, 타인의 욕구를 감안하여 결정을 내리게 되면 관계된 모든 사람들에게 긍정적인 혜택을 줄 수는 있겠지만, 그 반면 중대한 위험에 직면할 수도 있음을 인식해야 한다.

수잔의 경우에는 그녀가 결정을 내리는 데 도움이 되는 몇 가지 요소들을 가지고 있었다. 우선, 남편이 독립적인 사업가였기 때문에 위험을 감수할 수 있는 능력이 일반인들보다 높았다는 점이다. 만일 수잔이 위험 회피자와 결혼했더라면, 그녀가 직장을 그만두고자 했을 때 지금처럼 배우자의 격려나 지원을 받지 못하고 오히려 반대에 부딪혔을 가능성이 높았다.

두 번째로는, 수잔이 결정을 내리기 전에 시간을 가지고 충분히 그 문제를 생각했다는 점이다. 수잔은 자신뿐만 아니라 남편에게도 중요한 요소들을 철저하게 검증한 후에 일 년 이상을 생각하여 결정을 내렸다. 이러한 충분한 생각과 시간이 그녀가 선택할 수 있는 대안이 무엇인지를 찾게 하였으며, 그 대안에 대한 정확한 평가, 즉 위험과 보상을 정확히 파악할 수 있게 했다. 또한 그들 부부는 그녀가 직장을 최종적으로 그만두었을 때 다가올 경제적인 충격을 완화시키기 위해 저축 프로그램을 만들어 준비금을 적립해 나갔던 것이다.

세 번째로는, 수잔이 의사결정을 하는 과정에서 자신의 남편과 충분한 의견 교환을 하였고 수준 높은 커뮤니케이션을 이루었다는 점이다. 그들은 서로의 이야기를 주의 깊게 들었으며, 상대에게 피드백을 제공해 주었다. 또한 그러한 피드백이 정확한 것인지 확인하는 과정도 가졌다. 그들은 전혀 공격적이지 않은 방법으로, 상대의 욕구를 무시하지 않으면서 자신의 관심 사항을 상대에게 주장했다. 수잔의 남편은 그녀와의 토론에 즐거운 마음으로 참여해 주었으며, 그녀가 내리고자 하는 결정이 최종적으로는 그녀의 것이 될 수 있도록 최대한 객관성을 유지해 주었다. 만일 수잔의 남편이 남성 지배적인 성격의 소유자여서 그녀가 자신의 필요에 따라 행동하려는 것을 못마땅해 하고 받아들여 주지 않았더라면, 수잔은 그와 같은 결정을 내리기가 어려웠을 것이다.

마지막으로, 수잔과 그녀의 남편은 기꺼이 창조적인 삶을 살아갈 마음을 가지고 있었다. 그리하여 그들은 의사결정 진행 과정에서 전통적인 기준이나 견해 등을 과감하게 무시할 수 있었다. 다른 결혼한 부부들과는 달리 배우자 어느 한쪽의 직업에 비중을 많이 두지 않고, '파트너십'에 입각하여 각자의 직업이나 커리어에 대한 욕구를 동등하게 생각했다. 그들은 서로의 성공을 원했으며, 누구에게 우선하지 않고 서로가 각자의 커리어를 관리할 수 있도록 양보하고자 하는 마음을 두 사람 모두 가지고 있었다. 또한 배우자 중 한 사람의 수입이 최대로 될 때까지 다른 사람이 자신의 커리어 관리를 뒤로 미루는 다른 부부들과는 달리, 수잔과 그녀의 남편은 그들의 주된 관심사를 경제적인 부분에 두지 않았다. 그들은 결혼 초기부터, 다소 수입이 줄어들고 경제적 안정성을 해치는 한이 있더라도 직업과 생활의 균형이 가장 중요하다고 생각하고 있었다. 자신들의 상황을 전통적 방식이 아닌 다른 방식으로 바라볼 수 있었기에, 수잔과 그녀의 남편은 결정을 내리는 데 있어서 좀더 융통성을 발휘할 수 있었으며, 자신들의 커리어와 삶을 새로운 방식으로 관리해 나갈 수 있었다. 원칙 3에서 커리어에 관한 중요한 의사결정을 내릴 때 자신에게 중요한 사람을 고려하는 방법에 대해서 자세히 설명한 바 있다.

다음 단계들은 당신이 소중한 사람과 함께 의사결정을 내리는 데 도움을 줄 수 있을 것이다.

1. 당신이 달성하고자 하는 궁극적인 목표를 정하라. 또한 당신에게 소중한 모든 사람들에게 만족을 줄 수 있는 결정이나 변화를 가져올 수 있는 요소들로 어떤 것들이 있는지 파악하라. (당신을 포함하여 당신과 관련된 사람들 각자가 자신이 목표로 하는 것들의 리스트를 만든 후, 각자에게 가장 중요한 것 2~3개씩을 취합하면 그 가운데 공통되는 부분들을 발견할 수 있을 것이다. 이 공통 부분을 가지고 관련된 사람들과 의논하여 결정하도록 한다.)

2. 리스트의 공통 목표들에 대해 우선순위를 부여하라. (원칙 3에서 실시한 바 있는 기대 가치를 산출하는 방식을 사용하면 쉽게 우선순위를 부여할 수 있다.)

3. 우선순위가 부여된 여러 선택안들의 리스트를 브레인

스토밍 방식을 활용하여 생각해 보라. 만일 하나의 선택안이 이미 주어져 있다면(예를 들어 새로운 직업이라든가 또는 직장의 위치 등), 다른 가능성 있는 선택안을 생각해 내 주어진 선택안과 비교하도록 하라.

4. 각각의 목표에 대한 선택안들의 숫자를 관리 가능한 범위로 압축하라. (2~3개 정도의 선택안이 가장 적합하다.)

5. 각각의 선택안들에 대해 좀더 많은 정보를 수집하라. (이 과정은 선택안이 실현 가능성이 있음을 확인하기 위하여 반드시 필요하며, 또한 각각의 선택안들에 대해 더욱 명확한 비교를 할 수 있다.)

6. 각각의 선택안에 대해서 강점과 한계점을 평가하라.

7. 신뢰할 만한 멘토나 가족, 친구 또는 지인(知人)들에게 자문을 구하고 상담하라. (이 과정은 당신이 목표를 정하고 그것을 달성할 수 있는 최적의 방법을 결정한 이후에 행해져야만 한다.)

8. 마음속으로 결정을 내려라. 그리고 마음속으로 결정을 내린 다음날, '직감에 의한 점검'을 실시하라. 즉, 그 결정에 대해 얼마나 편안한 마음을 느끼는지 스스로에게 물어보라. 만일 마음속으로 올바른 결정이라는 확신이 들지 않는다면, 더욱 많은 정보를 수집하라. 그리고 정보가 충분히 수집될 때까지 결정을 보류하라.

9. 최종적으로 결정을 내려라. 그리고 행동을 개시하라.

시간이 허용된다면, 결정에 따른 본격적인 행동을 개시하기 전에 행동에 필요한 세부 계획을 미리 세우도록 하라.

10. 진척 사항을 점검하고, 필요할 때 자신의 결정에 대해 재평가를 실시하라.

/ 공동 의사결정 /

우리가 살펴본 사례 연구에서 수잔이 내려야 하는 결정의 최종 책임은 그녀에게 있었다. 그러나 수잔은 자신에게 소중한 상대방을 의사결정 과정에서 적극적인 파트너 겸 공동 작업자로 끌어들였다. 그 결과, 수잔은 개인적 측면과 커리어 측면 모두에서 만족할 만한 상황을 얻어낼 수 있었다. 그리고 이 과정에서 그녀의 남편은 의사결정 과정에 처음부터 참여하여 매우 중요한 역할을 해냈으며, 그녀가 이루어 낸 성과의 혜택을 나눌 자격이 있는 사람임을 스스로 느끼게 되었다. 수잔은 이러한 방법으로 자신과 자신의 삶에 소중한 사람들 모두에게 최상인 결정을 내릴 수 있었던 것이다.

수잔은 이때 자신과 남편이 어느 정도나 위험을 감수할 수 있는지에 대해 집중했다. 또한 자신들의 주된 욕구가 무엇이며, 동기 부여를 할 수 있는 요인으로는 어떠한 것들이 있는지도 살폈다. 그 밖에 지금과는 다른 생활을 살아가기 위해 경제적인 준비도 해나갔다. 그리고 의사결정을 하기 전까지 충분한 의견 교환을 통하여 자신들의 삶에 있어서 종래와는 다른 방식을 수용할 의사가 있음을 서로가 확인하는 등 공동 의사결정 과정을 진행하였던 것이다. 이러한 모든 과정들이 결코 쉬운 일은 아니었을 것이다. 현재 이들 부부는 그 당시의 그러한 노력은 충분히 해볼 만한 가치가 있는 일이었다고 입을 모아 말하고 있다.

다음은 공동 의사결정 과정에 필요한 몇 가지 고려 사항들이다.

- **당신 자신과 당신에게 소중한 사람을 한 단위(unit)로 묶어서 생각하라** 그리고 그 단위에 가장 최상의 것을 선택하라. (단위는 팀이 될 수도 있으며 조직이 될 수도 있을 것이고, 부부나 가족이 될 수도 있을 것이다.)

- **자신의 커리어를 새로운 방식으로 바라보라** 종전의 경제적 안정이나 승진 등이 아닌 다른 관점에서 당신의 커리어에 무엇이 중요한지 생각해 보라. 많은 사람들이 소중한 사람들과 보낼 수 있는 시간적 여유, 성취감, 의미 있는 일, 일과 삶의 균형, 타인과의 폭넓은 관계 유지 등을 위해 내린 결정이, 경제적 안정을 목적으로 내린 결정보다 훨씬 만족스럽다고 말하고 있다.

- **당신의 의사소통 능력을 길러라** 그리하여 다른 사람이 소중하게 생각하는 것이 무엇인지를 파악하고, 또한 당신이 소중하게 생각하는 것이 무엇인지를 상대에게 충분히 전달할 수 있도록 하라. 그래야만 최종적으로 내린 의사결정이 어떤 한 사람의 이해관계나 관심사에 국한된 것이 아닌 공동의 관심 사항이 될

수 있다. 자신을 솔직하게 드러내는 기술, 가치의 명확화, 단호함, 메시지 전달 능력, 상대 의견 경청, 설득, 상호 이익을 끌어낼 수 있는 협상 능력 등이 공동 의사결정 과정에서는 특히 필요하다.

- **당신의 직관에 의지하라** 여기에서 언급된 분석적인 방법들이 매우 유용하며 중요한 것은 사실이지만, 결코 논리적인 방법만으로 의사결정을 하는 것은 바람직하지 못하다. 결정에 대한 당신의 느낌(그리고 다른 사람의 느낌) 역시 해당 상황에 대한 논리적인 요소들 못지않게 중요하다는 사실을 명심하라.

- **'거부 기준선'(veto guideline)을 설정하라** 몇몇 팀들과 부부들은 팀원이나 배우자가 모두 동일한 기준선상에 올라서기 전까지는 결정을 내리지 못하도록 하는 거부 기준선을 설정해 놓고 있다. 거부 기준선이 있어 팀원들은 자유롭게 '타임'을 외칠 수 있으며, 이때는 해당 문제가 해결될 때까지 결정을 보류한다.

/ 다각적인 인생 네트워크를 구축하라 /

경영 전문가이자 작가인 워런 베니스(Warren Bennis)는 자신의 삶과 커리어에 관해 기술한 내용을 우리에게 보여 준 적이 있었다. 그가 보여 준 내용 중에서 우리의 눈길을 끌었던 부분은 그의 직업 선택이나 커리어 관리를 위한 결정에서 멘토나 동료들이 매우 중요한 역할을 했다는 부분이었다. 분명 베니스는 몇 년에 걸쳐 자신의 능력과 전문적 기술에 근거하여 커리어를 관리해 왔다. 아마도 멘토나 동료들의 도움이 없었어도 그는 자신의 직업에서 충분히 재능을 발휘하여 오늘날 그가 이루어 냈던 성취나 성공을 즐기고 있었을 것이다. 그러나 그는 자신의 커리어를 관리하는 데 있어서 다른 사람들의 조언에 귀 기울이고 그들의 의견을 따랐던 것이다. 그는 자신이 그동안 가졌던 모든 직업을 나열하면서, 각각의 직업을 선택할 때 결정적으로 조언을 해주거나 그 직업에 대한 정보를 제공해 주었던 사람의 이름을 한 명 이상 밝히고 있었다. 베니스의 사례는 커리어를 성공적으로 관리하는 데 있어서 타인과의 네트워크가 얼마나 중요한지 분명하게 보여 주고 있다.

윈-윈 네트워킹(Win-Win Networking)

네트워킹은 조직, 직업, 현장 또는 해당 산업에서 당신의 시야를 선명하게 해주며, 또한 당신이 맡고 있는 일이나 관심을 가지고 있는 분야에 대한 이해를 증진시켜 준다. 네트워크는 당신이 직업적 또는 개인적으로 접촉하는 사람들로 구성되어 있다. 당신은 그들에게 도움이 될 수 있는 정보를 얻을 수 있으며, 그들 또한 당신에게서 도움이 될 만한 정보를 얻기 원한다. 한편, 커리어를 쌓아갈수록 당신이 개인적으로 접촉하는 네트워크 역시 넓어져 간다.

그런데 네트워킹은 기본적으로 윈-윈 활동이다. 당신과 당신의 네트워크 상대방 모두에게 혜택을 주어야 한다. 당신은 네트워크를 통하여 커리어 관리에 필요한 도움을 받게 되며, 당신과 접촉하는 상대도 당신에게서 자신의 커리어 관리에 필요한 도움을 받게 된다. 네트워킹은 더 이상 과거 1980년대나 1990년대에 우리가 알고 있던 개념인 "내가 직업을 얻을 수 있도록 도움을 다오."라는 좁은 의미의 개념이 아니다. 그것은 당신과 상대방 모두에게 이익을 줄 수 있는 상호 작용이며 정보의 흐름이다. 또한 그것은 당신의 삶을 부유하게 만들어 주며, 그러한 네트워킹이 없었더라면 상상도 할 수 없는 많은 가능성의 세계로 당신을 인도해 준다.

직장을 구하거나 직업을 변경하는 경우에, 당신이 개인적으로 접촉하는 사람들을 활용하는 것은 반드시 필요한 과정이며 가장 적절한 방법이기도 하다. 평소에 알고 지내던 사람으로부터 해당 직장의 고용 여부를 결정하는 사람이 누구인지 알 수 있으며, 필요한 정보를 제공해 줄 수 있는 사람을 소개받을 수도 있다. 당신이 접촉하는 모든 사람들이 앞으로 있을지도 모르는 잠재적 기회들에 대한 정보 제공원인 것이다. 이러한 사람들로는 현 직장 동료, 과거의 직장 동료, 학창 시절의 친구, 선생님, 고등학교 또는 대학 동창생, 친구의 친구, 친척, 다니고 있는 교회의 성도들, 당신이 가입하여 활동하는 커뮤니티의 회원들, 일 관계로 만나는 사람들 모두가 포함된다.

네트워킹의 또 하나의 장점은 만나는 사람들의 대상이 점차 확대된다는 데 있다. 당신이 현재 만나고 있는 사람들이 당신에게 더 많은 도움을 줄 수 있는 사람을 소개하거나 알려 줄 수 있기 때문이다. 원칙 9에서는 '뉴 에이지 네트워킹'에 대해 자세히 소개하고 있다.

현재를 평가하라

네트워크를 다양화하고 확장시켜라

네트워킹은 당신이 처음 접촉하는 사람으로부터 다른 사람을 소개받는 식으로 하여 기하급수적으로 접촉하는 사람의 수를 증가시켜 나갈 수 있다. 그림 5-2는 이와 같은 사실을 보여 준다. 몇몇 개인적으로 접촉하는 사람들의 이름을 써라. 그리고 그 사람들로 인해서 새롭게 만나게 된 사람들의 이름을 그 이름 밑에 써 넣어라. 당신이 계속하여 새로운 사람을 만나게 되는 경우 당신의 리스트에는 이름이 계속하여 추가될 것이다. 네트워킹은 이처럼 당신이 어떤 정보를 구하고자 할 때 당신에게 도움을 줄 수 있는 사람들을 무한히 만날 수 있는 기회를 제공해 준다.

그림 5-2. 접촉자의 확장

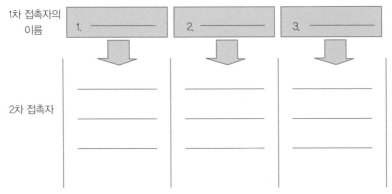

3명의 접촉자를 통해 9명 이상의 새로운 사람들과 만남이 이루어질 수 있다.

*출처: 1993년 케임브리지 대학에서 개최된 커리어 관리 세미나에서 K. Dowd, J. Bierne, R. Muller, R. Scalise, N. Schretter가 발표한 내용 중에서 발췌.

일생 동안 가동하는 네트워크

네트워킹은 일단 당신이 한번 가동시키면 결코 멈추지 않는다. 그 것은 단지 시작만 있을 뿐이다. 네트워킹은 일생 동안 활동한다. 당신의 조직 내에 있는 동료들이나 조직 바깥에 있는 사람들과 네트워크 관계를 반드시 형성하도록 하라. 조직 내에 있는 동료들과의 네트워킹은 당신이 새로운 조직 환경에 익숙해지도록 도움을 주며, 새로운 기회를 습득할 수 있는 기회를 제공하는 동시에 조직의 활동이나 목적과 관련된 최근의 정보를 얻을 수 있도록 해준다. 또한 당신이 조직 내에서 훌륭하게 업무를 수행하기 위해서 필요로 하는 통찰력이나 정보를 얻을 수도 있다. 조직 바깥에 있는 사람들과의 네트워킹은 최근 산업의 동향이나 이슈가 무엇인지를 알 수 있도록 해주며, 가장 좋은 업무실행 방법을 배울 수 있는 기회를 제공하기도 한다. 이 밖에 당신이 고용주의 처사에 반박할 수 있는 정당한 자료나 사례로 무장할 수 있는 기회를 제공해 주기도 한다.

/ 이상적인 코치와 멘토 /

우리가 만났던 한 사람은 다국적 에너지 회사의 인적 자원 관리부서에서 상위 직급 관리자로 일하고 있었는데, 다른 사람들의 역량을 개발시켜 주는 일에 관심이 많았다. 그는 아프리카 흑인 출신으로 출신 배경은 그다지 좋지 않았다. 그리고 자신의 경험을 바탕으로 젊은이들이 비즈니스 세계에서 성공하기 위해 넘어야 할 장애물이 너무도 많다는 것을 잘 알고 있었다. 그는 자신이 채용했거나 모임에서 만났던 많은 젊은이들과 계속해서 관계를 유지해 오고 있었다. 그 젊은이들 중 어떤 사람은 지금 그와 함께 일을 하고 있기도 하며, 또 어떤 사람은 다른 곳에서 일하고 있다. 하지만 그들 모두는 자신들의 곁에 참된 친구이자 동료이며 좋은 멘토가 있다는 사실을 잘 알고 있다.

그의 사례가 조직 내에서 알려지면서 다른 사람들도 그의 방식을 모방하기 시작했다. 또 공식적, 비공식적으로 멘토링과 코칭 기법을 습득하는 수많은 교육 프로그램이 그의 주도하에 실시되었다. 그 이전까지만 해도 그가 속한 조직은 소위 높은 잠재력을 보유한 것으로 판명되는 사람에게만 자기 계발의 기회나 자원을 제공했었다. 그러나 코칭이나 멘토링 프로그램으로 인해 우수 인재의 풀이 넓어지자, 그는 자신의 업무 목표 중 하나인 우수 인재 확보를 손쉽게 달성할 수 있었다. 더욱 중요한 것은, 만일 그러한 교육이 없었더라면 회사에서 지원하는 자기 계발 프로그램이나 자원을 결코 제공받을 수 없었을 것으로 보이는 많은 사람들이 자기 계발 기회를 얻을 수 있었다는 점이다. 만일 그 흑인 관리자가 자기가 속한 조직 내에서 그와 같은 코칭이나 멘토링 분야의 선구자 역할을 하지 않았더라면 이와 같은 일은 결코 일어나지 않았을 것이다.

/ 남을 돕는 것 /

매슬로의 욕구 단계설의 확장 버전에서 '초월'이라는 것은 자아실현을 넘어선 수준을 말한다. 초월은 다른 사람으로 하여금 의미 있고 역동적인 커리어를 성취할 수 있도록 용기를 불어넣어 주며 그들을 돕는 길로 인도하는 것이다. 우리들 저마다는 타인에게 제공해 줄 수 있는 경험과 지혜를 가지고 있다. 이것은 나이, 경험 수준, 조직 내에서의 위치, 조직 내 근무 기간 혹은 출신 배경과는 아무 상관이 없는 것이다.

그렇다면 코치가 될 수 있는 자격은 무엇인가? 비록 빈스 롬바르디(Vince Lombardi)와 같은 미식축구의 세계적 코치는 아니더라도, 우리 모두는 비공식적으로 다른 사람에게 도움이 될 수 있는 기술과 경험들을 가지고 있다. 표 5-1에는 효율적인 코칭과 비효율적인 코칭의 몇 가지 사례들이 나열되어 있다.

표 5-1. 효율적인 코칭과 비효율적인 코칭

효율적인 코칭	비효율적인 코칭
지지	비판
격려	저지
바람직한 행동의 역할 모델	바람직하지 못한 행동의 역할 모델
새로운 것을 가르치기 위해 시간을 할애	새로운 것을 전혀 가르치지 않음
실수로부터 교훈을 얻도록 도와줌	실수에 대해 비난함

*출처 : Suzanne C. de Janasz, Karen O. Dowd, Beth Z. Schneider 공저, 『조직 내 조직원 간에 행해지는 기술들(Interpersonal Skills in Organizations)』(Burr Ridge, Ill.: Mcgraw-Hill/Higher Education, 2002)에서 참조.

공식적·비공식적 코칭

코칭은 공식적으로 또는 비공식적으로 행해질 수 있다. 현재 공식적인 코칭 자원을 제공하는 조직들이 급속히 증가하고 있다. 한편, 비공식적인 코칭에서는 당신의 안내와 지원을 필요로 하는 모든 사람들에게 당신 스스로가 코치가 될 수 있다.

비공식적 코칭의 개념은, 오랜 산업체 근무 후 커뮤니케이션 컨설팅으로 자신의 직업을 변화시켰던 크리스 글리슨(Chris Gleason)이 처음으로 도입했다. 크리스는 자신의 커리어를 바탕으로 남들에게 코치할 수 있는 요소가 무엇인지를 먼저 분류했다. 또 자신에게 필요하지만 부족한 능력이 무엇인지를 조사했다. 그러고 나서 조직 내에서 해당 능력을 소유하고 있는 사람을 찾아내어 그에게 그 지식을 얻기 위해 거래를 했다. 그녀는 필요로 하는 정보를 얻는 대가로 자신이 가지고 있는 능력을 상대에게 코치해 주기로 했다. 그들은 이 계약을 통해 서로에게 도움이 되는 것을 주고받을 수 있었다. 크리스는 일찍부터 커리어 관리에 있어서 타인의 역할이 매우 중요함을 알고 있었다. 그리하여 다른 사람들이 필요로 하는 것들을 코치해 주는 대가로 그들로부터 필요한 것을 얻어낼 수 있었던 것이다.

아래에는 당신이 비공식적인 코치가 될 수 있는 몇 가지 내용들이 기재되어 있다.

- **진행 속도를 늦추기** 어떠한 일을 단숨에 끝내지 말고 좀더 오래 하겠다는 마음을 먹어라. 또 그 일의 완성을 직접 하지 말고

다른 사람에게 맡겨라. 이렇게 하면 그 사람이 그 일에 관심을 갖고 있는 경우, 당신에게 코칭받기 위해 접근할 것이다. 한편, 타인에게 코치하는 과정에서 당신은 잠재되어 있는 문제점이 무엇인지를 파악할 수 있는 기회를 얻을 수도 있다.

- **당신이 먼저 행동하기** 당신이 상대에게 비공식적인 코칭 역할을 할 수 있는 상황을 만들어라. 특히 자신이 처한 상황에 낯설어하는 사람에게 당신의 코칭 역할은 매우 유용할 수 있다. 먼저 도움을 베풀어라.

- **긍정적 피드백 제공** 사람들은 일반적으로 긍정적인 피드백에는 더욱 적극적으로 반응하는 경향을 보인다.

- **긍정적 분위기와 공동 유대감 조장** 이것은 그들로 하여금 당신이 자신의 발전뿐만 아니라 그들의 발전에도 매우 관심이 있음을 깨닫게 해준다.

- **상대와 만날 때마다 비공식적 코칭 실시** 당신이 무엇을 도와주면 좋을지를 묻거나, 지원받기를 원하는 자원으로 어떤 것이 있는지 물어보라. 당신이 먼저 상대에게 다가서라.

/ 멘토링을 통해서 받은 것을 돌려주라 /

멘토링이 다른 사람의 커리어에 영향을 끼친다는 사실은 연구를 통해 밝혀졌다. '멘토'라는 말은 그리스 신화에서 유래되었다. 그리스 신화에서 멘토는 선생, 안내자 또는 행위를 돕는 사람 등의 의미로 사용되고 있다. 기업체들과 커뮤니티 서비스를 제공하는 조직들은 멘토가 사람들의 발전에 엄청난 영향을 미칠 수 있다는 사실을 깨닫게 되었다. 멘토를 갖고 있는 사람이 멘토를 갖고 있지 않은 사람보다 조직의 목표와 조직 문화에 훨씬 더 쉽게 익숙해지며, 승진 기회도 훨씬 더 많이 갖는 것으로 조사되었기 때문이다. 또한 멘토를 가지고 있는 사람들이 새로운 직업이나 발전적 기회를 훨씬 더 빨리 그리고 확실하게 접할 수 있음이 밝혀졌다.

멘토링은 조직 근로자들 중 특히 다른 사람과의 접촉이 그다지 많지 않은 사람들에게 매우 가치가 있다. 코칭과 마찬가지로 멘토링 역시 공식적, 비공식적으로 실시될 수 있으며 두 가지 모두 개인들의 커리어 성장에 큰 도움을 줄 수 있는 것으로 판명되었다.

만일 당신이 조직이나 전문적인 분야에서 성공적으로 자리를 잡았다면, 다른 사람에게 멘토링을 실시하는 것은 당신이 받은 것을 조직에 되돌려 주는 하나의 방법이다. 멘토링의 실시는 최소한의 행동으로도 당신을 조직의 방관자가 아닌 조직에 계속 기여하는 사람으로 남게 만들어 준다. 당신의 휘하에 있는 사람들에게 멘토링을 실시해 줌으로써, 그들의 재능과 능력을 증진시켜 당신이 속한 조직의 발전에 기여할 수 있다. 또한 멘토링은 당신으로 하여금 계속 직장을 유지할 수 있도록 하는 데 도움을 주기도 한다. 당신이 종사하고 있는 분야에서 전문가가 되어감에 따라 점차 지겨워지고 흥미를 잃게 될 수도 있다. 그러나 이때 다른 사람을 당신과 같은 분야의 전문가가 될 수 있도록 도와주게 되면 이와 같은 지루함은 사라질 수 있다. 이에 따라 당신은 자신의 분야에서 한 단계 더 나아가 마침내 마스터의 경지에 오를 수 있게 되는 것이다.

커리어 강화

당신이 어떤 직업이나 자격 또는 일에서 마스터의 경지에 오른 시점에서, 다른 사람과 당신의 능력을 공유할 기회를 갖게 되면 당신의 커리어는 한층 강화될 수 있다. 이러한 이론은 캐시 크램(Kathy Kram)이 '관계적인 커리어 계발'(relational career development)이라는 연구에서 밝혀냈다. 크램의 연구에 의하면 일반적으로 사람들은 타인이 자신의 학습에 영향을 주며 도움이 되는 환경에서는 더 쉽게 발전해 나갈 수 있다고 한다. 이러한 방법 중 하나가 멘토링에 의한 방법이다. 지금까지 멘토링은 아직 일에 익숙지 못한 사람에게 상위 직급자 또는 전문가가 자신이 취득한 정보나 비법을 전해 주는 것이라고 인식되어 왔다. 그러나 크램의 연구에 의하면, 멘토링이 멘토를 하는 사람과 받는 사람 모두에게 도움이 되는 양방향 학습 기회를 제공할 수 있다는 것이다.

멘토링의 반대 개념은 타인과 같이 일하면서 그로부터 학습하는 것을 의미한다. 잭 웰치가 GE를 이끌고 있을 때, 그는 GE의 하위 직급자들이 상위 직급자들보다 컴퓨터에 훨씬 정통해 있다는 사실을 알게 되었다. 그래서 그는 나이 많은 사람들이 멘토링 역할을 해오던 종래의 회사 관행을 뒤집어, 하위 직급자들이 상위 직급자들에 대해 컴퓨터 기술 분야에 대한 멘토의 역할을 담당하도록 조치를 취했다. 이러한 프로그램 진행 결과 상위 직급자들도 컴퓨터 관련 기술에 능통하게 되었으며, 상위 직급자들과 하위 직급자들 간에 긴밀한 유대 관계가 형성되는 계기가 마련되어 결과적으로 모든 조직원들에게 도움이 될 수 있었다. 멘토링의 부가적인 효과는 조직원들의 학습 발전을 지원하는 한편, 조직원들에게 사회적 책임과 동료 의식을 불러일으켜 조직 내에 사람들을 소중하게 생각하는 분위기를 조성할 수 있다는 점이다.

그러나 타인과의 관계를 강화한다는 것이 말처럼 쉽지만은 않다. 다른 중요한 일과 마찬가지로 이는 시간과 에너지와 책임 의식을 필요로 하며, 때로는 행동 양식의 변화도 필요할 때가 있다. 하지만 그 보상은 충분히 값지다고 할 수 있다. '사람을 최우선으로 생각하는 것'이야말로 당신의 인생과 커리어에서 어떤 것을 소중하게 생각해야 하는지 알고자 할 때 명심해야 할 좋은 경구가 될 것이다.

지금 당장 계획을 세워라

변경할 수 없는 계획은 잘못된 계획이다.

—라틴 격언

/ 의도된 변화와 의도되지 않은 변화 /

자신만의 명확한 커리어를 갖는 여섯 번째 원칙은 계획을 수립하는 것이다. 계획 수립의 중요성은 아무리 강조해도 모자란다. "자, 이제 다음은 뭐지?"라고 생각한다면 다음과 같은 말을 명심하도록 하라. "앞으로 살아갈 계획을 세우기 전까지 결코 더 이상 나아가지 말라." 이 원칙은 이 책의 앞부분에서 이야기했던 다른 원칙들과 함께 개인적 변화나 커리어의 관리에 적용할 수 있다. 계획을 세워 나가는 과정에서 가장 중요한 것은 변화를 위해 준비하는 것이다.

이 장에서는 의도된 변화와 의도되지 않은 변화를 경험했던 사람들의 사례를 살펴볼 것이다. 그리고 자신만의 계획을 세울 때 필요한 전략과 주의해야 할 사항이 무엇인지도 알아볼 것이다. 한편, 특정 직업을 조사하거나 커리어 변화를 위한 계획을 발전시키고 보완해 나가는 방법은 원칙 9에서 자세히 다루고 있다.

이제 당신은 변화를 결심한 상태다(혹은 이미 변화가 진행되고 있다). 그 변화가 의도된 것이건, 혹은 의도되지 않은 것이건 간에 이제는 당신이 계획을 세워야 할 때이다. 그림 6-1은 당신이 변화를 진행시키고자 할 경우 취할 수 있는 단계들을 설명하고 있다.

그림 6-1. 개인적 변화를 위한 계획 수립 과정 단계

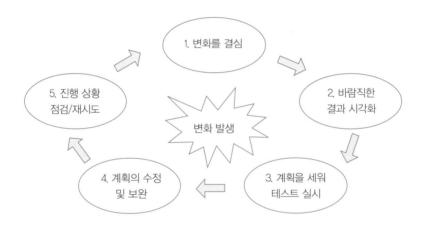

/ 1단계: 변화를 결심하라 /

변화 계획에 있어서 첫 번째 단계는 자신을 준비시키는 것이다. 그리고 또한 당신의 변화에 영향을 받을 수 있는 사람들을 준비시키는 것이다. 이것은 매우 중요한 단계지만, 많은 사람들이 간과하기 쉬운 부분이다. 당신의 변화에 대한 결정이 의도된 것이건 혹은 의도되지 않은 것이건, 일단 변화를 시도하게 되면 해야 할 일들이 많아진다.

만일 변화가 의도된 것이라면(예를 들어 새로운 직업을 원하거나, 커리어를 재조정하려 하거나, 갓 결혼을 했다 등), 당신은 변화에 열정을 가지고 있을 것이다. 또한 변화가 단기적으로는 힘들지라도 장기적으로는 자신에게 큰 도움이 될 것이라는 확신을 갖고 있을 것이다. 따라서 자신의 핵심 가치를 확인하는 한편, 선택 가능한 대안들을 찾아보고 계획을 수립하는 등의 매우 활발한 활동을 전개해 나갈 것이다.

은퇴 이후의 삶을 체계적으로 준비하다
—조지(George)와 메리 트리지아니(Mary Trigiani) 부부

조지와 메리 트리지아니는 50대 중반을 바라보는 부부로 최근 변화를 결심한 상태다. 그들 부부는 이미 40대 초반부터 조기 은퇴를 생각하고 있었다. 그러고는 뉴욕 시청에 근무할 때 평생 할 수 있는 일에 대해 본격적으로 관심을 기울이기 시작했다. 그들은 은퇴 후 여행과 개인적으로 흥미를 가지고 있는 분야에 집중하겠다고 마음먹었다. 조지는 다음과 같이 말한다.

"우리는 일에 너무 지쳐 있었습니다. 그래서 은퇴 후의 목표는 좀 더 균형 잡힌 삶을 이루는 것입니다. 당연히 우리는 은퇴 후에 우리가 일상적으로 해야 할 일 외에도 매년 근사한 여행을 하는 것 등에 관심을 기울이고 있습니다. 그러나 이러한 우선순위의 변화를 지금 당장이 아닌 은퇴 이후에 점차적으로 실시해 나갈 예정입니다."

트리지아니 부부는 은퇴 이후의 프로젝트를 현업에 종사하고 있던 당시 그들이 진행하던 다른 활동들과 동일한 비중으로 다루었다.

먼저 그들은 목표를 설정했다. 그러고 나서 자산 관리사 등 그들이 도움을 받을 수 있는 사람들로부터 어떠한 도움을 받을 수 있는지 살펴보았다. 다음으로는 선택폭을 좁히기 전에 여러 지역을 방문하여 은퇴 후에 살 만한 장소를 조사했다. 이러한 과정에서 그들 부부는 정기적으로 서로의 의견을 교환하고, 진척 상황과 그들이 만났던 사람들로부터 얻은 정보를 점검했다. 그들은 또한 자신들과 비슷한 결정을 내린 사람들과 네트워크를 형성하여 그들의 삶이 어떠한지에 대해서도 이야기를 나누었다. 한편, 부부간에 서로가 원하는 것이 무엇이며, 어떠한 욕구를 가지고 있는지에 대해서 확인하는 과정도 빼놓지 않았다. 트리지아니 부부는 자신들의 은퇴 이후 프로젝트를 위해 다음과 같은 일들을 진행했다.

- 첫째, 그들 부부는 일련의 가치들을 공유했다. 그들이 변화하고자 하는 모습은 사실 많은 생각과 충분한 의견 교환이 필요한 것이었다. 따라서 그들은 자신들의 삶의 모습이 어떠했으면 좋을지에 대해 충분히 생각한 후, 각자의 생각을 상대에게 알리고 그 차이점을 타협해 나감으로써 동일한 생각을 공유할 수 있게 되었다.
- 둘째, 그들은 재정적인 부분에 대해서는 매우 보수적인 자세를 취했다. 그들은 자신들의 계획을 진행시키는 데 필요한 비용을 실제보다 과도하게 예상하였기 때문에, 최근 주식 시장이 심하게 출렁거림을 보였지만 계획을 변경시키지 않고 그대로 진행

시켜 나갈 수 있었다.

- 셋째, 그들은 대단히 계획적이며 사려 깊은 성격을 가지고 있어 계획을 진행하는 과정에서 상대방의 지지를 얻기 위해 노력하거나 굳이 상대를 설득할 필요가 없었다.
- 넷째, 그들은 자신들이 계획을 진행시켜 나가는 과정에 흥미를 느낄 수 있도록 배려했다. 그래서 자신들의 계획을 그들이 가장 좋아하는 여행 안내 시리즈 중 하나의 이름을 따서 불렀다.
- 마지막으로 그들은 중요한 규칙을 설정하였는데, 어쩌면 이것이 가장 중요할지도 모른다.

"우리는 그 계획이 우리 두 사람 모두에게 완전히 만족스러운 계획이어야 한다는 데 동의하였습니다. 그리하여 그 계획이 우리 두 사람 모두의 욕구를 충족시킬 수 있도록 계속하여 수정해 나갔습니다."

만일 변화가 의도되지 않은 것이라면(예를 들어, 배우자와 사별하거나 실직하는 경우, 혹은 가족 중 아픈 사람이 생겨 이를 간호해야 하는 경우 등), 당신은 원칙 1과 원칙 4에서 설명한 '생존' 욕구에 대해 깊이 생각해 보아야 할 것이다. 자신이 처해 있는 현실을 파악하고 이를 받아들여야 하며, 상황의 특수성을 인정하여야 한다. 또 선택 가능한 대안으로 어떤 것들이 있는지 확인하고, 그에 관한 정보를 수집해 나가야 할 것이다. 경제적으로 도움이 될 자원들도 구축해 나가야 할 것이며, 변화에 성공적으로 대처하기 위해 육체적·정신적으로 강해져야 할 것이다.

다음은 의도되지 않은 개인적 변화에 효율적으로 대처하기 위한 전략들이다.

- 장기적인 안목을 가져라. 인생은 마라톤이지 단거리 경주가 아니다. 우리가 원하는 모든 것을 즉시 얻는 경우란 거의 없다. 순간적인 만족을 기대하지 말라.
- 변화에는 상반되는 대가가 존재한다는 사실을 인정하라. 모든 변화 과정에서 목적한 것을 갖기 위해서는 또 다른 것을 포기해야만 한다. 균형 감각과 균형 있는 시각을 갖도록 하라.
- 만일 당신이 다른 사람과 함께 결정을 내려야 한다면, 중대한 결정에 직면하기 전에 당신의 의사결정 스타일이 타인과 차이점이 있을 수 있음을 고려하라. 함께 결정을 내릴 수 있는 전략을 개발하여, 각각의 스타일 중에서 최상의 것을 활용할 수 있도록 하라. 같이 협력하여 결정 기준을 만들어라.
- 창의적으로 생각하고, 사물을 다른 시각으로 바라볼 수 있도록 노력하라.
- 개인적으로 코칭을 해줄 수 있는 사람을 찾아라. 이와 같은 일은 개인적 변화를 추구하는 데 있어서 점차 보편화되어 가고 있다. 개인적 코칭은 당신이 목표를 설정하고 그 목표를 수정,

보완해 나갈 수 있도록 도움을 줄 것이다. 또한 그들은 당신이 개인적인 변화를 겪는 동안에 지원과 상담을 아끼지 않고 해줄 수 있는 사람들이다.

• 위험(당신 또는 당신과 관련된 사람의 위험)을 최소화하라. 당신이 나 다른 사람의 염려를 불러일으키는 요인들이 무엇인지를 파악하라. 그리고 이러한 요인들을 진지하게 생각하고, 위험 요소를 감소시킬 수 있는 방법으로 어떠한 것이 있는지 브레인스토밍 방식으로 생각하여 보라.

의도되지 않은 변화에 직면하다

—도나 퀴스트(Donna Quist)

도나 퀴스트는 40대가 되었을 때 남편이 암으로 사망했다. 도나는 소비재를 생산하는 다국적 기업에서 마케팅과 전략 기획을 담당해 왔는데 매우 성공적이었다. 그리하여 그녀의 지위는 처음 견습사원에서 시작하여 부사장까지 올랐다. 그러나 남편의 사망과 그 당시 그녀가 하고 있던 일의 본질적 변화로 인하여, 그녀는 회사를 그만두고 자신이 인생에서 진실로 원하는 것이 무엇인지를 재평가하기 시작했다. 도나는 다음과 같이 말한다.

"그 당시 나에게는 직업도 없었고 남편도 없었다. 또한 내가 책임져야 할 일이 아무것도 없었다. 좋은 소식은 내가 하고 싶은 일이라면 어떤 것이라도 할 수 있다는 것이었으며, 나쁜 소식은 내가 무엇을 하기를 원하는지 알지 못하고 있다는 것이었다."

도나는 현 상황에서 벗어나기 위해서는 슬픔을 극복할 필요가 있다는 것을 알았다. 당시를 회상하며 그녀는 이렇게 말한다.

"나는 어떠한 계획을 세우거나 끝낼 수 있는 상태가 아니었다."

도나가 처한 상황은 자신의 의도와 상관없이 인생이 황폐해지고 파괴될 수 있으며, 계획되지 않은 변화가 발생할 수 있음을 보여 주는 사례이다. 그녀는 직감적으로 자신이 이제는 과거처럼 일에만 매달리는 삶을 더 이상 살아갈 수 없음을 깨달았다. 그녀에게는 자신이 지나왔던 과정을 되돌아볼 시간과 현재 자신에게 펼쳐진 새로운 상황에 적응할 시간, 다시금 미래를 향하여 전진해 나갈 수 있는 새로운 기술과 통찰력을 개발할 시간이 필요했다. 도나는 가족들에게 좀더 충실해야겠다는 생각을 했다. 그녀는 자신이 살던 집을 세 주고, 가구들은 창고형 트레일러에 보관한 뒤, 동부 해안지역에 있는 가족들과 1년 반 정도를 지내면서 앞으로 무엇을 할 것인지에 대해 구상해 나갔다.

남편이 죽은 지 5년이 지났을 때, 도나는 컴퓨터 관련 산업에서 새로운 기술을 배웠으며, 사이클링에 흥미를 가지게 되었다. 하지만 무엇보다 중요한 것은, 그녀가 가족이나 친구들과 같이 있는 것이 소중하다는 것을 새롭게 발견하게 되었다는 것이다. 그녀는 심지어 자신이 다시 비즈니스 세계로 되돌아갈 수 있을지에 대해 의심하기까지했다. 그녀의 새로운 라이프스타일은 그녀가 스스로 선택한 것은 아니지만, 이제는 그녀에게 시간과 유연성을 제공하고 있었다. 그녀는 조만간 자신의 비즈니스를 새로 시작해야겠지만, 지금 당장은 미래에 대해 낙천적으로 생각하며 자신의 변화된 모습에 감사하면서 하루하루를 보내고 있다.

앞에서 언급한 트리지아니 부부는 40대 중반 무렵에 은퇴하기 위해 40대 초반부터 자신들의 삶에서 중요한 변화와 조정을 실시했다. 앞의 것은 자발적이며 계획된 변화였고, 뒤의 것은 비자발적이며 계획되지 않은 변화였다. 그러나 두 가지 모두 다 자신의 핵심 가치를 재발견하고 인생의 목적을 설정하기 위한 시간과 그러한 목표를 달성하기 위해 계획을 세워 나가는 일이 매우 중요한 것임을 시사하고 있다. 트리지아니 부부와 도나 퀴스트는 매우 다른 '변화 유발 장치'(change trigger)를 가지고 있었다. 당신에게 있어서 변화 유발 장치는 무엇인가? 다음 리스트는 일반적으로 사람들에게 변화를 유발시키는 장치 역할을 하는 것들이다(추가할 것이 있으면 임의로 추가하여도 좋다).

지루함(단조로움)	가치/생활 양식의 변화	배우자/파트너의 변경
직장에서 일시 해고 또는 정리 해고	배우자/파트너의 직업 또는 가족들의 생각	개인적인 위축
이혼 또는 사별	건강상의 변화	조직의 축소
재혼	지역적인 문제	휴식 기간을 갖기 원함
자녀 출생	다소 많은 출장	현재 자신의 직무에서 최고점에 도달함
휴식 이후 재입사	모험 의식/ 다양성에 대한 욕구	새로운 상사나 오너
기업 구조, 사명 또는 방향의 변화	연로하신 부모의 간병	언어 장벽
가정에서 가족을 돌봐야 하는 경우	화재 발생	친한 친구나 가족 구성원의 죽음
중대한 세계적 사건	물가 수준의 상승	급여 삭감
은퇴(혹은 장래 은퇴를 위한 계획)	안식처의 상실	회사의 인수/합병
새로운 비즈니스 기회/창업		차별 대우

변화 유발 장치에 관하여

만일 당신에게 변화를 유발하는 요인이 도나의 경우처럼 갑작스럽게 다가온다면, 당신은 원하지도 않는 삶의 변화를 겪을 수밖에 없다. 이와 같은 예로는 이혼이라든가 건강이 악화되었다든가, 혹은 감정상태가 급격히 변하거나 경제적으로 갑작스러운 어려움을 겪는 등 여러 가지 개인적인 문제들이 있을 수 있다. 그리고 이러한 문제들을 해결하는 데 있어서 현명한 결정을 내리기가 쉽지만은 않다.

하지만 이러한 갑작스러운 사건이 없다면, 우리는 실제로 변화해야 할 필요가 있을 때조차도 자극을 느끼지 못하거나 상황의 급박함을 깨닫지 못할 수도 있다. 변화할 필요를 느끼지 못하는 무딘 감정과, 인생에 있어서 전혀 예기치 않은 사건(누군가를 만나거나 혹은 잃게 되거나, 실직 또는 전직을 하게 되거나 승진을 하는 등)이 발생했을 때 순간적으로 멍해지는 것과는 차이가 있다.

물리학의 법칙 중 관성의 법칙은 모든 물체가 외부의 충격이 없는 한 변화하지 않으려는 경향이 있음을 밝히고 있다. 외부의 충격은 일반적으로 반응을 일으킨다. 따라서 일생에 있어서 커다란 변화를 가져올 만한 사건이 없다면, 현재의 상황을 제대로 평가하기 위해 시간과 에너지를 쏟기란 매우 어려우며 새로운 행동 계획을 수립하기는 더더욱 어려운 일이다. 오직 몇몇 소수만이 외부 환경이 가져다주는 경보 장치 없이도 스스로 긍정적인 변화를 창조하기 위해 자신을 자극하고 독려할 뿐이다.

미래를 계획하고 자신의 커리어를 변화시키다

—로브 매니언(Rob Mannion)

    로브 매니언은 일찍부터 자신의 인생과 커리어를 관리해 왔다. 현재 그는 20대 후반의 나이로 대학 졸업 후 몇 년간 직장 생활을 하다가 대학원에 진학하기로 결심한 상태다. 그는 총명하고 스스로 동기를 유발시키는 부지런한 청년이었다. 대학을 졸업하고 첫 직장으로 컨설팅 회사에서 취업했고, 그 일이 그에게 동기 자극적 역할을 해주었다.

    2년쯤 컨설팅 회사에서 근무하던 로브는 자신의 컨설팅 경험을 활용하여 신설된 미디어/인터넷 회사로 자리를 옮겼다(그 당시에는 닷컴 열풍이 전 세계를 강타하고 있던 때였다). 그런데 새로이 자리를 옮긴 미디어/인터넷 회사의 근무지는 홍콩이었다. 로브는 홍콩으로 이주하여 그곳에서 국제적 경험을 습득할 수 있었다. 홍콩으로 이주한 것에 대해 로브는 이렇게 말한다.

    "나는 당시 내 생애에 있어서 가장 큰 위험을 감수한 것이다. 내가 컨설팅 회사를 그만두고 홍콩으로 가겠다고 말하자 친구들은 각기 열광적인 반응과 회의적인 반응을 보였다. 그러나 가족들은 한결같이 염려스러운 마음을 감추지 못했다. 어쨌든 그 와중에 나는 안정적이며 보수가 많았던 컨설팅 일을 그만두고 홍콩으로 이주를 감행했다."

홍콩에서의 근무 조건은 로브의 입장에서는 상당한 감봉을 감수하는 것이었다. 그럼에도 로브는 그와 같은 경험은 충분히 해볼 만한 가치가 있다고 생각했다. 홍콩에서 한 번 더 직장을 옮긴 지금, 로브는 이번 가을 학기에 와튼(Wharton) 경영대학원에 입학할 계획을 세우고 있다.

로브의 사례는 두 가지 중요한 점을 시사해 주고 있다. 첫째는, 변화를 시작하기 위해 외부의 사건이 반드시 필요하지만은 않다는 것이다. 로브는 자신의 목표를 달성하기 위해 변화를 시작했다. 둘째로는, 변화의 과정에서 행운이나 기회의 중요성을 과소평가해서는 안 된다는 것이다. 로브가 스스로 밝혔듯이, 좋은 경력을 얻을 수 있게 되는 것은 대부분 운이 좋기 때문이다. 그러나 자신이 그러한 운을 만날 수 있는 위치에 있지 않으면 안 된다. 로브의 경우 이른 나이에 목표를 설정했다. 정열적이며 긍정적인 자세, 강한 직업 정신과 위험을 기꺼이 감수하려는 태도 덕분에 그는 대학 졸업 후 좋은 조건의 첫 직장을 얻을 수 있었으며, 대학원 진학 전에 두 곳의 벤처 기업을 경험할 수 있었다.

로브는 훗날 자신이 가족을 갖게 되면 자신의 우선순위에 변화가 있을 것이라고 말한다.

"나는 내 자신에게 약속했다. 나는 결코 미래를 도서관에서 혼자 공부만 하면서 보내지는 않을 것이라고 말이다. 나는 다른 사람의 관심 사항을 내 것보다 우선시할 것이다. 아마도 재정적인 안정이 앞으로 내 결정에서 큰 부분을 차지할 것으로 생각된다."

로브의 사례는 계획을 세우는 것이 대단히 중요하며, 아울러 변화가 닥쳐왔을 때 좀더 유연하게 변화에 순응하여 계획을 변경시켜 나갈 수 있어야 한다는 사실을 시사해 주고 있다. 로브는 자신이 원하는 다양한 경험, 여러 곳을 다녀보고 싶은 욕구, 일과 생활의 균형 유지를 추구하는 인생의 목표를 자신의 계획에 맞추어 적절하게 이루어 나가고 있는 중이다.

의도된 사건과 의도되지 않은 사건들

의도된 것이든 의도되지 않은 것이든 그리고 긍정적이든 부정적이든, 변화를 초래하는 사건이 발생하면 우리는 일련의 감정 변화를 겪게 된다. 그리고 비록 그러한 감정이 오랫동안 지속되지는 않더라도 한동안은 그러한 감정에 휩싸이게 된다. 이것이 왜 급하게 결정을 내리고 변화를 추구해서는 안 되는지에 대한 이유이다. 우리가 내린 결정이 좀더 지속적으로 우리를 구속할 수 있는 힘을 가지려면, 평소 가지고 있는 가치나 욕구와 같은 핵심적인 것을 근거로 결정이 내려져야지, 결코 그 당시의 일시적인 감정이나 느낌에 근거하여 내려져서는 안 된다. 만일 당신이 변화에 즉각적으로 대응하여 결정 내리지 않고 충분히 생각하여 결정을 내렸다면, 당신이 내린 결정의 구속력은 더욱 증가하게 된다. 우리는 이러한 개념을 원칙 8에서 좀더 상세하게 논의하게 될 것이다. 다만 여기에서는 효과적인 결정을 내리기 위해 필요한 것으로 어떤 것들이 있는지 간략하게 살펴보고자 한다.

당신에게 기회가 주어졌을 때, 항상 다음과 같이 결정을 내리도록 하라.

- 당신을 위한 모든 문을 열어두어라. (이때의 문은 과거로 향한 문이 아니라, 미래를 향한 문을 말한다.)
- 새로운 기술을 습득할 수 있는 기회를 포착하라. (당신이 이미 가지고 있는 것을 사용할 수 있는 기회가 아니다.)
- 당신의 에너지를 충전시켜라.
- 당신이 고려하는 것이 당신에게 최선이 되도록 하라.
- 장기적인 관점에서, 전체적인 인생의 질이 당신과 당신의 소중한 사람들에게 최선의 것이 되도록 노력하라.
- 오랫동안 지속될 수 있는 결정을 내려라.
- 당신의 얼굴에 미소를 가져올 수 있도록 하라.

결정을 내리는 자신의 스타일을 파악하라

변화를 위한 준비 과정에서 또 하나 중요한 행동은 자신의 개인적 의사결정 스타일(그리고 자신의 결정으로 영향을 받는 다른 사람들의 스타일)을 파악하는 것이다. 당신은 어떤 종류의 의사결정자인가? 당신은 의사결정을 내리기 전에 자신이 처한 상황을 신중하게 생각하고 여러 가지 선택안들을 분석하는 매우 방법론적인 사람일 수도 있다. 혹은 직관적으로 그리고 빠르게 반응하는 다소 충동적인 사람일 수도 있다. 그렇지 않으면 상황을 어느 정도 조사해 본 후에 자신의 직관에 근거하여 결정을 내리는 중도적인 사람일 가능성도 있다. 당신의 의사결정 스타일이 어떤 것이건 간에, 인생이나 커리어에 있어서 변화를 고려할 때는 양쪽의 중요한 접근 요소들을 결합하여 결정하는 것이 바람직하다.

- 만일 당신이 조직적이며 분석적이고 의사결정을 내리는 데 있어서 매우 신중한 타입이라면, 생각을 다소 창조적으로 바꿀 필요가 있으며, 당신이 내린 결정을 당신의 직관이 어떻게 받아들이는지 살펴볼 필요가 있다.
- 만일 당신이 직관적이며 과거의 경험에 근거하여 성급하게 결정을 내리는 스타일이라면, 도움을 줄 수 있는 사람에게 당신이 내린 결정을 가지고 상의를 함으로써 계획을 수정하고 보충해 나갈 필요가 있다.

우리가 직관적으로 행동을 하건, 혹은 분석적인 방법에 의해 행동을 하건, 아니면 두 가지를 결합한 방식으로 행동을 하건 간에 결정을 내리기 위해서는 충분한 시간을 갖는 것이 중요하다. 의사결정을 내리는 데 필요한 사항들에 관해서는 원칙 3에서 자세히 설명하고 있으니 필요한 경우 이를 다시 참조하기 바란다. 다음의 리스트는 의사결정을 내리기 전에 취해야 할 단계들을 나열하고 있다. 다음과 같은 단계를 완료하기 전까지는 결코 의사결정을 내리지 않는 것이 좋다.

- 당신이 감수할 수 있는 위험의 정도를 평가하라. 또한 선택 가능한 대안들에는 어떤 것들이 있는지 살펴보고, 그 밖에 취할 수 있는 대안들을 창조적으로 생각해 보라.
- 당신의 결정에 영향을 받는 사람들과 충분히 대화를 나누고 그들의 전적인 지원을 얻어라.
- 필요한 정보를 최대한 수집하라.
- 발생 가능한 최상의 결과와 최악의 결과를 예상해 보고, 우발적인 사건이 발생했을 때 이에 대처할 수 있는 계획도 수립해 두라.
- 의사결정에 따라 계획을 진행할 준비를 마쳤다면 그 결정을 고수하도록 하라.
- 의사결정을 내린 후 하루를 보낸 뒤, 자신의 직관이 올바른 의사결정이었다고 말하는지 지켜보라.

- 만일의 경우에 그 의사결정이 잘못된 것일 때는 신속하게 빠져 나올 수 있는 전략을 가지고 있어야 한다.

/ 2단계: 자신이 원하는 결과를 시각화하라 /

계획 진행 과정의 다음 단계는 자신의 미래의 모습을 시각화하는 것이다. 이제 변화를 위한 준비를 마쳤다면, 선택 가능한 창조적 대안들을 만들고 그것들이 실현 가능성이 있는지 평가해 보아야 한다. 이것은 일종의 리허설로서, 당신이나 당신의 소중한 사람들에게 여러 가지 아이디어들을 자유롭게 평가받는 것을 말한다. 대안들을 만들어 내는 데 있어서 정해진 형식이나 방법은 없으며, 그러한 대안들을 평가하는 데도 정형화된 방식은 없다. 하지만 때때로 컨설턴트들은 고객들에게 다음과 같이 묻곤 한다.

"당신이 생각하고 있는 변화를 통하여 얻고자 하는 결과는 무엇입니까? 또는 당신은 어떤 모습으로 성공하기를 원하십니까?"

이와 같은 질문에 답을 찾다 보면 변화로부터 얻게 될 긍정적인 결과를 확실하게 그릴 수 있을 뿐만 아니라, 결정을 내린 후 변해 있을 자신의 모습도 그려볼 수 있다.

비제이 투판(Vijay Toofan)의 사례는 자신이 처해 있는 상황에서 자신과 가족을 위한 다른 생활 방식을 꿈꾼 경우이다. 인도 태생인 비제이는 인도에서 대학을 졸업한 후 산업 현장에서 수년 동안 근무했다. 그때 그에게 갈림길이 다가왔다. 그와 그의 아내, 자녀들이 계속

인도에 거주할 것인지, 혹은 다른 나라로 이주하여 새로운 삶을 살아갈 것인지를 놓고 선택의 기회가 주어진 것이다. 비제이는 자신과 아내가 오랫동안 목표로 했던 경제적인 안정과 풍요로운 삶은 인도를 떠나야만 실현될 수 있다는 사실을 잘 알고 있었다. 마침내 그들은 친구, 가족들과 떨어져야 하는 매우 어려운 결정을 내리고 미국으로 이주했다. 미국에서 비제이는 전문 직종에 종사하여 새로운 커리어를 쌓아 나가기 시작했다.

마음속에 미래를 그려라

비제이는 그 당시 자신과 아내의 미래의 모습을 마음속에 시각화하지 않았다면 그와 같은 엄청난 변화를 실현시킬 수는 없었을 것이라고 말한다.

"우리는 일생을 통하여 달성하고자 하는 장기적인 목표를 가지고 있었다. 그리고 첫 번째 방법이 제대로 작동하지 않을 경우를 대비하여 목표를 달성하기 위한 여러 가지의 대안들을 계획했다. 나와 아내는 우리의 장기적인 목표를 가능하게 하는 데 필요한 교육을 받는 동안 재정적인 어려움을 감내하기로 결정하였으며, 그 이후로는 서로가 잠시 대화할 시간조차 가질 수 없을 정도로 바쁜 생활을 보내야만 했다. 하지만 그 당시 인도에서는 우리의 목표를 충족시켜 줄 만한 기회가 많지 않았다. 따라서 우리는 엄청난 변화를 가져올 수 있는 기회를 열심히 찾고 있었다. 그리고 마침내 그러한 기회가 우리 앞에 나타났다고 믿었다."

그들은 미래를 바라보았으며, 보다 나은 생활을 위해 기꺼이 희생할 마음의 준비를 갖춘 상태였기에 마침내 자신들의 목표를 이룰 수 있었다. (미국으로 건너와 비제이는 교수가 되었으며, 그의 아내는 치과의사가 되었다.)

자신이 원하는 것의 뼈대를 만들어라

자신이 원하는 것의 모양을 형성하기 전에 새로운 상황에 대한 뼈대를 만드는 것이 도움이 된다. 즉, 당신이나 당신에게 소중한 사람들이 매력적으로 느끼는 상황에 대해 정의를 내리는 것을 의미한다.

표 6-1. 시나리오 계획

당신이 고려하고 있는 각 선택안들에 대하여, 다음 질문에 답하여 보라.
1. 당신이 고려하고 있는 변화의 결과로 어떤 일이 발생하기를 원하는가? 2. 성공이 당신에게 어떤 모습으로 비쳐지는가? (당신의 친지들이나 또는 당신의 소중한 사람들에게는 어떤 모습으로 비쳐지는가?) 3. 새로운 현실에서 당신이 갖고 싶은 모습은 어떤 것인가? 4. 이 선택안을 택했을 때 버리거나 희생해야 할 것은 어떤 것이 있는가? 5. 이 선택안을 통해 얻을 수 있는 이득이나 혜택은 어떤 것인가? 6. 최상의 결과와 최악의 결과는 어떤 것이 있을 수 있는가? 7. 위의 질문을 이용하여 각 선택안들을 평가한 결과 가장 순위가 높은 선택안은 무엇인가?

각 선택안들을 상호 교차적으로 비교하는 것은 매우 중요한 것으로 당신이 미처 생각지 못했던 요소들을 깨닫게 되는 데 도움이 된다. 일단 여러 개의 대안을 만들었다면, 우선순위에 따라 각 선택안

들의 최종 순위를 결정하도록 하라. 이렇게 하면 당신이 변화나 결정을 통하여 달성하고자 하는 목적을 명확히 할 수 있게 된다. 이 단계에서 행해지는 모든 것들은 당신의 결정과 변화에 영향을 받을 수 있는 주변 사람들과 충분한 대화를 거친 이후에 이루어져야 한다는 사실을 명심해야 한다.

/ 3단계: 계획을 수립하고 테스트를 실시하라 /

당신이 인생의 중대한 변화에 반응하거나 변화를 꾀할 때, 또는 커리어와 관련된 매우 중요한 결정을 내려야 할 때, 로드 맵(road map)을 갖고 있는 것이 상당히 도움이 될 수 있다. 로드 맵이란 어려운 상황을 뚫고 나아가 계획을 성공적으로 달성하는 데 도움을 줄 수 있는 개괄적인 계획을 말한다. 이 계획(각 선택안에 따라 하나의 계획이 있어야 한다)은 당신의 목표를 기술하고 있어야 한다. 보다 자세한 내용은 원칙 1에서 언급했던 개인적인 목표와 관련한 연습 문제를 참조하는 것이 도움이 될 것이다. 원칙 9에서는 계획의 수정 및 보완이라는 차원에서 이 주제를 보다 상세하게 다루고 있다.

당신의 선택안을 좁혀라

계획을 통해 만족될 수 있는 가치들과 계획을 보완해 나가기 위해 필요한 자원들을 나열하고, 예상되는 장애물들을 생각해 보라. 장애물을 헤치고 나갈 수 있는 계획도 세워라. 계획을 보완하기 위해 취해야 할 단계별 사항들로 어떤 것들이 있는지 나열해 보라. 그리고 각 단계별 사항에 대해 누가 책임이 있는지 그 사람의 이름을 적도록 하라.

이 단계에 이르게 되면, 당신은 여러 개의 선택안들 중에서 실현 가능성이 있는 몇 개의 선택안을 골라낼 수 있을 것이다. 초기에 창조적으로 브레인스토밍을 이용하여 생각해 낸 많은 선택안들 중에서 보다 현실적이며 실현 가능성이 있는 계획을 선택하는 것이 이 단계의 주목적이다. 대략 3개 정도의 선택안을 고르는 것이 바람직하다. 그 이상이 되면 계획을 수립하는 것 자체가 부담이 될 수 있다.

사전 준비 작업을 진행하라

이 단계에서 조사는 대단히 중요하다. 조사에는 유사한 변화를 이미 경험했던 사람들과 대화하는 것이 포함되며, 당신이 고려하고 있는 특정 선택안들에 관한 자료를 수집하고, 특정 조직이나 지역에 관한 인터넷 조사도 포함해야 한다.

초기 단계에서는 계획안을 설정하는 데 있어서 현실성을 감안하지 않았지만, 지금 시점에서는 현실성을 감안하여야 한다. 당신이 가지고 있는 자료에 근거하여 현재 생각하고 있는 선택안이 현실성이 있는가를 생각해 보라. 그 안을 선택하였을 때 실현시킬 수 있는 자원이나 기술을 가지고 있는지, 그리고 특별히 그 안이 실현될 때까지 인내할 수 있는지도 생각해 보라.

계획은 반드시 실현 가능한 것이어야만 한다. 당신의 경우에 그 계획을 이루는 데 타인의 도움을 받을 수 있는가? 그 계획을 추진하는 데 필요한 재정적 여력은 충분한가? 그 계획을 이루는 데 어떤 단계들이 필요한가? 당신은 적절한 시기에 각 단계들을 이행할 수 있는가? 만일 문제가 있다면 그러한 문제들을 어떻게 해결하거나 줄여나갈 수 있는가?

마지막으로 당신이 생각하고 있는 아이디어들을 완벽하게 테스트해 보는 것이 중요하다. 예를 들어 만일 당신이 새로운 곳으로 이주하려고 마음먹고 있다면, 그리고 이주할 장소를 세 군데 정도로 좁혔다면, 최종적으로 결정을 내리기 전에 각각의 장소들을 직접 방문하여 자신에게 가장 적합한 곳이 어디인지를 평가해 보라.

무수히 많은 사람들이 이전에 휴가를 보냈거나 잡지에서 읽었던 기사들 때문에 엉뚱한 곳으로 이주를 하는 실수를 저지른다. 그러나 일단 그곳에 도착하면, 그들은 자신들이 생각했던 것과 그곳의 일상이 매우 다르다는 것을 깨닫는다. 만일 당신이 새로운 직업을 가질 수 있는 기회가 생겼다면, 당신 이전에 그 직업을 가졌던 사람이 누구인지 혹은 현재 그 직업을 가지고 있는 사람이 누구인지를 확인하여 그 사람과 접촉할 필요가 있다.

그 사람들과의 대화를 통해 그 직업이 어떠한 것인지 좀더 자세히 알 수 있게 된다. 그래야만 당신의 최종 결정이 단순한 추측이 아닌 사실에 근거한 결정이 될 가능성이 높아지는 것이다. 테스트는 당신이 실수를 저지르는 것을 방지해 주며, 당신의 최종적 결정이 궁극적으로 성공에 이를 수 있도록 그 가능성을 높여 준다. 다음은 당신이 최종 결정을 내리기 전에 고려해 보아야 할 질문들이다.

- 선택 가능한 대안들을 생각해 보고 의사결정에 필요한 전략을 세웠는가?
- 하나 이상의 선택안을 만들어 내기 위해 시간을 투자하였는가?
- 각각의 선택안들에 대하여 비용과 혜택의 경중을 비교해 보았는가? 그리고 이를 당신의 소중한 사람들과 의논해 보았는가?
- 만일 계획이 제대로 이행되지 않을 경우에 대체할 만한 '계획안 B'(Plan B)에 대해 생각해 본 적이 있는가?
- 당신에게 근무할 것을 제안하고 있는 조직에 대해 완전한 조사를 시행하였는가? 만일 당신을 원하는 그들의 목적이 무엇인지를 알고 있다면, 그들이 당신에게 바라는 것은 무엇이며 그 목적을 이루기 위해 당신에게 지원해 줄 수 있는 자원은 어떠한 것이 있는가?
- 당신은 고용주가 될 사람에게 솔직하게 자신의 모습을 보였는가? (즉, 자신을 과대 포장하거나 가짜 자격증을 제출하거나 하지는 않았는가?)
- 협상을 효과적으로 수행할 수 있도록 도움이 되는 자료들을 충분히 수집하였는가?

/ 4단계: 결정된 계획을 다듬고 이를 진행하라 /

결정을 내리거나 변화를 수행하는 데 있어서 반드시 예측했던 일만 일어나리라는 보장은 없다. 실제로 계획을 실행에 옮기는 과정에서 어떠한 일이 일어날지 예측하기란 불가능하다. 또한 변화나 결정을 준비하는 과정은 매우 복잡한 작업이다. 타인의 욕구를 포함한 많은 요소들이 고려되어야 한다. 여러 가지 질문들에 대한 답도 연구해야 하며, 많은 조사 과정도 필요하고 계획안을 작성하여 테스트도 실시해 보아야 한다. 이러한 모든 일을 수행하는 데는 상당한 시간이 소요될 것이다. 그러나 일단 이렇게 하여 모든 절차가 완료되었다면 그 계획을 진행시키는 것은 의외로 쉽다.

이 시점에서 당신이 해야 할 가장 중요한 일은 그 계획을 진행하는 데 필요한 시간을 설정하고, 진행 과정을 단계별로 세분하여 각 단계에서 취해야 할 행동을 설정한 후 계획을 진행시키는 것이다. 이 과정에서 계획의 수정이 필요하다면 즉시 수정해 나가야 한다. 시간 설정은 의외로 간단할 수 있지만, 당신이 날마다 해야만 하는 일상에 소요되는 시간을 감안하여 설정해야 한다. 그리고 계획을 이루어 나가는 단계는 가능한 한 여러 단계로 세분화시키는 것이 바람직하다. (각 단계마다 항상 예기치 않은 일들이 존재할 수 있음을 명심하라.)

가능하다면 계획의 각 단계에 대해 언제까지, 또는 그 달의 몇째 주까지 완성하겠다는 특정한 날짜를 지정하는 것이 좋다. 그래야만 계획이 일상적인 일에 밀려 목표하는 바를 이루지 못하게 될 가능성을 방지할 수 있다. 예를 들어 새로 이사할 만한 장소를 물색 중이라면, 필요한 조사 활동의 단계(즉, 도서 자료실에서 자료를 열람하거나, 웹사이트를 방문하여 점검해 보거나, 혹은 그곳에 살고 있는 사람을 만나 이야기를 나누어 보는 일 등)를 당신의 일상적인 스케줄에 포함시켜야 한다. 당신이 개인적인 트레이너와 상담을 위해 따로 약속 시간을 정해 놓는 것처럼, '결정' 프로젝트의 진행을 위해 일정한 시간을 당신의 일상에 배정해 놓아야만 한다.

/ 5단계: 진행 상황을 점검하라 /

개인적 변화를 추진하는 과정의 최종 단계는 계획의 진행 상황을 점검하는 것이다. 계획이 제대로 진행되고 있는지 살펴보고, 원래의 목적에 맞게 방향을 잡아주거나 필요할 때는 계획 자체를 완전히 수정하여 전혀 새로운 계획을 세울 수 있어야 한다.

비즈니스에서는 종종 '체크 포인트'라는 것을 설정하여 과업이나 특정 프로젝트가 진행되는 동안 계획대로 진행되고 있는지 확인하고, 진행 상황을 스태프들과 규칙적으로 협의한다. 이러한 방법이 개인적 변화 과정에서도 마찬가지로 유용하게 사용될 수 있다. 한번 변화가 시행되거나 의사결정이 내려지면, 정기적으로 시간을 할애하여 계획이 목표하는 방향대로 잘 나가고 있는지 점검해야 한다.

삶의 우선순위 변화에 따라 커리어를 관리하다

—마리 퐁텐블로(Marie Fontainebleau)

마리 퐁텐블로는 현재 프랑스 관광 가이드로 자신의 삶과 커리어에 있어서 큰 변화를 이루어 낸 여성이다. 마리는 결혼 후 남편의 직장 때문에 파리에서 지방으로 이사를 하여 그곳에서 가정을 이루었다. 이 기간 동안, 마리는 관광업에 종사할 기회를 얻을 수 있었으며 관광 가이드, 지도 교사, 관광지 개발자로 활약했다. 얼마의 시간이 지난 후, 마리는 자신에게 필요한 커리어를 쌓기 위해서 도시로 이사해야 할 필요성을 절실하게 느껴 다시 파리로 이주했다. 그녀는 당시 상황에 대해 이렇게 말하고 있다.

"내 인생에서 처음으로, 나는 가족들의 욕구보다 나의 욕구를 우선으로 내세웠다. 자신의 목표를 이루기 위해서는 때에 따라서 자신의 욕구를 주장하는 것도 중요하다."

마리는 자신의 인생이 어디를 향하여 가고 있는지 평가한 후, 중대한 변화를 시도하였던 것이다. 이미 그녀가 결혼 초창기에 세웠던 목표는 달성되었다. (그들 부부는 그녀가 파리에서 사업을 시작하기 전까지 아이들을 양육한다는 목표를 세웠었다.) 만일 그녀가 계속해서 지방에 머물러 있었다면 아마도 행복한 삶을 영위할 수는 있었겠지만, 그녀는 현재나 미래의 목표가 아닌 과거의 목표에 안주한 채 살아갈 수밖에 없었을 것이다.

/ 비선형의 계획 진행 과정 /

당신은 어떠한가? 당신이 변화를 시도하였을 때 얻고자 마음먹은 결과를 제대로 얻고 있는지 확인하라. 만일 그러한 확신을 갖지 못한다면 우선순위를 다시 설정하고, 목표를 달성하기 위해 당신이 올바른 과정을 진행하고 있음을 확신시켜 줄 수 있는 사람과 대화를 하라. 다음은 당신이 중요한 결정을 내려야 하는 순간에 직면했을 때, 고려해야 할 질문들이다.

생각하라

1. 당신이 하고 싶은 것은 무엇인가? 당신이 해결해야 할 문제는 무엇인가? 혹은 당신이 성취하고자 하는 것은 무엇인가? 당신은 변화를 통하여 어떠한 가치를 얻고자 하는가? 당신은 어떤 일이 발생하기를 원하고 있는가?

현재를 평가하라

2. 당신이 선택할 수 있는 대안들은 어떤 것들이 있는가?

3. 당신이 사용 가능한 자원으로는 어떤 것들이 있는가? (시간, 돈, 능력, 에너지, 타인의 지원, 정보 혹은 자료 등?) 또 어떤 자원이 부족한가?

4. 모든 일이 계획대로 진행되었을 때, 당신은 어떠한 결과를 기대하는가? 만일 계획대로 진행되지 않는다면 어떤 결과가 초래될 것으로 예상하는가? 우발적인 일이 발생했을 때 이에 대처할 당신의 계획으로는 어떤 것이 있는가?

계획하라

5. 어떤 선택안이 최상의 선택안인가? 당신이 선택할 수 있는 모든 선택안들에 대해 생각해 보고, 각각의 안에 대한 가치를 평가하라. 또한 자신이 가지고 있는 자원이 각각의 선택안들이 필요로 하는 자원과 일치하는지 여부를 따져 보라. 그리고 그에 따른 일련의 예측 가능한 결과들을 생각해 본 후, 어떤 선택안이 자신에게 가장 최상의 것인지를 판단하라.

6. 당신이 필요로 하는 자원은 어떤 것인가? 계획을 달성하기 위해 필요로 하는 모든 것들을 설정하라. 당신이 얻어야 할 자원으로는 어떤 것들이 있는가? 그것을 얻기 위해 당신은 어떻게 할 것인가?

실행하라

7. 당신은 어떤 식으로 계획을 실행할 것인가? 계획이 기대했던 방향대로 진행되지 않을 경우, 어떻게 수정할 것인가? 스스로에게 "내가 지금 잘 하고 있는가?" 물어보도록 하라. 당신의 변화로 인해 크게 영향을 받을 사람들에게도 당신이 잘 하고 있는지를 물어보라. 수정이 필요하다면, 언제 그리고 어떻게 계획을 수정할 것인가?

계획했던 대로 일이 진행되는 경우는 거의 없다. 아마도 일을 진행시켜 가는 과정에서 끊임없이 계획을 수정하며 나아가야 할 것이다. 그럼에도 미래의 계획을 세우는 것은 그러한 계획을 통해 최소한 당신의 삶이 어느 방향으로 나아가야 하는가를 스스로 깨달을 수 있기 때문이다.

"

CAREER
LESSON

제3부

미래를 상상하라

우리는 지금까지 자신의 지나온 경험들을 돌이켜보고
현재 처한 상황과 자신이 필요로 하는 것이 무엇인지를 생각해 보았다.
이제는 미래의 삶을 바라볼 시간이며
당신이 갖기를 원하는 커리어가 무엇인지를 살펴볼 시간이다.
제3부에서는 두 가지 중요한 주제를 다루게 될 것이다.
하나는 "삶을 즐기며 자신의 커리어를 유지하라."라는 주제인데
이는 원칙 7에서 다루게 될 것이다.
원칙 7에서는 변화의 수용에 대한 개념과
커리어 유지능력에 대한 개념을 소개하고 있는데,
특히 커리어 유지능력이란 일생 동안 추구하고 달성해야 할
커리어를 갖기 위해서 당신이 갖추어야 할 능력을 말한다.
한편, 원칙 8에서는 "자신에게 휴식을 주라."라는 주제를 다루게 될 것이다.
우리는 새로운 인생의 계획이나 커리어에 관한 계획을 세울 때,
에너지 충전을 위해 또 활력을 얻기 위해 휴식을 취할 것을 권한다.
원칙 7과 원칙 8은 당신에게 미래를 상상하는 것뿐만 아니라,
이를 달성하기 위한 현실적이면서 강력한 방법을 제시해 주고 있다.

삶을 즐기며 자신의 커리어를 유지하라

열정 없이 위대한 성과를 얻는 경우는 없다.

—랠프 왈도 에머슨(Ralph Waldo Emerson)

/ 인생은 아름다운 것이다 /

자신만의 분명한 커리어를 갖는 일곱 번째 원칙은 오랜 기간 유지될 수 있는 커리어를 통하여 삶을 발전시켜 나가면서 인생을 즐기는 것이다. 커리어에 관한 생각이 점점 변해 가고 있다. 사람들은 과거보다 훨씬 오래 살게 되었으며, 은퇴하기까지 예전보다 더 오랜 기간 일할 수 있게 되었다. 또한 최근 들어 균형 잡힌 삶의 중요성이 점차 늘어나고 있는 추세다. 가정에서의 역할과 책임이 중요해지고 있으며, 다른 한편으로는 직장에서의 책임도 더욱 막중해지고 있기 때문이다. 기업의 구조 조정, 직장과 가정에서의 과도한 책임, 노동 시장에서 보내야 하는 기간의 증가 등으로, 균형 잡힌 삶에 대한 필요성이 날로 증가하고 있다. 그러나 아직 많은 사람들에게 균형 잡힌 삶의 달성은 여전히 쉽지 않은 문제로 남아 있다.

/ 오랜 기간 유지될 수 있는 커리어와 삶이 필요하다 /

건축학에서 '유지력'이라는 개념은 주거용 또는 상업용 건물이 지각 변동에 무너지지 않고 오랜 기간 지탱하면서 최대한 에너지 효율적인 상태를 유지하는 것을 말한다. 이러한 개념을 우리는 커리어에도 적용할 수 있다. 직업과 관련된 결정을 내릴 때, 자신의 필요를 충족시켜 줄 뿐만 아니라 충분한 보상과 흥미를 제공해 주는 커리어를 설계하는 일은 매우 중요한 일이다. 오랜 기간 지속될 수 있는 커리어의 특징들은 그림 7-1에 잘 나타나 있다.

그림 7-1. 지속적인 커리어의 특징

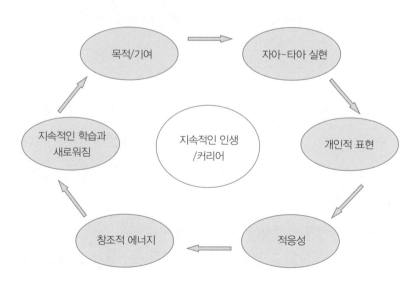

당신의 목적 의식은 무엇인가?

비즈니스 계획을 세울 때, 첫 번째 생각해 봐야 할 것은 '이 비즈니스의 목적이 무엇인가?'와 '이 비즈니스를 통해 충족시킬 수 있는 시장의 욕구는 무엇인가?'이다. 유망한 비즈니스를 운영하고 있는 사람들은 자신의 비즈니스를 간략하게 설명할 수 있는 '30초 엘리베이터 스피치'를 개발하고자 노력한다. 당신의 엘리베이터 스피치는 무엇인가? 당신은 무엇을 하려고 하는가? 당신은 누구인가? 이러한 질문에 대답하기 위해서는 다음을 생각해 보아야 한다.

- 나의 목표는 무엇인가?
- 나는 도대체 무엇을 하려고 하는가?
- 내 인생은 나에게 어떤 의미를 제공하는가? 나는 어떠한 것에 열정을 느끼는가?

케빈 매카시(Kevin McCarthy)는 자신의 저서인 『목적의식이 있는 사람(The On-Purpose Person)』에서 목적의식이란 '자신의 삶에서 의미를 찾는 것'이 아니라 '자신의 삶을 의미 있는 삶으로 만드는 것'이라고 말하고 있다.

어떤 사람에게는 이것이 다른 사람에 비해 쉬울 수도 있다. 작곡가로 그 이름이 높은 제리 가르시아(Jerry Garcia)는 자신의 커리어 선택에 관한 질문을 받자, 다음과 같이 대답했다.

"그것은 선택이 아니다. 나는 아주 어릴 때부터 머릿속으로 음악을 작곡해 왔다.”

그에게 있어서 음악은 추진력이었으며 인생의 의미였다. 많은 예술가들—미술가, 작가, 배우, 작곡가, 디자이너 등과 같은 사람들—은 가르시아와 같이 말한다. 그들은 아주 어린 시절부터 자신에게 특별한 재능과 열정이 있음을 알고, 그 일에 뛰어들어 자신들의 삶을 개척해 나갔다. 한편, 직업이 교육자이거나 성직자인 사람들에게 커리어 선택에 관한 질문을 하게 되면, 그들은 어떤 '부르심' 같은 느낌을 받았다고 말한다. 부르심을 받았다고 생각하는 사람들은 자신의 직업을 일이 아니라 소명 또는 천직으로 생각하고 있으며, 자신이 그 일을 선택한 것이 아니라 무언가에 이끌려 그 일을 하게 되었다고 믿고 있다.

커리어의 불명확성

MBA 과정을 밟고 있는 사람의 75퍼센트 정도는 그 과정이 자신의 직장 생활이나 커리어에 도움이 될 것이라는 생각을 가지고 있다. 그러나 MBA 과정을 마친 사람들의 50퍼센트 이상이 졸업 후 18개월 이내에 MBA 과정과 전혀 관계없는 분야에서 일한다. 대학에 입학한 학생들의 90퍼센트 정도가 전공에 대해 아무런 생각 없이 입학하거나, 입학 후 1년 내에 자신의 전공을 바꾼다. 성인들의 경우 일평생 근로 기간 중 적어도 7번 정도 직업을 바꾸는 것으로 조사되었다(현재 그 횟수는 점차 증가 추세에 있다). 또 자신의 두 번째 직업을 원래의 직업과 전혀 상관없는 분야에서 찾는 성인들의 수가 기하급수적으로 증가하고 있는 추세이다.

이러한 현실은 우리가 자신의 커리어 방향의 불명확성을 빈번하게 경험하고 있음을 시사해 주고 있다(그림 7-2 참조). 어떤 계획이 자신이 원하는 것이라는 확신이 들지 않을 때 그 계획에 100퍼센트 전념하기란 매우 어려운 법이다. "생각하는 대로 이루어진다."라는 말이 있다. 확신이 없음으로 인해 열정적인 행동이 부족하게 되는 경우, 많은 부분에서 우유부단함이나 일이 지연되는 결과가 초래된다. 자신의 목적의식을 분명하게 하는 것이 목표를 보다 선명하게 밝히는 데 도움이 되며, 그 목표를 이루기 위해 나아가야 할 방향을 좀더 확실하게 알 수 있게 된다.

그림 7-2. 커리어의 불명확성

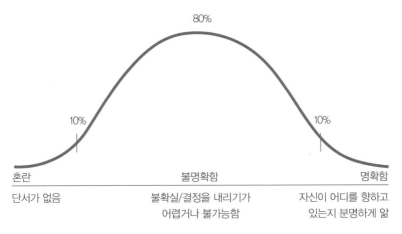

대부분의 사람들이 명확함의 단계가 아닌 혼란이나 불명확함의 단계에 있다.

삶의 목적을 발견하라

그렇다면 당신은 어떻게 인생의 목적을 찾을 것인가? 비즈니스 계획을 수립하는 과정을 살펴보자. 일반적으로 비즈니스 계획은 하나의 아이디어에서 출발한다. 그리고 이러한 아이디어는 자신이 잘 알고 있는 분야에 기초하는 경우가 많다. 혹은 자신이 열정을 가지고 흥미 있어 하는 분야에 기초하거나, 자신이 믿는 개인적 가치 시스템에 근거하기도 한다. 따라서 인생의 목적이나 목표를 찾는 가장 손쉬운 방법은 자신이 어느 분야를 잘 알고 있는지, 열정을 가지고 있는 분야는 어느 분야인지 그리고 가치 있게 생각하는 것들로는 어떤 것들이 있는지를 확인하는 것이다. 이러한 분야나 일들은 좀더 쉽게 자신을 최고가 될 수 있도록 만들어 줄 수 있다. 그리고 이 부분에 대해서는 원칙 1에서 이미 자세히 설명한 바 있다. 이러한 것들에 기초하여 행동하다 보면 어느덧 인생의 목적에 다다를 수 있게 된다.

한편, 인생의 목적도 인생을 살아가면서 점차 변할 수 있다. 이때 중요한 것은 자신의 변화된 기술이나 관심 혹은 가치 있게 생각하는 것들이 무엇인지를 제대로 인식하여, 현재의 목표나 목적을 재조정해 나가야 한다는 것이다. 그래야만 변화의 추세에 맞추어 나갈 수 있다.

예기치 않은 사건으로 삶의 우선순위를 바꾸게 되다

—미셸 베누아(Michel Benoit)

미셸 베누아는 자신이 다니던 회사에서 대표로까지 승진할 수 있었던 매우 성공적인 그래픽 아티스트였다. 그는 독신 남성이었기에 가족에 대한 의무감 같은 것도 없었으며, 자유롭게 성공의 길로 매진할 수 있었다.

어느 날 미셸은 자신이 너무도 오랜 기간을 한 곳에서만 머물러 있었으며, 이제 앞으로 남은 인생 동안에 흥미를 가지고 살아갈 수 있는 분야를 새로이 찾아야겠다고 생각하게 되었다. 그는 그러한 분야로 항공기 조종사를 선택했다. 그리고 구체적인 준비 작업에 들어갔다. 마침내 그의 나이 47세가 되었을 때 그는 비행 조종사 자격증을 취득했다. 그러나 자격증을 취득한 지 채 일주일도 되지 않아 미셸은 두 차례나 심장 발작을 일으켰다. 이것은 그의 생명을 위협할 만한 매우 중대한 사건이었을 뿐만 아니라, 더 이상 비행을 해서는 안 된다는 사실을 명백히 말해 주는 사건이었다.

미셸 베누아는 이제 병원 신세를 져야 하는 새로운 현실과 일생 동안 꿈꾸어 왔던 희망이 이루어질 수 없다는 사실을 인정해야만 했다. 이와 유사한 상황에 직면했던 다른 사람들과 마찬가지로, 미셸도 심장 발작 이후 자신이 중요하게 생각하는 것들에 대한 우선순위를 바꾸게 되었다. 과거 커리어나 일만을 중요하게 생각하였던 삶에서 의미 있게 살아가는 삶으로 그 초점이 이동했다.

비록 누구도 미셸처럼 심장 발작 같은 사건을 경험하고 싶지 않겠지만, 이처럼 목숨을 위협하는 중대한 사건이 발생하게 되면 우리의 관심은 자신이 진실로 소중하게 생각하는 쪽으로 옮겨지게 된다. 커리어 컨설턴트들은 상담을 요청하러 오는 고객들에게 다음과 같이 묻곤 한다.

"만일 당신이 일 년밖에 살 수 없다면, 무슨 일을 하고 싶습니까?" 혹은 "당신의 장례식에 참석한 사람들이 어떠한 말을 해주기를 원하십니까?"

표 7-1은 인생의 목적에 관해 생각해 볼 수 있는 일련의 질문들을 보여 주고 있다. 스스로 생각하고 답해 보라. 원칙 1에 나와 있는 연습 문제를 참조하는 것도 도움이 될 것이다.

표 7-1. 인생의 목적 발견하기

나의 전문 분야:
내가 열정을 느끼는 일:
가치 있게 생각하는 것:

갖춰야 할 자질:
만일 일 년밖에 살 수 없다면, 하고 싶은 일:
자신의 장례식에 참석한 사람들로부터 듣고 싶은 말:

이러한 질문에 답하는 것이 결코 유쾌하지는 않겠지만, 질문에 답하는 과정에서 자신이 중요하게 생각하는 일들의 우선순위가 올바르게 설정되어 있는지 확인할 수 있을 것이다. 미셸의 경우, 현재 그는 비행기 조종과 관련된 다른 길을 모색하고 있는 중이며, 자신의 비즈니스 형태를 수입이 확실하면서도 좀더 자유로운 쪽으로 변화시키려고 생각 중이다. 또 얼마 동안은 가까운 친구나 가족들과 관광명소 등을 여행하며 인생을 즐길 생각이다.

역할 변화로 인해 제2의 인생을 찾다

—패트리샤 홀덴(Patricia Holden)

패트리샤 홀덴은 현재 매우 성공한 영화 제작자 중 한 사람이다. 그러나 그녀의 커리어는 다소 특이하다. 그녀는 중서부의 한 작은 예술대학을 졸업한 후, 법과대학에 진학했다. 그리고 법대를 졸업한 후에는 뉴욕 대법원 서기직에 취업하여 법조계에서 직장 생활을 시작했다.

그러나 결혼 후 첫째 아이가 태어나기 얼마 전, 그녀는 뉴욕 대법원 서기직을 그만두었다. 그리고 직장을 그만둔 지 5년이 지나는 동안 그녀는 두 아이의 어머니가 되어 있었다. 비록 두 아이를 기르면서 법률 조사나 무료 법률 상담 등의 일을 조금씩 하고는 있었지만, 그녀의 주된 역할은 집에 머물면서 엄마의 임무에 충실한 것이었다.

많은 부모들이 그러하듯이 그녀도 자녀들이 어느 정도 성장하자, 다시금 법조계에 진출하고자 법과 대학원 진학을 계획했다. 그러나 가족들은 그녀와 생각이 달랐다. 가족들은 그녀가 지금처럼 가정에 남아서 가족들에게 충실해 주기를 바라고 있었던 것이다. 결국 패트리샤는 법조계에 나아갈 생각을 접고 가정주부의 역할에 충실할 수밖에 없었다. 그녀는 가족들과 보내는 생활을 즐기고 있었지만, 그와 같은 선택이 자신의 커리어에 결코 긍정적이지 못하다는 것을 분명하게 인식하고 있었다. 그러던 어느 날 그녀에게 기회가 찾아왔다.

자녀들이 완전히 성장한 뒤, 남편과 이혼하게 된 패트리샤는 다시 산업 현장으로 되돌아왔다. 그러나 이번에는 법조계가 아닌 그녀가 진정으로 원했던 연극 분야에서 일하게 되었다. 집에서 자녀들을 돌보는 동안, 그녀는 자신을 법률 세계로 이끌었던 분석력 대신 새롭게 창의력을 계발해 나갔다. 그리고 마침내 연극 분야가 자신이 가지고 있는 창의력을 발휘하기에 적합한 곳이라는 사실을 깨달았다.

그녀는 현재 이 분야에서 전력을 다하고 있다. 지난 10년 동안 오프오프브로드웨이(오프브로드웨이보다 더 전위적인 연극—역주) 연극 한 편을 제작하였고, 두 편의 오프브로드웨이 연극과 세 편의 브로드웨이 연극, 런던에서 시연된 연극 한 편을 제작했다. 그녀는 다음과 같이 말한다.

"연극 제작 사업은 주기적으로 순환하는 사업이며, 나에게 매우 잘 어울리는 것 같다. 나는 연극을 제작할 때면 나도 모르는 사이에 몰두하게 되어 하루 종일 일하곤 한다. 연극을 제작하지 않을 때는 잡지를 읽기도 하고 독서도 하며 시간을 보낸다. 또 다음 연극 배우들을 스카우트하기 위해 극장에 가기도 하고, '토니 상'(Tony Awards) 수상자를 선발하는 투표에 참가하기도 한다. 이 일에는 은퇴라는 것이 없으며, 나도 결코 은퇴하고 싶은 생각이 없다."

패트리샤의 경우에는 부모의 역할이 그녀에게 다음의 커리어를 생각할 수 있는 시간을 제공해 주었으며, 인생의 목적이 무엇인지를 발견할 수 있는 계기를 만들어 주었다. 이제 그녀는 인생의 목적을 이루어 가는 과정에 있다.

경제적 제약을 극복하다

—바네사 그레이(Vanessa Gray)

　때때로 경제적인 여건이 인생의 목적을 결정하는 데 제약 요인으로 작용하기도 한다. 세 자녀를 둔 바네사 그레이는 혼자의 힘만으로 자녀들을 키워야 했다. 경제적인 상황은 매우 좋지 않아 바네사는 한 주 한 주를 힘겹게 살아갔다. 바네사의 남편은 연로하신 부모님이 계시는 다른 주에서 학교를 다니고 있었다.

　바네사는 레스토랑에 취직하여 바 매니저로 하루 종일 근무했으며, 근무가 끝난 후에는 인근에 있는 대학에서 레스토랑 관리학 수업을 받았다. 수년 동안 그녀는 하루 벌어 하루 먹고사는 생활을 지속하면서, 생존에만 전념할 수밖에 없었다. 이는 매슬로 욕구 단계설의 최하위 단계에 해당하는 것이었다(원칙 1 참조).

　자녀들이 점차 성장하면서, 바네사는 그녀에게 멘토의 역할을 해주고 있던 레스토랑 사장에게서 전문 직업 상담가의 길을 걷는 것이 어떻겠느냐는 조언을 듣게 되었다. 그 후, 그녀는 자신의 커리어를 조금씩 변화시켜 가면서 서서히 그 길을 준비하기 시작했다. 마침내 40세가 되었을 때, 그녀는 사회학 대학원을 졸업하고 석사학위를 취득할 수 있었다. 그녀는 현재 전문 직업 상담가로 일하고 있으며, 박사학위를 취득하기 위해 공부 중이다. 가족들의 경제적 욕구 충족을 위해 미루어 왔던 자신의 목적을 마침내 실현할 수 있게 되었던 것이다.

그녀는 자신이 지금 매슬로 욕구 단계설의 최상위 단계에 와 있다고 자신 있게 말한다. 그녀의 자녀들도 어머니의 인내에 존경을 표하는 한편, 비록 인생의 후반부이기는 하지만 인생의 목적을 발견하고 이를 실천에 옮긴 어머니의 역할 모델을 통해 많은 것을 배울 수 있었다.

미셸, 패트리샤, 바네사는 비록 우여곡절을 겪긴 했지만, 저마다 자신들의 인생의 목적을 발견하고 이를 실행에 옮겼다. 그들은 모두 처음에 계획했던 길에서 크게 벗어나 새로운 길로 달려 나갔다. 그리고 자신들이 선택한 길에서 새로운 인생을 찾기 위해 주어진 변화를 적극 활용했다. 또한 그들은 공통적으로 자신들이 일생 동안 정열이나 흥미를 가질 수 있는 분야를 선택했다. 이 책의 저자 중 한 사람이 '중년의 위기'를 '적절한 인생의 기회'라고 표현한 적이 있다. 이 말은 위기가 종종 기회로 발전할 수 있음을 의미한다.

위에서 언급한 사례들은 모두 개인적인 위기에서 목적의식을 가지고 긍정적인 결과를 이루어 낸 사례들이다. 인생은 많은 커리어 관련 서적들이 언급하고 있는 것과 같은 직선형이 아니다. 인생은 비틀어져 있거나 휘어져 있기도 하며, 굴곡도 있고 때로는 빙 돌아가야만 할 때도 있다. 또한 대부분의 인생이 앞일을 예측할 수가 없다. 인생의 목적을 발견하고 이를 실행에 옮기는 일도 결코 쉬운 일이 아니다. 그리고 계획한 대로 진행되지도 않는다. 그러나 목적의식을 가지고 인생을 계획해 나가는 것이 인생을 살아가는 데 있어서 가장 효율적인 방법이며, 자신의 커리어를 오랫동안 유지시킬 수 있는 방법이다.

/ 정체성을 확립하라—자아를 실현시켜라 /

보통 커리어를 처음 시작할 때, 혹은 일정 기간 쉬고 난 후 다시 일을 시작할 때 밑바닥부터 시작하는 것이 일반적이다. 견습 기간이나 테스트 기간은 필요한 경험을 충분히 할 수 있어 나중에 해당 분야에서 훌륭한 성과를 내는 데 도움이 된다. 그러나 궁극적으로는 중간 이상의 높은 수준으로 올라서야만 한 개인의 직업적 정체성을 확립할 수 있다. 또 그래야만 개인적인 만족과 함께 자신의 잠재력 한계에 도달할 수 있게 되는 것이다. 당신은 자신의 잠재력 한계에 어떻게 도달할 수 있다고 생각하는가? 사람들은 각자의 일터나 삶의 현장에서 개인적 상황, 대인 관계, 인생에 있어서의 역할, 활동 등을 통하여 일련의 발전 과정이나 성장 과정을 거치면서 자신의 잠재력 한계 부분에 도달하게 된다. 그리고 행복이라는 감정은 이러한 과정을 수도 없이 반복하면서 각자의 커리어나 삶을 통해 깊어져 간다.

/ 자신의 실제 모습을 찾아라 /

당신이 개인적 삶이나 직장에서 자신의 개성을 더 많이 드러낼 수 있을수록 더욱 좋은 성과를 얻게 될 것이다. 자신의 정체성을 확인하고 강점을 발휘할 수 있는 역할을 맡게 되면, 기쁨과 함께 생산성이 높아지기 때문이다. 이를 위해서 당신 스스로가 향후 발생할 상황에 적응해 나갈 수 있는 능력을 키워야 한다.

좀더 쉽게 말한다면, 어떤 좋은 조건의 직장이나 승진 제안을 받았을 경우, 당신은 자신에게 적합한 기준을 설정할 것이다. 이러한 기준으로는 작업 환경, 보수, 해당 직급에서의 권한과 책임, 관련된 사람들과의 관계 등이 있을 것이다. 그리고 당신은 자신이 설정한 이러한 기준을 가지고 그 제안을 평가하게 된다.

그러나 이러한 접근 방법에는 다음과 같은 문제점이 존재한다. 첫째는 직장이나 직업의 특성이 표면적으로 쉽게 드러나지 않는 경우가 종종 있다는 점이다. 이러한 경우에는 해당 직업이나 직장에 완전히 자리를 잡고 자신의 역할이나 조직의 분위기 등이 어떠한지 직접 체험해 보기 전까지는 알 수가 없다. 두 번째는 이 방법이 개인적 상황이나 해당 직업의 특수 상황만을 제한적으로 고려하게 된다는 것이다.

우리는 고립된 섬과 같은 존재가 아니다

원칙 3과 원칙 5에서도 다루었듯이, 현실적으로 어떤 결정을 내릴 때 진공 상태와 같은 고립된 상황에서 결정이 이루어지는 경우는 거의 없다. 오히려 결정은 당신의 기준과 당신의 삶에 영향을 끼치고 있는 다른 사람들의 기준을 모두 포함하고 있다. 게다가 어떤 특정한 위치나 지위를 고려할 때는 그 역할에 대해 좀더 포괄적으로 조직 전체의 상황과 다른 기업들과의 경쟁적 관계, 그리고 기업 환경까지도 고려의 대상이 되어야 한다.

따라서 주변 환경을 좀더 면밀히 살펴 기준이 되는 리스트를 확대하고, 또한 자신이 생각하고 있는 직업이나 상황을 더욱 넓혀 나가야 한다. 이와 같은 일을 효과적으로 할 수 있는 방법 중 하나는 '개인과 일의 적합성'에 관한 개념을 확장하는 것이다. 그림 7-3에서 볼 수 있듯이, 이러한 개념의 확장은 개인적 측면에서는 당신 자신의 욕구뿐만 아니라 당신의 결정에 영향을 받는 타인들의 욕구까지도 고려하는 것이다. 한편, 조직적 측면으로는 자신이 맡아야 할 직무를 초월하여 폭넓은 조직 상황을 고려하고 해당 기업이 속해 있는 산업까지도 고려해야 한다는 것이다.

그림 7-3. 개인적·조직적 측면으로 확장된 개인과 일의 적합성

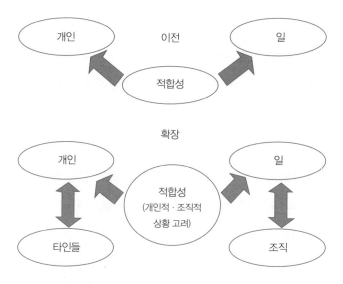

그러므로 한층 발전된 직업-적합성 판단 방법은 상황에 따라서 그 평가 대상을 더 확장하는 것이다. 이를 위한 단계별 과정은 다음과 같다.

- 먼저, 새로이 갖고자 하는 직업이나 상황에서 당신에게 중요한 기준들을 나열하고 각 기준들의 우선순위를 매겨라. 원칙 1에서 완성했던 자기 평가 문제(특히 이상적인 자신의 모습을 떠올리기, 360도 피드백, 변화를 위한 동기 부여, 그리고 직업관 등)를 다시 살펴보는 것도 도움이 될 것이다.
- 이 기준들에 더하여 당신 주변의 다른 사람들(예를 들면 배우자)이 중요하게 생각하는 기준들을 추가하라. 이때 타인의 특정

미래를 상상하라

직업에 대한 선호도뿐만 아니라 라이프스타일에 대한 생각도 반드시 포함시켜야 한다.

- 다음으로는 어떤 직업이 당신과 당신에게 소중한 사람들의 기준을 충족시키는지 평가하라. 해당 직업이 당신의 욕구를 얼마나 충족시키는지 알기 위해 필요하다면 추가적인 조사도 실시하라.

- 마지막으로 당신의 직장과 그 직장이 속해 있는 산업에 대해서도 같은 방식으로 작업을 진행하라. 이때 당신이 맡은 일의 기능을 뛰어넘어 보다 넓은 차원에서 조직과 산업을 바라보도록 하라. 해당 기업의 경영 스타일은 어떠한가? 해당 산업에서의 위치는? 그 기업이 마켓 리더가 될 가능성은 있는가? 당신이 맡고자 하는 일에 국한된 주변 환경이나 여건만을 살피지 말고 좀더 폭넓게 상황을 고려하라.

적합성과 관련된 질문들의 예가 표 7-2에 나와 있다. 원칙 1의 자기평가 문제에서 추가적으로 필요한 질문들을 뽑을 수 있을 것이다.

표 7-2. 개인적·조직적 적합성과 관련된 질문들

개인적(자신과 타인)	조직적(해당 기업과 산업)
현재 자신의 삶에 있어서 가장 필요한 것은 무엇인가?	자신이 속해 있는 부서가 재정적으로 회사에 기여하는 정도는 어느 정도이며, 그 기업의 성장 가능성은 어떠한가?

현재 상황에서 자신에게 단기적으로 유리한 점과 불리한 점은 무엇인가?	그 일에 수반된 책임은 무엇인가? 이 일을 통해 조직의 전체 목표에 어떻게 기여할 수 있을 것인가?
장기적으로 볼 때 현재의 상황이 자신에게 줄 이익과 손해는 무엇인가?	시장에서 해당 기업의 위치는 어느 정도인가?
현 시점에서 직업을 바꾸는 것보다 현재의 자리에 남아 있는 것이 개인적 욕구를 더 충족시킬 수 있는가?	해당 기업이 속한 산업의 상황은 어떠한가? 성장 산업인가, 혹은 사양 산업인가, 아니면 정체 산업인가?
이 직업이 자신의 목표를 달성하는 데 어떻게 도움이 되는가? 혹은 어떻게 방해가 되는가?	조직이 근로자를 어떻게 대우하고 있는가? (의사결정, 보상, 훈련, 개인적 발전에 대한 관심, 의사소통 방식 등)

자신들이 개인적으로 추구하는 가치와 병행하여 충분한 보상을 제공받고 있는 사람들이 그렇지 않은 사람들보다 더 높은 수준의 직업적 만족을 얻고 있는 것으로 나타나고 있다. 개인적·직업적 기준에 적합한 일이나 역할을 발견하는 것이야말로 자신의 커리어를 오랜 기간 동안 유지할 수 있는 가능성을 한층 더 증대시킬 수 있는 방법이다.

/ 변화를 이해하고 수용하라 /

오랜 기간 동안 커리어를 지속할 수 있는 또 다른 전략으로는 지속적인 변화를 추구하는 것이다. 변화의 상황을 잘 헤쳐 나가는 사람들은 불투명한 상황을 잘 견뎌 내며, 예기치 않은 변화에 직면했을 때 조용하면서도 이성적으로 반응한다. 또한 그러한 사람들은 과거를 돌아보기보다는 미래를 내다보며 현실을 인정하고 받아들인다. 그리고 매사를 개인적으로 생각하지 않고 조직과 관련하여 생각하며, 역경에 직면해도 긍정적으로 생각하려고 노력한다. (잔에 물이 반밖에 남지 않았다고 보는 것이 아니라, 아직도 반이나 남아 있다고 생각한다.) 그들은 문제를 해결하거나 문제에 접근할 때도 나무만 보다가 숲을 보지 못하는 실수를 범하지 않고, 보다 큰 그림을 보려고 노력한다. 변화를 관리하는 기술은 오늘날 모든 근로자들이 추구해야 할 가장 중요한 기술 중 하나이다. 왜냐하면 현재 많은 기업들이 우수한 인재의 기준으로 변화를 이해하고 수용할 줄 아는 능력을 꼽고 있기 때문이다.

타성을 버려라

광고의 세계에서 TV 광고가 사람들의 인식 속에 잠재하기 위해서는 13회 이상 반복 방영되어야 한다는 말이 있다. 앞에서 우리가 타성에 대해 설명했던 것을 기억하라. 타성을 버리기 위해서는 많은 노력이 필요하며, 변화를 수용하기 위해서는 시간이 필요하다. 그러나 이와 같은 타성을 극복하고 변화에 적응하는 능력이야말로 21세기에 있어서 성공적 커리어의 보증서이다. 이제 변화에 유연하고도 탄력적으로 대응하는 능력은 더 이상 특수한 사람들의 전유물이 아니다. 컴퓨터나 사람들과의 커뮤니케이션 기술처럼, 자신의 인생과 직업에서 만족을 얻기 원하는 사람은 누구나 갖추고 있어야 할 요소이다.

변화 관리 능력

변화를 수용하는 커리어를 갖추기 위해서는 여러 자질이 필요하다. 이러한 자질로는 기꺼이 변화에 적응하려는 마음, 다양한 선택을 고려하는 유연성, 창조적 에너지를 계발하고 유지하는 능력, 그리고 지속적인 학습 등을 들 수 있다. 칼 웨익(Karl Weick)과 리사 벌링거(Lisa Berlinger)에 의하면, 조직에 속해 있는 사람들이 변화 관리 능력을 기르기 위해서는 다음과 같은 5가지 활동에 집중할 필요가 있다고 말한다.

- 나선형 커리어 개념(직업적 활동과 비직업적 활동 모두에 변화를 주는 복합적 커리어 변화 과정)을 도입하라.
- 일로부터 자신의 정체성을 분리시켜라. (어떤 직업이라도 일시적인 것으로 생각하고, 일이 아닌 다른 역할에서 자신의 정체성을 확립하라.)
- 자율성에 대한 욕구와 위험에 관하여 깊이 생각하도록 하라.
- 남들과 구별되는 경쟁력 있는 재능을 발굴하라. (조직에 부가 가치를 더할 수 있는 것이 무엇인지를 찾아라.)
- 여러 가지 정보를 종합하여 조직이 목표 달성을 위해 필요로 하는 것이 무엇인지를 파악하라.

이러한 구조하에서는 자신의 커리어를 자신이 책임져야 하며, 직업과 비직업적인 일상에서의 역할 모두에 관심을 기울여야 함을 알 수 있다. 칼 웨익과 리사 벌링거는 조직이란 끊임없이 그 형태나 기능이 변화하는 개체로 보고 있으며, 이에 따라 커리어도 유동적이어야 한다는 견해를 표명하고 있다. 이러한 관점에서는 커리어가 한층 더 모자이크 형태를 띠게 되며, 지속적으로 형태나 방향이 변할 수밖에 없다. 만일 당신의 커리어가 모자이크라면, 당신은 인생을 살아가면서 그때그때 발생하는 사건에 따라 반응하고 변화를 그려내는 예술가이며 계획 창조자인 셈이다.

당신은 변화에 얼마나 유연하게 대처하고 있는가? 의도된 변화와 의도되지 않은 변화를 헤쳐 나가는 동안 당신은 자신의 변화를 관리하는 데 얼마나 능숙했는가? 다음의 몇 가지 사례를 살펴보면서, 자신의 커리어에 대해 창조적으로 생각해 볼 수 있는 기회를 갖기 바란다. 다음은 세 사람이 각각 다른 전략으로 변화를 추구해 간 사례들이다. 이들 사례를 통해서 우리는 매우 귀중한 교훈을 얻을 수 있을 것이다.

인종 차별과 성 차별을 극복하다
―그웬 왓슨(Gwen Watson)

그웬 왓슨은 인생 전반에 걸친 변화를 경험해 나가면서 기업가로, 컨설턴트로, 교육 전문가 및 트레이너로 큰 성공을 거두었다. 그녀가 겪은 변화는 의도된 것도 있었지만, 그렇지 않은 변화도 있었다. 항상 야망을 가지고 성공에 대한 동기 부여가 되어 있었던 그녀는, 원래 처음에는 음악가로서의 길을 밟아 나갔다. 대학에서 피아노를 전공하였으며, 콘서트 피아니스트가 되기로 마음먹었다. 그러나 그 당시(약 30년 전)에는 그웬의 재능이 아무리 뛰어났다 할지라도 그 분야에서 아프리카 출신의 흑인이 성공할 수 있는 기회는 전혀 없었다.

그녀는 결혼하여 자녀를 갖게 되었으나 얼마 후 이혼하고 말았다. 그리고 어머니의 조언을 받아들여 다시 학교로 돌아왔다. 자신의 커리어를 변화시키기로 마음먹은 그웬은 수년 동안 대학의 관리 업무를 하면서 교육행정학을 전공하여 석사와 박사학위를 취득했다. 한편, 그녀는 교육행정학을 공부하는 동안 틈틈이 학생들에게 피아노를 가르치기도 하고 교회의 성가대 리더로 봉사하면서 대학의 음악 활동에 관여하여, 피아노 콘서트를 열기도 했다.

그러던 중 근무하던 직장에서 자신의 의도와는 상관없이 해고되자, 그웬은 자신의 사업을 시작하게 되었다. 그녀는 그때의 상황을 다음과 같이 적고 있다.

"내 개인적인 우선순위는 수년 동안 많은 변화가 있었다. 그 이전에는 내가 비록 작지만 한 기업의 오너가 되리라고는 상상도 하지 못했다. 이렇게 기업을 운영하게 되자, 비로소 나는 유색 인종에 대한 차별을 헤쳐 나갈 수 있는 방법을 찾을 수 있게 되었다. 인종 차별이나 성 차별에 관한 문제가 그 당시에는 내가 직면했던 가장 큰 도전 과제였다. 경제적 안정이나 돈을 버는 것은 오히려 그 다음이었다. 자신에게 충분한 재능과 능력이 있음에도 인종 차별이나 여성에게 적용되는 유리천장으로 인해, 또한 네트워크의 부재로 인해 그러한 재능과 능력을 발휘해 볼 기회조차 갖지 못했을 때, 얼마나 많은 실망과 좌절에 빠졌는지 모른다."

결국 그웬은 몇 년에 걸쳐 많은 변화를 이루어 냈으며, 그 대부분의 변화가 그녀의 통제 범위 바깥에서 이루어진 것이었다.

그웬이 직면한 상황은 참으로 거대한 장벽 같은 것이었다. 그러나 놀라운 것은 그녀가 이러한 모든 장애들을 극복했던 방법이다. 그녀는 피아니스트의 길을 포기하게 되었을 때조차도 결코 창조적인 생각을 버리지 않았으며, 다른 길을 모색하기 위해 새로운 학습을 시도했고 적극적으로 자신의 인생을 변화시켜 나갔다. 또한 일단 커리어를 변경하였을 때는 해당 분야에서 최고의 수준에 오르기 위해 엄청난 노력을 했다. 마침내 그녀는 해당 분야에서 여성으로서, 그리고 아프리카 출신 흑인으로서 탁월한 성과를 이루어 냈고, 각종 상들을 수상하게 되었으며 전국적으로 유명인사가 되었다. 그녀 자신은 원하지 않았지만 창업도 하게 되었고, 이 벤처 사업은 뜻밖에도 재정적으로 큰 성공을 가져다주었다. 이제 그녀는 다른 사람에게 영향력을 행사할 수 있는 힘과 기회를 갖게 되었다. 아울러 자신이 원하는 삶을 살 수 있게 되었다.

재충전의 시간을 갖고 커리어를 변화시키다

—애런 와인스타인(Aaron Weinstein)

애런 와인스타인은 중서부 지역에서 중·고등학교 교과서 출판편집 일을 하고 있던 30대의 남성이다. 그는 다른 사람과는 다른 형태의 커리어 변화를 겪게 되었다. 애런은 수년 동안 한 출판사에서 일하다가 경쟁 출판사로 자리를 옮겼다. 원래 있던 출판사에서 더 이상 올라갈 수 없는 한계를 느꼈기 때문이었다. 다른 출판사로 자리를 옮긴 애런은 자신의 재능을 마음껏 발휘하면서 해당 분야에서 승진할 수 있기를 희망했다. 그러나 불행스럽게도 일은 그의 뜻대로 진행되지 않았다. 결국 새로 옮긴 출판사에서 2년간 근무하다가 그곳을 떠나 비영리 단체의 일을 도와주기도 하는 등 프리랜서로 일을 시작하게 되었다.

그런데 얼마 후, 애런은 처음 직장으로부터 상위 직급을 제안받게 되었다. "한번 떠난 둥지로 다시는 돌아가서는 안 된다."라는 격언이 있었지만, 애런은 이를 무시하고 이전의 직장으로 돌아가 대단히 성공적인 역할을 수행해 냈다. 그는 자신이 맡은 분야에서 승진을 거듭했고, 마침내 전 분야를 책임지는 역할을 맡게 되었다. 새로 태어난 딸아이의 아빠로서, 그는 자신이 전 직장으로 되돌아오게 된 것에 감사하며 만족해하고 있다.

'방황했던 시간' 동안, 애런은 대단히 생산적인 사람으로 바뀌었다. 비영리 단체의 일은 그에게 이렇다 할 수입을 제공해 주지는 못하였지만 매우 중요한 프로젝트를 맡을 수 있었다. 그와 같은 일은 애런이 출판사 생활을 계속했더라면 결코 경험해 보지 못할 그러한 일들이었다. 그러한 일들을 해나가면서 그는 새로운 기술과 분야에 대해 학습했고, 틈틈이 소설을 쓰기 시작하여 마침내 책도 출간하게 되었다. 애런은 직장 생활을 그만둔 뒤 시작한 프리랜서 기간에 자신의 창조적인 에너지를 효과적으로 재충전했던 것이다. 그는 '남들이 잘 가지 않는 길'을 걸어온 셈이다. 애런은 이에 대해 다음과 같이 말한다.

"나는 예전에는 안전을 최우선으로 생각했다. 이것은 아마도 부모님으로부터 영향을 받은 것 같다. 어느 날 문득 내 인생을 돌아보았을 때, 나는 내 인생과 부모님이 살아왔던 인생이 너무도 흡사하다는 것을 깨달았다. 나는 젊은 시절 나에게 다가왔던 많은 기회들을 무심히 흘려보내고 말았다. 그리고 최근에야 그러한 기회들이 내 인생에서 얼마나 중요한 것인지 깨닫게 되었다."

애런은 이전 직장에서 자신에게 주어지지 않은 부분에 미련을 가지고 집착하는 대신, 과감하게 새로운 상황에 도전하여 새로운 것을

배우고 새로운 역할을 시도함으로써 자신의 커리어에 변화를 가져
올 수 있었다고 말하고 있다.

건강의 악화로 삶의 우선순위가 바뀌다

— 숀 크리스토파울로스(Sean Christophoulos)

숀 크리스토파울로스는 AIDS 양성 반응을 보이는 동성애자이며, 그의 파트너도 역시 AIDS 양성 반응자인 남성이다. 이들은 최근 한 아기를 입양하여 키우기로 했다. 오늘날 입양하는 것이 일반적인 일이기는 하지만, 동성애자가 아이를 입양하는 것은 매우 이례적인 일이었으며 더구나 그들은 AIDS 양성 반응자이기에 더욱 특이한 경우였다. 숀에게 이처럼 특별한 일이 생기자 그의 인생 방향은 완전히 전환되어, 삶의 우선순위가 이러한 변화에 적응할 수 있도록 바뀌게 되었다. 숀을 이전에 알던 사람들은 숀이 현업에서 은퇴할 당시 해당 분야에서 최고의 전문가로 인정받고 있었음을 잘 알고 있었다. 따라서 그의 친구들이나 동료, 그의 가족들은 그가 AIDS 양성 반응으로 인해 갑자기 교육산업 분야의 최고 지위와 전문가의 자리에서 물러나게 되어 정신적으로 충격을 겪지는 않을까 염려하고 있었다.

지금까지 숀은 자신의 정체성을 전적으로 일에서 찾아왔다. 독신이었기에 가족에 대한 의무감 없이 자신 임의대로 살고, 일하고, 결정을 내리고, 여행을 다닐 수 있었다. 그러나 불행한 일이 닥쳐오자 그웬이나 애런의 경우와 마찬가지로, 숀도 자신에게 닥쳐온 삶의 변화를 적극적으로 관리하기 시작했다. 그는 이전에는 결코 흥미조차 갖지 않았던 일상적인 일에 관심을 기울이기 시작했다. 또한 그웬이나 애런처럼 자신의 창조적인 측면을 계발하는 데 노력을 기울이기 시작했다. 그는 자신이 몇 가지 일상적인 일에 매우 재능이 있음을 발견하게 되었으며, 그 분야에 자원하여 일을 하기 시작했다.

현재 40대 중반인 숀은 자신의 인생관이 과거와 크게 바뀌었으며, 중요하게 생각하는 것들에 대한 우선순위도 많이 달라졌음을 깨닫게 되었다. 그리고 가족의 개념을 소중하게 생각하기 시작했다. 숀은 당시의 상황을 이렇게 말하고 있다.

"비록 건강상의 이유로 은퇴하게 되었지만 나는 갑작스럽게 인생의 참 가치를 깨닫게 되었으며, 이를 위해 나의 인생을 빠르게 변화시키지 않으면 안 된다는 것을 인식하게 되었다. 내가 현재 가장 의식하는 것은 '스트레스'에 관한 것으로, 건강을 위해서 스트레스를 최대한 줄이기 위해 노력하고 또 조심하고 있다. 과거 십수 년 동안 오직 나는 성공적 커리어에 관한 생각밖에는 가지고 있지 않았다. 그러나 이제 47세에 부모가 되어 보니, 인생에 있어서 자기 인식이라는 것이 얼마나 중요한 것인지를 깨닫게 되었다. 이제 나에게는 가족이 월급이나 승진보다 훨씬 소중한 존재이다."

/ 성공적인 변화 전략 /

그웬, 애런 그리고 숀은 몇 가지 유용한 변화 전략을 사용했다. 그들은 모두 긍정적인 자세를 갖고 있었으며, 변화가 찾아왔을 때 남을 탓하는 대신 더 많은 시간을 앞으로 무엇을 해야 할지 찾는 데 쏟았다. 또한 적극적으로 새로운 것을 배우려는 자세를 보였으며, 비록 그들 모두가 과거에는 위험 회피 성향을 가지고 있었고 경제적 안정을 중요하게 생각하였지만, 변화가 다가오자 기꺼이 위험을 감수하고자 하는 태도를 보였다. 한편, 변화의 과정 중이나 변화를 겪고 난 이후에 자신들의 창조적인 면을 계발하고자 집중적으로 노력했다. 그리하여 이전에는 맛볼 수 없었던 성취감이나 만족감을 맛볼 수 있었던 것이다.

휴식 기간을 가져라

우리가 시작이라고 부르는 것이 끝인 경우가 종종 있다.
그리고 끝이라고 생각하는 것이 시작인 경우도 있다.
끝은 끝이 아니라 다시 무엇인가를 시작해야 할 지점이다.

—T. S. 엘리엇(T. S. Eliot)

/ 시작과 끝 /

자신이 원하는 커리어를 갖추기 위한 여덟 번째 원칙은 커리어를 추구해 가는 과정에서 한 번 이상의 휴식 기간을 갖는 것이다. 이것은 일생 동안 커리어를 유지하기 위한 에너지를 갖추는 데 있어서 매우 중요한 전략이다. 자신의 인생과 커리어 관리 차원에서 휴식 기간을 통한 지속적 학습과 창조적 활동 또는 새로워지고자 하는 시도 등은 대단히 중요한 요소가 된다. 최근 들어 나이에 상관없이 큰 성공을 이루었거나 직업적으로 성공한 사람들의 경우, 일하는 기간 중에 한 번 이상 휴식 기간을 갖는 사례가 늘어나고 있다.

당신은 지금까지 너무나 오랜 기간을 주당 80시간 가까이 일해 왔고, 이제 자신이 갖고 있는 촛불 심지의 마지막을 태우고 있는 중인지도 모른다. 그러면서 인생이 너무도 짧다는 것을 깨달았을지도 모른다. 만일 약간의 경제적 고통만 감수할 수 있다면, 얼마간 생업을 떠나 휴식을 취하며 개인적으로 흥미 있는 분야를 연구하거나 소중한 사람들과 함께 시간을 보내면서 새로운 출발을 위해 재충전할 기회를 가질 수 있을 것이다.

이 장에서 우리는 휴식에 대한 개념과 휴식을 갖기 위해 선택 가능한 대안들로 어떤 것들이 있는지를 살펴보고자 한다. 여기서 휴식이란 날마다 창조적 활동을 위해 잠깐씩 시간을 내는 초단기 휴식에서부터, 새로운 기술을 습득하거나 개인의 우선순위를 재정립하기 위해 혹은 자신의 커리어 방향을 재설정하기 위해 필요한 상당 기간의 휴식 기간 모두를 포함하는 개념이다. 이 장에서 우리는 세계 여러 나라들의 휴식 기간에 대한 관행이나 제도에 어떤 것들이 있는지, 또 각국의 휴식 기간에 대한 입장이나 견해는 어떠한지를 살펴볼 예정이다. 그리고 휴식을 계획할 때 반드시 고려해야 할 사항이나 전략에는 어떤 것들이 있는지도 알아보고자 한다. 이 전략에는 휴식을 갖고자 한다는 사실을 자신의 상사나 소중한 사람과 상의하는 방법이 포함되어 있다. 한편, 원칙 4에서 깊이 있게 다루었던 재정적 문제도 휴식과 관련하여 다시 한 번 생각해 보는 기회를 마련했다.

이 밖에 휴식을 계획하는 과정에서 발생할 수 있는 몇 가지 최악의 시나리오를 가정하여, 그러한 경우에 어떻게 대처해 나가야 할지도 살펴볼 예정이다. 또한 휴식 과정에서 어떻게 변화를 이루어 나갈 것인지 사례를 통해서 구체적으로 알아보고자 한다.

/ 세계적 관행 /

나라에 따라 일정 기간 장기 근속자에게 휴식을 주는 안식년 제도 등이 일반화되어 있는 나라들도 있다. 한편, 출산 여성의 경우는 거의 모든 나라에서 휴식 기간을 인정하고 있으며, 이 휴식 기간 중 고용주나 정부에서 급여를 보장해 주는 나라도 있다. 예를 들면, 스웨덴에서는 출산 여성의 경우 19개월 또는 영업일수로 480일 동안 휴가를 제공하며, 그중 13개월 동안은 급여의 80퍼센트를 지급하고 있다. 남성들의 경우에도 자녀가 출생하였을 경우 2개월간의 휴식 기간이 허용된다. 오스트리아에서는 자녀 출생의 경우 더욱 관대한 정책을 실시하고 있다. 각 가정은 아이가 만 24개월이 될 때까지 부모 중 한 사람에 대해서 최장 18개월간 휴가를 준다. 이때 부부의 휴가 기간은 합산하여 2년까지 가능하다. 노르웨이에서는 임산부의 경우 출산 9주 전부터 강제적으로 휴가를 갖게 되며, 출산 후에도 80퍼센트의 급료를 지급받으면서 52주를 쉬거나, 100퍼센트를 지급받으며 42주를 쉬는 방법 중 자신이 원하는 것을 택할 수 있도록 하고 있다. 쿠바는 최근 들어 출산 후 전액 급료를 보장하는 여성 출산 휴가 제도의 휴가 기간을 6개월에서 1년으로 연장한다고 발표했다.

한편 벨기에는 2002년 1월 1일부터 장기 근속자에 대한 휴식 제도를 '타임 크레딧'(Time Credit) 시스템으로 대체했다. 근로자들은 일생 동안 1년간을 휴식 기간으로 가질 수 있으며, 근로자가 자신의 타임 크레딧 범위 안에서 휴식 기간을 갖는 경우에 고용주는 해당 근로자를 해고하고 다른 근로자로 대체할 수 없다.

몇몇 나라에서는 안식년의 형식으로 직원들에게 연수를 실시하기도 한다. 연수 기간 동안 근로자는 직장을 떠나 교육에만 전념하거나, 혹은 파트타임으로 근무하면서 새로운 기술을 습득해 나간다. 교육 기간 동안 급료는 계속해서 지급되며, 교육을 마친 후에는 다시 현업으로 복귀할 수 있도록 되어 있다. 오스트리아에서는 근로자들이 원하는 경우 3년마다 6~12개월간 교육 연수를 받을 수 있도록 제도화되어 있는데, 이 기간 동안의 급여는 출산 휴가 여성에게 지급되는 비율과 동일한 비율로 지급된다. 핀란드와 덴마크에도 이와 유사한 제도가 있다.

또한 유럽 국가들은 근로자들에게 해마다 5주간의 휴식을 제공한다. 그러나 미국의 경우는 유럽과 매우 대조적이다. 기업들은 자녀 출산의 경우에도 매우 제한된 휴식 기간만을 인정할 뿐이며, 안식년을 제공하는 기업도 거의 없는 실정이다. 유럽과 같이 관대한 휴식 제도를 인정하는 회사들이 간혹 있기는 하지만 이는 예외적일 뿐, 결코 일반화된 관행은 아니다.

미국 방식

미국에서는 근속 중에 휴식 기간을 갖는 것이 아직 일반화되어 있지 않다. 이는 건국 후 300년이 채 지나지 않은 젊은 국가로서 더욱 발전해 나가기 위해 노력 중이기 때문이기도 하지만, 한편으로는 뼛속 깊이 스며 있는 직업적 윤리관 때문이기도 하다. 미국에서는 거의 모든 경우에 있어서 직업적으로 매우 바쁜 사람이 존경의 대상이 되고 있다. 또한 아직까지 대부분의 사람들이 근속 기간 중 휴식 기간을 갖는 것을 사치스러운 것으로 생각하며, 주기적으로 정리 해고와 고용 증가가 반복되는 노동 시장의 특성상 자연스럽게 휴식 기간을 가질 수 있다고 생각하고 있다. 미국인들은 다음과 같은 격언을 항상 염두에 두고 생활한다. "운 좋게 직업을 얻게 되었을 때, 그 직업을 유지하기 위해 최선을 다하라."

그러나 휴식 기간에 대한 개념은 휴식을 실제로 취해 본 사람들이 경험한 많은 긍정적 효과 때문에 점점 사람들의 관심을 끌고 있다. 교사들은 항상 여름방학에 휴식 기간을 갖는다. 대학에서는 교수들을 대상으로 7년마다 안식년을 주어 휴식을 취할 수 있는 기회를 제공하고 있다. 제록스와 같은 대기업에서는 핵심 인력에 대한 보상 차원에서 현업이 아닌 후선 부서에서 근무할 수 있는 기회를 제공하거나, 추가적으로 필요한 교육을 받을 수 있도록 하고 있다. 이와 같은 휴식 기간을 이용해 우수한 프로필을 갖추게 된 사람들에 대한 사례가 매스컴을 통하여 빈번하게 방영되면서, 현재 미국 내에서도 점차 많은 사람들이 휴식 기간의 필요성에 대해 공감하고 있으며, 기업체에 휴식 기간 개념을 수용하라는 압력이 점차 증가되고 있는 추세다.

/ 패러다임의 변화 /

예전 직장의 모습은 정년퇴직할 때까지 한 회사에 머물면서 해마다 1~2주의 휴가를 즐기고, 점차 나이를 먹어감에 따라 활동이 많지 않은 부서로 자리를 옮기면서 별다른 어려움 없이 일생을 보내며 만족해하는 모습이었다. 우리와 우리의 부모님들은 이와 같은 형태의 직장 생활을 해왔다. 어떤 면에서 우리나 우리의 부모님 세대는 한편으로는 자신을 위해 일했지만, 한편으로는 세월을 보내기 위해 일했던 감도 없지 않다.

그러나 이제 세상은 변했다. 세상은 좀더 복잡해졌으며, 테크놀로지의 발달로 가상 공간에서도 일할 수 있게 되었고, 사무실이 아닌 재택 근무도 얼마든지 가능해지게 되었다. 이에 따라 기업들도 근로자들과 맺는 계약 내용을 종전과는 다른 방향으로 변화시키기 시작했다. 근로자들은 예전보다 훨씬 자유롭게 그리고 빈번하게 직장을 바꿀 수 있게 되었으며, 근로자들의 평균 수명 연장으로 인해 근로 연한도 훨씬 늘어나게 되었다. 한마디로 새로운 패러다임이 작동하기 시작한 것이다. 지금 세대는 과거 세대보다 훨씬 더 직장 생활에 유연성을 갖게 되었다. 커리어 모자이크나 포트폴리오 커리어, 혹은 '경계를 뛰어넘는 폭넓은 커리어'(boundaryless career)를 가질 수 있게 되었다.

폭넓은 커리어를 갖기 위해서는 자신을 고용해 줄 고용주나 기업체를 기다리기보다는 자신의 커리어를 직접 홍보해야 한다. 이때 자신의 정체성은 자신이 보유하고 있는 일련의 기술과 현장에서 사용할 수 있는 능력으로부터 나온다. 폭넓은 커리어는 결코 기업이나 조직체에 기반을 두지 않고, 자신의 핵심 역량에 근거하여 펼쳐지게 된다.

폭넓은 커리어는 일생에 걸쳐서 서너 가지의 '미니 커리어'(mini-career)로 구성되어 있거나, 한 조직체나 한 가지 분야에서 여러 가지 다양한 커리어를 구성하는 형식을 띠기도 한다. 자신의 모든 근무 경험을 한데 모으면 커리어 모자이크가 창조되며, 이를 바탕으로 하여 스스로 위대한 걸작품을 만들어 낼 수 있을 것이다. 폭넓은 커리어에서는, 한 가지 직업이나 일련의 작업이 종료되면 새로운 직업이 시작된다. 이때 당신은 가지고 있는 수많은 기술들 중에서 새로운 일에 적합한 기술을 끄집어내기만 하면 되는 것이다.

이 책의 저자 중 한 사람이 '커리어 액션 센터'(Career Action Center)의 이사로 근무하던 시절 만났던, 지금은 고인이 된 존 가드너(John Gardner)는 폭넓은 커리어를 구축했던 사람들 중 특히 기억할 만한 사람이었다. 그는 휴잇 어소시에이츠(Hewitt Associates)에서 근무하기도 했으며 스탠퍼드 대학 교수였다. 그녀는 가드너가 학생들에게 커리어의 중요성에 대해 강의하면서 했던 말을 지금까지도 기억하고 있다. 그는 학생들에게 "인생은 지우개 없이 그리는 예술이다."라고 말했다. 폭넓은 커리어와 커리어 모자이크의 개념은 우리가 우리 자신의 직업 인생을 마음대로 그릴 수 있도록 허용해 준다. 우리는 이제 과거 그 어느 때보다도 자신의 커리어를 관리하는 데 있어서 더 많은 책임감을 느끼게 되었다. 한 직업에서 다른 직업으로 옮겨가는 과정 또는 커리어 중간중간에 휴식을 취할 수 있는 기회가 자신의 커리어 관리를 전적으로 조직에만 의존했던 때에 비해 훨씬 많아졌다.

비록 휴식 기간을 갖는 것이 위험을 수반하며 변화를 내포하고 있기는 하지만, 자신을 좀더 이해하고, 필요한 학습을 지속하면서 미래를 위한 계획을 세우기 위해서는 휴식 기간이 반드시 필요하다.

/ 자신에게 휴식을 주라 /

우리가 이 장에서 강조하려고 하는 것은 당신의 인생 전반에 걸친 커리어 전략과 계획에 휴식 기간을 포함시키라는 것이다. 즉, 자신의 커리어를 관리할 때, 일생을 통해 전략적인 휴식 기간을 가질 수 있도록 해야 한다. 또한 이 계획이 가능하도록 재정적인 계획도 수립해야 한다. 그리고 자신을 새롭게 해야 할 시기가 언제쯤일지 설정하여 그 기간 동안 휴식을 취하는 것이 좋다. 이것은 다음과 같은 다양한 방법을 통해 이룰 수 있다.

- 직장과 직장 사이 또는 커리어와 커리어 사이에 휴식을 갖기
- 프로젝트 사이에 짧은 휴식 기간 갖기
- 직장에 근무하는 동안 초단기 휴식 시간 갖기(예를 들면, 정기적으로 '창조의 날'을 설정하여 그 날은 일을 쉬며 오로지 창조적 활동만을 한다.)
- 휴식 기간을 포함한 일생 동안의 근무 기간을 설정하는 대신, 일련의 미니 커리어(커리어 포트폴리오나 커리어 모자이크)를 계획하기

/ 휴식의 기본적 형태 /

휴식을 간단하게 분류하면 다음과 같다.

1. 계획된 휴식 혹은 계획되지 않은 휴식
2. 직장에서 직장을 옮기는 기간 동안에 취하는 휴식 또는 한 직장
   에 근무하면서 취하는 휴식
3. 초단기 휴식, 단기 휴식, 장기간의 휴식
4. 공식적인 휴식, 비공식적인 휴식

계획된 휴식

메릴랜드 이스트우드(Maryland Eastwood)는 중서부의 이름 있는 한 여자대학 학장으로 취임할 때까지 약 4개월 정도 쉬는 기간을 가졌다. 한 자녀의 어머니이기도 한 이스트우드 박사는 학장으로 취임하기 전까지 거의 20년 이상을 정규 휴가 이외에는 한 번도 휴식 기간을 가져본 적이 없었다. 그녀는 다음과 같이 말하고 있다.

"나는 학장으로 취임하기 전까지 두 곳의 직장에서 집중적으로 시간을 보냈기 때문에 다소간의 휴식이 절대적으로 필요한 입장이었다. 그러던 중 그렇게도 원하던 휴식을 취하게 되자 쌓였던 긴장을 해소하면서, 수년 동안 방치해 두었던 각종 집안일들을 해치울 수 있어서 너무나 좋았다."

계획된 휴식이란 휴식을 사전에 계획하는 것을 말한다. 이러한 형

태의 휴식은 대개 자신의 통제 범위 안에 있으며, 전반적인 커리어 관리나 커리어 전략의 한 부분에 포함되어 있는 것이 보통이다. 당신에게 어떤 그룹이나 기업의 악화된 상황을 호전시키라는 엄청난 과업이 주어질 수도 있다. 이럴 경우 당신은 한동안 회사의 경영 정상화와 상황 호전을 위해 전념하겠지만, 그 일을 성취하고 나면 다음 역할을 맡기 전까지 일정 기간 휴식을 취할 수 있을 것이다. 또 다른 예로는 대학 또는 대학원 진학을 위해 계획된 휴식 기간을 가질 수도 있을 것이다. 이러한 경우 당신은 사전에 휴식 계획을 세울 수 있는 시간적 여유를 갖게 되며, 그 계획에 영향을 받을 사람과 충분한 대화를 나눌 수도 있을 것이다. 또한 그러한 휴식에 필요한 재정적 계획도 세울 수 있고, 휴식 기간 동안에 발생할지도 모를 부정적인 요소를 최소화하기 위해 준비할 수도 있을 것이다.

계획되지 않은 휴식

계획되지 않은 휴식은 예기치 않은 사건이나 변화로 인해 발생하게 된다. 이러한 휴식은 일반적으로 당신이 통제할 수 있는 범위를 넘어선다. 예를 들면 당신의 가족 중 한 사람이 병이 악화되어 어쩔 수 없이 휴식을 취해야 할 경우도 있고, 조직에서 정리 해고로 인해 쉬게 될 수도 있다. 이 밖에 배우자의 승진이나 이동으로 인해 자신이 휴식 기간을 가져야 할 입장에 놓일 수도 있다. 어쨌든 이와 같은 계획되지 않은 휴식은 재정적으로 충분히 준비할 시간이 거의 없을 뿐만 아니라, 사전 협의나 변화를 위한 계획 같은 것을 세울 시간적 여유가 없기 때문에, 대체적으로 처음에는 매우 고통스럽거나 힘든 경우가 많다. 그러나 당신은 그러한 상황에서도 최선을 다해야 하며, 그럴 경우 의외로 일이 쉽게 호전되는 경우도 많다.

기어 변속을 해야 할 시간

계획하지 않은 휴식이 긍정적인 사건의 결과로 인한 것이든 혹은 해고와 같은 부정적인 사건의 결과로 인한 것이든, 변화를 위한 시간과 자신을 다시 재정비할 수 있는 시간을 갖는다는 점에 있어서는 동일하게 유용하다.

기업체의 구조 조정 과정에서 일시적으로 휴직하거나 실직당한 근로자들을 상담해 주면서 우리는 해고된 근로자들이 당장 새로운 직업을 구하여 자신의 해고 사실을 하루빨리 잊기를 원하고 있음을 알게 되었다. 최근 5년 사이에 정리 해고라는 개념이 일반화되었고, 실적이 좋은 사람도 정리 해고를 당하는 경우가 있어 정리 해고에 대한 불명예스러움이 많이 완화되기는 했다. 그럼에도 정리 해고를 당한 사람은 갑작스럽게 자신의 정체성이나 수입 또는 규칙적인 스케줄 등이 상실됨으로 인해 당황하게 된다. 따라서 계획되지 않은 변화에 충분히 적응할 시간적 여유를 갖지 못한 채, 실직하는 바로 그 순간에 새로운 직장을 얻기를 원하는 것은 너무도 당연하다.

그러나 이러한 태도야말로 가장 나쁜 태도다. 아마 새로운 직장을 갖고자 하는 유혹이 강하고, 때로는 다른 사람들의 시선이 따갑게 느껴지기도 할 것이다. 그러나 우리가 코치를 했던 사람들 중에서 가장 훌륭한 변화를 이루어 낸 사람들을 보면, 그들은 한결같이 자신들이 실직한 사실을 인정하고 스스로 자신을 재정립할 수 있는 시간과 공간을 가졌던 사람들이었다. 변화의 처음 순간은 다소 충격이 크겠지만, 휴식할 수 있는 시간을 갖는 것은 자신을 좀더 자유롭게 하는 것이며, 다음에 다가올 기회를 움켜쥘 수 있는 보다 좋은 자리에 자신을 올려놓는 것이다.

/ 직장과 직장 또는 커리어와 커리어의 중간에 취하는 휴식 /

휴식을 계획하거나 갖기에 가장 쉬운 때는 아마도 이 직장에서 저 직장으로 옮기는 때이거나, 혹은 커리어를 변경하는 동안이 될 것이다. 계기야 어떻든 현재의 직장을 그만두는 것은 자신을 돌아볼 수 있는 절호의 기회이며, 에너지를 재충전하고 대안을 찾아볼 수 있는 적절한 시간이다. 직장에서 일시적으로 휴직한 경우라면 나중에 당신은 동일한 자리 또는 새로운 부서로 다시 복직하게 될 것이다. 그러나 때로는 복직하지 않고 동일 산업 내의 다른 회사로 자리를 옮기거나, 전혀 다른 분야로 완전한 변신을 꾀할 수도 있을 것이다. 예전에는 다른 직장을 얻기 전에 현재의 직장을 그만두는 것은 그다지 바람직하지 못한 행동으로 여겨졌다. 그러나 이제는 더 이상 부정적으로 생각되지 않으며 어느 정도의 휴식(예를 들면 6월에 직장을 그만둔 사람이 8월에 새로운 직장을 갖는 것)을 취하는 것을 누구나 바람직하게 생각하고 있다.

휴식 기간은 다양하다. 우리는 커리어 컨설팅을 하는 과정에서 다음과 같은 사례들을 접할 수 있었다.

- 배우자의 갑작스러운 죽음으로 직장을 그만두고 2년 동안 집에서 쉬면서 자신의 삶에 대해 되돌아보고 삶의 우선순위를 재정립한 어느 기업의 마케팅 부사장
- 부인의 해외 근무로 인해 자신의 직장을 그만둘 수밖에 없었던 사람
- 2년마다 6개월간 부인과 함께 항해를 하는 한 비즈니스 작가
- 자녀를 갖기 전에 1년간 휴가를 갖기로 결정한 한 젊은 부부
- 다른 주(州)에서 6개월 동안 학생을 가르치게 된 아버지를 따라가야 하는 자녀들
- 한 직장에서 다른 직장으로 자리를 옮기는 과정에서 6주에서 수개월씩 휴식 기간을 갖는 근로자들
- 직장에서는 자신의 정열을 불태울 수 없다는 사실을 깨닫고, 자신의 일상에서 창조적 시간을 갖기를 원하거나 분기에 한 번 정도 주말에 시간을 내 창조 활동을 하는(허드렛일이나 일상적인 일은 전혀 하지 않는) 사람

우리가 여기서 언급하는 휴식은 초단기, 단기 혹은 장기간의 휴식을 말한다. 대부분의 휴식들은 그 끝이 예정되어 있지만, 특별한 경우 휴식이 끝나는 시점이 전혀 예정되어 있지 않은 경우도 있다. 휴식 기간에 대해 일률적으로 초단기, 단기, 장기를 구분하기는 어렵겠지만, 이 책에서는 편의상 하루나 주말에 취하는 정도의 휴식을 초단기 휴식이라고 부르며, 1주일에서 6개월까지의 휴식을 단기 휴식, 6개월 이상의 휴식을 장기 휴식으로 분류하고자 한다.

/ 공식적인 휴식과 비공식적인 휴식 /

만일 휴식이 끝난 후, 다시 해당 조직으로 복귀할 수 있다는 확신만 있다면 우리는 당신에게 1년간의 휴식 기간을 갖도록 권하고 싶다. 때로는 해당 조직으로 복귀할 수 있는 사람들 중에서 휴식 기간이 끝난 시점에는 애초의 생각을 바꾸어 다른 직장을 갖는 경우도 자주 보게 된다. 당신도 휴식 기간이 종료된 시점에 어떻게 느끼게 될지를 알 수 없기 때문에(즉, 원래의 조직으로 복귀할 것인지 혹은 다른 시도를 할 것인지), 공식적으로 휴식 기간을 요청하고 당신을 고용했던 고용주와 동료, 팀원들로부터 떠나 볼 것을 권하고 싶다.

한편, 당신의 자리를 다른 사람으로 대체할 수 없는 특수한 경우에는 공식적인 휴식이 조직에 부담을 줄 수 있다. 조직은 규정상 당신의 역할을 대신할 사람을 그 자리에 대체시킬 수 없으므로, 당신의 부재는 팀이나 동료들의 사기를 떨어뜨릴 수 있으며 그들을 매우 난 처한 지경에 처하게 할 수도 있다. 그러므로 만일 당신이 휴직 전의 자리로 복귀하기를 원하지 않는 것이 75퍼센트 이상 확실하다면, 다시 돌아오겠다고 약속함으로써 조직을 배신하는 행위를 해서는 안 된다.

이와 같은 휴식에 있어서는 당신과 조직 간에 서로 이득이 될 수 있는 협상이 체결되어야 한다. 즉, 조직에 대해서는 당신을 대신할 마땅한 사람이 있는 경우 그를 채용할 수 있도록 허용하는 동시에, 당신이 되돌아왔을 때 다시 그 자리에 복귀하거나 그와 비슷한 수준의 다른 자리를 선택할 수 있다는 내용의 협상을 체결하는 것이다. 만일 당신이 높은 수준의 성과를 보였으며 모든 부문에서 상위의 실적을 보였던 사람이라면, 이와 같은 협상은 그 효과가 생각했던 것보다 매우 높을 수 있다. 대부분의 고용주들은 당신이 복직하는 것을 원하여 당신에게 모든 가능성을 다 열어놓으려 할 것이며, 언제든지 대화할 용의가 있음을 비칠 것이다. 그리하여 당신은 여러 가지 선택안 중에서 해당 조직에 복직하기로 택했을 때 고용주와의 협상 과정에서 보다 유리한 조건을 얻어낼 수 있게 된다.

/ 휴식을 위한 계획을 수립하라 /

당신이 휴식을 위한 계획을 세우거나, 혹은 변화를 위해 좀더 알찬 시간을 활용하고자 할 경우 고려해야 할 사항들은 다음과 같다.

휴식에 필요한 자금의 규모를 파악하라

당신이 휴식을 고려할 때 가장 중요한 문제 중 하나는 쉬는 기간 동안 돈이 얼마나 필요할 것인가 하는 점이다. 즉, 단기적인 재정 상태의 흐름이다. 당신은 휴식을 취할 수 있을 만큼 재정적으로 여유가 있는가? 쉬는 기간 동안 당신이 원하는 수준의 삶을 유지할 만큼 충분한 돈을 가지고 있는가? 만일 그렇지 못하다면, 휴식에 필요한 자금을 마련하기 위해 기꺼이 희생할 수 있다고 생각하는 것은 어떤 것들이 있는가? 그 자금을 마련하기 위해서는 어느 정도의 시간이 소요될 것인가?

솔직하게 말한다면, 휴식에 필요한 재정적인 계획을 세우기가 매우 어려울 수도 있다. 이러한 방식으로 자신을 생각해 보는 것에 우리는 익숙하지 않았기 때문이며, 휴식을 갖는 기간에는 모든 것이 부족한 새로운 상황에 직면할 수도 있기 때문이다. 하지만 정작 필요한 것은 마음의 변화다. 휴식 기간은 자신의 커리어 관리를 위한 투자이지 쾌락을 즐기기 위한 시간이 아님을 명심해야 한다. 주택 구입 자금 대출을 받는 경우 당신은 오랜 기간 동안에 걸쳐 그 대금을 상환해 나간다. 마찬가지로 휴식 기간은 오랜 기간에 걸쳐 당신을 좀더 생산적으로 만들어 주며, 당신이 가지고 있는 커리어가 더욱 오래 지속될 수 있도록 해주는 동시에 커리어를 이루어 가는 과정에서 당신에게 행복을 제공해 준다. 따라서 휴식을 위한 계획은 충분히 시도해 볼 만한 가치가 있는 일이다.

만일 당신이 맞벌이 부부라면, 당신의 배우자가 일정 기간 동안 생계를 책임지도록 할 수 있는가? 만일 당신이 독신자라면 혹은 당신이 가족의 주요 생계를 책임지는 사람이라면, 당신은 휴식 기간을 갖기 위해 어떻게 관리하겠는가? 휴식 기간을 갖기 위한 '2개년 계획'을 수립하라. 그 기간 동안 당신은 수입을 증대시키기 위해 노력하면서, 한편으로는 지출을 줄여 휴식 기간에 사용할 자금을 모아 나가야 한다. 또 다른 방법으로는 정규 수입에서 가족들의 휴가를 위해 자금을 비축해 나가는 것처럼 일부를 떼어 휴식을 위한 자금을 비축해 나가는 방법도 있다. 이 장의 후반부에서는 비용 지출을 좀더 효율적으로 줄일 수 있는 방법에 대해 언급한다.

재정적 상황을 점검하라

기본적으로 당신은 자신의 재정 상황에 대해 알고 있어야 한다. 당신의 대차대조표는 어떤 상태를 보이고 있는가? 자산 상태는 어떠하며 부채 상황은 어떠한가? 당신은 얼마나 많은 현금과 유동 자산을 보유하고 있으며, 현금의 유출입 상황은 어떠한가? 예상 수입과 예상 비용, 재정적 계획의 수립에 관해서는 이미 원칙 4에서 자세하게 설명했다.

정리 해고와 같은 의도되지 않은 사건을 당할 경우에도 경제적으로 여유를 갖기 위해서는 대체로 최소한 3~6개월 정도를 버틸 수 있을 만큼 현금을 보유할 필요가 있다. 당신의 주 수입원은 무엇인가? 당신은 주로 어느 분야에 지출을 하는가? 당신의 비용 중에서 고정 비용으로 지출되는 부분, 즉 집세나 자동차 할부금 또는 보험료, 등록금 등으로 지출되는 부분의 비율은 어느 정도인가? 당신의 비용 중에서 가변 비용으로 지출되는 부분, 즉 식료품비나 외식비, 의복비 및 문화 생활비나 여행비 등과 같은 부분은 어느 정도를 차지하고 있는가?

저축이 최고의 방법이다

아래의 항목들은 단지 예시적인 사례에 불과하다. 당신은 이것과는 다른 것들을 얼마든지 시행할 수 있을 것이다.

- 만일 당신이 한 달에 두 번 극장에 간다면, 한 달에 한 번 가는 것으로 줄여라. 만일 당신이 영화광이어서 영화를 보지 않고는 견딜 수 없다면, 해당 영화의 가격이 내려갈 때까지 기다렸다가 좀더 싼 가격으로 영화를 보도록 노력하거나, 그 영화가 비디오테이프나 DVD로 제작되어 나올 때까지 기다렸다 보는 방법을 택하라. 만일 1주일에 3~6회 정도 외식을 했다면 그 수를 반으로 줄이도록 하라. 비록 집에서 요리하여 먹는 것이 입에 맞지 않더라도 다양한 방법으로 집에서 식사하는 횟수를 늘리도록 하라. 만일 당신이 호화로운 휴가를 꼭 가야만 한다면, 가능한 한 시즌이 지난 후에 가도록 하며 비용을 절약할 수 있는 방법을 계획하라. 평소 차 관리에 조금 더 신경을 써서 새 차를 살 때까지 현재의 차를 고장 없이 오래 탈 수 있도록 하라. 주택 관련 대출금을 적게 내는 방법이나 월세를 낮출 수 있는 방

법에 대해서도 모색해 보라. 이를 위해서는 좀더 낮은 금리의 대출을 받아 현재의 대출금을 상환하는 방법도 있을 것이며, 방 하나를 세 놓아 월세 부담을 낮추는 방법도 있다. 만일 운이 따라준다면, 장기간 해외 체류로 인해 집을 봐주기를 원하는 사람을 만날 수도 있을 것이다. 이런 경우에는 월세를 절약할 수 있으며 큰돈을 모을 수 있을 것이다.

• 비싼 선물을 사는 대신에 직접 선물을 만들어라. 작년에 우리가 받았던 크리스마스 선물 중 가장 근사했던 것은 초콜릿 쿠키를 직접 만들 수 있는 재료와 비법이 담겨 있는 유리잔이었다(그 잔에는 칩과 밀가루, 호두 등의 재료와 달콤한 초콜릿을 만드는 비법이 담겨 있었다). 결론은 좀더 창조적이 되라는 것이다. 그리고 자신의 목표를 마음속 깊이 간직하라. 휴식을 위해 필요한 자금을 모으는 데 집중하라. 이러한 계획으로 모인 돈은 그 노력을 충분히 보상하고도 남음이 있을 것이다.

여분의 추가 소득 올리기

휴식을 위한 자금을 저축하는 대신, 당신은 여분의 추가 소득을 올리는 방법을 선택할 수도 있다. 당신이 잘 하는 취미가 있다면, 즉 목공이나 수영, 피아노, 작문, 컴퓨터, 어학 또는 요리 등에 탁월한 실력을 가지고 있다면 이를 이용하여 부수적인 수입을 올릴 방법을 모색할 수도 있을 것이다. 어쩌면 당신은 성인들에게 피아노를 가르칠 수도 있을 것이며, 소규모 기업에 컴퓨터 네트워크를 설치해 줄 수도 있을 것이다. 또 기업체에서 발간하는 책자의 교정이나 편집을 도와줄 수도 있으며, 당신의 조직에 근무하고 있는 외국인 임원이나 그의 가족에게 영어를 가르칠 수도 있을 것이다. 이 밖에 맞벌이 부부들을 위해 미리 만든 음식을 판매할 수도 있다.

당신은 추가 소득을 올리기 위해 주식을 매도할 수도 있고, 일정 기간 업무 시간 이후나 주말을 이용하여 부가적인 프로젝트를 맡아서 처리할 수도 있을 것이다. 어쩌면 자신의 급여에서 35퍼센트를 저축하겠다는 목표를 세우고, 일 년 정도는 고되지만 급여가 많은 일을 할 수도 있을 것이다. 다시 한 번 강조하지만, 창조적으로 생각하라. 당신이 줄일 수 있는 부분이 무엇인지 생각하고, 돈을 벌 수 있는 당신의 재능에 어떤 것들이 있는지 살펴보라. 그리하여 휴식을 위한 자금을 모을 수 있도록 계획하라.

/ 자신에게 소중한 사람들을 고려하라 /

원칙 5에서 우리는 커리어와 관련한 결정이나 계획을 세울 때 자신에게 소중한 사람들을 고려하는 것이 얼마나 중요한지에 대해 언급하고, 이를 다루는 방법에 대해서 자세하게 소개했다. 만일 당신이 휴식 기간을 갖고자 계획하고 있다면, 당신의 결정으로 인해 소중한 사람들이 어떤 영향을 받을지 생각해 보는 것이 좋다. 그리고 당신의 계획이나 입장에 대해 그들과 의견을 나누는 것이 바람직하다. 자신의 관심 사항을 이야기하며, 휴식을 갖는 데 있어서 어떤 문제점들이 내재되어 있는지 명확히 하고 어떠한 변화가 있을 것인지를 확인하면서 함께 문제를 풀어나가야 한다.

　실질적으로 당신은 언제, 얼마 동안의 휴식을 가질 것인가에 대해 생각할 필요가 있다. 휴식의 기간은 재정 상태에 따라 많이 좌우될 것이다. 당신의 재정 상태가 허락하는 최대한의 휴식 기간은 어느 정도나 되는가? 또 언제 휴식 기간을 가질 것인가에 대해서도 생각해야 한다. 그 시기가 휴식을 취하기에 최적의 시기인가? 이러한 결정을 하는 과정에서 당신에게 소중한 사람들과 당신의 상사, 팀 동료들, 조직체의 입장 등을 고려하는 것은 매우 중요한 일이다. 이런 여러 가지 사항들을 고려하여 가장 최상의 결과를 도출하는 것이 결코 쉽지는 않겠지만, 신중하게 생각하고 심사숙고하여 계획을 세우는 것이 결코 불가능하지만은 않다.

/ 입 밖으로 당신의 계획을 말하라 /

　당신이 휴식을 고려할 때, 재정적인 문제와 당신 주변 사람들의 입장 외에도 생각해야 할 것들이 몇 가지가 더 있다. 특히 당신이 조직에서 현재 중요한 역할을 맡고 있으며 다른 모든 사람들에게 좋은 이미지를 주면서 떠나고 싶다면 더욱 그러하다. 이때 당신은 휴식을 위해 직장을 떠나겠다는 이야기를 누구에게, 언제, 어디서, 어떻게 말할 것인지를 고려해야 한다는 것이다.

- 누구에게, 어떤 내용을, 언제 알릴 필요가 있는가?
- 어디서, 어떻게 그들에게 당신의 휴식에 관한 이야기를 할 것인가?

당신이 휴식을 갖기를 원한다는 사실을 분명하게 알 필요가 있는 사람들로는 당신의 상사, 당신과 함께 일하는 동료들, 부하 직원, 납품업자들, 고객들, 전략적인 파트너들, 조직 내외부의 동료들이 포함된다. 일반적으로 당신이 휴식을 갖고자 직장을 떠나는 사실을 알아야 할 사람들은 당신에게 중요한 사람들, 즉 현재의 일과 미래의 일에 연관된 사람들일 것이다. 한편, 당신은 모든 사람들을 한꺼번에 모아놓고 자신의 계획을 말하지는 않을 것이다. 아마도 각각 다른 시기에 다른 사람들에게 말하게 될 것이다. 즉, 당신은 그들과 개별적인 커뮤니케이션을 하기를 원할 것이다. 대개는 가장 먼저 상사에게 그 사실을 밝힐 것이며, 그 다음으로는 당신의 팀과 가까운 동료들에게 알릴 것이다. 그 후에는 좀더 넓은 범위의 사람들과 커뮤니케이션을 통하여 당신이 직장을 잠시 떠날 것을 알리게 될 것이다.

당신의 계획과 변화를 알리는 일은 전적으로 당신의 책임이다. 당신은 이 일을 다른 사람에게 맡겨서는 안 된다. 당신의 계획을 알리는 커뮤니케이션 계획에는 당신이 누구에게 언제, 어떻게 말할 것인지에 관한 내용이 포함되어 있어야 한다. 또 당신이 현재 맡고 있는 프로젝트의 상태, 즉 어느 정도 진척이 되어 있으며 그 프로젝트에서 당신이 맡은 역할은 무엇인지에 관한 내용이 계획에 포함되어 있어야 한다. 이 밖에 당신이 떠날 때까지 그 프로젝트를 끝마칠 수 있는 지 여부와 만일 끝마칠 수 없다면 당신이 맡은 책임을 누구에게 넘겨주어 프로젝트를 진행시킬 것인가에 관한 내용도 들어 있어야 한다. 그리고 당신의 책임을 떠맡아 새로이 프로젝트를 진행할 사람이 책임을 완수할 수 있도록 그 프로젝트와 관련된 당신이 가지고 있는 지식을 모두 알려주어야 할 것이다.

다음 페이지에는 직장 동료나 외부의 관련 있는 사람에게 자신이 휴식 기간을 갖게 되어 직장을 잠시 떠나게 되었음을 알리는 이메일이 소개되어 있다. 여기서 주목해야 할 부분은 다음과 같다.

- 당신이 X 조직에서 Y의 역할을 맡아서 일을 진행하다가 떠나려고 한다는 사실
- 떠나는 이유(적절하게)
- 휴식 기간 동안에 당신이 무엇을 할 것인지에 대한 간략한 언급
- 그 기간 동안에 당신에게 연락할 수 있는 방법
- 당신의 업무를 대신 맡게 된 사람에 대한 약간의 정보

다음은 우리가 커리어 코칭 및 상담 업무를 해오면서 받았던 것들 중 매우 기억에 남는 이메일의 사례다. 이 사람은 규모가 상당히 큰 투자 은행에서 일했으며 그 이후 여론 조사를 담당하는 회사로 자리를 옮겼다가, 최근 각광받는 하이테크 회사에서 인사 담당 책임자로 근무하던 중 개인적인 휴식을 위해 직장을 떠나게 된 사례다.

유연한 변화 전개

변화를 계획할 때는 타인의 충격을 최소화하기 위해 노력하라. 무엇보다도 중요한 것은 자신의 명성과 성실성에 흠집을 내어서는 안된다는 사실이다. 다른 사람들에게 관심을 기울이며 관대함을 보이도록 노력하라. 휴식을 위해 직장을 떠나기 전에 모든 일들이 최상의 상태가 되도록 애쓰라.

휴식을 갖기 전까지 시간이 얼마나 남아 있느냐에 따라 달라지겠지만, 당신이 맡고 있는 핵심적인 업무를 동료들에게 최대한 자세히 인계하도록 노력하여야 할 것이며, 파일을 체계적으로 잘 정리하여 후임으로 누가 오더라도 그 파일을 보고 쉽게 일을 해나갈 수 있도록 만들어 놓아야 한다. 한편, 후임자를 선정하고 그를 교육시키는 과정에서 당신이 해야 할 일을 상사와 의논하는 것이 좋다.

당신이 현재 진행하고 있는 프로젝트의 내용과 그 프로젝트에서 당신이 맡은 역할에 대한 상황 보고서를 작성하라. 당신이 떠나기 전까지 프로젝트를 완료할 수 있는지에 대해 분명하게 그리고 현실적으로 보고하도록 하라. 무엇을 전수해 주어야 할지, 또 누구에게 전수해 주어야 할지를 생각하라. 후임으로 당신의 업무를 맡게 될 사람과 짧은 만남의 기회밖에 주어지지 않을지라도 당신의 업무에 대해 확실하게 전달해 줄 수 있도록 미리 정리를 해두라. 그에게 당신이 가지고 있던 모든 파일과 중요 사항을 메모해 놓은 노트 등을 넘겨주라. 함께 일했던 모든 사람들의 연락처도 제공하도록 하라. 이 밖에 그들이 쉽게 찾아낼 수 없는 특별한 정보나 숨겨진 뒷이야기 같은 것들도 남김없이 전달하도록 하라. 원활하게 인수인계가 될 수 있도록 최대한 노력하라.

다리를 불태우는 어리석은 짓을 저지르지 말라

당신이 휴식을 끝내고 조직으로 다시 돌아오건 혹은 그렇지 않건, 당신의 이전 고용주, 동료들과 좋은 관계를 유지하는 것은 비즈니스 관점에서 매우 좋은 전략이다. 원 직장으로의 복귀나 또는 다른 직장으로의 취업을 위해서도 그들과의 사이에 튼튼한 다리를 만들어 놓는 것은 개인적인 휴식을 취하는 동안 꼭 해야 할 중요한 일이다.

/ 빈둥거리기 /

얼마 정도는 일하지 않는 시간을 가져 보라. 그리고 당신의 휴식에 어떤 변화가 찾아오기를 기다리라. 항상 기대 이상의 성적을 올리는 A 타입의 성격을 가진 사람의 경우, 휴식 기간에도 현업에서 일할 때와 마찬가지로 스케줄을 빡빡하게 작성하는 경향이 있다. 이러한 것이 처음 한 주 정도는 괜찮을 수도 있다. 그러나 그러한 기간이 너무 길어지면 애초에 휴식을 갖고자 한 목적을 해치게 된다. 너무나 바쁜 스케줄은 당신으로 하여금 자신을 되돌아보거나 긴장을 풀거나 기타 에너지를 재충전하는 일, 자신의 커리어 계획을 다시 세우는 일, 활력을 되찾는 일 등을 할 수 있는 시간적인 여유를 갖지 못하게 할 수 있다. 자신은 매우 바쁜 스케줄 속에서도 충분히 긴장을 풀며 휴식을 취할 수 있다고 말할지 모르겠지만, 휴식 기간만은 자신을 되돌아보고 에너지를 재충전할 수 있을 충분한 시간을 확보하라고 강력하게 권한다. 이러한 기간을 얼마나 가져야 하는지는 물론 개인적인 선택 사항이다. 다만 우리는 긴장을 모두 풀 수 있을 정도로 충분한 시간 동안 자신을 되돌아보고 에너지를 재충전할 수 있기를 바란다.

/ 초단기 휴식(Mini-Breaks) /

만일 일정 기간의 휴식을 갖는 것이 불가능하다면 초단기 휴식도 영감을 되살리고, 창조력을 키우며, 자신과의 관계를 유지하는 데 효과적인 방법이 될 수 있다. 또한 초단기 휴식을 통하여 자신이 무엇을 달성하려고 하는지 확인하고, 무엇이 자신에게 중요한 일인지 분명히 할 수 있다. 초단기 휴식은 매일, 매주 또는 매월 가질 수 있다. 이 휴식의 목적은 자신의 삶에서 에너지나 성취 동기, 흥미 또는 목적의식 등이 떨어졌을 때 이를 되살리기 위함이다.

초단기 휴식을 취할 수 있는 방법은 대단히 많다. 원칙적으로 초단기 휴식은 일상적인 업무에서 벗어나 흥미로운 일에 몰두하는 것을 말한다. 사전적 정의에 따르면, 재미 또는 흥미라는 것은 자신도 모르는 사이에 그 일에 빠져드는 상태를 의미한다. 당신에게 에너지를 공급해 줄 수 있는 일을 하라. 그리고 당신의 창조력을 깨우고, 한 곳에 집중할 수 있는 상태가 되도록 당신의 흩어져 있는 산만한 마음을 깨끗이 정리하라. 초단기 휴식을 취하는 데 많은 시간이나 돈, 노력을 필요로 하지는 않는다.

/ 휴식을 갖는 것이 커리어에 흠이 될 수 있을까? /

그렇다. 휴식을 갖는 것이 당신의 커리어에 흠이 될 수도 있다. 당신이 어떤 새로운 일을 시작할 때, 앞으로 전진하기보다는 오히려 뒤로 퇴보하는 결과를 초래할 수도 있다. 이처럼 휴식이 오히려 자신의 커리어에 도움이 되기보다는 흠이 될 수 있는데, 이는 전적으로 자신의 태도와 실행에 달려 있다. 당신은 지금 하고자 하는 일을 제대로 잘 이행하고 있는가? 당신은 자신의 선택에 대해 확신하며 최선을 다하고 있는가? 당신의 인생에 있어서 안정감을 해치는 요소들을 어떻게 없애고, 당신의 길을 어떻게 평탄하게 할 것인가? 당신은 휴식 기간을 어떻게 보낼 계획이며, 후일 다시 산업 현장에 복귀하기 위해 어떻게 준비할 것인가? 이러한 문제들을 미리 준비하는 것이야말로 휴식이 당신의 커리어에 도움이 되도록 하는 길이다.

/ 최악의 시나리오 /

이 책의 저자 중 한 명이 산업 현장에 있었을 때, 그 주된 역할은 회사의 관리자나 임원들이 자신의 커리어 변화(회사 내 또는 회사를 떠나서)나 휴식 기간을 갖는 것에 대해 고민할 때, 휴식 기간 중 잠재적인 장애를 어떻게 극복할 것인지 그리고 휴식이 장기적인 관점에서 자신이 원하는 커리어에서 벗어나지 않도록 하기 위해 어떻게 해야 할지를 조언해 주는 역할이었다. 다음 사례들은 일반적으로 예상할 수 있는 바람직하지 않은 사례들을 묶어놓은 것이며, 각각의 사례별로 해결 방안도 제시하고 있다.

/ 최악의 사례 1: 경제적 여건 결핍 /

"나는 휴식을 취할 경제적 여유가 없습니다. 나는 일을 해서 돈을 벌어야만 하며, 저축할 여력도 거의 없는 상황입니다."

휴식 기간에 필요한 자금을 마련하기 위한 계획을 작성하라. 그러고 나서는 일정 비율(예를 들면, 소득의 10퍼센트)의 비용을 강제적으로 줄이도록 하라. 당신이 현재 조금이라도 저축을 하고 있다면 그 금액보다 좀더 많은 금액을 저축하도록 하라. 이를 위해서는 덜 쓰거나 좀더 많은 일을 하여 금전적으로 다소 여유 있는 상황을 만들어나가야 한다. 이 장의 앞부분에서 "저축이 최선의 방법이다."라고 했던 말을 기억하여, 휴식 기간을 위한 여유 자금을 만들도록 노력하라. 수입과 지출에 대한 예산을 세워 보라. 그렇게 하면, 재정적 상태를 좀더 명확하게 알 수 있다. 또한 당신이 휴식 기간을 갖기 위해서는 어느 정도의 금액이 필요한지도 산출하여 보라.

/ 최악의 사례 2: 변명, 또 변명 /

"조직에서 나를 필요로 합니다. 팀에서도 나를 필요로 합니다. 내 새로운 상사도 나를 필요로 하며, 가족들은 현재의 생활에 만족해하고 있습니다. 나는 지금 성공한 상태입니다. 그런데 내가 이것을 바꿀 필요가 있나요? 내가 지금의 위치까지 오기 위해 얼마나 열심히 일했는지 아십니까? 만약 나보고 이것을 포기하라고 하면 나는 거의 미쳐 버리고 말 것입니다. 휴식을 갖기 위해 이 자리를 물러난다면, 휴식이 끝난 후 나는 이 자리로 다시 돌아와 일을 재개할 수 없을 것입니다……."

해결 방안

이러한 염려는 충분히 타당성이 있다. 하지만 바로 이것이 당신이 휴식을 가져야 할 필요이기도 하다. 당신에게 중요한 것이 무엇인가? 휴식을 갖는다는 것이 당신에게는 철학적인 이야기처럼 들리는가? 당신이 진실로 원하며 필요로 하는 일은 무엇인가? 그 일이 당신이 가지고 있는 가치 체계에 부합하는가? 그 일을 통해서 무엇을 얻을 수 있는지 그려 보라. 그리고 그 일을 할 수 있도록 용기를 불러일으켜라. 이제 당신의 인생에 새로운 커리어를 선택할 시기가 왔다.

최악의 사례 3: 죄책감

당신은 어쩌면 일하지 않고 여유 있게 쉬는 것에 대해 죄책감을 느낄지도 모른다. 당신의 친구들 중에서 능력을 갖춘 많은 사람들이 정리 해고되거나 만족스럽지 못한 직장에서 일하고 있는 중일 것이다. 당신은 또한 부모로부터 열심히 일하는 것이 가치 있는 일임을 배워서 알고 있다. 따라서 당신은 쉬지 않고 일하려고 한다.

해결 방안

당신은 휴식을 취할 만한 충분한 자격이 있는 사람이다. 당신의 휴식을 투자의 개념으로 생각하고 게으름이라는 생각을 버려라. 휴식이야말로 당신을 더욱 오랫동안 일할 수 있도록 지탱해 주는 수단이라고 생각하라.

/ 최악의 사례 4: 사람들이 당신에 대해
나쁘게 생각할지 모른다 /

당신은 사람들이 당신에 대해 어떻게 생각할지에 대해 염려한다. 당신이 직업을 갖지 않고 휴식 기간을 갖기로 결정한 것에 대해 다른 사람들이 혹시 유감스럽게 생각하지 않을까 염려한다. 또 그들이 당신의 하루 일정이 아무것도 없는 것을 알고는 빈둥댄다고 비웃지는 않을까 걱정한다.

해결 방안

현실적으로 상당수의 사람들이 결코 휴식 기간을 갖지 않으며, 휴식을 취하는 것이 개인에게 얼마나 이로운지 상상조차 못하고 있다. 또한 대다수 사람들이 아직도 열심히 일하는 모습, 부유함, 특권, 사회적 신분, 돈과 같은 것을 성공의 상징이라고 생각한다. 그러므로 휴식 기간을 갖는 것은 이러한 전통적 기준에 반하는 것으로 보일 수도 있다. 따라서 정리 해고로 인해 휴식을 갖는 것이 아닌 자발적으로 휴식을 취하는 사람에 대해 회의적인 시각이 있을 수 있다. 그러한 사람을 좋게 보지 않는 사람들도 많다. 하지만 그래도 상관없다. 당신이 휴식을 갖는 것은 당신 자신과 커리어를 위한 일이지 다른 사람의 동의나 승인을 얻고자 하는 것이 아니다.

왜 당신이 휴식을 취해야 하는지 그 이유를 스스로에게 분명하게 표현하라. 또한 휴식을 갖겠다는 생각을 할 때, 당신에게 소중한 사람들에 관하여 고려하라. 그리하여 그들의 지지와 지원을 이끌어 내도록 하라. 하지만 설령 그들의 지원이 없더라도 휴식을 취하고자 하는 자신의 생각을 기꺼이 실천하겠다는 결심을 하라. 당신 주변에 당신이 이기적이며 휴식을 갖는 것이 바람직하지 못한 결정이라고 생각하는 사람이 틀림없이 있을 것이라는 사실을 인정하라. 요즘처럼 직업을 구하기 어려운 상황에서 그처럼 꾸준한 수입을 보장해 주는 직장을 어떻게 쉽게 포기할 수 있겠는가? 그러나 그것은 그 사람들의 견해다. 당신에게는 지금 왜 휴식 기간이 필요한지에 대한 분명한 이유가 있다. 결코 후회하지 말라. 중요한 것은 당신이 왜 휴식 기간을 갖고자 하는지 스스로가 잘 알고 있으며, 당신에게 진실로 소중한 사람들 역시 당신을 이해하고 지지해 줄 것이라는 사실이다. 당신은 모든 사람들로부터 당신의 선택에 대해 합법성과 그 가치를 인정받을 필요는 없다.

/ 최악의 사례 5: 나중에 휴식 기간을 갖도록 하는 압력 /

당신의 주변 사람들이 '우정 어린' 충고를 해줄 수도 있다. 그들은 당신에게 지금 휴식을 취하지 말고 좀더 좋은 때를 기다리라고 말할지도 모른다. 그들은 다음과 같은 말로 당신에게 압력을 가할 수도 있다. "현 직장에서 2~3년 정도만 더 있어라." 혹은 "돈을 좀더 모아라." 또는 "현 직장에서 좀더 경험을 쌓도록 하라." 아니면 "만일 지금 당신이 떠나게 되면 조직이나 팀에 큰 구멍이 생길 것이다."

해결 방안

만일 당신이 휴식을 갖기로 결정을 내리는 과정에서 충분히 생각

미래를 상상하라

303

을 하였다면, 언제 휴식이 필요한지 그 개략적인 시기를 알고 있을 것이다. 휴식을 취하기로 마음먹은 시기에 대해 어느 정도 융통성을 발휘하는 것도 좋다. 그러나 어느 시점에 가서는 단호할 필요가 있다. 당신이 필요한 존재이며 중요한 존재임을 느끼게 되는 것은 좋은 일이다. 그러나 조직은 당신 없이도 얼마든지 굴러갈 수 있다. 가능한 한 당신의 빈자리를 채울 수 있는 사람을 당신 자리까지 끌어올리는 데 최선을 다하라. 오히려 변화와 신선한 시각 그리고 새로운 아이디어와 에너지를 가진 사람이 당신을 대신하여 그 자리에 앉게 되면, 당신이 떠난 뒤에 조직에 남아 있는 사람들에게 좋은 자극이 될 것이다. 당신은 지금 일을 중단하는 것이 당신에게 맡겨진 역할을 다하는 것이다. 하지만 남아 있는 사람들과의 관계와 애정만은 계속 유지하도록 하라.

/ 최악의 사례 6: 시대에 뒤떨어진 기술과 지식 /

당신이 속해 있는 분야는 매우 경쟁이 치열하며, 재능 있는 많은 사람들이 한정된 자리를 놓고 다투고 있다. 따라서 만일 휴식 기간을 갖게 되면, 당신이 가지고 있는 기술이나 지식은 곧 시대에 뒤떨어진 것이 되고 말 것이다. 시대의 흐름에서 자신을 한 발 물러서게 하는 것은 매우 위험한 일이 될 수도 있다. 당신 자신도 그리고 당신이 가지고 있는 지식도 구식이 되어버릴지 모르기 때문이다.

해결 방안

가지고 있는 기술이나 지식을 보완하거나 새로운 것으로 교체하지 않은 상태로 너무 오랜 기간을 보내지 않도록 주의하라. 공백 기간이 길어지면 당신이 가지고 있던 지식이나 기술이 구식이 되어 버릴지 모르며, 이것은 현실적으로 매우 우려할 만한 일이다. 일에서 떠나 있는 동안에도 자신이 속해 있던 분야나 산업에 계속 관심을 기울일 필요가 있다. 또한 새로운 분야로 나아가기 위해 자신이 가지고 있는 기술이나 지식을 새로운 것으로 대체시킬 필요가 있다. 자신을 새롭게 하는 일의 난이도에 따라 휴식 기간의 상당 부분을 소비할 수도 있으며, 결국 새로운 분야로 나아가지도 못한 채 휴식 기간이 끝났을 때 원래의 자리로 되돌아가야 할 수도 있을 것이다.

하지만 중요한 것은 새로운 지식과 흐름을 익히는 일이 결코 따분한 일이 되어서는 안 된다는 것이다. 그러한 일을 기쁜 마음으로 즐겁게 할 수 있도록 노력해야 한다. 새로운 지식 분야에 몸담고 있는 동료들과 매주 한 번씩 점심 약속을 하여 그들과의 대화를 즐겨라. 그들에게 그들의 회사에서 진행되고 있는 일에 대해 물어보라. 당신의 분야와 관련된 저널이나 잡지가 있다면 정기구독을 신청하라. 그리고 일 년에 한 번씩 열리는 전시회나 회의에 참석하라. 당신의 산업 분야에서 현재 진행되고 있는 분야나 첨단을 달리고 있는 생각을 소개한 책이 있다면 1~2권 정도를 탐독하라. 또한 저녁시간을 내어 당신의 분야와 관련된 최근의 흐름이나 새로운 기술을 연마할 수 있도록 하라.

/ 최악의 사례 7: 나는 길을 잃었다.
어디서 다시 시작하여야 하는가? /

모든 것이 혼란스럽기만 하다. 당신은 불확실 상태에 빠져 있으며, 어디에서 시작해야 할지 모르고 있다.

해결 방안

만일 휴식의 개념이 당신을 혼란스럽게 하면, 이 장을 처음부터 다시 읽기 바란다. (또한 원칙 3. 위험의 수용에 대한 부분도 읽어보기 바란다.) 그리고 당신이 종사하고 있는 분야에서 같이 일하고 있는 사람 몇을 만나 생각하고 있는 바를 이야기하여 보라. 또 이미 휴식 기간을 가졌던 사람들을 만나서 당신의 생각을 말하고, 그들의 생각을 들어보라. 그들이 만일 당신과 같은 상황이라면 어떻게 할 것인지, 또 과거 그러한 상황에 처한 경험이 있는 경우 어떻게 헤쳐 나왔는지를 말해 달라고 요청하라. 그들이 그 과정에서 저지른 실수는 무엇이었으며, 그 실수를 통해 배웠던 교훈은 어떤 것들이었는지 물어보라. 당신에게 해줄 수 있는 충고로 어떠한 것이 있는지 알아보라. 그와 같은 일을 다시 할 용의가 있는지도 확인해 보라. 일어났던 일 중에서 가장 나쁜 것은 무엇이었으며, 긍정적인 결과를 얻었던 것은 무엇이었는지도 물어보라. 다른 사람들과 이와 같은 이야기를 나누는 것은 당신이 휴식 기간을 갖는 것이 좋을지 결정하는 데 도움이 될 수 있다.

/ 최악의 사례 8: 두려움에 싸이다 /

우리는 때때로 자신에 대해 의심할 때가 있으며, 자신이 가지고 있는 확신에 대해 순간적으로 위기를 맞을 때가 있다. 이때는 많은 두려움이 한꺼번에 밀려와 이겨내기 힘든 두려움으로 발전해 간다. 다시 일터로 되돌아갈 수 있을까? 사람들이 실제로 당신을 어떻게 생각할까? 당신이 과연 그처럼 좋은 직장을 포기하고 경제적으로 버틸 수 있는 여유가 있을까?

해결 방안

우리는 여기에서 유명 작가들과 철학가들 그리고 대기업체 리더들의 사려 깊은 조언을 제공하고자 한다.

"모험 없이 얻을 수 있는 것은 아무것도 없다."
"우리가 두려워해야 할 유일한 대상은 두려움 그 자체이다."
"가치 있는 일은 전력투구할 만한 값어치가 충분하다."
"해보지 않고 그 결과를 알 수 있는 일은 아무것도 없다."
"밤을 새는 노력 없이 위대한 일이 성사되는 경우는 없다."

만일 당신이 이 장에서 다루었던 여러 문제들에 대해 충분히 숙고하였다면, 당신의 내부 시스템이 당신에게 "가라!"라고 외치는 소리를 들을 수 있을 것이다. 마음껏 휴식 기간을 가져라. 당신은 안식년을 즐길 가치가 충분한 사람이다. 휴식 기간을 당신에게 유리하도록 이용하라. 만일 당신이 잘못된 결정을 내렸다면 얼마든지 뒤바꿀 수 있다. 변경할 수 없는 것은 없다. 조직에서 이미 당신의 자리를 다른 사람에게 주어버렸다면, 조직 내에서 다른 자리를 얻도록 노력하거나 다른 기업체를 알아보면 될 것이다. 마지막으로 터키의 격언을 인용하고자 한다.

"잘못된 길로 들어섰을 때는 그 길이 아무리 멀더라도 되돌아오라."

/ 인생을 대하는 태도 /

인생은 당신의 태도에 따라 달라진다. 당신은 반쯤 들어 있는 물컵을 보면서, 물이 절반이나 비었다고 생각할 수도 있지만, 아직도 절반이나 남았다고 생각할 수도 있다. 당신은 어떤 사안에 대해 긍정적이고 낙천적으로 접근할 수도 있을 것이고, 부정적이면서 비관적으로 접근할 수도 있을 것이다. 특별히 커리어 관리를 목적으로 당신이 휴식 기간을 갖기로 결정하였다면, 그 자체에 대해 행복을 느껴라. 휴식 기간을 갖기로 결정한 것이 바로 당신의 선택임을 받아들이고, 충분히 휴식의 행복을 즐기도록 하라. 다시 한 번 반복하지만, 당신이 현재 하고 있는 일을 왜 하는지 분명하게 이해하라. 휴식은 미래를 위한 진보이며, 당신의 커리어 여행에 있어서 매우 가치 있는 단계임을 기억하라.

혹시 기회가 되면, 노먼 빈센트 필(Norman Vincent Peale)이 지은 『적극적 사고방식(The Power of Positive Thinking)』이라는 책을 읽어보라. 그리고 당신을 지지하는 친구와 이야기를 나누어라. 당신이 휴식을 취하는 동안 달성하고 싶은 것에 대해 집중하라. 또한 휴식 후에 당신이 생각하고 있는 새롭고 활력이 넘치는 좋은 기회들을 마음속에 그려보라. 이 밖에 자신이 휴식 기간을 가질 수 있다는 것이 얼마나 운이 좋은지에 대해서도 생각해 보라. 당신 자신에 대해 잘 알고 있다는 사실 그리고 당신에게 중요한 것이 무엇인지를 알고 있다는 사실에 대해 감사하라. 많은 사람들이 휴식 기간을 갖기를 원하면서도 그러지 못한다는 사실을 떠올리고, 이러한 휴식 기간을 가질 수 있는 당신이 얼마나 행운아인가를 생각하라. 당신의 앞길에 대한 염려를 접고, 휴식 기간을 어떻게 하면 본래의 목적에 부합되게 이용할 수 있을까를 생각하라. 당신의 귀중한 휴식 기간을 결코 낭비하지 말라. 미처 휴식 기간의 중요함을 깨닫지도 못한 채 휴식 기간이 끝나 버려 현업으로 복귀하고 나서, 다시 한 번 휴식 기간이 주어진다면 그 기간을 정말 잘 활용할 텐데 하고 후회하는 일이 없기를 바란다.

/ 현업 복귀를 위해 준비하라 /

다시 현업으로 복귀할 때 당신은 과거 근무했던 조직에서 같은 직책을 맡거나, 혹은 새로운 직책을 맡게 될 것이다. 드문 경우이기는 하지만 직장을 변경하는 경우도 있을 것이다. 이 경우 당신은 비슷한 업종의 다른 회사에 취업하거나, 혹은 전혀 새로운 산업이나 분야로 진출하게 될 것이다. 그리고 그곳에서 과거와 비슷한 업무를 맡게 될지도 모른다. 하지만 분위기는 전혀 다를 것이다. 당신은 좀더 유연한 스케줄에 따라 프로젝트를 지휘하거나 진행과 관련된 조언을 해주는 위치에 있을 수도 있다. 혹은 당신 스스로 사업을 시작할 수도 있으며, 새로운 파트너십에 의해 사업을 경영하게 될 수도 있을 것이다.

어떤 역할을 맡게 되건, 현업 복귀를 위한 전략과 계획을 수립하는 것은 꼭 필요한 일이다. 이를 준비하는 데 시간을 할애하라. 이 기간은 1개월 또는 그 이상의 기간이 될 수도 있을 것이며, 당신이 얼마나 휴식 기간을 가지고 있는가에 따라 달라질 것이다. 또한 당신이 고려하고 있는 변화의 정도에 따라서 달라질 수도 있다.

만일 휴식을 취하고 있는 동안 집에서 충분한 사전 준비를 했다면, 당신은 주어진 시간 중 상당 부분을 자기 평가와 커리어 발견 그리고 커리어 변화에 있어서 필요한 새로운 기술의 습득을 위해 투자하였을 것이며, 또 현재 종사하고 있는 분야에서 뒤떨어지지 않기 위해 노력하면서 보냈을 것이다. 이렇게 해야만 비로소 다음 행동 계획을 수립할 준비를 마칠 수 있다.

다음에는 어떤 직장을 가질 것인지, 해당 직장에 대한 조사와 준비를 위해 충분한 시간을 할애하도록 하라. 이때 원칙 7에서 다루었던 '계획 수립 과정'과 원칙 9에서 다룰 '전략의 실행'을 참고하기 바란다. 이 원칙들은 새로운 직장을 찾거나 커리어를 변화시키고자 하는 계획을 수립하고 이를 진행, 발전시켜 나가는 요령들을 심도 있게 다루고 있다.

주변 사람들에게 도움을 요청하라

일터로 다시 복귀할 준비가 되었거든 다른 사람에게 도움을 요청하라. 당신에게 소중한 사람, 당신의 가족 그리고 당신을 지지하는 친구나 동료에게 의지하라. 과거에 당신이 모시던 상사나 당신이 관심을 가지고 있는 분야에서 현재 활동하고 있는 친구에게 당신의 계획을 점검해 달라고 요청하라. 커리어 변화를 위한 자신의 계획에 대한 조언과 정서적 지원뿐만 아니라 정보 습득을 위해서도 네트워크를 적극 활용하라.

만일 당신이 이전의 직장에서 새로운 역할을 맡기로 예정되었다면, 인력 관리를 맡고 있는 관리자와 상의하여 그 역할의 장래성이나 복귀해야 할 시기에 대하여 상의하는 것이 좋다. 또한 당신이 휴식 기간을 갖는 것에 대해 지지해 주었던 관리자가 있다면 그와도 상의하여 보라. 만일 당신이 가지고 있는 기술이나 지식이 낡은 것이 되어버렸다면 최신 지식이나 기술로 무장할 수 있도록 노력해야만 하며, 어떻게 하면 빠른 시일 내에 그러한 것들을 습득할 수 있는지 찾아야만 할 것이다. 인력 관리를 담당하는 직원이나 당신의 상사는 회사 내부에서 진행하고 있는 연수 프로그램이나 외부의 교육 기관이 실시하는 적당한 프로그램 등을 추천해 줄 수 있을 것이다. 또한 조직 내에 있는 경험 많은 사람들로부터 적절한 코칭이나 간략한 설명을 들을 수도 있다.

또는 당신이 전혀 새로운 분야나 산업 쪽으로 진출하고자 한다면, 기술이나 경험의 벌어진 간격을 빨리 메우기 위해서는 좀더 많은 노력을 기울여야 할 것이다. 필요한 자원으로는 어떠한 것이 있는지 먼저 조사하라.

대담한 커리어 변신을 시도하다
—캐롤 에스쿠에타 라모스(Carol Escueta Ramos)

캐롤 에스쿠에타 라모스는 인텔(Intel)에서 매우 유능한 재무 관리자로 고속 승진을 거듭하고 있었으나, 어느 날 갑자기 직장을 그만두고 6개월간의 휴식 기간을 가진 뒤, 요리 학원인 쿨리너리 인스티튜트 아카데미(Culinary Institute Academy, CIA)의 제빵 과정에 등록했다.

1996년에 스탠퍼드 대학에서 MBA 과정을 마친 라모스는 실리콘밸리에 있는 인텔에 입사하여, 5년도 채 안 되는 사이에 세 번이나 승진하면서 재무 관리부장의 자리에까지 올라갔다. 그녀는 또한 스톡옵션도 제공받았는데, 비록 그 당시 주식 시장이 전반적으로 침체를 겪고는 있었지만 그럼에도 그녀에게 많은 부를 안겨줄 수 있을 만큼의 거액이었다.

라모스의 부친은 엔지니어 출신으로 자신의 기업체를 가지고 있었다. 그는 자녀 교육에 있어서 전통적인 관점을 고수하였고, 이에 따라 라모스는 33년 동안 부친의 교육 방침에 따라 전통적인 길만을 걸어왔다. 라모스의 부모는 항상 그녀에게 열심히 공부하여 좋은 학교에 들어가야만 사회적으로 선망의 대상이 되는 훌륭한 직장에 들어갈 수 있다는 사실을 강조했다. 그리고 직장에 들어가면 돈을 헛되이 쓰지 말고 미래를 위해 돈을 모아야 한다는 사실도 누차 강조했다. 라모스는 부모들의 가르침대로 그동안 잘 해왔다.

그러나 최근 들어 라모스는 무언지 확실치는 않지만 자신의 삶에 대해 불만족스럽다는 느낌을 갖기 시작했으며, 오랫동안 마음속 깊은 곳에 자리 잡고 있던 생각 쪽으로 결론을 내렸다. 그녀는 그 당시 상황을 이렇게 말하고 있다.

"나는 어떤 다른 것, 기존의 내 인생이 아닌 다른 어떤 인생을 원했다. 그 당시 직장에 불만이 있었던 것은 결코 아니었다. 나는 맡은 일을 충실히 잘해 내었다. 하지만 그 결과로 행복해지지는 못했다. 인텔은 매우 좋은 회사다. 나는 인텔에서 같이 근무했던 사람들을 매우 좋아했다. 나는 인텔에서 승승장구하고 있었으며, 나의 미래는 특히 재정적 측면에서 매우 밝았다. 그런데 내가 다음에 승진하여 맡을 역할이 업무 조정과 중재라는 사실을 알았을 때, 갑자기 그 일이 싫어졌다. 만일 자신의 커리어에서 다음번에 일해야 할 자리가 자신이 원치 않는 자리일 때, 이는 커리어를 변화시킬 때가 되었다는 것을 의미한다."

라모스는 예전에 읽었던 책에서 자신을 살펴보라고 일깨워 주었던 대목을 기억해 내고는 자신이 진정으로 가치 있게 생각하는 것이 무엇인지 시간을 가지고 살펴볼 필요가 있음을 느꼈다. 이에 그녀는 과감하게 휴식 기간을 갖기로 결정을 내렸던 것이다. 그리고 자신의 열정에 이끌려 빵 굽는 요리 학원에 등록하게 되었다.

"나는 스스로에게 물었다. 내가 이렇게 빵을 굽는 것은 가치 있다고 생각하는 바를 추구하면서 살아가는 것일까? 그 답에 대해서는 아직까지 확신 있게 대답할 수는 없다."

그녀는 이 부분을 가볍게 생각하지 않고 신중하게 함정과 위험들, 의심의 순간들을 다루어 갔다. 그리고 마침내 자신이 진정으로 가치 있게 생각하는 것이 무엇인지를 탐구하는 그 어려운 과정을 훌륭히 통과해 냈다.

지금까지 그녀가 이루어 낸 직업적 성취를 포기하겠다는 그녀의 결정에 처음에는 많은 사람들이 충격을 받았다. 그러나 일부 안정적인 직업을 가지고 있던 사람들 중에서 자신의 일에 싫증을 느끼고 직장을 그만둔 사람들로부터 그녀는 많은 지지를 받을 수 있었다.

라모스는 휴식 기간을 갖는 사람들에 관한 자신의 견해를 다음과 같이 밝혔다.

"많은 시간 동안 휴식을 취하는 사람들을 볼 때 나는 한편으로는 부럽기도 했고, 다른 한편으로는 당황스럽기도 했다. 내가 부러웠던 것은 그들이 내가 현업에 근무할 때는 도저히 할 수 있으리라고 생각조차 못했던 여행이나 사회 활동과 같은 것들을 많이 하고 있다는 사실이었다. 다른 한편으로 내가 당황스러웠던 것은 어떻게 사람이 하루 종일 아무 일도 하지 않고 그렇게 오랫동안 지낼 수 있는가 하는 것이었다. 나는 그동안 무척이나 바쁜 삶을 살아가는 데 익숙해 있었기 때문에, 일을 하지 않는 사람들은 집에 들어앉아서 손가락만 만지작거리고 있어야 하는 것으로 생각했다. 그러나 지금은 전혀 그렇지 않다는 것을 확실하게 알게 되었다."

라모스는 직장을 그만두고 6개월 동안 쉬는 기간에 친구와 친척들을 방문하고 여행도 하며, 자신의 취미인 독서와 글쓰기에 푹 빠져서 시간 가는 줄 모르고 보낼 수 있었다. 또한 CIA 학원 프로그램을 준비하고 정기적으로 빵을 구워 내는 일도 했다. 그녀는 자신이 하는 일에 대해 다른 사람의 의견이나 판단을 구하지 않고, 스스로 자신의 가치에 대해 재평가를 실시했다.

"나는 지금 실업 상태에 있기 때문에, 내 자신이 얼마나 가치 있는 존재인가를 생각하는 데 직업을 기준으로 삼아서는 안 된다는 사실을 깨달았다. 나를 잘 알고 있는 친구들은 내가 이처럼 꿈을 좇아서 대담하게 나아가는 모습을 보면서 부러워하고 있다."

그녀는 결국 어린 시절 그녀가 즐겨 했던 활동을 그녀의 전 생애에 걸친 열정으로 발전시켜 나간 것이다. 어린 시절 어머니와 아버지가 하루 종일 직장에서 근무를 해야 했기 때문에, 라모스와 여동생은 열쇠를 목에 걸고 다녀야 했으며, 학교가 끝나면 스스로 알아서 놀아야 했다. 라모스가 12살이 되었을 때, 그녀는 처음으로 빵을 굽기 시작했는데, 대부분의 재료를 어머니가 시장에서 사다 주었다. 라모스는 빵 굽는 일을 매우 좋아했다. 주요 재료를 섞어서 반죽을 하고 빵을 굽기 시작하면, 잠시 후에 달콤한 향기와 함께 군침이 도는 것이 너무도 좋아 그녀는 빵 굽는 일을 매우 사랑했다. 그녀는 종종 친구들이나 직장 동료를 집으로 초대하여 빵을 구워서 대접하곤 했는데, 그들은 그녀의 빵이 너무도 맛있다고 감탄하며 특별한 날에는 자신들을 위해 빵을 구워서 팔 수 없겠느냐고 물어보기도 했다. 결국 그녀는 인텔에 근무하는 동안에 부업으로 '캐롤이 구운 빵'이라는 이름으로 조그만 사업을 시작하게 되었다.

현재 다니고 있는 요리 학원 프로그램을 마치고 나면, 그녀는 이 사업을 본격적으로 시작할 것인가? 라모스는 이에 대해 다음과 같이 대답한다.

"나의 인생에 있어서 기회는 단 한 번밖에 없기 때문에, 아직까지 요리 학원 프로그램을 마치고 나서 무엇을 하겠다는 계획을 정하지는 않았다. 나는 프로그램 과정을 이수하는 동안에도, 나에게 어떤 또 다른 기회가 있는지 알아보기 위해 산업체의 사람들과 계속 접촉하고 있으며, 비즈니스에서 최고의 자리를 차지하고 있는 사람들로부터 배울 수 있는 최대한의 것들을 배우기 위해 시간을 활용하고 있는 중이다. 나는 나에게 주어지는 좋은 기회를 결코 놓치고 싶지 않기 때문에 최대한 많은 선택안들에 대해 고려하고자 한다. 과거에는 이성적, 논리적인 판단 대신 본능적인 감정에 의존하여 결정하였지만, 지금은 요리 과정을 마친 후 무엇을 하게 될지 아직 정하지 않았다. 그러나 중요한 것은 앞으로 무엇을 하게 되더라도 결코 두렵지 않다는 사실이다."

미래를 상상하라

Q: 당신은 휴식 기간 동안 기본적인 삶을 위한 재정 문제를 어떻게 해결하였습니까?

A: 저는 휴식 기간을 갖겠다고 생각하기 훨씬 이전부터 저축을 해 왔습니다. 이는 부모님들의 영향이 크다고 생각합니다. 부모님들은 항상 저에게 1달러를 벌면 적어도 50센트는 저축을 하도록 가르치셨습니다. 다행스럽게도, 저는 과소비를 통해 부유한 티를 내는 그러한 행동은 하지 않았습니다. MBA 과정을 밟을 때 등록금을 대출받은 것과 차 할부금(현재도 1994년에 구입한 승용차를 아직도 끌고 있으며, 그 차가 굴러가는 한 계속 사용할 생각이다)을 모두 갚고 나니, 콘도 구입을 위해 받은 대출금 이외에는 특별히 급여에서 빠져나가는 것이 없었습니다. 그래서 저는 휴식 기간에도 삶을 지탱해 줄 자금을 쉽게 모을 수 있었습니다. 그러나 사실상 제가 꿈을 좇아서 저의 길을 마음껏 갈 수 있도록 해준 것은 인텔에서 5년간 근무하면서 받았던 스톡옵션이었습니다. 제가 인텔에 입사할 당시인 1996년은 시기적으로 닷컴 열풍이 불어닥치고 있어서, 아무리 일이 힘들더라도 참고 견디면 스톡옵션을 받을 수 있었습니다. 저는 그것이 제 자신을 위해 매우 좋은 투자였다고 생각합니다.

Q: 휴식 기간을 갖기로 결정하기 전에 스스로 대답해야 했거나 깊이 생각해 보아야 했던 문제들로는 어떤 것들이 있었나요?

A: 현실적으로 제가 제일 처음 고려했던 것은 '내가 과연 휴식 기간을 가져도 되는 것일까?' 하는 것이었습니다. 그리고 곧이어 다음과 같은 의문이 다가왔습니다. 과연 그 기간에 소요되는 비용은 얼마나 될까? 내가 진정으로 휴식 기간을 필요로 하고 있는가? 내가 휴식 기간을 갖게 되면 무엇을 포기해야 하는가? 또 무엇을 얻을 수 있을까? 하는 것들이었습니다. 저는 이러한 것을 판단하는 데 있어서 기본적으로 ROI 분석을 이용했습니다. 즉, 시간과 돈과 위험 요소를 투자해서 잠재적으로 얻을 가능성이 있는 것들이 나에게 얼마나 가치가 있는 것인가? 하는 부분에 대해 집중적으로 분석을 시도한 것이지요. 또한 저는 CIA 요리 학원 과정을 시작하기 전에 6개월 동안을 쉬면서 내가 무엇을 달성하고자 하는지 제 자신에게 물어보았습니다. 나는 이전에 그처럼 많은 시간을 쉬어본 적이 없었기에, 결코 그 시간을 허비하고 싶지 않았습니다.

Q: 휴식 기간을 가질 때 조심해야 할 함정 같은 것으로는 어떤 것이 있을까요?

A: 왜 휴식 기간을 필요로 하며 어떻게 변화하기를 원하는지 자신에게 정직하게 답해야 합니다. 자신이 하려는 일에 대해서 때로는 스스로 의심스러울 때가 있으며, 외부 사람들의 비난에 부딪히거나 기타 예상치 못한 도전에 직면할 때도 있는데, 이 모든 것을 이겨내야만 합니다. 따라서 휴식 기간을 필요로 하

거나 변화를 필요로 하는 명확한 이유는 훗날 어려운 시기가 도래했을 때, 당신으로 하여금 그 어려움을 극복하게 해주는 힘이 될 수 있습니다. 주의 깊게 계획을 세우고 계획 자체가 현실성이 있어야 합니다. 휴식 기간을 갖고 자신을 새롭게 발견하며 원기를 회복하는 것은 얼핏 근사하게 들릴지 모릅니다. 그러나 그 계획 자체가 실현 가능해야 하며, 경제적으로 뒷받침이 되어야만 합니다. 만일 경제적인 뒷받침이 없다면 휴식 기간을 갖는 것이 자신의 변화 추구에 아무런 도움이 되지 못하며, 오히려 타인에게 의존할 수밖에 없는 자신을 발견하게 됩니다. 이렇게 되면 당신은 스스로 자신의 직업이나 급여 수준에 대해 결정할 수 있는 기준을 갖지 못하게 될 뿐만 아니라, 타인에게 의존하는 기간이 길어질수록 당신은 자신을 비하하게 됩니다. 미래를 위한 계획을 세우고 충분히 저축을 하며 쓸데없는 데 낭비하지만 않는다면 당신의 목표를 분명히 달성할 수 있습니다.

Q: 당신이 경험했던 일이나 선택하는 과정에서 얻었던 교훈이나 충고가 있다면 무엇입니까? 휴식 기간을 갖고자 하는 다른 사람들이 언제, 어떻게 그리고 무엇을 준비해야 하는지 도움을 줄 수 있는 의견이라면 고맙겠습니다.

A: 자신이 진정으로 휴식을 원하는지 물어보아야 합니다. 자신의 일에 지쳤으며, 직업이나 커리어 혹은 회사에 만족하지 않는지

확인해야 합니다. 그리고 휴식을 갖는 것이 이러한 문제를 해결할 수 있는 것인지, 아니면 단지 그 시기를 연장하는 것에 불과한지도 살펴보아야 합니다. 저의 경우 단순히 휴식 기간을 갖기로 결정하고 6개월 정도 쉬고 나서 회사에 복귀하였다면, 몇 달 가지 않아서 휴식 이전 상태로 돌아가 회사 업무에 대해 불만을 갖게 되었으리라 생각합니다. 때로는 어떤 일로부터 일정 시간을 떠나 있다고 해서 도움이 될 수 없으며, 영구히 그 일로부터 떠나야 한다는 사실에 직면할 때가 있을 것입니다. 때로는 단지 몇 달간만 떠나 있으면 충분할 때도 있습니다. 그리고 이러한 문제에 답할 수 있는 사람은 오로지 자신밖에는 없습니다. 따라서 스스로에게 이러한 질문들을 던지고 솔직하게 답해야만 합니다. 앞에서도 말했듯이 휴식 기간을 갖는 데는 올바른 동기가 있어야 합니다. 동기가 올바르다면, 휴식을 위한 계획을 세우기가 훨씬 수월해집니다. 그리고 다음 단계로 휴식을 위한 저축도 하게 되고, 또 사람들의 이해도 구할 수 있게 될 것입니다.

Q: 당신은 휴식 기간을 갖는 것이 당신 인생 전체에 걸쳐서 커리어 관리에 도움이 된다고 생각하십니까?

A: 휴식 기간은 저에게 진실로 중요한 것이 무엇인지를 깨닫게 해주었습니다. 그것은 규칙적인 운동이었습니다. 저는 휴식 기간을 갖기 이전부터 규칙적인 운동을 시작했습니다. 내 마음속

에 의심이 생길 때마다 운동이 자신에게 얼마나 중요한 것이지를 생각해 봅니다. 앞으로는 일을 하건, 휴식 기간을 갖건 상관없이 지속적으로 운동을 해나갈 생각입니다.

Q: 휴식 기간을 갖는 것이 당신 인생 전반에 걸쳐 당신의 커리어에 흠집을 낸다고는 생각하지 않으십니까?

A: 저는 휴식 기간을 갖는 것이 결코 저의 커리어에 흠이 되지 않는다고 생각합니다. 만일 휴식을 취하고 있는 자신이, 혹은 빵을 굽고 있는 자신이 실패자라는 생각이 든다면, 저는 결코 빵 굽는 일을 직업으로 선택하지 않을 것입니다. 아마도 다른 일을 하게 되겠죠. 돈을 많이 버는 일이나 보다 화려한 경력을 추구하는 일에 종사하게 될 것입니다. 저에게는 충분한 학력과 직장 경험이 있기 때문에 전통적인 산업 세계로 돌아가는 일은 그다지 어렵지 않을 것입니다. 그러나 저는 커리어를 변화시키고자 하는 모험을 택하였으며, 그동안 갇혀 있던 상자 바깥으로 나가고자 하는 것입니다. 그리하여 제가 바라고 있던 이상을 추구하면서 나의 꿈을 크게 외치고자 하는 것입니다.

Q: 휴식 기간을 고려하고 있는 사람들에게 추가적으로 도움이 될 만한 다른 특별한 사항으로는 무엇이 있을까요?

A: 이 일은 저에게는 엄청난 위험이었습니다. 저는 이 일이 결정하기 쉬운 일이었으며, 저의 꿈을 좇아 날마다 빵을 굽는 것이

항상 즐거운 일이었다고 말하고 싶지는 않습니다. 저는 제가 치러야만 했던 희생을 생각합니다. 그중 상당 부분은 금전적인 부분이었습니다. 비록 금전적인 부분이 저의 동기 유발 요인은 아니라고 할지라도, 부에 가장 근접했던 길을 버리고 먼 길을 돌아가는 것이 결코 쉬운 일은 아니었습니다.

또 다른 위험은 개인적인 부분입니다. 저는 어릴 때부터 빵을 굽는 것을 좋아했습니다. 그리하여 성인이 되어서도 빵 굽는 일을 취미삼아 했으며, 친구들과 가족들에게 빵을 구워 주는 일을 좋아했습니다. 또 일이 잘 풀리지 않을 때는 긴장을 푸는 방법으로 활용하기도 했습니다. 그런데 이제는 그 일을 직업으로 하려고 합니다. 이제 빵을 구우면서 스트레스를 받게 된다면 저는 어떻게 해야 할까요? 빵을 더 많이 구워야 하나요? 혹은 스트레스를 해소할 만한 또 다른 일을 찾아야 하나요? 만일 마땅한 스트레스 해소 수단을 찾지 못한다면 어떻게 될까요? 비록 위험을 감수하려고 했지만, 그래도 그 일은 여전히 위험한 일임에 틀림없습니다. 그리고 기회의 창문을 스스로 열어젖힐 수 있었습니다. 우리가 인생에서 행복을 누리는 것은 생각만큼 많은 시간을 들이지 않아도 충분히 가능합니다.

"

CAREER
LESSON

제4부

커리어 관리를 위한 행동을 개시하라

우리는 지금까지 자신의 과거 경험으로부터 교훈을 얻고,
현재 처해 있는 상황을 평가하며 미래에 대한 비전을 세워 왔다.
이제는 그 모든 것을 통합하여
자신이 원하는 커리어를 얻기 위한 행동 계획으로 발전시키고
이를 실행해 나가야 할 단계이다.
분명한 커리어 목표를 설정하고 이를 실행해 나가는 것은
일생 동안 진행되어야 할 과제이며,
지속적으로 학습하고 그 학습한 것을 적용해 나가는 반복 사이클의 과정이다.
〈원칙 9: 지금 바로 시작하라〉는 현재 직장을 구하고 있거나
혹은 자신의 커리어에 변화를 주고자 하는 사람들에게
실용적이면서도 손쉽게 시행할 수 있는 전략과 자원들을 소개하고 있다.
한편, 〈원칙 10: 자신만의 커리어를 소유하라〉에서는
앞서 소개된 여러 원칙들에서 언급된 내용들을 종합하여
자신에게 적합한 커리어를 구축해 나가는 방법을 제시하고 있다.
원칙 10은 당신이 인생의 보다 큰 그림을 그릴 수 있도록 도와줄 것이며,
원하는 커리어나 삶을 창조할 수 있도록 도움을 줄 것이다.
이 밖에 자신의 커리어를 훌륭히 관리하여 타인들에게 선망의 대상이 되고 있는
여러 비즈니스 리더들의 교훈과 영감어린 조언들도 제공하고 있다.

지금 바로 시작하라

반드시 배워야 할 것은 일단 시작부터 하라. 그러면 배워진다.

—아리스토텔레스

/ 일생 동안 추구해야 할 커리어 모델 /

성공적인 커리어를 구축하기 위한 9번째 원칙은 직장 선택이나 커리어 변화와 관련하여 수립한 전략과 계획을 행동으로 옮기는 것이다. 여기서 우리는 일단 새로운 직장을 선택했거나 커리어 변화를 결정했을 때 진행해야 할 기본적인 방법을 소개하고자 한다. 다섯 단계의 커리어 관리 모델(그림 9-1 참조)은 직장을 옮기거나 커리어를 변화시킬 때마다, 혹은 성공이나 실패를 했을 때마다 활용할 수 있을 것이다. 이 모델은 커리어 관리에 있어서 유동성과 계획 수립의 중요성 그리고 지속적 학습의 혜택을 강조하고 있다. 또한 커리어 관리 계획의 진행은 끈기 있게 창조적으로 해나가야 함을 지적하고 있다. 이 모델의 다섯 단계를 따르게 된다면, 항상 혁신적이고 역동적으로 커리어를 관리해 나갈 수 있을 것이다.

결론적으로 말하자면 우리는 당신이 직장을 구하거나 커리어에 변화를 주고자 할 때, 다음의 다섯 단계에 따라 생각하고 계획하며 실천해 나갈 것을 권한다. 다섯 단계의 구체적인 내용은 다음과 같다.

1. **자신에 대해 분명하게 알기** 당신이 가치를 두는 것은 무엇이며, 선호하는 것과 흥미를 가지고 있는 분야, 기술과 재능에 대해 분명하게 파악하라.

2. **커리어 발견** 눈에 보이는 것만으로 국한하지 말고 상상력을 동원하라. 좀더 폭넓게 조사하고 선택안들을 창조적으로 만들어 나가라.

3. **집중** 당신에게 가장 적합한 것이 무엇인지를 이해하고 무엇을 목표로 할 것인지 결정하라.

4. **시장 참여 계획 수립** '5 Ps' 모델을 이용하여 자신의(자신을 알리는) 시장 참여 계획을 수립하라. 독창적인 이력서를 작성하고 네트워킹을 활용하여 직장을 구하기 위한 준비를 마쳐라.

5. **실행과 피드백** 당신이 원하는 회사에 이력서를 제출하고 면접을 보라. 보수 조건을 협상하고 회사에서 지원하는 것에는 어떤 것들이 있는지 살펴보라. 지속적으로 모니터링을 하며 이 과정을 개선시켜 나가라. 이 단계는 자신의 계획에 의해 진행되는 모든 상황을 점검하고 계획을 재평가하며, 성공이나 실패로부터 배워 나가는 과정을 모두 포함한다.

그림 9-1. 일생에 걸쳐 실시하는 경력 관리

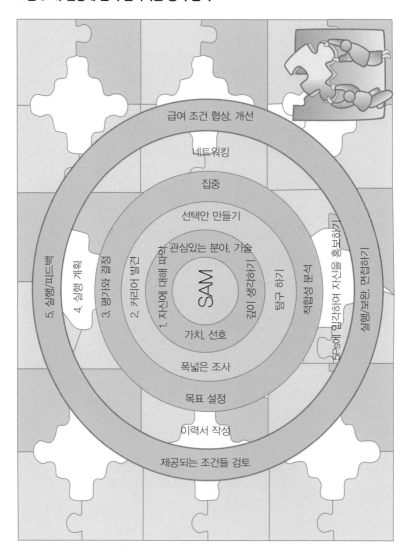

*출처: S. 다구치와 K. 다우드가 공동으로 진행하는 커리어 관리 프로그램에서 발췌. 그래픽 디자인은 영국 런던의 키스 윌슨(Keith Wilson) 사 제공.

/ 끊임없는 변화의 여정 /

당신이 지금 막 대학을 졸업하고 첫 직장을 찾는 중이거나, 혹은 다양한 산업체를 전전하면서 21번째의 직장을 찾는 중이거나 상관없이 이 커리어 관리 모델은 당신에게 도움을 줄 것이다. 특히 결과 지향적이며, 실용적인 사고와 열정을 가지고 있는 사람들에게는 큰 도움이 될 수 있을 것이다. 이 장에서 우리는 커리어 관리 모델의 각 단계별 핵심 행동에 대해 구체적으로 살펴볼 예정이다.

이 모델에서 명심해야 할 것은 당신이 다섯 단계를 모두 거치고 난 후라도, 다음번에 또다시 직장을 변경하거나 커리어 변화를 시도할 경우 처음부터 다시 다섯 단계를 모두 거쳐야 한다는 것이다. 한편, 단계를 진행시켜 나가는 방법은 각 단계를 마치고 다음 단계로 넘어가기 전에 현재의 단계를 반복해서 실시할 수도 있고, 그 이전 단계로 되돌아가 수정 절차를 밟을 수도 있다. 이와 같은 단계별 진행 사이클을 통해 당신의 변화 여정은 끊임없이 이어지게 된다.

/ 1단계: 자신에 대해 파악하기 /

커리어 관리 사이클의 첫 번째 단계는 자신의 가치 기준, 관심 분야, 보유한 기술과 재능이 어떠한 것들인지 파악하고 이해하는 것이다. 그러나 이 장에서는 이 부분에 대해 간략하게 넘어가고자 한다. 이 부분에 대해서는 이미 원칙 1에서 자기 평가를 위한 다양한 연습 문제를 통해 충분히 학습했다. 직장을 구하거나 커리어를 변화시키기 위한 첫 번째 단계인 '자신에 대해 파악하기'는 자신에게 현재 중요한 것이 무엇인지 스스로 발견하고 찾아내는 일이다. 원칙 1에서 자신이 작성했던 답안들을 활용하면, 새로운 직장을 구하기 위한 계획과 전략 수립에 필요한 다음 질문들에 좀더 쉽게 답할 수 있을 것이다.

다음 사항에 대해 충분한 시간을 가지고 답해 보라.

- 당신의 핵심적 가치는 무엇인가?
- 당신의 핵심 역량은 무엇인가?
- 당신이 앞으로 전개될 직업이나 커리어에서 사용하기 원하는 기술이나 경험 혹은 능력은 무엇인가? (이것은 현재 당신이 능숙한 상태에 있거나, 또는 이전 직업에서 활용했던 것과 매우 다를 수도 있다.)
- 당신은 어디에서 살고 싶은가?
- 당신은 어떤 종류의 삶을 살고 싶은가?
- 어떤 형태의 조직이나 직업 환경을 원하는가?
- 앞으로 당신은 직장에서 어떤 역할을 하고 싶은가?

앞으로 갖게 될 직업이나 커리어에서 당신이 진실로 원하는 것과 원하지 않는 것을 분명하게 이해하도록 하라. 그리고 조직 문화나 기업 환경 혹은 당신이 맡게 될 역할에 대해 분명히 알도록 하라. 또

일의 성격이나 함께 일할 동료 또는 당신이 관리해야 할 부하 직원들에 관해서도 분명하게 파악하라. 직장을 찾아서 계획을 수립하고 실행해 나가는 과정에서 수시로 이러한 사항들을 확인해 나가다 보면, 당신에게 가장 적합한 직장이 어디인지 발견할 수 있게 될 것이다.

커리어 관리 사이클 첫 단계의 핵심은 자신의 내면으로부터 나오는 소리를 듣는 것이다. 주변의 소음은 차단하라. 이 말이 다른 사람들의 의견을 무시하라는 이야기는 아니다. 다만 당신 자신에게 집중하라는 것이다. 아무런 후회도 하지 않겠다고 스스로 다짐하라. 그리고 다음 커리어를 위해 준비할 때까지 당신이 추진하고자 하는 것에 최선을 다하라.

/ 2단계: 커리어 발견 /

커리어 관리 사이클의 두 번째 단계는 탐구하고 꿈꾸는 것이다. 폭넓게 조사하라. 창조적으로 여러 선택 가능한 대안들을 생각하라. 당신에게 적합한 기능이나 분야, 직업의 종류, 기업체 등을 조사하기 위한 여행을 시작하라. 다시 한 번 말하지만 보다 폭넓게 조사하고 특정 산업이나 기업체 혹은 직장에서 맡고자 하는 역할, 특별히 선호하는 조직 형태나 특징(크기, 지역적 위치 등)을 설정하여 선택할 수 있는 많은 경우들을 고려하라.

마음을 활짝 열고 눈을 크게 떠라

마음을 열고 다음 사례들을 깊이 생각해 보라.

- 골프를 매우 잘하고 고객들과의 관계도 원만했던 한 투자 은행가는 가족들과 더 많은 시간을 보내기 위하여 은행을 그만둔 후, 프로 골퍼가 되어 집 주변에 있는 골프 클럽에서 개인들에게 레슨을 하고 있다. 그는 자신이 좋아하며 관심을 가지고 있는 분야로 커리어 변화를 시도했다.

- 경영 컨설팅 업체의 파트너로 일하고 있는 한 여성은 현재의 직업이 자신에게 적합하지 않다는 결론을 내리고, 소비재 생산 회사의 인력 관리 부서로 자리를 옮겼다. 비록 그곳에서 그녀가 맡은 역할 역시 컨설팅이긴 하였지만, 그녀는 새로운 일에 만족해하고 있다. 과거 경영 컨설팅 업체에서 얻었던 경험을 바탕으로 명문대학 출신의 우수 인재들을 확보하는 역할을 성공적으로 수행하고 있으며, 무엇보다도 그녀 자신이 다른 사람들에게 멘토링 하는 것을 즐기고 있다. 청중 앞에서 프레젠테이션을 능숙하게 할 수 있는 그녀의 능력도 인력 관리 부서에서 그녀가 자신의 역할을 충실하게 할 수 있는 데 큰 도움이 되고 있다.

- 투자 클럽에서 활발한 활동을 벌이며 다른 사람에게 조언해 주는 것을 매우 좋아했던 한 수학 선생은 자신이 가지고 있는 이와 같은 능력과 흥미를 바탕으로 은행에 취업하여, 소규모 기업을 운영하고 있는 사업주들을 대상으로 대출과 각종 기업 운

영에 필요한 조언을 해주고 있다.

- 부인의 동창회 모금 활동에 적극 참여하여 활동하였던 한 금융 회사의 부회장은 자신이 학교와 관련된 일에 매우 큰 흥미를 가지고 있음을 발견했다. 특히 지적인 자극을 받을 수 있는 대학에서 근무하는 것에 관심을 기울이게 되었다. 결국 그는 대학에서 COO(Chief Operating Officer)로 근무하게 되었다.

- 두 번이나 실패한 후, 소프트웨어 회사를 성공적으로 경영했던 한 여성이 자신의 회사를 팔고는 벤처 캐피탈 회사의 상근 이사로 자리를 옮겼다. 그녀의 역할은 벤처 캐피탈 회사가 투자한 기업들을 위해 적절한 조언을 해주는 일이다. 그녀는 한 기업이 성공하기 위해서는 성장 단계별로 어떤 전략을 수립하여야 하며, 어떻게 팀을 조직하고, 또 투자자를 유치하기 위해서는 어떻게 사업 계획서를 작성해야 하는지 잘 알고 있었다.

- 열린 마음으로 사람들과 대화하기를 즐기고 신입 직원들을 위한 여러 가지 교육 프로그램들을 기획했던 한 기업의 인력 관리 담당이사. 그는 공기업과 공기업이 생산하는 제품을 홍보해주는 회사로 자리를 옮겨 PR 부문에서 자신의 커리어를 쌓아가고 있다.

- 항공사의 고객 서비스 매니저로 근무하던 한 여성은 정리 해고를 당한 후, 소매업종 운영 관리직으로 자리를 옮겼다. 그녀는 전직에서 근무할 때 고객들의 불만을 해결해 주었던 여러 경험들을 살려서 현업에 적용하였으며, 자신이 가지고 있는 데이터

베이스 활용 기술을 이용하여 그룹 전반에 걸친 IT와 컴퓨터 네트워크를 관리하고, 기업의 재고 관리 시스템까지도 총괄하게 되었다.

- 접객 산업에서 마케팅 관리자로 근무하던 한 직원은 포트폴리오 커리어의 일환으로 자신의 직업을 바꾸어 지방 대학 마케팅 강사가 되었다. 그는 현재 마케팅 분야에서 필요한 새로운 전략, 포지셔닝, 경쟁력 있는 시장 접근 방법, 새로운 상품 개발에 관한 조언 등 마케팅 전반에 걸쳐 학생들에게 강의하고 있다.

- 교직에 오랫동안 몸 담았던 한 교사는 현재 지역 극장에서 각종 공연 및 지역 주민들과의 커뮤니티 형성을 위해 활동적으로 일하고 있다. 그는 자신의 또 다른 커리어로 부동산 관련 업무를 준비 중이다.

이 단계에서 명심해야 할 것은 기존의 틀을 깨고 좀더 대담하고도 의욕적으로 선택할 수 있는 길을 생각해 보라는 것이다. 사고의 틀을 무한히 확장시켜라. 당신이 가지고 있는 흥미나 기호, 가치, 기술, 능력, 지식, 경험을 활용할 수 있는 가장 먼 곳까지 생각의 경계를 넓히도록 하라.

산업과 기능과 기업체들을 조사하라

당신이 특별히 제한을 두지 않는다면 조사할 수 있는 대상은 무궁무진할 것이다. 시간을 좀더 현명하게 사용할 필요가 있다. 조사해야 할 핵심 조사 대상으로 학교 동아리, 커리어 관리 센터, 동창회 사무실, 친구들 그리고 과거 또는 현재의 동료들, 당신이 활동하는 서클에 속해 있는 사람들을 꼽을 수 있다.

기타 좋은 정보원들 세일즈맨들이 잠재 고객을 찾는 데 주로 활용하고 있는 '우수 기업' 리스트를 활용하면 해당 기업의 재무 상태와 관련된 좋은 정보를 입수할 수 있다. 이러한 정보들을 통하여 당신은 해당 기업체의 예상 수익이나 인수 합병에 관한 소식을 접할 수도 있다. 또한 성장 계획이나 특허 및 상표 등록을 위한 계획 등도 접할 수 있으며, 어떤 업종이 유망한 업종으로 떠오르고 있는지도 알 수 있다. 이 밖에 신문이나 각종 매스컴을 통하여 사람들에게 선망의 대상이 되는 기업, 가장 빠르게 성장하는 기업, 사회적 책임을 잘 완수하는 기업, 여성이 근무하기 가장 적합한 기업 등에 관한 소식도 접할 수 있을 것이다.

자신에게 적합한 웹사이트 이용하기 WetFeet사의 CEO인 게리 알퍼트(Gary Alpert)는 직장을 구하는 데 있어서 웹사이트의 역할에 관한 자신의 생각을 밝히고 있다. 그는 또한 직장을 구하는 사람들에게 다음과 같은 조언을 해주고 있다.

웹사이트의 발전으로 첫 직장이나 전문적인 직장을 구하는 사람들의 구직 방법에 큰 변화가 일고 있다. 여기에서는 직업을 구하거나 커리어 관리를 하고자 하는 사람들이 인터넷을 가장 잘 활용할 수 있는 방법에 대하여 우리의 경험에 입각한 몇 가지 조언을 제공하고자 한다.

첫째, 직장을 구하는 초기 단계에서는 개인적 혹은 직업적으로 활용할 수 있는 네트워크를 구축하기 위해 충분한 시간을 투자하라. 당신의 개인적 네트워크를 통해 얻을 수 있는 고용 정보와 같은 구체적이고 상세한 정보를 제공해 주는 웹사이트는 어디에도 존재하지 않는다. 웹사이트는 당신이 어디에 가면 무엇을 얻을 수 있다고 아는 경우에 한하여 필요한 정보를 제공받을 수 있을 뿐이다. 분명히 기억해야 할 것은 정말 중요한 순간에 당신은 키보드 곁에 있어서는 안 되며, 누군가를 만나고 있어야 한다는 것이다.

둘째, 네트워킹을 통해서 알게 되었던 기업체나 산업체에 대해 자신에게 적합한 곳을 판단하여 입사 지원서를 제출할 회사를 결정해야 한다. 이때 웹은 해당 기업에 대한 자세한 정보를 찾아볼 수 있는, 24시간 활용 가능한 자원이다. 문제는 웹을 어떻게 활용해야 할지를 아는 데 있다. 당장 활용 가능한 몇 가지 방법을 살펴보면 다음과 같다.

일반직이나 특수직과 관련된 구인 광고란을 살펴보라. 그러나 결코 그곳에 오래 머무를 필요는 없다. 좋은 직장은 그와 같은 일반적인 취업사이트 게시판에는 결코 게시되지 않기 때문이다.

그렇다면 이러한 직장은 어디에서 찾을 수 있는가? 이러한 직장을 찾을 수 있는 방법은 각 개별 회사들의 웹사이트이다. 우리와 상담을 했던 많은 사람들이 해당 회사의 웹사이트야말로 웹을 활용하여 직장을 구하는 가장 좋은 곳이라고 입을 모아 말하고 있다. 최근 연구 자료에 의하면, 「포춘」지 선정 500대 기업들이 자체 웹사이트를 통해 주요 인원을 1년에 3회 정도 선발하는 것으로 나타났다. 현재 우수 인력을 선발하고자 하는 기업들이 많은 시간과 자금을 투자하여 자체 웹사이트를 구축하고, 온라인 경험이 많은 사람들을 중심으로 필요한 인력을 선발하고 있는 추세다. 최근 수년간 직장을 구하고자 하는 사람들을 대상으로 조사한 바에 의하면, 직업을 전문적으로 소개하는 웹사이트들의 질적 수준이 낮은 관계로 인해 직장을 구하는 사람들의 25퍼센트 이상이 해당 기업체의 웹사이트를 통해 직접 구직 활동을 하는 것으로 나타났다.

감춰진 좋은 직장을 구할 수 있는 또 다른 방법으로는 관심을 가지고 있는 분야에 속해 있는 기업체들의 리스트를 작성하여 순차적으로 해당 업체와 접촉을 시도하여 보는 것이다. 이를 위하여 자신의 네트워킹과 커뮤니케이션 기술을 활용할 수도 있을 것이며, 웹사이트를 활용하여 당신이 관심을 가지고 있는 분야에 속해 있는 회사들이 어떤 회사들인지를 조사할 수도 있을 것이다. 또한 기타 특정 산업체에 대한 정보를 취급하는 잡지를 활용하여, 당신이 관심을 가지고 있는 분야에서 가장 우수한 기업체는 어떤 기업인지, 또 산업의 리더는 어떤 기업인지, 그리고 사람들에게 선망의 대상이 되고 있는 기업으로는 어떤 기업들이 있는지를 확인해 보는 것도 좋은 방법이다.

해당 산업에 대한 평가 범위

조사를 진행해 나감에 따라, 어떤 산업이나 분야 혹은 어떤 기업체가 자신의 가치 체계나 선호도, 흥미, 목적에 적합한지를 평가하여야 한다. 또한 자신에게 적합하다고 판단되는 산업에서 요구하는 것은 무엇이며, 어떤 사항이 이슈화되어 있고, 도전해야 할 것들은 어떤 것들이 있는지를 파악하여, 해당 산업에서 확신을 가지고 출발할 수 있도록 준비해야 한다. 이 밖에 해당 산업에서 사용하는 용어를 파악하고, 어떤 직업이나 역할이 가장 빠른 성장을 보이고 있으며 수요가 몰리고 있는지 살펴보는 것도 대단히 중요한 일이다. 최종적으로는 당신이 관심을 가지고 있는 2~3개 정도의 산업체 리스트를 작성하고, 그 각각에 대해 다음과 같은 상세한 조사를 진행해야 할 것이다.

다음은 조사를 진행해 나가는 데 있어서 필요한 질문 사항이나 이슈를 나열한 것이다.

- 이 산업이 실제로 하는 일은 무엇인가? (무엇을 만들며, 무엇을 제공하는가?)

- 이 산업은 어떻게 고객들에게 부가 가치를 창출하는가?

- 이 산업에서 선발 기업은 어떤 기업인가? 또한 진취적이고 유망한 기업으로 어떤 기업이 있는가? 선발 기업과 진취적인 기업 간의 차이는 무엇인가?

- 한 기업이 여타 다른 기업보다 성과가 탁월한 경우 그 주요 원인은 무엇인가?

- 해당 산업의 성과나 크기의 관점에서 판단할 때 해당 산업은 현재 성장 추세인가, 혹은 퇴보하고 있는 사양 산업인가?

- 이 산업과 다른 산업 간에 비즈니스 모델의 차이가 있다면 어떤 것인가?

- 이 산업의 미래는 어떠할 것으로 보이는가?

- 해당 산업이 요구하는 근로자의 자질이나 경험은 어떤 것인가?

- 과거 수년간 해당 산업의 고용 추세는 어떠했는가? 과거 2년에서 5년 사이의 고용 추세는 어떠한가? 또 향후 고용 전망은 어떠해 보이는가?

- 해당 산업에 속해 있는 기업체에 알고 있는 사람이 있는가? 학교 동창생일 수도 있으며, 가족 중의 한 사람이거나 친구일 수도 있고, 존경하는 교수님이나 이전 상사와 친한 사람일 수도 있다. 혹은 당신의 요가 선생이나 담당의사의 남편일 수도 있을 것이다. 그렇다면 그 사람에게 가장 쉽게 접근할 수 있는 방

법은 무엇인가?

대상 기업에 대한 조사

당신에게 적합한 기업체를 조사할 때, 다음과 같은 질문에 답하는 것이 좀더 상세하게 해당 기업을 파악하는 데 도움이 될 것이다.

- 이 기업체를 경쟁업체와 비교할 때 어떠한가?
- 주요한 차이점은 무엇인가?
- 해당 기업의 기업 문화는 무엇인가? 해당 기업이 추구하는 가치와 종업원에 대한 생각 그리고 비전은 어떠한 것들이 있는가?
- 해당 기업의 리더는 누구인가―CEO, CFO, COO와 관계 그룹의 사장들은 각각 누구인가?
- 그들은 어떤 성향의 사람들인가? (기업의 웹사이트를 통해 그들의 약력과 인사말 등을 참조하라.)
- 해당 기업은 종업원에게 어떤 가치를 부여하고 있는가? 종업원의 발전 과정을 기록하여 내부 승진 자료로 활용하는가? 또 종업원들에게 다양한 근무 기회를 제공하며, 해외 근무를 할 기회가 있는가? 종업원들의 자질 향상을 위해 학습 기회를 제공하는 등의 지속적인 투자를 하고 있는가? 한 직종에서 수직적인 상승이 아닌 다른 직종으로의 수평적 이동이 자유로운가?
- 종업원 출신으로 경영층에 발탁된 사람은 얼마나 있는가? 해당 기업에 속해 있는 전문가들은 어떤 유형의 커리어 포트폴리오

를 가지고 있는가?

- 해당 기업의 혁신 수준은 어느 정도인가? 또한 종업원들의 고용 계약 만료 후 재계약 상황은 어떠한가? 장기 근무를 유도하기 위해 취하고 있는 제도나 방침으로는 어떠한 것들이 있는가?

- 신입 직원이나 경력 직원을 선발하고자 하는 계획으로는 어떠한 것이 있는가? 산업 채용 박람회 같은 곳에 참여할 계획은 가지고 있는가? 직원 선발에 있어서 최고 책임자는 누구인가? 당신이 취업하고 싶은 시기, 역할이나 위치, 근무 지역은 어디인가? 만일 가능하다면 취업 담당자 중 누구와 면접 인터뷰를 할 수 있는가?

- 해당 기업의 직원 채용 요강을 다시 한 번 꼼꼼히 살펴라. 웹사이트에서 정확하게 체크하고, 그 기업에 근무하고 있는 사람이나 그 기업에 대해 잘 알고 있는 사람들에게 해당 기업에 대한 평가를 요청하라.

직관으로 판단하라 아무리 철저하게 조사를 한다 하더라도 때로는 어떤 기업체에 대해 잘못된 정보를 얻게 될 수도 있다. 따라서 조사 과정 중에 자신의 직관력을 활용하여 해당 기업의 가치나 문화 또는 기업이 다루는 제품들에 관하여 잘못된 정보를 가려내야 할 필요가 있다. 당신이 그 기업체로 결정할 것이냐 말 것이냐를 선택해야 할 때, 해당 기업에 대해 다음 사항들을 생각해 보라.

- 해당 기업에 대한 정보를 어디에서 얻었는가?
- 이제 결정을 내려야 할 시점에 와 있는데, 그 기업에 대한 생각은 어떠한가?
- 당신의 경험적 입장에서 볼 때, 해당 기업에 대한 느낌은 긍정적인가 아니면 부정적인가?
- 경쟁업체에서는 해당 기업을 어떻게 평가하고 있는가?
- 당신이 염려하고 있는 부분이 있는가?

이러한 질문들은 대부분 음식에 간을 맞추는 것처럼 당신에게 필요한 것들이다. 경쟁업체들이 한결같이 그 기업에 대해 좋지 않게 평하고 있다면, 당신은 해당 기업에 입사하는 것을 매우 심각하게 고려해 보아야만 한다. 예를 들어, 극도의 곤란한 상황에 빠져 있을 때조차도 A 기업은 사회적 책임을 다하고 직원들에게 최대한의 배려를 해주는 기업이라는 소리를 듣고 있는 데 반하여, B 기업은 그러한 상황에 처하면 '트로이 목마'나 '초토화 전략'과 같은 비열한 방법을 사용하며, 경쟁에서 이기기 위해서는 수단과 방법을 가리지 않는 기업이라는 소리를 듣는다면 당신은 어떤 결정을 내려야 하겠는가?

겉으로 드러나지 않은 속사정을 읽어라 당신이 입사하고자 하는 기업의 사무실에 들러 주변을 둘러보라.

- 안에서 근무하는 사람들에게 열정이 느껴지는가?

- 혹시 그들의 모습에서, 조급하고 스트레스를 받아 의기소침해진 듯한 모습이 발견되지는 않는가?
- 다른 사람에게 전혀 무관심하지는 않은가?
- 당신이 만나서 인사를 했거나 이야기를 나눈 사람들의 사기는 어떠한가?
- 내부에서 일하고 있는 사람들이나 비서들이 당신을 어떤 모습으로 대하는가?
- 그곳에서 일하는 사람들이 당신에게 실수하지 않으려고 몹시 조심스러운 모습을 보이지는 않는가?
- 관리자가 여러 사람이 있는 앞에서 부하 직원을 크게 야단치지는 않는가?
- 사람들이 커피 자판기 부근에 모여서 큰 소리로 잡담을 나누고 있지는 않은가?
- 경영층, 특히 CEO가 주창하는 경영 원칙은 무엇인가?
- 혹시 그들의 말이 단지 공허하게 메아리치고 있지는 않은가?
- 그들의 언행이 일치하며 진실을 말하고 있는가?
- 당신은 그 회사의 CEO에 대해 들어본 적이 있는가?
- 혹시 그의 주변에 온통 예스맨들로 가득 차 있어 평소에는 그의 아이디어가 가치 있는 것이라고 외쳐대지만, 막상 어려운 상황에 봉착하면 보이지 않는 곳에서 욕하는 그런 분위기의 회사는 아닌가?
- 그 회사가 최근에 근로자의 25퍼센트 정도를 정리 해고하면서

도, 상위 경영층은 불필요한 해외 출장을 계속하거나 값비싼 과시물 같은 것으로 성공을 치장하지는 않는가?

당신이 직장을 조사하는 단계에서 어떤 기업에 집중하여야 할지를 결정하는 가장 좋은 방법은 당신이 조사한 내용과 당신의 내부에서 외치는 본능적인 소리를 동시에 활용하는 것이다.

/ 3단계: 커리어 집중 /

주어진 기회 중에서 자신에게 가장 적합한 것이 어떤 것인지를 평가하여 선택안을 골라내고 그것에 집중하라. 종사하고자 하는 산업, 역할 혹은 기능, 조직 형태, 근무 지역, 기업 문화 등 자신이 목표로 하는 것이 무엇인지를 결정하라.

당신이 선택 가능한 기업들에 대해 광범위한 조사를 마쳤다면, 이제는 결정을 내려야 할 단계이다. 당신에게 가장 적합한 기업이 어디인지를 결정하고 그 기업에 초점을 맞춰라. 이를 위해서는 자기 자신에 대한 지식, 자신이 중요하게 생각하는 것, 실현 가능 여부, 성장 가능성, 시기, 목적 등에 근거하여 선택안들 중에서 가장 적합한 것을 골라내야 한다. 어떤 산업에 속하는 어느 기업체의 어떤 역할이 당신에게 가장 적합한지 결정한 뒤 그 기업체에 입사하는 것을 목표로 삼아라.

이처럼 한 기업을 설정하여 초점을 집중하는 방법은 과학이라기보다는 오히려 예술에 가깝다. 비록 해당 기업이나 산업에 대한 객관적인 조사 그리고 그 기업이 자신에게 적합한지에 대한 과학적 기준에 입각한 평가 작업이 동반되기는 하지만, 상당 부분 자신의 본능의 소리에 의존하기 때문이다. 어떤 사람은 자신이 원하는 기업체를 결정하는 과정에서 자신의 기준에 부합하지 않는 기업들을 하나하나씩 삭제해 가는 방법으로 접근하기도 한다. 예를 들면, 당신이 교육산업에 종사하다가 엔터테인먼트 산업 쪽으로 경력을 전환하고자 한다. 그러나 조사한 자료에 의하면 현재 살고 있는 지역에서 매우 먼 곳으로 이동을 해야 하거나, 아니면 밑바닥 일부터 시작해야 하는 것으로 조사되었다. 이는 당신의 커리어 관리에 있어서 결코 적합하지 않은 결과이다. 어찌 되었건 중요한 것은 조사한 것을 대상으로 결정을 내리고 결정한 목표에 집중하여야 한다는 것이다.

이상적으로는 1~3개의 산업을 결정하고 각각의 산업에 속하는 기업체를 적게는 5개에서 많게는 25개 정도를 선별하는 것이 좋다. 당신이 목표로 하는 기업체의 리스트는 직장을 조사하는 과정에서 추가하거나 삭제할 수 있도록 유연성을 갖는 것이 바람직하다.

당신의 리스트를 항상 가까이 두고 필요시 찾아볼 수 있도록 하고, 그 리스트에 나와 있는 기업체들에 우선순위를 부여하라. 산업체나 기업에 대해 그 취업 가능성의 높고 낮음이나 당신이 바라는 정도에 따라 A, B, C 등으로 구분하도록 하라.

/ 4단계: 고용 시장에서의 마케팅 계획 /

커리어 관리 사이클의 4번째 단계는 자신을 마케팅할 수 있는 행동 계획을 수립하는 것이다. 이에는 자신의 이력서에 최신 경력을 추가하여 업데이트하는 것을 포함하여, 이력서 제출 후 가동할 수 있는 네트워크를 총동원하여 취업에 유리한 상황을 만들어 가는 것을 말한다. 이 원칙은 자신에게 적합한 직업이나 커리어 변화를 적극적으로 추진하는 사람들에게 큰 도움을 줄 수 있을 것이다. 하지만 은퇴를 계획하는 사람이나 라이프스타일을 변화시키려는 사람에게도 또한 유용하다.

자신을 마케팅하는 5Ps 원칙

커리어 관리 사이클의 4단계와 5단계에서는 고전적 마케팅 모델인 5Ps 모델을 사용한다(그림 9-2 참조). 5Ps는 다음과 같다.

- 제품(Product)
- 유통(Place, distribution)
- 판촉 활동(Promotion)
- 포지셔닝(Positioning)
- 가격(Price)

그림 9-2. 마케팅 5Ps와 자신의 브랜드화

제품(Product)
· 당신이 제공할 수 있는 능력이나 재능은 어떤 것이 있는가?
· 당신이 받는 혜택은 무엇이며, 당신이 기여할 수 있는 것은 무엇인가?

가격(Price)
· 고용 시장에서 당신의 가치는
  어느 정도인가?
· 책정된 급여 이상의
  가치를 가지고 있는가?
· 당신이 희생해야 할 것은
  무엇인가?

유통(Place/distribution)
· 자신을 시장에 어떠한 방법으로
  내놓을 생각인가?
· 다채널을 이용하라.
· 뉴-에이지 네트워킹을 구축하라.
· 아직 일반인에게 공개되지 않은
  직장을 발견하라.

포지셔닝(Positioning)
· 당신이 가지고 있는 다른 사람과의 차
  이점은 무엇인가?
· 경쟁자와 비교하여 당신을 돋보이게 할
  포지셔닝 전략은 무엇인가?

판촉 활동(Promotion)
· 당신은 자신의 능력을 어떻게 극대화시
  키고 있는가?
· 당신의 강점을 일방적인 PR 방식이 아
  닌 커뮤니케이션 방식으로 알리라.
· 당신을 잘 아는 사람들로 하여금 당신
  에 대한 이야기를 전할 수 있도록 하라.

*출처: '2001년 직업 여성을 위한 캘리포니아 회의'(Professional Business Women of California Conference 2001)에서 「일생 동안 자신의 커리어를 관리하라(Managing Your Career for a Lifetime)」라는 제목으로 강연한 다구치의 연설문과 1984년 캘리포니아 대학에서 「5Ps로 자신을 마케팅하라(Marketing Yourself with the 5Ps)」라는 제목의 강연에서 발췌.

제품(Product)은 바로 당신이다. 당신이 바로 브랜드 혹은 비즈니스 상품인 것이다. 자신의 직업 탐색 과정을 제품을 판매하는 것으로 생각하라. 당신 자신이 상품 자체인 것이다. 여기에서 가격(Price)이란 고객, 즉 당신의 고용주가 될 사람이 당신이 제공할 수 있는 일련의 기술, 능력, 지식, 경험에 대해 기꺼이 지불하려고 하는 금액이다. 한편, 판촉 활동(Promotion)은 진부한 자기 PR이 아니라, 좀더 세

련되고 수준 높은 셀프 마케팅을 말한다. 유통(Place)은 당신이 가지고 있는 서비스나 제품을 당신의 고객에게 어떻게 전달할 것이며 어떤 채널을 통하여 드러나 보이게 할 것인가 하는 문제이다. 우리는 다채널 전략을 채택하기를 권한다. 다채널 전략에 대해서는 나중에 다시 자세하게 언급할 것이다. 포지셔닝(Positioning)은 당신이 원하는 직장이나 커리어에서 경쟁자인 다른 사람들과 당신을 어떻게 차별화할 것인가에 대한 전략을 말한다. 포지셔닝은 이 밖에 마케팅을 계획하고 진행하는 일환으로 '자신의 상품가치 상승을 위한 방법'을 개발하는 것도 의미한다.

/ P1: 제품(Product) /

만일 당신이 자신의 사업체를 가지고 제품을 생산한다면, 제품의 특색은 무엇이며 그 제품을 통해 제공할 수 있는 혜택은 무엇인가를 설명할 수 있을 것이다. 이와 마찬가지로, 입사하고 싶은 직장에 당신이 제공할 수 있는 것이 무엇인가를 제시할 수 있어야 한다. 당신이 어떤 기술, 능력, 지식, 인간성 등을 지니고 있으며 이를 통해 기업이나 조직체에서 어떤 역할을 담당해 낼 수 있을지를 설명해 주어야 한다. 당신의 고객(당신의 재능을 사고자 하는 기업)이 필요로 하고 원하는 것은 무엇인가?

당신이 가지고 있으며 제공할 수 있는 것이 무엇인지를 상대에게 알려 주는 가장 강력하면서 널리 사용되고 있는 수단은 바로 이력서

다. 물론 해당 직업을 얻는 것은 이력서가 아닌 바로 당신 자신이지만, 이력서가 자신을 알리는 매우 중요한 수단인 것만은 틀림없다. 또한 이력서는 직장을 구하는 사람이라면 누구나 제출해야 하는 요식 행위이기도 하다. 이력서를 보고 사람들은 당신을 면접에 부를 것인가 말 것인가를 결정한다.

효과적인 이력서

이력서 작성은 당신의 셀프-마케팅(Self-Marketing)에 있어서 매우 중요한 부분이다. 이력서는 한마디로 당신의 목적, 경쟁력, 자격 여부, 그동안의 성과, 향후 기여 가능성 등을 종합적으로 기록한 전략적 커뮤니케이션 수단이다. 또한 이력서는 당신의 교육 상황, 경력 및 개인적 성장 배경 등을 기록하고 있기 때문에, 당신이 조직이 원하는 적합한 사람인지를 한순간에 판별할 수 있는 집약된 스케치와도 같다. 따라서 당신은 이력서를 작성함에 있어서 솔직하게 그리고 논리적으로 작성하되, 쉽게 이해할 수 있고 상대의 흥미를 자극할 수 있도록 작성할 필요가 있다. 이를 위해서는 일반적인 이력서의 형식을 갖추되, 당신만의 독창적인 방법을 사용하여 목표로 하는 직장에서 당신의 이력서에 흥미를 느껴 면접을 허락할 수 있도록 하여야 한다.

특히 기존에 근무하던 산업 분야가 아닌 다른 산업 분야에서 직장을 구하는 경우, 당신의 이력서는 극히 중요하기 때문에 그 내용이 다른 경쟁자와 확연히 구분될 수 있도록 작성해야 한다. 대부분의 기업체 채용 담당자들은 수많은 이력서를 취급하기 때문에 한 사람의 이력서를 판단하는 데 그렇게 많은 시간을 할애하지 않는다. 보통 한 사람의 이력서를 살펴보는 데 2초에서 2분 정도의 시간을 소요한다.

온라인으로 이력서를 제출하는 경우, 이력서 작성 요령에 대한 책들이 많이 나와 있다. 하지만 대부분의 기업들이 개개인들의 이력서를 온라인 화면상으로 하나하나 살펴보기보다는, 일종의 데이터베이스를 구축하고는 자신들이 원하는 기준을 설정하여 해당 기준에 적합한 사람의 이력서만을 추출해 내는 방법을 사용하고 있다. 따라서 온라인상으로 이력서를 제출해야 하는 경우, 이력서상에 해당 직장이 원하는 직종이나 자격에 관한 단어들을 최대한 많이 사용하는 것이 유리하다. 또한 자신의 이력서를 채용 담당자가 출력하여 살펴보게 되었을 때 이해되지 않는 모호한 부분이 없도록 최대한 노력해야 한다.

이력서의 형태 이력서에는 일반적으로 다음과 같은 세 가지 형태가 있다.

- **연대기 역순의 이력서:** 교육 과정과 경력(전직 회사의 이름, 직책 등)이 최근 것이 가장 먼저 나오고 오래 된 것이 나중에 나오는 식으로 기재한다. '특이 사항'이라는 항목을 설정하여 자신의 특별한 점을 소개하기도 한다. 이 특이 사항 란에는 자원 봉사 활동이나, 커뮤니티 활동 상황 혹은 개인적인 관심 분야나 취

미 등에 관해 기재한다. 하이테크 산업이나 분야인 경우에는 별도로 '기술/컴퓨터 능력' 분야를 설정하여 자신이 사용 가능한 컴퓨터 언어가 무엇인지(예를 들어 HTML 등), 자격증과 연수 상황, 전문적으로 갖추고 있는 자질 등에 관해 첨가할 수 있다. 많은 직업 관련 사이트들이 이와 같은 형식의 이력서 작성 요령을 자세히 소개하고 있다.

- **연대기 순의 경력 중심 이력서:** 이러한 이력서는 자신의 커리어를 크게 변화시키려고 의도하는 사람들에게 적합한 형태의 이력서이다. 이 형식의 이력서는 연대순으로 자신이 주로 어떤 기술을 사용하여 일해 왔는지를 중점적으로 설명한다. 과거 자신이 주로 사용했던 3~5개 정도의 기술이나 기능을 중심으로 어느 분야 혹은 어떤 직장에서 일해 왔는지 나열하면 된다. 각각의 직장이나 분야에서는 어떤 역할을 맡았으며, 어떤 성과를 이루었고 그곳에서 일했던 기간은 총 얼마인지 등을 설명하는 형식이다. 직책을 명기할 때는 직원 고충 처리 업무, 고객 관련 서비스 업무, 비즈니스 기획 업무, 프로젝트 관리 업무, 협상 및 분쟁 해결 업무, 커뮤니케이션 및 프레젠테이션 관련 업무, 직원 선발 및 교육 업무, 재무 상황 분석 업무, 혁신 및 새로운 비즈니스 관련 업무 등으로 표기하면 될 것이다.
- **경력 중심 이력서:** 이 이력서는 앞의 연대기 순의 경력 중심 이력서와 흡사하지만, 자신의 경력이나 교육 관련 사항을 연대기 순으로 기재하는 것이 아니라 지원하고자 하는 직장에 가장 적

합하거나 중요하게 생각되는 것들 중심으로 기재하는 점이 다르다. 이런 형태의 이력서는 보는 사람에게 약간의 혼란스러움을 줄 수도 있다. 그러나 당신이 매우 다양한 근무 경력을 가지고 있는 경우, 해당 업체에서 원하는 경력이나 성과를 부각시켜 보여 줄 수 있다는 장점을 가지고 있다.

경력 부문 작성 요령 당신의 이력서에서 경력 부문은 가장 중요한 부분이다. 경력 부문을 작성할 때는 당신이 과거에 거쳐 왔던 직책이나 직무를 나열하기보다는 당신이 달성하거나 이루어 낸 성과를 중점적으로 기재하는 것이 좋다. 각각의 상황에 대해 매우 생동감 있게 작성하고, 당신이 이루어 낸 성과나 결과가 해당 조직체에 어느 정도 기여를 하였는지 구체적으로 밝히는 것이 바람직하다. 자신이 이룬 성과나 업적을 구체적으로 상세하게 써라. 다음의 사항들에 입각하여 작성한다면 매우 효과적일 것이다.

- 자신이 이뤄 낸 성과가 조직이나 동료 혹은 고객이나 주주들에게 어떻게, 얼마나 기여했는지에 대한 설명
- 열악한 여건이나 부족한 예산을 가지고 이루어 낸 성과가 있는 경우, 혹은 마감 기한 전에 이룰 수 있었던 성과가 있는 경우 이에 대한 자세한 설명
- 다른 사람들에 비해 좀더 쉽게, 간단하게, 더 우수하게, 더 빠르게 할 수 있었던 일이 있는 경우 그 구체적 사례

- 해당 조직에서 최초로 이루어 낸 성과나, 혹은 주어진 여건에서 다른 사람과 비교하여 탁월한 성과를 이루어 낸 경우 그 자세한 내용
- 자신 스스로 혹은 동료들이 자랑스럽게 생각하고 있는 업적이 있는 경우 이에 대한 기술(당신을 다른 사람과 차별화시킬 것이다.)

성취 사실—PAR 자신이 과거에 이룩한 탁월한 성과나 성취 사실은 다음과 같이 세 부분으로 구성될 수 있도록 한다.

1. 문제(Problem)—당신이 직면했던 도전이나 해결했던 문제가 어떠한 것이었는지, 그리고 주요 과제는 무엇이었는지를 써라.
2. 행동(Action)—당신이 이룩한 성과가 무엇이며, 그 성과를 이루기 위해 구체적으로 어떤 행동을 취했는지를 써라.
3. 결과(Result)—당신의 성과로 인해 조직에서 얻게 된 혜택이나 결과는 무엇인가? 그 결과를 가능한 한 산술적으로 환산하여 그 수치를 제시하는 것이 바람직하다.

자신의 성과를 산술적으로 환산하여 나타낼 때 주로 사용할 수 있는 용어들은 다음과 같다. '질적 수준 향상과 소요 시간 단축, 수익 증가, 경비 감소, 기업의 성장, 직원들의 사기 진작, 생산성 증가, 이직률 감소, 새로운 프로그램 설계, 더 진보된 새로운 프로세스 창출, 실패율, 불량률의 감소로 시간외 근무 등 초과 근무 시간 단축.'

성과를 산술적으로 수치화하기 가능한 한 자신의 성과를 산술적으로 수치화하는 것이 좋다. 숫자를 사용하기 어려운 부분은 그 영향이나 결과에 대한 특정한 상황을 구체화시키는 것이 좋다. 이와 같이 구체화된 숫자나 상황은 당신의 성과가 어느 정도인지 상대로 하여금 쉽게 이해할 수 있게 해준다. 자신의 성과를 구체화한 예는 다음과 같다.

- 운영 관리 소프트웨어를 새롭게 디자인하여 2천만 회 이상 테스트하였으며, 그 결과 「포춘」 선정 100대 기업들이 연간 1억 달러 이상을 절약할 수 있는 효과를 가져왔다.
- IBM 워크스테이션을 사용하는 내부 직원 및 외부 고객들을 위한 교육 과정을 만들어 운영했다. 이로 인해 종래 고객 문의나 서비스에 소요되던 시간을 62퍼센트 절감할 수 있었다.
- 4인으로 구성된 팀을 조직하여 대형 항공사를 대상으로 노동 인력을 효과적으로 활용하는 프로세스를 구축하였으며, 그 결과 주고객 항공사들의 인건비가 10퍼센트 정도 절감되었다.
- 콜라 시장에서 시장 점유율이 하락하는 주원인에 대해 분석했다. 또한 더 이상 추가적으로 시장 점유율이 하락하지 않도록 판촉 전략을 도입했다. 그 결과, 1년 후 시장 점유율이 6퍼센트 이상 상승했다.
- 신입 직원들에게 한 단계 진보된 고객 서비스와 업무 처리 과정을 교육하였으며, 이로 인하여 고객들의 불만이 30퍼센트 이상 감소했다.

더 구체적인 산술화의 예는 다음과 같다.

- 투자 은행에서 3년 동안 투자 금융 분석가로 근무했다. 해당 근무 기간 동안 항상 상위 5퍼센트 이내의 실적을 줄곧 유지하여 왔다.
- 서리나 기온 급감 등으로 인해 항상 50퍼센트 정도의 손실을 입어왔던 지역에 새로운 방법과 전략을 성공적으로 도입하여 예상 수확량의 95퍼센트 이상을 수확할 수 있었다.
- 전투에서 가장 피해가 적었던 진지에 속해 있는 34명의 병사들을 최상의 정예팀으로 변화시켰다. 이와 같은 과정에서, 해당 팀의 위기 대응 시간을 10분에서 2분 이하로 줄였으며, 검열에서 완벽한 점수를 받을 수 있었다.
- 25년 역사를 자랑하는 연극단에서 최연소 안무가로 근무했다. 배우들과 청중들이 공연이 끝난 후 한 자리에 어울리는 새로운 혁신적인 방법을 기획하기도 하였고, 새로운 시즌을 위한 기금 모음 캠페인에서 중요한 역할을 보조하기도 했다.
- 뉴욕 소방서 교육센터를 수석으로 졸업했다. 언론사 대변인으로 근무하기 위해 미디어 교육을 받았다.

이력서와 관련된 일반적인 문제들

이력서와 관련된 일반적인 문제와 이를 처리하는 방법들은 부록에 자세히 언급되어 있다. 부록에 구체적으로 제시되어 있는 것들은 다음과 같은 사항들이다.

- 언제 기능적 이력서를 사용해야 하는가?
- 커리어를 변경할 경우 어떤 이력서를 사용하는 것이 가장 좋은가?
- 취업 기간과 취업 기간 사이의 공백 기간을 어떻게 처리할 것인가?
- 학위가 없거나 잘 알려지지 않은 학교를 졸업한 경우 어떻게 할 것인가?
- 전 직장이 잘 알려지지 않은 회사인 경우 이를 어떻게 다룰 것인가?
- 전직에서 공식적인 직책이나 책임을 갖지 못했던 경우 이를 어떻게 처리할 것인가?

효과적인 커버 레터(Cover Letters) 사용법

이력서를 제출할 때 통상 여러 서류를 같이 첨부하여 제출하는 것이 일반적이다. 이때 좀더 효율적인 이력서가 되기 위해서는 이력서의 내용을 간략하게 정리하여 상대의 호기심을 자아낼 수 있도록 커버 레터를 작성하는 것이 좋다. 커버 레터에는 전직에서 어떤 경험을 쌓았으며, 지금 이 직장에 관심을 갖게 된 이유가 무엇인지, 그리고 다음 단계로는 무엇을 희망하고 있는지를 간략하게 언급하고 있어야 한다. 커버 레터의 내용은 장황하게 쓰기보다는 요점만 정리하는 것이 좋다. 다음은 우리가 수년 동안 상담했던 사람들에게 가르쳐 왔던 커버 레터의 중요한 포인트들이다.

- 커버 레터를 보낼 때는 각각의 레터가 독특한 내용이 되도록 하라. 일반적으로 커버 레터를 받는 사람들은 의사결정자들이거나 채용 담당 혹은 인력 관리와 관련된 중요한 역할을 담당하는 사람인 경우가 많다. 또한 당신이 취업하고자 하는 직장에서 근무하는 사람일 수도 있다. (그들에게 당신의 이력서와 커버 레터를 누구에게 보내는 것이 가장 적합한지를 물어볼 수도 있을 것이다.)
- 커버 레터는 최대한 간략하게 작성하라. 페이지는 3/4 정도만 채우되, 최대 1.5 페이지가 넘지 않도록 하라.
- 간략하고 정확하게 표현하되 정중한 표현을 사용하도록 하라. 하지만 너무 공식적이거나 너무 자유로운 형식이 되지 않도록 적절한 밸런스를 유지하라. 커버 레터는 마치 당신이 상대와 대화를 하는 듯 자연스럽게 내용을 작성하는 것이 좋다.
- 해당 기업의 욕구와 스타일에 집중하라. 사전에 조사를 통하여 해당 기업이 무엇을 원하며, 기업 문화는 어떠한지를 명확히 파악하도록 노력하라. 그리고 이러한 조직의 욕구를 충족시켜 줄 수 있는 방향으로, 또는 기업 문화와 일치하는 방향으로 커버 레터를 작성하라.
- 이력서에 있는 내용을 반복하여 쓰는 일이 없도록 해야 한다.

커리어 관리를 위한 행동을 개시하라

이는 불필요한 시간 낭비가 될 수 있다. 당신의 커버 레터에 몇 마디 눈길을 끄는 표현을 사용함으로써 그 편지를 읽는 사람으로 하여금 당신의 이력서의 내용이 궁금해지도록 만들어라.

- 무례하거나 건방진 표현을 삼가며, 상대의 이름을 예의 없이 함부로 부르지 말아야 한다. 또한 비공식적일지라도 확정적인 단언 같은 것은 피하는 것이 좋다.

- 과도한 수식어는 사용하지 않도록 하라. 당신이 말하고자 하는 것을 가장 적은 수의 단어를 사용하여 최대한 간결하게 표현하라. 무의미한 단어를 피하라.

- 모호한 표현을 삼가고, 자화자찬식의 진부한 표현도 피하는 것이 좋다. 예를 들면, 다음과 같은 표현은 진부한 표현이다. "저는 스스로의 힘으로 시작하였습니다.", "저처럼 열정적이고 직책에 적합한 사람을 찾아보기는 어려울 것입니다.", "저에게 기회를 주시면 결코 후회하지 않으실 것입니다.", "저는 당신이 직면하고 있는 어려움을 해결하는 데 도움을 드릴 수 있습니다." 등등.

- 자신의 열정과 관심을 분명하게 나타내라.

- 이력서에 사용한 종이와 잘 어울리는 용지를 사용하여 커버 레터를 작성하라. 회색 기미가 도는 흰색이나 크림색 종이가 일반적으로 가장 많이 사용된다. 종이 표면에 약간의 섬유질이 느껴지는 고급 지질이면 더욱 좋다.

- 자신이 쓴 커버 레터와 이력서를 읽고 또 읽어보라. 철자나 문

법적으로 틀린 것이 없는지, 또한 말이 잘 안 되거나 과장된 표현 같은 것은 없는지 다른 사람에게 확인을 요청하라.

커버 레터는 통상 다음 4부분으로 구성된다.

소개 이 글을 쓴 사람이 누구이며 왜 이 글을 쓰게 되었는가를 밝히는 부분이다. 만일 소개받은 사람이 있다면 누구로부터 소개받았다는 사실을 분명하게 언급하라. 어떤 특정 직책이나 일에 대해 관심이 있으며, 면접을 하고 싶다는 내용을 밝히고 이를 요청하라.

관심 사항 당신이 해당 기업과 그 기업이 속해 있는 산업의 어떤 부분에 관심을 가지고 있는지 간략하게 밝혀라.

필수적인 설명 당신이 제공할 수 있는 것이 무엇인지를 언급하라. 그 조직에서 필요로 할 것으로 생각되는 경험이나 기술에 관해 요점만 간략하게 기술하라.

마무리 당신에게 연락을 하려면 언제 어떻게 해야 하는지에 대해 분명하게 명시하라.

커버 레터의 이 부분에 대한 구체적인 사항은 부록에 자세하게 나와 있다.

다음 단계로의 이행

계획 그 자체만으로 결과를 얻을 수 있는 것은 세상에 존재하지 않는다. 여기에서는 언제, 어떻게 자신의 계획을 다음 단계로 이행할 것인지에 대해 설명하고 있다.

입사 면접을 위한 인터뷰 요청

저는 다음과 같은 방법(어떤 사람이 알려 주었거나 혹은 구인 광고를 보는 등)으로 귀사에서 'a, b, c'에 적합한 사람을 구하고 있다는 사실을 알게 되었습니다. 저는 _____ 산업에서 ____년간 일한 경력이 있으며 x, y ,z 부분에 있어서 매우 강점을 가지고 있습니다. 게다가 저는 무엇이나 빨리 습득하는 능력을 갖추고 있으며, 매사에 적극적이고 고객들과도 대단히 좋은 관계를 유지해 왔습니다. (해당 기업이나 산업과 연관된 특정한 자질을 가지고 있는 경우 간단히 언급하는 것도 좋다.) 저는 귀사에서 직원을 구한다는 소식을 접하고는 무척 기뻤습니다. 제가 귀사에 얼마나 많은 기여를 할 수 있는지에 대해 좀더 자세히 말씀드릴 수 있는 기회를 갖기를 원합니다. 다음 주에 면접 인터뷰를 할 수 있을지 전화로 문의 드리겠습니다.

정보를 구하기 위한 인터뷰 요청

a. 구글(Google) 사에서 당신과 같이 근무하고 있는 더그 애플렉(Doug Affleck) 씨의 소개로 당신의 조언과 탁월한 통찰력을 구하고자 합니다. 저는 지금 기술적으로 답보 상태를 보이고 있는 과거의 커리어에서 탈피하여 새로운 직장으로 자리를 옮기려고 합니다. 특별히 귀사에 관심이 많으며, 소매 산업 쪽으로의 진출도 고려하고 있습니다. 제가 듣기로는 당신도 저와 비슷한 경험을 가지고 있었으나

성공적으로 변화를 이루어 내신 분으로 알고 있습니다. 몇 가지 여쭈어 보고 싶은 사항이 있습니다. 15분 정도만 시간을 할애해 주신다면 감사하겠습니다. 다음 주 이후에 언제 시간이 허락되실지 전화 드리겠습니다. 자주 출장 여행을 다니시는 것으로 알고 있습니다. 그러므로 가장 편한 시간을 말씀해 주시면 그 시간에 제가 맞추도록 하겠습니다.

b. 저의 절친한 친구인 매디슨 멀리건(Madison Mulligan)의 소개로 당신께 이 글을 띄웁니다. 그녀의 말에 의하면 최근에 B 학교 동창회에서 당신을 만났다고 하며, 당신이 다큐멘터리 제작에 있어 매우 탁월하신 분이라고 말해 주었습니다. 수년 동안 컨설팅 업무를 해왔던 저는 이번에 당신이 하고 계시는 것과 같은 다큐멘터리 제작 쪽으로 직업을 바꾸어 볼 의향을 가지고 있습니다. 매디슨의 말에 의하면 당신과 이야기를 나눌 수만 있다면 저에게 필요한 많은 조언과 아이디어를 얻을 수 있을 것이라고 합니다. 차 한 잔 할 시간을 내주시면 정말 감사하겠습니다. 만일 스케줄상 도저히 시간이 나지 않으신다면, 제가 이메일로 몇 가지 질문을 드리면 어떻겠습니까? 형편이 어떠하실지 전화 드리겠습니다. 감사합니다.

/ **P2: 유통**(Place, distribution) /

마케팅 5Ps에서 '유통'(place)은 자신을 고용 시장에 어떤 채널을 통하여 내놓을 것인가를 의미한다. 당신이 어떤 능력이나 기술을 가지고 있으며, 그 회사에 얼마나 기여할 수 있는 사람인지를 어떤 방식으로 알릴 것인가? 당신은 구인 광고를 보고 해당 기업에 자신을 소개할 수도 있을 것이며, 목표로 하는 기업체의 웹사이트에 지원서를 제출할 수도 있을 것이다. 또 친구나 동료 혹은 고객을 통해 해당 업체에 지원서를 제출할 수도 있을 것이다. 또는 해당 회사의 인력 관리부서에 직접 찾아가, 직원 모집 담당 책임자나 인력 관리 부서장을 만나려는 시도도 할 수 있을 것이다. 만일 당신이 아직 학생이라면, 동창회나 동창회의 네트워크를 활용하는 방법도 시도해 볼 수 있다.

많은 사람들이 해당 기업체에서 면접 인터뷰를 결정하는 사람이 누구인지를 알아 낸 뒤, 그와 연결을 시도하고자 자신들의 인맥이나 네트워크를 총동원하고 있다. 수년 동안 이러한 방법의 네트워킹─다른 사람을 통하고 그들과의 접촉에 의존하는─이 매우 효과적인 방법임이 입증되었다. 고용 시장에 자신을 유통시키는 데 있어서는 여러 가지 루트를 사용하는 다채널 방식이 가장 좋은 방법이다. 단순히 구인 광고를 활용하거나, 또는 채용 담당자를 만나거나 그 밖에 서너 가지 방식의 전통적인 채널을 이용하는 방식을 뛰어넘어, 당신 자신을 더욱 효과적으로 알리기 위해 네트워킹과 정보를 구하기 위한 인터뷰 요청 방법을 병행하여 시도하라. 여기에서는 네트워킹에 대해서만 집중적으로 설명하고자 한다. 그리고 정보를 구하기 위한 인터뷰 요청은 나중에 좀더 자세하게 언급하도록 하겠다.

뉴-에이지 네트워킹(New-Age Networking)

원칙 5에서 네트워킹에 대해 자세히 설명한 바 있다. 거기에서 특별히 다른 사람들과 관계의 폭을 넓히고 다양화하라고 강조했다. 이 장에서는 경쟁이 매우 치열한 현재의 고용 환경에서 특수한 네트워킹인 뉴-에이지 네트워킹이 무엇이며, 이를 어떻게 활용하여 직업을 구하거나 커리어를 변화시키는 데 활용할 것인가를 소개하고자 한다. 대부분의 사람들이 네트워킹에 대해 거부감을 가지고 있으며, 다소 시대에 뒤떨어진 개념으로 생각하는 경향이 있다. 하지만 네트워킹은 자신의 목적을 위해 사람들을 활용하는 개념으로 이해해야 한다. 누군가와 관계를 형성하고 그 사람을 통하여 끊임없이 당신이 원하는 어떤 것을 얻을 수 있게 도와 달라고 요청하는 것이 한편으로는 이기적으로 들릴 수도 있다.

그러므로 뉴-에이지 네트워킹은 자신도 상대에게 도움을 주며, 상대로부터 도움을 받는 상호 의존적인 관계를 형성해 나가는 것으로 그 대상을 다양화하고 상대와의 관계를 긴밀하게 유지시켜 나가는 것에 초점을 맞추고 있다. 이 개념은 자신의 삶에 있어서 사람들을 더욱 중요하게 생각하는 개념이며, 자신의 커리어를 통해 만족과 의미와 목적을 갖기 위해 자신에게 도움을 주는 다른 사람들을 호혜 평등의 입장에서 적극적으로 돕는 과정을 의미한다. 당신은 독특하면서도 역동적인 인간관계 '데이터베이스'를 구축하고자 다양한 인간관계와 여러 가지 채널을 활용하기를 원할 것이다. 뉴-에이지 네트워킹은 친구들을 통해 폭을 넓혀 나가는 것뿐만 아니라 일생을 통해 만나는 사람들과 새로운 관계를 구축해 나가는 것까지도 포함하고 있다.

숨겨진 직장 찾기 좋은 직장은 공개적으로 모집되지 않는다는 것은 틀림없는 사실이다. 그러한 직업이나 직장은 일반 신문이나 웹사이트 등에 잘 게재되지 않는다. 따라서 대부분의 사람들이 이와 같은 좋은 직장을 발견할 기회는 거의 없다. 해당 기업체에 근무하는 사람의 우연한 소개로 기가 막히게 좋은 자리를 구할 수 있었다고 자랑하는 사람의 이야기를 들어본 적이 있을 것이다. 또한 전직 동료의 소개로 훌륭한 일자리를 구할 수 있었던 사람을 알고 있을지도 모른다.

자신의 대인 관계의 폭을 넓혀 나가라. 한편, 인간관계를 구축하는 데는 시간이 소요됨을 명심하여야 한다. 종종 당신의 요청에 대한 상대의 반응이 인간관계의 깊이나 관계를 맺었던 기간에 따라 달라짐을 느낄 것이다. 하지만 대부분의 사람들은 근본적으로 상대에게 도움을 주기를 원한다. 심지어 그들이 당신을 잘 알지 못하거나 당신을 소개한 사람과 그다지 친하지 않더라도, 그들은 당신에게 기꺼이 도움을 주기를 원하며, 그러한 도움을 통해 행복함을 느낀다. 그들은 당신에게 도움이 될 수 있는 사람을 추천해 주기도 하고, 정보를 제공해 주기 위해 시간을 내어 당신을 만나주거나 혹은 산업체나 해당 기업에 대해 잘 알 수 있는 방법을 소개해 주기도 한다. 자신이 현재 직장을 구하고 커리어 변화를 추구해 나가야 하는 입장에 처해 있지 않더라도 인간관계는 잘 구축해 놓아야 하며, 정상적으로 가동될 수 있도록 신경을 써야 한다. 사람과의 관계를 형성해 나가는 일을 인생 경험에서 가장 중요하게 생각하는 동시에, 그 관계를 즉각적으로 활용할 수 있도록 노력하라. 이것이야말로 커리어 관리에 있어서 활용할 수 있는 무한한 자원이기 때문이다.

진지함과 상호성 당신이 좋은 친구 관계를 유지하고 있는데 아직 한 번도 그들에게 도움을 요청한 적이 없다면, 필요시 그들에게 도움을 요청해 보라. 당신은 의외로 그들이 당신의 요청에 쉽게 응하는 것을 발견하게 될 것이다. 이러한 관계의 기본은 진지함과 상호성의 원칙에 있다. 당신이 직장을 구하거나 직업을 변경하고자 할 때, 도움이 필요하다면 그들에게 말하라. 그들로 하여금 당신이 지금 무엇을 고민 중이며, 그들이 어떠한 방법으로 당신을 도울 수 있는지를 알게 하라. 도움이 필요하다는 사실을 밝히는 것에 대해 부끄러움을 가질 필요는 없다. 그 사람들의 입장에서는 자신이 다니고 있는 조직에서 직원을 뽑을 계획이 있다는 사실을 알려 주거나, 자신의 상사나 해당 부서의 책임자에게 당신을 소개하는 일이 너무나 간단한 일일 수도 있다. 또한 그들에게 당신의 이력서를 건네주고는 당신의 경력에 관심이 있을 만한 사람에게 전달해 달라고 부탁할 수도 있다. 좀더 적극적인 방법으로 그들 조직의 인력 담당 책임자를 소개받아 정보 수집 차원의 인터뷰를 요청하거나, 당신의 직장 탐색 전략이나 계획에 적극적으로 활용하는 방법도 있다. 이때 주의할 것은 동일한 사람에게 반복하여 도움을 청하지 않도록 하여야 한다.

적극적이며 활동적이지만 분별을 잃지 않는 방식으로 당신의 레이더망을 가동시켜라. 또한 당신이 받은 도움에 대해서는 진정으로 감사를 표하라. 당신이 반드시 기억해야 할 것은 평소에 당신이 다른 사람을 도울 수 있는 위치나 입장에 있을 때, 최대한 그들에게 도움을 제공하라는 것이다.

/ 5단계: 실행과 피드백 /

당신이 지금까지 네 가지 단계를 충실히 이행하였다면, 이제 마지막 5단계에서는 집중적으로 당신의 계획을 실행시키고 전기를 마련해야 한다. 이 과정에서 당신이 해야 할 일은 면접에서 무슨 질문이 나올지를 예상하여 이에 대한 답을 준비하고, 면접 시 회사 측과 급여 수준을 협상하며 기타 회사에서 제공하는 부대조건들을 나름대로 평가하여 최종 입사 여부를 결정하는 일이다.

커리어 관리 사이클에서 제5단계는 자신의 행동 계획을 실행하고, 그것이 이루어지는가를 지켜보는 과정이 포함된다. 당신이 작성한 이력서와 커버 레터를 원하는 기업체에 발송하라. 정보 취득을 위해 필요한 사람과 접촉하여 필요로 하는 정보를 얻도록 하라. 당신이 직장을 구하기 위해 이용하였던 채널과 당신이 보낸 지원서가 현재 어떻게 되어가고 있는지를 가동할 수 있는 인적 네트워킹을 총동원하여 알아보라. 셀프-마케팅에 다채널 접근 방식을 활용하라.

또 자신을 세일즈하는 전화도 하라. 이 방법이 의외로 효과적인 경우도 있다.

콜드 콜(Cold Call) 및 브랜칭(Branching)

때때로 당신이 어떤 산업체나 기업에 대해 조사를 할 경우, 아무리 인간관계를 활용하고 교제범위를 넓힌다 할지라도 당신의 범위가 못 미치는 산업이나 조직이 있을 수 있다. 이럴 때는 당신이 잘 알지 못하는 사람에게 전화를 하여 당신이 원하는 것을 해주도록 설득하는 '콜드 콜'(세일즈 전화처럼 상대의 의사와 상관없이 하는 전화)을 할 필요가 있다. 이러한 전화를 하기 위해서는 약간의 위험과 망설임, 떨림 등을 감수해야 한다. 하지만 그러한 것들을 떨쳐 버리고 과감하게 전화를 하라.

'브랜칭'이란 당신이 취업하고 싶어 하는 회사에 근무하고 있는 사람에게 당신이 알고 있는 누군가를 통해 접근하는 방식이다. 이러한 브랜칭이 성공하게 되면, 당신은 회사 내에 접촉할 수 있는 사람을 만들 수 있게 된다. 브랜칭을 좀더 알기 쉽게 설명하기 위해, 당신의 동생 친구 중 존이라는 사람이 당신이 원하는 회사에 다니고 있다고 가정하자. 그러면 당신은 존에게 전화를 걸어 동생 이름을 대면서 그의 형이라는 사실을 알린 후, 그에게 당신이 관심을 가지고 있는 것에 대해 간단하게 설명한다. 그리고 존에게 그 회사에 있는 사람 중 당신이 전화를 걸 만한 마땅한 사람이 있는지를 물어보는 것이다. 이런 경우, 그는 해당 기업의 직원 채용을 결정하는 사람을 알려 줄 수도 있으며, 다른 동료의 이름을 알려 줄 수도 있을 것이다. 이러한 방법을 통해 당신은 당신의 채용에 결정적인 역할을 하는 사람과 접촉해 나갈 수 있다. 이러한 방법으로 접촉한 사람들이 당신에게 큰 도움을 주는 경우도 있지만, 또 어떤 경우에는 별다른 도움이 되지 않는 경우도 있다. 이때는 당신이 해당 기업에 관해 자유롭게 물어볼 수 있는 사람을 추천해 달라고 요청하도록 하라. 이는 마치 나무처럼 뿌리에서 출발하여 사방으로 가지를 뻗어 나가는 것과 같다.

　당신이 아는 사람이 없어 브랜칭할 수 있는 기회조차 갖지 못한 경우에는 어쩔 수 없이 자신을 세일즈하는 콜드 콜을 할 수밖에 없다. 비록 당신이 누구에게 전화를 걸어야 할지 그 이름도 직책도 아는 것이 없는 상황이지만, 그래도 당신은 자신을 세일즈하는 전화를 준비할 수 있다. 해당 기업의 웹사이트를 방문하여 기업 조직 도표를 찾아보고 연례 보고서를 훑어보라. 종종 집행 부서의 명칭과 관리자들의 이름이 나와 있는 경우가 있으며, 인력 채용 부서의 장과 같은 핵심 인물의 이름이나 이메일 주소 등이 웹사이트에 나와 있는 경우가 있다. 이와 같은 정보가 조직 도표나 연례 보고서에 나와 있지 않으면, 다른 자료들을 살펴봐야 한다. 웹사이트는 정기적으로 회사의 보도 자료나 직원채용 계획 등을 발표하는 대변인이나 책임자의 이름을 밝힌다. 당신의 목적에 가장 적합한 사람을 찾아내라. 그 사람은 인력 관리부서의 장일 수도 있으며 채용 담당자, 경리부, 마케팅부, 혹은 생산부의 장일 수도 있다. 필요하다면 CEO, CFO, COO가 누군지도 확인하라.

그리고 이 사람들에게 편지를 쓰라. 만약 편지를 보내는 것이 너무 건방지게 생각되고, 오히려 전화가 더 적절하다는 생각이 들면 전화를 하는 것도 고려해 보라. 전화를 거는 것에 대해 많은 사람들이 부담을 느끼고 있는데, 일단 전화상으로 말하고 싶은 요점을 종이에 기록하라. 그리고 테이프로 그 요점을 녹음하여 들어보거나 친구에게 전화로 그와 같은 연습을 반복해서 실시하라. 서너 번 정도 리허설을 한 뒤 상대가 어떤 식으로 나올지 최악의 시나리오와 최상의 시나리오를 미리 생각하여 적절하게 대처할 수 있도록 준비하라.

예를 들어 만일 당신이 통화하려고 하는 사람의 비서가 통화를 연결시켜 주지 않으려고 할 때, 당신은 무어라고 말할 것인가? 전화를 했는데 놀랍게도 통화하려고 했던 사람과 바로 연결될 경우에 당신은 어떻게 할 것인가? 전화 상대방이 바로 당신의 통화에 응대하지 않고 15초 정도 시간을 끈다면 당신은 그 사이에 어떻게 할 것인가? 상대가 무례하고 거칠게 나온다면 당신은 어떻게 하겠는가? 혹은 상대가 너무도 바쁘기 때문에 당신의 용건을 대신 상의할 10명의 다른 사람의 이름을 알려 주기는 했는데, 그들에 대한 연락처는 당신의 힘으로 알아내야 하는 경우가 생긴다면 당신은 어떻게 하겠는가?

이와 같은 시나리오에 대한 대응 방법이 순간적으로 나와야 하기 때문에, 당신은 많은 연습이 필요할 것이며, 실제로 전화통화를 하면서 여러 번의 시행착오를 겪게 될 것이다. 하지만 당신이 만일 이러한 경우에 이렇게 하겠다는 사전 준비를 더욱 철저히 하고 전화통화를 한다면, 그 결과는 그렇지 않은 경우에 비해 훨씬 나아질 것이다.

이와 같은 준비를 통해 당신은 상대에게 훨씬 좋은 첫인상을 심어줄 수 있으며, 심지어는 강한 신념을 소유한 사람이라는 이미지까지 줄 수도 있다.

만일 당신이 전화 대신 편지를 보내기로 하였다면, 이 장의 앞부분에서 자세히 설명한 커버 레터 작성법을 다시 참조하기 바란다. 당신의 이력서 사본과 커버 레터를 이메일이나 팩스 혹은 우편으로 발송하라. 이때 FedEx나 기타 특급우편을 이용하는 것은 다소 지나친 감이 없지 않다. 우리가 추천하는 방법은 이메일을 이용하는 방법이다. 상대의 전화번호를 알고 있는 경우 이메일을 보내고 서너 시간이 지난 후에 전화를 걸어 당신을 간략하게 소개하는 메시지를 남기는 방법이다. 상대에게 왜 전화를 걸었으며, 당신의 이력이나 경력에 대해 바로 알 수 있도록 이력서를 이메일로 보냈다는 내용을 알리면 된다. 그리고 이력서 원본은 우편으로 발송하라. 주제넘게 전화나 이메일을 발송한 것에 대해 공손하게 사과하고, 상대가 당신의 이력서를 출력하는 수고를 하지 않도록 이력서 원본을 우편으로 발송하였음을 알리는 것이 좋다. 다소 오래된 양식의 이력서가 오히려 더 보기 좋을 수도 있다.

정보 획득을 위한 인터뷰 요청

정보 획득을 위한 인터뷰 요청의 내용은 다음 세 가지 항목에 집중해야 한다.

- 개인적으로 어떻게 그 사람과 접촉할 수 있었는지에 대한 방법
- 해당 분야나 산업, 원하는 직책, 해당 업체에 대한 정보
- 다음에 취해야 할 행동에 대한 조언

일단 당신이 자신의 이력서와 편지를 보낸 상태라면, 일주일 정도를 기다린 후 그 다음 행동을 시작하는 것이 좋다. 전화를 하거나 이메일을 보내는 것이 가장 이상적이다. 전화를 할 때는 월요일이나 금요일은 가급적 피하고 화요일, 수요일, 목요일 중에 선택하도록 하라. 또 당신의 전화가 상대에게 그날 첫 번째 전화가 되지 않도록 이른 시간은 피하도록 하고, 그날의 마지막 전화가 되지 않도록 너무 늦은 시간도 피하도록 하라. 점심시간 즈음도 가급적 피하는 것이 좋다. 사람들은 대개 이러한 시간에는 평소보다 다소 서두르는 경향을 보이기 때문이다. 당신은 상대가 당신을 위해 충분한 시간을 할애해 줄 수 있는 시간대를 선택하여 전화를 하는 것이 좋다. 전화로 상대와 통화가 되면, 상대가 당신이 보낸 편지와 이력서를 받았는지 물어보라(만일 받지 못했다면 1분 내로 간략하게 설명하도록 하라). 그리고 정보 획득을 위한 인터뷰에 응해 줄 것을 다시 반복하여 부탁하라. 그 소요 시간은 대략 15분 정도 걸릴 것임을 말하는 것도 잊지 말라.

만일 상대가 동의한다면 상대에게 편한 시간을 물어보고, 당신이 사무실로 찾아가는 것이 좋을지 아니면 전화를 하는 것이 좋을지를 물어보라. 만일 상대가 전화로 대화하기를 원한다면, 상대방이 받기에 가장 편한 전화번호를 확인하도록 하라. 예를 들어 어떤 사람은

자신의 휴대폰으로 통화하기를 원할 수도 있고, 자신의 비서를 통해서 전화를 연결받기를 원할 수도 있다.

상대방과 만나거나 통화를 하기 전에 미리 질문할 내용을 준비하도록 하라. 이 장의 후반부에서는 당신이 필요로 하는 정보를 얻는 데 도움이 될 수 있는 몇 가지 질문을 열거해 두었다. 또 이 장의 앞부분에서 기업체나 산업을 조사하는 과정에서 사용하였던 문항들도 도움이 될 수 있을 것이다.

상대와 인터뷰를 시작하게 되면, 상대에게 귀한 시간을 뺏게 되어 미안하다고 말하면서, 시간을 절약하기 위해 곧바로 질문으로 들어가도 되겠는지를 물어보도록 하라. 상대가 좋다고 말하면, 비교적 상대가 대답하기 쉬운 것부터 물어보라. 예를 들면, 상대의 경력 사항이나 어떻게 현재의 산업이나 기업체에 종사하게 되었는지에 관해 물어보는 것이다. 혹은 현재의 직업이나 조직에 대해 좋아하는 것 또는 싫어하는 것에 대해 물어볼 수도 있을 것이며, 현재의 산업이나 기업체에 종사하면서 겪었던 가장 큰 변화가 무엇인지를 물어보는 것도 좋다.

상대와 대화를 나누는 동안, 상대의 이야기에 흥미와 열정과 존경하는 마음을 내보이도록 하라. 상대의 말을 보다 적극적으로 경청하라. 상대가 말하는 것 중 기억해 둘 만한 것이 있거나 참고할 사항이 있다면 메모를 하는 것도 좋다. 시간을 할애해 준 것에 대해 감사하고 영광이라고 말하도록 하라. 상대가 당신과 보내는 시간을 더 할애해 줄지에 대한 결정은 전적으로 그 사람에게 달려 있다는 사실을 기억하라. 그리고 대화가 끝나 가는 시점에서 다음과 같은 세 가지 사항을 상대에게 반드시 물어보도록 하라.

1. 해당 산업이나 기업체가 당신의 자질이나 경력에 적합해 보이는지, 그리고 지금 이동하려고 하는 시기가 적합한지를 상대에게 물어보도록 하라. 또한 지원자로서 당신의 입장을 더욱 돋보이게 할 수 있는 방법은 없는지, 좀더 경쟁력을 갖기 위해서는 무엇을 해야 하는지도 물어보도록 하라.
2. 당신이 관심을 가지고 있는 분야에서 일을 하고 있는 사람들이나, 기꺼이 당신과 이야기를 나눌 수 있는 사람을 소개해 달라고 부탁하라.
3. 상대방에게 앞으로 정기적으로 연락을 취해도 좋은지에 대해 허락을 구하라. 또한 상대방이 당신에게 도움이 될 수 있는 정보를 우연찮게 얻게 될 경우, 당신에게 연락을 해줄 수 있는지에 대해서도 물어보도록 하라.

상대에게 시간을 할애해 주어 대단히 감사하다고 말하도록 하라. 당신의 감사하는 마음을 순수하게 표현하고, 3~4일 이내에 감사의 편지를 보내도록 하라. 만일 상대가 당신을 돕고자 하는 마음을 진정으로 갖고 있는 것처럼 보이거든, 경제적 여건이 허락하는 한도 내에서 좀더 성의 있는 행동을 취하도록 하라. 예를 들면 꽃을 보내거나, 당신이 그 사람과 대화하는 과정에서 언급했던 책을 보낸다든지,

커리어 관리를 위한 행동을 개시하라

혹은 그의 사무실을 방문하였을 때 필요할 것으로 생각되는 것들을 보내거나 하는 것이다. 이러한 행위의 핵심은 당신이 표시하는 감사를 상대에게 기억하게 하는 것이다.

표 9-1에는 상대방과의 인터뷰에서 해야 할 행동과 해서는 안 될 행동들이 요약되어 있다.

표 9-1. 정보 요청 인터뷰 시 해야 할 행동과 해서는 안 될 행동

해야 할 행동	해서는 안 될 행동
상대방과 함께 있는 동안 현명한 모습을 보인다.	상대가 만나준 것이 당연하다는 듯이 행동한다.
사려 깊고 전문가적인 모습을 보인다.	패배자인 듯한 태도를 보인다.
상대방을 고객 대하듯이 친절하게 대한다.	상대의 거절이나 '노'에 행동을 멈춘다.
상대의 시간을 소중하게 생각한다.	상대에게 누군가를 소개해 달라고 요청하기를 두려워하거나 꺼린다.
당신의 감사하는 마음을 확실하게 전달한다.	감사의 마음을 전달하는 것을 잊어버린다.

*출처: 2000년 브라질 상파울루에서 있었던 국제 통신 사업자 컨퍼런스에서 인력 채용 담당자들을 대상으로 「채용과 능력 향상(Hiring and Keeping Top Talent)」라는 제목으로 실시한 다구치의 강연에서 발췌.

시간을 절약하는 신속한 질문들 정보 취득을 위한 인터뷰에 시간 제한이 있는 경우, 다음과 같은 질문들은 시간을 절약하는 데 도움을 줄 수 있을 것이다.

- 당신의 경력에 대해 잠깐 말씀해 주십시오. 당신은 어떻게 이 산업에서 직장 생활을 시작하게 되었습니까?
- 기업 문화로 어떤 문화를 가지고 있습니까?
- 하루의 구체적 일정이나 한 주의 일정에 대해 설명해 주시겠습니까?
- 이 산업에 종사하고 있는 사람들 중에 휴식 기간을 갖고자 하는 사람에게 당신은 어떤 충고를 해줄 수 있습니까?
- ○○ 직장(당신이 관심을 가지고 있는 직장)에서 성공할 수 있는 가장 중요한 요소가 무엇이라고 생각하십니까?
- 당신은 어떤 방법으로 목표를 설정하였으며, 그 성과는 어떻게 측정하고 있습니까?
- 성공에 대해서는 어떻게 보상하고 있으며, 실패는 어떻게 처리하고 있습니까?
- 당신은 소속 산업에 대해 무엇을 가장 좋게 생각하고 있으며, 무엇을 가장 싫어하십니까? 또 그 기업체와 그 직업에 대해서는 어떻게 생각하십니까?
- 자신의 경력이나 학력을 소개하고, 이 직업이나 산업에서 좀더 경쟁력 있기 위해서는 어떻게 해야 합니까?
- 당신이라면 이 기업이나 산업에 직장을 구한다면 어떤 방식으로 접근을 하겠습니까?
- 추가로 대화를 나눌 수 있는 또 다른 사람을 추천해 줄 수 있습니까? 내가 그 사람과 만났을 때 당신의 이름을 언급해도 좋겠

습니까?

자신의 가치 체계에 부합하는지를 평가하는 질문 자신이 하고자 하는 질문 리스트를 작성할 때, 당신이 1단계에서 발견한 자신의 가치들이 해당 기업에서 충족될 수 있는지를 확인하는 것이 좋다. 아래에는 당신의 가치 체계와 기업체 혹은 당신과 함께 근무할 사람의 가치 체계가 일치하는지를 평가할 수 있는 질문들이다. 이 질문 사항은 현재 캘리포니아 주 쿠퍼티노(Cupertino)에 본부를 두고 있는 한 커리어 센터에서 고안한 것들로서, 이 질문을 이용하면 조직이 주창하며 추진하고 있는 가치가 무엇인지를 발견할 수 있다.

본질적 가치들

- 당신이 속한 조직의 가치는 무엇인가?
- 조직의 비전은 무엇인가?
- 이 조직에서 의사결정은 어떤 방식으로 이루어지는가?
- 조직에서 근로자들의 발전을 어떤 방식으로 돕고 있는가?
- 연봉 재계약률은 어느 정도가 되는가? 재계약에 있어서 가장 중요한 요소는 무엇인가?

업무에 대한 가치들

- 이 조직에서 성공하기 위해 필요한 가장 중요한 세 가지 기능은 무엇인가?

- 이 조직에서 근무하는 사람들은 주로 어디 출신인가? 그들의 주된 경력과 학력은?
- 이 조직에서 근무하는 직원들이 소유해야 할 공통적인 자질은 어떤 것들인가?
- 일을 보다 효율적으로 하기 위해 필요한 것은 무엇이라 생각하는가?
- 이 조직에서 실패 사례는 어떤 것들이 있는가?

근무 환경적 가치들

- 당신의 조직에서 판매는 어떤 방식으로 이루어지는가?
- 직원들의 사기는 어떠한가?
- 사람들이 점심시간에 주로 하는 일들은 무엇인가?
- 사람들이 주말이나 휴일에 주로 하는 일들은 무엇인가?
- 사람들이 정보나 대화를 어떤 방법을 통해 공유하는가?

안내를 요청하는 것이지 직장을 요청하는 것이 아니다 정보 취득을 위한 인터뷰는 당신이 직장을 구해 달라고 상대에게 요청하는 것이 아니다. 그러나 대부분의 정보 취득을 위한 인터뷰가 결과적으로는 직장을 소개해 주거나, 또는 어느 정도 시간이 지난 후 좋은 자리를 소개하게 되는 사례로 연결된다는 점을 명심하라. 우리가 커리어 코칭을 하는 과정에서 들었던 성공 사례 중 하나는 다른 사람을 적극적으로 도왔던 사람이 나중에 자신이 도와주었던 사람으로부터 오히려 더 큰 도움을 받게 되어 대단히 만족스러웠다는 이야기였다.

/ P3: 판촉 활동(Promotion) /

직장을 구하거나 커리어를 변화시키는 과정에서 자신을 판촉하는 일은 대단히 중요한 일이다. 과거에는 자신을 판촉하는 사람들에 대한 일반 사람들의 시각이 그들을 대체로 오만하게 생각하거나, 자신의 배경을 다소 부풀리고 경쟁자를 깎아내리는 행위를 서슴지 않는 사람 정도로 인식하는 경향이 있었다.

따라서 우리는 자신에 대한 판촉 활동의 방법으로 상황에 적절하게 순응해 나가면서 당신이 누구이고, 해당 직책이나 조직에 어떠한 것을 기여하고 제공할 수 있는지를 자연스럽게 알리는 방법을 사용하도록 권장한다. 당신은 자신이 어떠한 재능을 가지고 있으며 해당 조직에 어떻게 기여할 수 있는지 상대방과 대화를 통해서 전달할 수 있어야 한다. 이것은 자신을 어떻게 포장하여 표현해야 하는지 잘 알고 있어야 함을 의미한다. 당신 스스로를 매우 매력적인 존재로 표현할 수 있도록 하라. 자신을 부각시키기 위해서는 자신의 재능이나 강점에 대해 잘 알고 있어야 하며, 그것에 대해 확신을 가지고 있어야 한다. 당신의 기술과 능력과 지식을 하나의 패키지 상품으로 묶어서 상대로 하여금 알게 하고, 긍정적으로 바라볼 수 있도록 빛나게 장식하라.

셀프-마케팅이란 자신의 이력서를 가지고 자신을 상품처럼 고용 시장에 내놓는 것을 말한다. 여기서 중요한 것은 직장을 구하는 과정의 각 단계별로 어떻게 준비하느냐 하는 것과, 자신이 가지고 있는 지식이나 전문적 분야에 대한 경험을 만나는 사람들에게 어떻게 인식시키느냐 하는 것이다. 셀프-마케팅을 위해서는 자신 스스로가 조직을 위해 기여할 것이 많으며 겸손하고, 조직의 발전을 위해서 필요한 것은 얼마든지 배울 용의가 있다는 사실을 확신하고 있어야 한다. 또한 효율적인 셀프-마케팅을 위해서 당신은 더욱 적극적이고 전략적일 필요가 있으며, 당신이 만나야 하는 고객, 당신과 경쟁하고 있는 경쟁자들 그리고 당신 자신에 대해 정통하고 있어야 한다. 셀프-마케팅은 당신의 고객(기업체나 조직)이 필요로 하고 원하는 것과, 당신을 포함한 일반 지원자들(경쟁자들)이 제공해야만 하는 것, 그리고 당신만이 유일하게 제공할 수 있는 것이 만나는 부분을 발견해 내는 과정이다.

/ P4: 포지셔닝(Positioning) /

포지셔닝에 관하여 우리가 의미하는 바는, 경쟁자들에 비해 당신이 더 확연히 눈에 띌 수 있도록 포지셔닝되어야 한다는 것이다. 당신의 강점은 무엇이며 당신이 다른 사람과 차별화된 점은 어떤 점인가? 해당 기업체가 당신을 고용하기로 선택하게 된 경우 반대로 해당 기업체가 포기해야 할 것은 무엇인가? 수집된 정보를 바탕으로 하여 자신이 지원자들 중에서 선두에 서 있는가, 혹은 중간 정도에 불과한가를 판단하여 보라. 의사결정자에게 비쳐지는 당신의 포지셔닝을 어떻게 하면 개선할 수 있는지에 대해서도 생각해 보라. 현재 자신의 포지셔닝에 관한 정보를 수집하는 가장 확실한 방법은 면접 담당자에게 "저는 이 역할에 대해 진실로 열정을 가지고 있습니다. 혹시 제가 다른 경쟁자와 비교하여 어떠한지를 말씀해 주실 수 있으십니까?"와 같은 질문을 직접적으로 하는 것이다.

또 다른 방법도 있다. "현재 고려하고 있는 여러 직장들 중에서 이 직장을 높게 평가하고 있습니다. 제가 가지고 있는 장점으로는 어떤 점들이 있는지를 보여 드려 당신이 만나보았던 다른 지원자들과 비교할 수 있는 기회를 주신다면 감사하겠습니다."라고 말하는 것이다. 참고할 만한 사례가 하나 있어 여기에 소개한다.

언젠가 한 젊은 여성에게 조언해 줄 기회가 있었다. 그녀는 모 회사의 이사직에 응시를 하였는데, 그 회사에서 요구하는 경력의 절반 정도밖에는 갖추지 못한 상태이며 그 이외에 별다른 이점도 갖지 못한 상태였다. 우리는 이 젊은 여성에게 직접 접근 방법을 사용하라고 권했다. 그녀는 우리의 권고를 받아들여 수석 부사장과 인터뷰할 기회를 마련했다. 그녀를 인터뷰했던 수석 부사장은 그녀에게 두 가지 부족한 점에 대해 지적을 했다. 그녀가 자신의 나이보다 두 배 가까이 많은 사람들을 어떻게 관리할 것인가와 현재 그녀가 가지고 있는, 남에게 호감을 주는 깔끔한 이미지와는 대조적으로 거칠고 터프한 사람들을 어떻게 다룰 수 있는지를 물어보았다. 그 젊은 여성은 과거에 자신이 나이 많은 사람들을 관리했던 사례와 또 그들이 매우 거친 사람들이었음에도 불구하고 그들로부터 존경을 받았던 경험을 자신 있게 이야기할 수 있었다. 마침내 그녀는 자신이 원하던 회사에서 직책을 얻었다. 그러나 그 외에 또 하나의 부수적인 혜택은 그 젊은 여성이 자신의 상사가 될 것이 분명한 사람과 마음을 터놓고 대화를 나눌 수 있는 계기를 마련하였다는 점이다.

/ P5: 가격(Price) /

비록 당신이 자신을 매우 뛰어난 상품이라고 생각하고 해당 직장에서 최고의 대우를 받아야 마땅하다고 여길지는 모르겠으나, 이것은 현실적이지 못한 생각이다. 직장을 바꿀 때마다 매번 급여가 10~20퍼센트씩 상승했던 좋은 시절은 이제 끝났다. 요즘은 직장을 바꾸거나 커리어가 변화하는 경우 오히려 급여가 줄어드는 경우도 있다. 예를 들어 당신이 지금까지 종사해 오던 산업 분야가 아닌 새로운 산업으로 커리어를 변경하거나, 지금까지의 역할이 아닌 다른 역할을 맡게 될 경우, 혹은 해당 직장에서 요구하는 자격 요건에 적합하지 못하거나 적격자가 아니어서 교육이나 훈련이 추가로 필요하다고 생각되는 경우, 당신의 급여는 이전보다 줄어들 수 있다.

가격에 관한 핵심 사항은 사전 준비를 철저히 해야 한다는 것이다. 해당 기업체에서 당신에게 얼마를 지불하려는지, 시장에서 당신과 같은 경력이나 학력을 갖춘 사람에게 통상적으로 얼마나 지불하고 있는지를 알도록 하라. 이것을 알기 위한 방법은 여러 가지가 있다. 구체적인 방법은 이 장의 뒷부분에 나와 있는 급여 협상 부분에서 상세하게 언급할 것이다.

/ 면접 인터뷰 준비 /

면접 인터뷰를 하고 회사 측으로부터 채용 의사가 있음을 듣는 것은 직장을 구하는 과정에서 매우 중요한 이정표이다. 면접 인터뷰에 나가기 전에, 면접할 기업과 그 기업이 속한 산업에 대해 상세히 조사하도록 하라. 이를 위해 이용 가능한 모든 수단들을 총동원하라. 만일 당신이 학생이라면 당신이 다니고 있는 학교의 교수들이나 동창회, 학교 내 커리어 센터 등에서 그 기업과 관련된 정보를 수집하도록 하라.

또한 면접 인터뷰에 나가기 전에, 자기 평가 진단표를 다시 한 번 확인하는 것이 좋다. 자신이 무엇을 추구하는지, 자신에게 중요한 것은 무엇인지, 왜 면접 인터뷰에 가려고 하는지를 다시 한 번 생각해 보라. 당신이 가치 있게 생각하는 것, 흥미나 관심 분야, 그리고 어떤 역할이나 책임이 자신에게 가장 적합할지에 대해서도 다시 한 번 깊이 생각하라. 당신이 기업체를 선정하거나 기업체 측의 제안을 받아들이는 5가지 기준은 무엇인지를 고려하라. 무엇이 당신으로 하여금 이 회사의 인터뷰에 응하도록 이끌었는가? 왜 당신은 그 조직에 있는 사람과의 대화에 흥미를 느끼는가?

이러한 사항들에 대한 생각이 당신으로 하여금 관심 있는 기업과의 인터뷰에 집중할 수 있도록 해주며, 별로 관심이나 흥미를 가지고 있지 못한 기업과 쓸데없는 인터뷰를 통해 시간을 빼앗기지 않도록 해준다.

그러나 불행하게도 많은 사람들이 면접 인터뷰에 임할 때, 충분한 준비를 갖추지 못하는 것이 현실이다. 다음은 채용 담당자들이 면접 인터뷰를 실시하면서 가장 빈번하게 아쉬움을 느꼈던 사항들이다.

- 준비 부족
- 빈약한 의사소통 능력(남의 말을 잘 듣지 않음, 우물쭈물함, 산만함, 대화의 초점이 명확하지 못함, 위압적임, 무뚝뚝함)
- 해당 기업에 대한 지식이 빈약함
- 추구하고자 하는 목표나 커리어의 방향이 불분명함
- 무례하거나 오만함
- 기타 유연성이 부족함

자신의 마케팅 계획에 대해 다시 한 번 점검해 보고, 자신의 5Ps에 대하여도 깊이 생각해 보라. 당신은 각각에 대해 어떤 전략을 세우고 있는가? 자신이 제공할 수 있는 것, 즉 기술, 경험, 교육, 재능, 강점이 무엇인지를 분명히 알도록 하라. 무엇이 당신을 특별한 존재로 만드는가? 당신이 다른 사람과 차별화될 수 있는 것은 무엇 때문인가? 이러한 것들이 그 회사에서 채용하려는 요건과 어떻게 어울리는지를 이해하라. 그래야만 당신은 면접 인터뷰에서 왜 당신이 그 회사에 적임자인지를 자신 있게 설명할 수 있다.

당신이 면접 인터뷰를 하는 그 직장과 직책에서 어떻게 부가 가치를 창출할 수 있는지에 대해 선명한 그림을 그려보도록 하라. 해당 조직체가 추구하는 비즈니스 계획이나 미래를 향한 도전에 있어서 당신이 그 기업을 위해 제공할 수 있는 것은 무엇인가?

이러한 질문을 예측하고 답변을 미리 준비하라. 이력서에 나와 있는 내용이나 당신이 채용 담당자와 연락을 주고받는 동안에 나누었던 이야기들은 이미 진부해졌다. 면접관이 물어볼 것으로 생각되는 여러 질문에 대해 강조하고 싶은 키포인트를 머릿속에 입력하여 놓아라. 한 걸음 더 나아가서, 일반 기업에 관한 당신만의 생각 혹은 정치적, 법률적인 문제 등 어떤 문제를 묻더라도 자신 있게 대답할 수 있도록 준비해 두라. 기억해 둘 것은 비록 그 내용이 이력서에 이미 기재된 것이라 할지라도, 면접관이 당신에게 또다시 물어보는 경우가 있다. 이는 당신의 이력서에 기재된 내용의 사실 여부를 확인하는 과정이다. 이때는 이력서에 기재된 당신의 학력과 경력이 틀림없는 사실임을 분명하게 확신시켜 주어야 한다.

호감가는 반응과 태도

면접 인터뷰에 임할 때는 시간을 정확하게 지키고 열정적인 자세로 임하도록 하라. 어떤 복장을 입어야 할지 확신이 들지 않을 때는 정장을 착용하는 것이 좋다(남성은 양복과 넥타이 정장, 여성의 경우는 재킷과 스커트 정장이 바람직하다). **과도한 액세서리**(스카프, 귀걸이와 목걸이, 향수, 짙은 화장 등)는 피하라. 또한 필요할 경우를 대비하여 자신의 이력서 사본을 여분으로 준비하라. 호출기나 핸드폰 등은 꺼져 있는지 반드시 확인하라.

당신 자신을 소개할 때 상대의 눈을 바라보면서 말하도록 하라. 인터뷰를 실시하는 담당자가 자리에 앉기 전까지, 혹은 그 사람이 당신에게 의자를 건넬 때까지 자리에 앉지 말고 서 있도록 하라. 그리고 말을 하기 전에는 잠깐 생각하도록 하라. 당신의 생각을 정리할 시간을 가져라. 인터뷰 담당자가 당신에게 자유롭게 많은 질문을 할 수 있도록 분위기를 유도하도록 하라.

열정을 보이되, 인터뷰 담당자에게는 그 열정을 조절하도록 하라. 예를 들어 당신에게 인터뷰를 실시하는 사람이 매우 단조롭고 따분한 목소리로 인터뷰를 하는 경우, 당신이 열정적으로 벽을 울리는 듯한 큰 소리로 말을 해서는 안 될 것이다. 그 사람보다 1~2 단계 정도 목소리를 높이는 것이 적당하다. 분명하고 확신 있게 말하도록 하라. 인터뷰를 마칠 때는 악수를 하고 미소를 띠면서, 상대에게 진심으로 감사하다는 말을 전하라. 당신의 마지막 인상이 좋게 남을 수 있도록 하라. 만일 인터뷰를 실시하는 사람에게 당신이 커피를 엎질렀거나, 서로 색깔이 다른 양말을 신고 왔거나, 혹은 볼펜의 잉크가 새어 나와 양복 상의에 번졌거나, 머리가 복잡하여 자신이 어느 회사와 인터뷰를 하고 있는지를 잊은 경우와 같이 당황스러운 일이 발생했을 경우에는 크게 웃어라. 그리고 정중하게 사과하고 곧바로 품위 있는 자세로 태도를 변화시켜라.

당신이 질문을 해야 할 때

거의 대부분의 면접 인터뷰에서, 인터뷰 담당자는 당신에게 질문 사항이 있는지를 물어본다. 이때 인터뷰 담당자의 말이 그냥 지나치는 말이 아니라는 사실을 알고 있어야 한다. 그들은 당신의 질문에 진정으로 대답해 주기를 원하고 있다. 그들은 또한 당신이 하는 질문을 통해 당신이 그 회사에 관하여 얼마나 사전 준비를 철저히 하였는지, 그 회사에 얼마나 관심을 가지고 있는지를 측정하는 자료로 활용하기도 한다. 다른 한편으로는 당신의 질문 내용을 가지고 다른 경쟁자들과 당신을 차별화하는 자료로 활용할 수도 있다. 그러므로 면접 과정에서 인터뷰 담당자에게 질문을 하는 것이 인터뷰 과정의 필수 요소임을 명심하라. 채용 과정에서 필요로 하는 공식적인 질문들 외에 좀더 중요한 질문들을 함으로써, 채용 담당자에게 당신이 그 기업이나 맡게 될 직책에 매우 열정적이라는 사실을 알려 주는 계기로 삼도록 하라.

사려 깊은 질문을 개발하기 위한 전략

여기에서는 사려 깊은 질문들을 개발하기 위해 사용할 수 있는 몇 가지 전략을 소개한다.

자신이 현재 채용 과정에서 어느 단계에 있는지를 생각해 보라
당신은 현재 채용 박람회 현장에 있는 회사의 부스를 방문하고 있거나, 회사에서 개최하는 채용 관련 설명회에 참석 중인가? 혹은 인력 관리 부서 담당자나 책임자와 사전 인터뷰를 하고 있는 중인가? 당신은 의사결정자나 상위 책임자와 다시 만날 약속이 잡혀 있는 상태인가? 이미 채용이 확정된 상태지만 아직 급여 수준이나 기타 조건과 관련한 협상을 계속 진행하고 있는 상태인가?

자신을 파악하고 자신에게 무엇이 중요한지를 분명히 기억하라

당신이 회사에 대한 조사와 사전 준비 작업을 완료하였다면, 이제 당신에게 진정으로 중요한 것이 무엇인가를 생각하라. 정보가 더 필요하다고 생각되는 것은 어떤 것이 있는가? 이러한 것들로는 다음 사항이 포함될 수 있을 것이다. 기업 문화, 다가올 구조 조정에 관한 정확한 평가, 인수나 합병 가능성, 조직의 확장 여부, 탁월한 성과를 올리고 있는 사람들이 자신들의 커리어를 어떻게 계발해 나갔는지 하는 방법 등이다. 이러한 사실들은 회사에서 발간하는 자료나 당신이 해당 기업체를 조사하는 과정에서 쉽게 얻을 수 없는 것들이다.

핵심 질문 사항을 생각하여 잘 다듬어 질문하라 당신이 면접 인터뷰를 하는 모든 조직에 해당할 수 있는 핵심 질문 사항을 만들어 내라. 그리고 특정 기업과의 면접 인터뷰를 위해, 그 목적이나 그 조직에 적합한 질문으로 수정하여 질문하라. 인터뷰 담당자와의 대화 과정에서 역동적인 모습을 유지할 수 있도록 노력하라. 당신이 관심과 열정을 보이는 방법이 무엇인지를 생각해 보고 당신이 가지고 있는 지식, 통찰력, 해당 산업이나 기업체 또는 조직원들이나 기업 문화 등에 관한 사려 깊은 생각 등을 적절하게 표현하도록 하라. 그리하면 당신이 더욱 적임자임을 부각시킬 수 있을 것이다.

/ 급여 협상을 위한 준비 /

급여 협상에 관한 자료는 매우 많다. 따라서 여기에서 우리는 좀 더 전략적인 방법에 대해 논의할 예정이며, 빠지기 쉬운 함정과 이를 어떻게 피해 나갈 것인지에 대해 말하고자 한다.

명심할 것은 급여 조건은 단순히 돈만 해당되는 것이 아니라는 것이다. 다음은 당신이 협상해야 할 요소들로 어떤 것들이 있는지를 열거한 리스트들이다.

기본 급여	최초 급여 지급 시기
상여금 지급 조건	상여금 지급 총액
스톡옵션 조항	우리사주 투자 기회
직책	후생 조건
근무 시작 시기	휴가 일정
지원 가능한 자원	전문적인 분야 개발 기회
배우자/파트너 보조금	가정에서 구입하는 물품에 대한 보조금

협상 전략 및 전술

당신이 일하고 싶어 하는 직장으로부터 근무 요청을 받은 상태라면 그것 자체만으로도 엄청난 성과다. 그러나 이제부터는 협상의 미묘한 과정을 시작해야 할 시점이다. 이제부터 당신이 그 기업체 담당자와 나누는 대화의 결과에 따라 당신에게 이로운 결과를 얻을 수도 있고, 당신에게 불리한 결과를 초래할 수도 있다. 물론 해당 기업에서는 당신이 맡을 역할이나 직책에 대해 지급되는 보수 조건의 범위나 등급에 따른 보수 지급 규정, 기타 보수와 관련된 여러 가지 제한 사항 등을 당신에게 제시할 것이다. 일단 당신은 지금 맡으려고 하는 직책이나 직위에 있었던 사람에게 그 회사에서 과거 지급했던 급여나 조건 등이 어떠했는지를 알아보는 것이 매우 중요하다. 이는 당신의 보수 조건을 협상하는 데 있어서 결정적인 기준이 될 수도 있기 때문이다.

기업체와 협상에 임하기 전에 충분한 준비 작업을 하라. 그래야만 피해야 할 함정이 어떤 것이 있으며, 탄력적으로 좀더 주장할 수 있는 것으로는 어떤 것이 있는지를 알 수 있다. 가장 좋은 정보를 얻을 수 있는 정보원은 해당 산업에서 근무하는 당신의 대학 동창이다. 그 밖에 해당 산업에 속하는 기업체 인력 관리 부서의 책임자와 이야기를 나누어 보거나, 높은 연봉을 지급하는 업체나 기타 직업 또는 커리어 관련 웹사이트를 참조하는 것도 도움이 될 것이다.

한편, 해당 산업체나 기업체에서 우연히 마주치는 사람들에게 물어볼 수도 있으며, 학교 커리어 센터 담당자나 동창회 사무실 간사 등을 만날 수도 있다. 해당 분야의 사람을 채용하고자 하는 다른 기업의 인사 담당자에게 물어볼 수도 있을 것이다.

해당 산업에서 당신과 비슷한 경력이나 학력을 가지고 있는 사람들이 일반적으로 어느 정도의 급여를 받고 있는지 조사하라. 그리고 당신이 중요하다고 생각하는 조건들 중 결코 양보할 수 없는 것은 어느 것이며, 양보가 가능하다고 생각되는 조건은 어떤 것인지를 미리 정하도록 하라.

협상에 관한 지침들

다음 전략들을 협상 시에 이용하여 보라.

사전에 철저히 준비하라 당신이 맡고자 하는 직책이나 기업체 혹은 산업을 위해 당신이 할 수 있다고 생각하는 일은 무엇인가? 또 당신이 가지고 있는 경력이나 학력이 시장에서 어떻게 평가되고 있으며, 어떤 보상을 받고 있는가?

자신에게 중요한 것이 무엇인지를 알아야 한다 당신에게 중요한 것은 기본급인가? 아니면 상여금 혹은 직위나 커리어 성장 가능성인가? 자신의 가장 최저 수준(받아들일 수 있는 가장 낮은 수준)이 어느 정도인지를 파악하라. 자신이 가지고 있는 능력이나 경력 혹은 학력에 대해 냉정하게 평가하고, 시장에서 어느 정도의 가치로 평가되는지 살펴보라.

협상에 임할 경우 상대방과 동등한 입장에 있다고 생각하라 윈-윈 혹은 최소한 기브-앤-테이크의 협상이 될 수 있도록 노력하라. 당신과 협상 테이블에 앉은 상대방은 이미 직장의 동료 관계를 형성하였다는 사실을 기억하라.

상대방에게 어느 정도의 재량권이 있는지 파악하라 협상 테이블에 나와 있는 상대방이 제안하는 부분 중에서 조직이 그 사람에게 재량권을 허용한 것이 어떤 부분들인가? 대부분 시간급의 경우 그 보수 조건이 확정되어 있지만, 가끔 어느 정도 범위폭을 주어 협상 담당자에게 재량권을 부여하는 경우가 있다. 반면, 전체적인 급여 수준이나 후생 조건 혹은 보너스 조건 등에 대해서는 그 재량폭이 넓은 편이다. 구체적으로는 연말 보너스 조건, 1년 단위가 아닌 6개월 단위의 급여 인상, 휴가 기간의 연장, 근무 시간의 조정 혹은 전문 분야 개발에 대한 지원 등이 그러한 조건에 해당한다.

관대하지만 때로는 단호한 모습을 보이라 때로는 협상 과정에서 얼굴을 붉히며 큰 소리가 오가는 것도 결코 나쁘지는 않다. 그러나 가장 이상적인 모습은 제안하는 사람이나 제안을 받아들이는 사람 모두가 만족할 만한 결과를 이끌어 내는 것이다. 원칙 1에 나와 있는 자기 평가 결과를 다시 한 번 살펴보고, 자신에게 가장 중요한 것이 무엇인지를 기억하라. 돈이 결코 모든 것이 될 수는 없다. 또한 기업체에서 제공할 수 있는 것이 돈만 있는 것은 아니다. 우리가 상담했던 고객 중 어떤 부인은 그녀가 가족의 생계를 책임지고 있었음에도 다음과 같이 말했던 것으로 기억된다. "저는 결코 돈만을 생각하며 직장을 정하지는 않았습니다." 금전적인 보상과 무형의 혜택을 동시에 제공받을 수 있도록 협상을 이끌어 내라.

무형의 혜택과 급여 외의 것

급여 조건을 고려할 때, 무형의 혜택들과 급여 이외의 것들도 전체적으로 고려 대상이 되어야 함을 기억하라. 간략하게 이들을 구분해 본다면, 급여 외의 것은 기업체에서 개인적으로 혹은 전체적으로 근로자들에게 제공하는 구체적인 혜택들인 데 반하여, 무형의 혜택은 만지거나 보거나 할 수 없는 그러한 혜택들이다. 무형의 혜택과 급여 외의 혜택은 금전적 가치로 환산할 수는 없지만, 직장을 선택할 때 매우 중요한 결정 요인이 될 수 있다.

예를 들어 급여 외의 혜택으로는 종업원들에게 무상으로 제공되는 점심이라든가, 혹은 휴일이나 특별한 날의 축하 이벤트, 분기에 한 번씩 외부 위탁 기관에서 진행하는 교육 연수 프로그램 같은 것들이 있을 것이다. 무형의 혜택으로는 당신과 같이 근무하는 사람들이 매우 우수한 사람들이라든가, 회사 제품에 대해 자긍심을 느끼는 것, 상사에 대한 존경심과 같은 것들이 해당된다. 또한 해당 직장이 자신의 지적 욕구를 자극하고 지속적인 학습을 촉진하는 역할을 한다면 그러한 것도 무형의 혜택에 속할 것이다. 무형의 혜택이나 급여 외의 혜택에서 가장 중요한 점은 그러한 요인들을 자신의 고려 대상 속으로 포함시켜야 한다는 것이다. 그러한 요인들이 당신이 회사 측의 제안을 거절할 것인지 혹은 받아들일 것인지를 결정하는 데 있어서 매우 큰 비중을 차지할 수 있음을 명심하라.

/ 회사 측의 제안을 평가하는 3가지 방법 /

다음은 회사 측의 제안을 평가하는 데 널리 사용하는 세 가지 방법이다. 이 중 한 가지 방법을 이용하여 회사 측의 제안이 수용할 만한 것인지를 평가하면 될 것이다.

- 맥킨지 사에서 고안한 7-S 프레임워크로 기업체나 조직을 평가하는 법

- T 계정을 사용하여 해당 직장에서 제안하는 것을 항목별로 차변과 대변에 기록하는 방법
- 가중 평균 계산법

맥킨지 사의 7-S 프레임워크(The Mckinsey 7-S Framework)

첫 번째 이용해 볼 만한 방법은 컨설팅 전문회사인 맥킨지 사가 고안한 7-S 프레임워크다. 이 방법은 원래는 기업체의 전략 개발을 위해 사용되었다. 그러나 개인에게도 매우 의미 있게 사용될 수 있음이 뒤늦게 판명되었다. 7-S란 곧 전략(Strategy), 구조(Structure), 시스템(System), 스태프(Staffing), 스타일(Style), 기술(Skills), 상위 개념의 목표(Superordinate goals)를 말한다. 맥킨지의 7-S 프레임워크를 활용하려면, 당신은 해당 기업을 이 7가지 관점에서 각각 평가할 수 있어야 한다. 예를 들어 A 기업에 대해 그 기업의 전략과 구조, 시스템과 기타의 것들을 평가하여 보라. 뛰어난 점은 어떤 것이고 부족한 점은 어떤 것인가? B 기업에 대해서도 동일한 분석을 해보라. 그 기업의 7-S와 다른 기업들의 7-S를 비교했을 때 그 결과가 어떻게 나오는가? 당신의 가치 우선순위 기준에 따라 판단할 때 어떤 조직이 당신에게 적합하다고 판명되는가?

T 계정(T Accounts)

두 번째 전략은 회계학에서 사용되는 T 계정의 개념을 빌려 온 것이다. 각 기업체별로 간단하게 대문자로 T 자를 사용하여 T 계정을

만들라. 그리고 T 자의 위에 해당 기업체의 이름을 적어 넣어라. T 계정의 왼편은 차변 항목을 적는 칸이다. 반면 T 계정의 오른쪽은 대변 항목을 기재한다. 차변 항목은 기업체나 기업체가 제안하는 것들 중에서 부정적인 것들이다. 이 항목들은 해당 조직이나 제안 자체가 마이너스 요인을 가지고 있거나 별로 좋지 않은 조건들에 관한 사항이다. 반면, 대변 항목은 기업체나 기업체가 제안하는 것들 중에서 긍정적인 것들이다. 이것들은 플러스적인 요인을 가지고 있다.

그림 9-3. 각각의 선택안을 평가하기 위한 T 계정

A 기업

차변	대변
다양성 부족	우수한 인력
단조로운 작업	새로운 산업으로 진출 시도
경쟁자의 손쉬운 출현이 예상됨	양호한 급여 및 후생 조건
지역적 위치가 별로 마음에 안 둠	회사의 지명도가 매우 높음
커리어를 쌓는 과정이 쉽지 않아 보임	좋은 멘토/상사들이 있음
	질적 생활 향유

B 기업

차변	대변
입증되지 않은 관리 방식	다양한 커리어 기회 제공
회사의 규정이나 제약이 많음	국제적으로 진출 시도
스타(Star) 문화와 경쟁 분위기 조성	우수한 인력
생활비가 많이 둠	지적 자극도 높음
직원들의 사기에 문제가 있어 보임	고성장 분위기
	많은 책임 및 권한 부여

*출처: S. 다구치가 1997년에 스탠퍼드 경영대학원에서 개최한 '졸업생 여성들을 위한 모임'에서 강연한 내용. 「자신의 가치 이해와 최상의 조건으로의 협상(Understanding Your Values and Negotiating Your Best Compensation Package)」 중에서 발췌.

각 기업체에서 제안한 내용에 대해 T 계정을 이용해 보면, 어떤 기업체가 자신에게 가장 적합하며 가장 많은 것을 제안하고 있는지 분명하게 알 수 있게 된다.

가중 평균 계산법(Weighted Averages)

가중 평균은 비즈니스나 경제 법칙들에서 오랜 기간 동안 매우 효과적으로 사용되어 왔다. 우리는 지역적으로 당신의 집과 그다지 멀리 떨어져 있지 않은 직장을 기준으로 하여, 당신에게 가장 적합한 직장이나 조건이 어떤 것인지를 선별하는 방법을 제시하고자 한다. 먼저 각각의 선택안에서 제시하는 항목들에 대해 우선순위를 부여하고 우선순위별로 가중치를 정하여야 한다. 가중 평균을 사용하면 당신에게 가장 소중한 것이 무엇이며, 이러한 우선순위를 충족시켜 줄 수 있는 기업의 제안으로는 어떤 것들이 있는지를 결정하기가 수월해질 것이다.

구체적인 내용을 살펴보기 위해, 당신이 직장을 구하는 데 있어서 자신에게 가장 중요하다고 생각되는 것을 5~10개 정도 설정하여 항목별로 우선순위를 부여하도록 하라. 우선순위를 부여할 때는 여러 개의 항목들 중 무엇을 가장 중요하게 생각하는지 따져 보라. 같이 일할 사람들을 중요하게 생각할 수도 있고, 지적 자극을 중요하게 생각할 수도 있으며, 집과 직장 간의 거리를 중요하게 생각할 수도 있다. 어떤 책임과 권한이 주어지는지, 이에 대한 보상은 어떠한 것들이 있는지에 대해서도 관심을 가지고 있을 것이다. 종이 왼편에 자신이 중요하게 생각하는 항목들을 우선순위별로 위에서부터 아래로 하나씩 기재하도록 하라. 그 바로 오른편 줄에는 각각의 항목에 부여하는 가중치의 수치를 적어 넣도록 하라. (기업 문화 적응도에 30퍼센트의 가중치를 부여하고, 직장과 집 간의 거리를 가중치 15퍼센트로 선정하는 것 등이 그 예이다.) 이때 가중치의 합계는 100퍼센트가 되어야 한다.

종이의 맨 상단에 있는 가중치 항목 오른쪽으로 'A 기업체 제안 내용', 'W.A.(가중 평균 A)', 'B 기업체 제안 내용', 'W.B.(가중 평균 B)', 'C 기업체 제안 내용', 'W.C.(가중 평균 C)' 등을 차례로 기재하도록 하라(그림 9-4 참조).

그림 9-4. 가중 평균 방법으로 각 기업체의 제안 내용을 평가한 결과.

예제 1

우선순위	가중치	A 기업	W. A.	B 기업	W. B.	C 기업	W. C.
기업 문화 및 사람들과의 적응도	30%	3	0.90	2	0.60	5	1.50
학습/발전 기회	25%	3	0.75	3	0.75	4	1.00
상사/팀워크	15%	1	0.15	3	0.45	5	0.75
집과의 거리	15%	2	0.30	5	0.75	4	0.60
급여 조건	15%	5	0.75	3	0.45	1	0.15
합계	100%		2.85		3.00		4.00

*예제 1에서는 C 기업의 제안이 가장 우수한 제안이다.

예제 2

우선순위	가중치	A 기업	W. A.	B 기업	W. B.	C 기업	W. C.
기업 문화 및 사람들과의 적응도	25%	4	1.00	4	1.00	3	0.75
학습/발전 기회	20%	5	1.00	4	0.80	3	0.60
안정성	20%	3	0.60	3	0.60	4	0.80
탄력적인 근무 시간	15%	4	0.60	2	0.30	3	0.45
사회적 책임 의식	10%	5	0.50	2	0.20	1	0.10
재취업 시 도움 여부	10%	2	0.20	4	0.40	3	0.30
합계	100%		3.90		3.30		3.00

*예제 2에서는 A 기업의 제안이 가장 우수한 제안이다.

*출처: S. 다구치가 1997년에 스탠퍼드 경영대학원에서 개최한 '졸업생 여성들을 위한 모임'에서 강연한 내용. 「자신의 가치 이해와 최상의 조건으로의 협상(Understanding Your Values and Negotiating Your Best Compensation Package)」 중에서 발췌.

/ 피드백과 개선 /

당신이 커리어를 관리하는 단계마다 성공했던 사례와 실패했던 사례로부터 무엇이 그 원인이었는지 학습하도록 하라. 또한 피드백을 구하도록 하라. 피드백은 당신 자신이 현재 어떻게 하고 있으며, 어떻게 하면 자신을 개선시켜 나갈 수 있는지를 알 수 있게 해준다. 그리함으로써 문제를 해결해 나갈 수 있는 것이다. 끊임없이 자신을 발전시켜라. 당신이 직장을 구하는 일련의 과정에서 각 단계마다, 자신의 성과에 대해 돌이켜볼 수 있는 시간을 가져라. 지속적으로 발전해 나가기 위해 끊임없이 노력하라. 무엇이 제대로 이행되고 있으며, 무엇이 그렇지 못한지를 살펴보라. 어떻게 하면 이전보다 나아질 수 있는가? 피드백은 당신이 직장을 찾거나 커리어를 변화시키기 위해 노력하는 과정에서 어떤 부분에 결함이 있는지 알려 주는 보고서 기능을 할 것이다.

승리와 좌절

자신이 잘 하고 있는지의 여부를 어떻게 알 수 있을까? 각 단계마다 피드백을 구하고 그 결과를 가지고 자신이 해온 성과를 살펴보는 과정이 필요하다. 자신이 해온 일에 대하여 냉정하게 분석하도록 하라. 내가 정말 잘 해왔는가? 특별한 절차를 밟든가, 좀더 깊이 있게 조사해 보든가, 혹은 좀더 많은 사람들에게 도움을 요청하든가 하여 좀더 잘 할 수는 없었을까? 결정적인 실수는 없었는가? 이번 과정을 통해 배운 것은 무엇인가? 다음번에 또 직장을 구하게 될 경우 반복해서는 안 된다고 생각되는 것은 무엇인가? 당신이 승리했다고 느끼는 성공은 무엇인가? 그 성공을 기념하고 축하하라. 당신에게 용기를 불어넣어 주고 지식을 공유하며 아이디어를 제공하는 한편, 기술을 연마하도록 끊임없이 당신을 이끌어 주는 사람이 있는가? 자신이 얼마나 개선되었는지를 분석하면서 자신이 이룬 일에 대해 기쁨을 느낄 수 있는 시간을 갖도록 하라. 자신을 개선해 나가기 위해, 각 단계마다 특별히 집중하도록 하라. 그리고 자신에게 다음과 같이 물어보라.

- 무엇이 잘 되고 있으며, 무엇이 잘 되지 않고 있는가?
- 내가 개선해 나가야 할 분야는 어떤 것인가?
- 내가 필요로 하는 도움이나 조언은 무엇인가?
- 필요한 자원이나 전문가의 도움을 받기 위해서는 어디로 가야 하는가?
- 내가 이룬 성과에서 보완해야 할 부분이 있는가?
- 내가 변화하고자 했던 그 순간의 마음 상태를 계속 유지해 나가기 위해서 어떻게 동기 부여를 해야 하는가?

피드백과 수정

당신이 가지고 있는 지식에 어떤 틈이 존재하지는 않는가? 즉, 산업의 빠른 성장 속도에 비해 당신이 가지고 있는 지식이 뒤떨어지고 있지는 않은가? 당신은 혹시 해당 기업의 비즈니스 모델이나 경쟁력 있는 분야에 대해서 간과하고 있지는 않은가? 기술적으로 뒤처져 있지는 않은가? 예를 들자면, 당신이 이력서에 적어 넣은 당신의 보유 기술이 혹시 낡은 기술은 아닌가? 당신의 인터뷰 방법을 보완할 필요는 없는가? 지식과 기술은 노력 여하에 따라 얼마든지 얻을 수 있으며, 습득하고 발전될 수 있다. 자신이 가지고 있는 지식과 기술의 수준을 좀더 냉정하게 분석하도록 하라. 또한 가능하다면 주변 사람으로부터 객관적인 피드백을 요청하라. 가급적이면 초기에 그리고 자주 피드백을 요청하는 것이 좋다. 피드백을 통하여 무엇이 부족한지를 학습하고, 다음에는 더 나아질 수 있도록 노력하라. 자신이 배운 것을 적용해 보라.

당신의 이력서 내용이 주목을 끌 만한 내용을 가지고 있는가? 이력서에 대해 전문가들에게 조언을 구하는 것도 좋은 방법이다. 커리어 전문가나 인력 담당 부서에 근무하는 사람들에게 당신의 이력서를 살펴보도록 부탁하고 그들의 의견을 구하도록 하라. 사람들이 당신의 전화에 대해 회신을 하지 않았는가? 당신 자신을 소개하는 내용을 테이프에 담아서, 세일즈나 마케팅 분야에 종사하는 사람들에게 들려 주고 어떤 점이 부족한지를 지적해 달라고 요청하도록 하라. 정보 요청 인터뷰를 통해서 얻은 게 아무것도 없었는가? 그 이유가 무엇이라고 생각하는가? 당신이 접근하거나 질문하는 내용 중에 개선되어야 할 것은 무엇이라고 생각하는가?

진행 과정에서의 결함이 무엇인지를 발견하라. 무엇이 잘못되었으며 무엇이 수준 이하였는가? 이러한 것들을 당신은 어떻게 수정할 것인가? 결함의 수가 너무나 많은 경우에는 당신이 통제할 수 있는 것들에만 집중하고, 또한 당신이 목표로 하는 것을 얻지 못하도록 결정적으로 방해하고 있는 것들에만 집중하도록 하라.

당신은 그 산업에 대해 좀더 많은 조사를 할 수 있는가? 어떤 산업이나 조직이라도 자신이 취업하려고 하는 분야에 관해서는 남보다 좀더 많은 것을 알기 위해 시간을 할애하여 심도 있게 조사하는 것이 좋다. 당신이 취업하려고 하는 직장에 대해 끊임없이 당신의 자격이 넘친다거나 모자란다는 등의 이야기를 듣고 있지는 않은가? 이러한 경우에는 한 발짝 뒤로 물러나서 당신이 원하는 직책이 정말 자신에게 적합한 것인지를 다시 한 번 생각해 보도록 하라. 만일 당신이 기존에 근무하던 산업체나 직책이 아닌 다른 산업체 혹은 다른 직책으로 이동하는 경우, 당신은 어떤 부분에서는 경험이 넘쳐날 것이며 또 어떤 부분에서는 기술이 부족할 수도 있다.

매번 면접 인터뷰 후에는 솔직한 피드백을 구하도록 하라. 간혹 인터뷰에 관해서는 어떠한 질문에도 대답하지 말도록 지시받은 사람들이나 대단히 바빠서 당신의 질문에 답하지 못하는 사람들이 있겠지만, 대부분의 인터뷰 담당자들은 당신이 겸손하게 자신의 부족한 점을 인정하고 묻기를 청하면 기꺼이 자신들이 가지고 있는 생각을 이야기해 줄 것이다. 어쩌면 당신에게 아무런 부족한 점이 없다는 답을 들을 수도 있다. 혹은 다른 지원자들이 당신보다 훨씬 더 좋은 인터뷰를 했다는 이야기를 들을 수 있을 것이다. 어쨌든 많은 사람들이 당신에게 피드백을 해줄 것이며, 이러한 피드백은 당신에게 큰 도움이 될 것이다. 그들이 피드백을 제공해 줄 때, 매우 감사하는 마음을 전하라. 그들의 피드백에 대해 방어적이거나 논쟁하듯이 따지고 들어서는 곤란하다. 기억할 것은 그 피드백이 당신이 자신을 프레젠테이션 한 것에 대한 한 가지 반응일 뿐이라는 것이다.

개선해야 할 부분 중 어떤 것은 시간이 훨씬 많이 걸릴 수도 있다. 이럴 경우 당신은 더 많은 경험과 노력을 필요로 할 것이다. 당신에게 어쩌면 멘토가 필요할지도 모른다. 혹은 필요한 지식이나 기술을 습득하기 위해 가까운 대학이나 대학원 또는 온라인 과정에 등록해야 할 경우도 있을 것이다. 자신이 원하는 것에 가까이 다가선다는 것은 자신이 원하는 목표에 한 걸음 또는 두 걸음 가까운 역할을 맡는 것을 의미하며, 이러한 과정을 통해 결국 자신이 궁극적으로 원하는 역할을 향하여 나아가게 되는 것이다.

반복과 축적

자신의 성공과 실패로부터의 학습이야말로 커리어 관리 과정에 있어서 핵심적인 부분이다. 지속적인 학습과 개선을 위해 당신 자신의 피드백과 다른 사람의 피드백을 결합하라. 이러한 결합이 필수적이고도 반복적으로 이루어지도록 하라. 그래야만 학습 결과가 축적될 수 있다. 자신이 직장을 구했던 과정을 전체적으로 점검하고, 커리어 관리 과정에 비추어 잘못된 부분이 있으면 수정해 나가라. 잘못된 부분에 대한 수정 작업은 당신에게 많은 것을 느끼게 해줄 것이며, 다음번 직장을 구하거나 커리어를 변화시킬 때는 훨씬 나은 준비를 할 수 있도록 만들어 줄 것이다.

두 사람의 직장 탐색 전략 및 계획
—댄 레빈(Dan Levine)과 레슬리 조이(Leslie Joy)

일류 대학에서 MBA를 취득한 다른 사람들과 마찬가지로, 댄 레빈과 레슬리 조이의 2002년도 목표는 그럴듯한 직장을 구하는 것이었다. 그들은 둘 다 자신들에게 적합한 직장에 들어가서 동료들과 즐거운 분위기 속에서 열심히 일할 수 있기를 희망했으며, 직장에서 큰 기여를 할 수 있는 기회와 지속적인 학습과 발전을 할 수 있는 기회를 갖기를 원했다.

레빈은 뉴욕에서 태어났으며 웨스트체스터 카운티(Westchester County)에서 자랐다. 아버지는 변호사였고, 어머니는 학교 선생님이었다. 반면 조이는 디트로이트에서 태어나, 변호사인 어머니와 함께 미주리 주의 시골 농장에서 자라났다. 농장에는 할머니가 계셨으며, 아버지는 조이가 어렸을 때 어머니와 이혼을 하고는 따로 멀리 살고 있었다.

두 사람은 비록 출신 배경은 서로 달랐지만, 여러 가지 면에서 공통점을 가지고 있었다. 그들은 모두 앞으로의 삶에 있어서, 특히 직장을 잡기가 어려워지고 있는 상황에서 계획을 세우고 그 계획대로 진행해 나가는 것이 대단히 중요하다는 사실을 분명히 알고 있었다. 또한 자신들의 커리어에 대해 스스로가 책임을 져야 한다는 사실도 분명하게 알고 있었다. 그리고 두 사람 모두 자신들의 가치나 선호하는 것, 관심 분야 등에 대해서도 잘 알고 있었다. 즉, 자신들이 직장이나 기업체를 선택하는 가장 중요한 5가지 요인이 무엇인지를 명확하게 정리하고 있었다. 그리고 자신들에게 적합한 직장이 어디인지를 조사하고자 전략과 계획을 세우고 계획대로 실행해 나갔다. 그 과정에서 레빈과 조이 모두 실패와 좌절을 경험했으며, 그러한 경험을 통해 자신들에게 필요한 부분을 보완해 나갈 수 있었다. 그들의 이야기를 간략히 소개하고자 한다.

댄 레빈의 경우는 자신에게 적합한 직장으로 소비재를 생산하는 업체에 초점을 맞추었다. 그는 자신의 마케팅 경험과 관심을 활용할 수 있는 일반 관리자의 직책을 찾고 있었다. 반면 레슬리 조이는 직장을 플로리다 주로 국한시키고는 접객 산업, 즉 호텔이나 항공사 또는 컨벤션 센터와 같은 곳에 취업하는 것을 목표로 정했다.

댄 레빈

댄 레빈은 브라운(Brown)에 있는 멜버른(Melbourne) 대학을 졸업하고 켈로그 대학에서 MBA 과정을 밟았다. 그리고 파타고니아(Patagonia), 스프린트 PCS(Sprint PCS), 아웃워드 바운드(Outward

Bound), 런던에 있는 쉬로더 뱅크(Schroder's Bank) 등에서 직장 경험을 쌓았다. 이러한 커리어를 바탕으로 그는 한 단계 업그레이드 된 직장에 입사하기를 원하고 있었다. 그는 자신의 가치나 기술 또는 강점과 관심 분야에 적합한 기업을 찾기 위해 가능한 한 여러 기업체에 지원하여, 그중에서 가장 적합한 기업을 찾아내는 방법을 전략으로 채택했다.

자기 평가를 통해 자신을 정확히 평가한 레빈은 현실의 상황도 체크하는 한편, 학교의 커리어 상담 센터나 친구 또는 그 밖의 아는 사람들의 조언이나 멘토링을 통하여 자신에게 가장 적합하다고 생각되는 장단기 목표를 구체적으로 설정했다.

- 단기적으로는 자신에게 적합한 기업체에 입사하여 관리 기술을 발전시키고, 새로운 산업에 관한 지식을 습득한다.
- 장기적으로는 마케팅 분야에서 전문가로서의 경력을 쌓아 나가다가 점차적으로 회사 전체적인 분야를 총괄하는 일반 관리자 쪽으로 커리어를 발전시켜 나간다.

레빈은 자신의 목표에 대해 다음과 같이 말한다.

"MBA 과정을 마친 시점에서 나는 좀더 많은 것을 배울 수 있는 기회가 있는 직장, 그리고 좋은 멘토가 있으며 일반 관리자를 우대하는 그러한 직장에 들어가는 것으로 목표를 세웠다. 그러나 여러 직장을 돌아다니면서 잦은 이동과 해외 출장을 경험하고 난 후에는 그처럼 출장이 잦지 않고 오랫동안 한 곳에서 근무할 수 있는 직장을 원하게 되었다."

레빈은 자신의 계획에 회사를 직접 찾아다니면서 조사를 하고 인사 담당자들과 관계를 맺는 한편, 네트워크를 풀가동시키고 정보 취득을 위한 인터뷰를 적극적으로 요청하는 방법을 포함시켰다. 또한 동창회에도 참석하고 이력서를 제출한 회사 측에서 면접 인터뷰를 실시할 마음이 생기도록 이력서를 보다 매력적으로 꾸미는 방법도 연구했다. 그리고 이에 대해 공식적으로 조언을 구할 수 있는 사람들(이전 직장의 상사 또는 동료들로서 레빈은 그들에게 직장이나 커리어의 방향 또는 교육 연수 프로그램에 관하여 정기적으로 조언을 구해 왔다)에게 피드백을 구하는 것도 잊지 않았다.

레빈은 자기 평가 테스트의 결과에 대해서는 그다지 신뢰하는 마음을 갖지 못했지만, 자기 평가를 통해서 앞으로는 직업적인 성공과 경제적인 성공뿐 아니라 일과 생활 사이의 균형도 유지해 나가야겠다는 마음을 먹게 되었다.

자신이 선택할 수 있는 직장의 폭을 넓히기 위해 레빈은 켈로그 대학 MBA 출신에 관심을 가지고 있는 기업체들과 자신의 친구들이 즐겁게 일하는 기업체들에 편지를 보냈다. 레빈은 당시의 상황을 이렇게 말한다.

"나는 입사하고 싶은 회사에 근무하고 있는 사람들 중에서 켈로그 대학 동창이나, 친구의 친구 또는 인터뷰를 통해서 단지 이름만 아는 사람이라도 연락할 수 있는 사람이라면 모두에게 연락하여 네트워킹을 가동시켰다."

이 책이 출판되어 나올 때쯤, 레빈은 뱅가드(Vanguard) 사의 소비자 용품 판매 부서의 마케팅 매니저로 근무하고 있었다. 레빈은 뱅가드 사에 근무하고 있던 친구의 친구에게 자신의 이력서를 보여 주었으며, 이것이 계기가 되어 마침내 채용 담당자와 인터뷰를 할 수 있었다. 레빈은 이렇게 말한다.

"나는 친구들에게 내가 어떤 종류의 일을 찾고 있는지 알렸는데, 그것이 계기가 되어 이처럼 원하던 직장을 구할 수 있게 되었다."

다음은 우리가 그와 대화를 나누었던 내용의 일부이다.

Q: 성공적으로 좋은 직장을 얻게 되어 축하드립니다. 직장을 구하는 과정에서 어떤 점을 배울 수 있었습니까?

A: 저는 이번 기회를 통해 아무리 경제 상황이 어렵더라도 취업할 수 있는 기회는 항상 있다는 사실을 깨달았습니다. 취업을 위해서는 먼저 자신이 어떤 지역, 어떤 회사, 어떤 직책에 대해서도 기꺼이 수용할 수 있다는 열려 있는 마음이 필요합니다. 또 이번 계기를 통해 면접 인터뷰를 위해 어떻게 준비하는 것이 좋은지도 확실히 알았습니다. 인터뷰 과정에서 자신의 경험과 자질을 분명하게 드러나게 해주는 명확한 사례나 생생한 이야기가 없다면, 아무리 인터뷰 담당자와 개인적으로 친밀감이나 공감대가 형성되었다 할지라도 성공적인 인터뷰가 될 수 없습니다.

Q: 직장을 구하는 다른 사람들에게 해줄 만한 조언이 있습니까?

A: 제가 성공적으로 인터뷰를 마쳤던 기업체들은 하나같이 모두 제가 시간을 들여 그 기업체나 해당 산업에 대해 철저하게 조사를 하였던 업체들이었습니다. 제가 목표로 했던 기업체에 대하여 충분히 알게 됨으로써, 저는 해당 기업체가 찾고 있는 기술이나 능력을 갖추고 있다는 사실을 집중적으로 부각시킬 수 있었습니다. 그렇다고 저의 이력서와 동떨어진 내용을 부각시켰다는 뜻은 아닙니다. 하지만 이력서에 있는 내용 중 그 회사에 가장 적합한 내용만을 집중적으로 강조할 수 있었습니다.

Q: 당신이 직장을 구하고 커리어에 변화를 추구하는 과정에서 가장 어려웠던 점은 무엇입니까?

A: 좋은 질문입니다. 자신의 커리어를 관리하는 것은 참으로 중요한 일이며 잘해야 할 필요가 있는 일입니다. 결국 그 일을 할 수 있는 사람은 자기 자신밖에는 없다는 사실을 깨달아야 합니다. 실제로 저의 경우에 있어서는 대학을 졸업한 후, 제 자신의 커리어 관리에 대해 깊이 있게 생각해 보지 않았습니다. 그저 주어지는 대로 근무하면서 새로운 기회에 도전하는 정도였지요. 그러나 켈로그 대학에서 MBA 과정을 마치고 나서는 제가 지금까지 거쳐 왔던 직장을 포함하여 관리해 나가야 할 전체적인 커리어에 대한 생각이 심각하게 다가오기 시작했습니다. 지금까지는 제 커리어 대부분이 제가 일했던 조직에 의해 형성되

어 왔습니다. 그러나 이제부터는 스스로가 자신의 커리어를 관리하기 위해 노력해야 한다는 사실을 깨달았습니다.

레슬리 조이

레슬리 조이는 켈로그 대학에서 MBA 과정을 밟기 전에, 약 10년간 홍콩과 뉴욕에서 접객 산업 부문에서 이미 성공적인 커리어를 구축했다. 조이는 인터-콘티넨털(Inter-Continental) 호텔, 아일랜드 샹그릴라(Island Shangri-La), 힐튼(Hilton) 호텔 등에서 판매 마케팅 매니저로 근무했었다. 그러나 35세의 조이는 지금까지는 대학 졸업 학력만으로 해당 분야에서 잘 해왔지만, 좀더 상위 관리자로 승진하기 위해서 그리고 좀더 훌륭한 관리자의 역량을 발휘하기 위해서는 해당 분야의 비즈니스에 관해 더 많은 지식이 필요하다는 것을 깨달았다. 조이는 당시의 상황을 이렇게 말하고 있다.

"나는 재무와 회계, 경영 전략과 기타 관리 영역에 있어서 좀더 깊이 있게 배우기를 원했다. 그리고 MBA 과정을 밟는 것이 이러한 것들을 체계적으로 배울 수 있는 방법이라고 생각했다. 비록 내가 그 나이에 학교로 돌아가서 학업을 계속하고 싶다고 말했을 때 몇몇 사람들이 반대하기는 했지만, 나는 진정으로 내가 원하는 것을 배우고 싶었다."

조이는 자신의 최우선 목표를 세웠다.

"나의 목표는 인생에서 개인적으로 그리고 직업적으로 모두 성공하는 것이다. 이것은 한 남자의 부인으로서, 또 자녀들의 어머니로서 그리고 직장 동료들에게는 존경받을 만한 동료로서 자신의 모습을 유지하는 것을 말한다."

그녀는 좀더 큰 역할을 맡고 싶다는 의욕과 새로운 도전에 대한 욕구로 동기 부여되어 마침내 커리어의 변화를 추구하기에 이르렀다. 조이는 MBA 과정을 마친 후, 보다 분명한 목표와 목적을 가지고서 직장을 구하기 시작했다. 직장을 구하는 과정에서 그녀는 다음과 같은 말을 자주 했다.

"38세의 나이로 직업 전선에 다시 뛰어드는 것은 단지 직장을 구하는 것 이상의 의미가 있었다. 이제는 내 자신이 좋아할 수 있는 일을 찾는 데 더 많은 관심을 쏟아야 할 나이라고 생각했다. 과거에는 내가 좋아하지 않는 일들을 직업으로 가지고 있었지만, 지금 생각해 보면 끔찍한 일이 아닐 수 없다. 나는 이제 나에게 적합한 일이 무엇인지 잘 알고 있다. 지금부터는 정말 흥미롭고, 성취감을 느낄 수 있는 그러한 직장을 찾을 때까지 섣불리 취업하지 않을 생각이다."

조이는 자신에게 소중한 사람들과 같이 지내기 위해 근무 지역을 플로리다 주로 한정시켰다. 동양에서 10년 정도 근무하면서 자신이 아열대성 기후를 좋아한다는 것을 알고 있었는데, 플로리다의 기후가 이러한 조건을 충족시켜 준다는 것도 한 이유였다. 그리고 플로리다의 근처에 마이애미가 위치하고 있는 것도 또 다른 이유였다. 마이애미는 남미와 가까워서 남미와 관련된 국제적인 업무를 맡게 될 가능성이 매우 높았다. 이런 경우 글로벌 감각을 유지하는 데 크게 도움이 되기 때문이다. 그녀는 자신이 접객 산업을 대단히 좋아하고 있다는 사실을 깨닫고 그 산업 분야에서 직장을 구하기로 마음 먹었다. 그 외에 부동산 관련 업무도 틈틈이 공부해 나갔다. 한편 자신이 지역적으로 직장을 한정하는 바람에 적합한 직장이 쉽사리 구해지지 않자, 그녀는 자신이 가지고 있는 네트워킹을 풀가동하기 시작했다. 또한 비록 자신이 원하는 분야가 접객 산업의 마케팅이나 세일즈, 자산 관리, 경영 전략 분야이기는 하지만, 접객 산업이나 부동산 관련 업종이 아니더라도 적합한 직장이 없는지 그 범위를 넓혀서 조사하기 시작했다.

조이는 과거에 직장에 입사하기 위해서 여러 형태의 채널을 활용했었다. 초기에는 신문의 구인 광고에 많이 의존했다. 그러나 나중에는 목표로 하는 기업을 직접 찾아가는 방식을 택했다. 조이가 인간관계의 중요성을 깨닫고 인맥을 통하여 직장을 구하게 된 것은 훨씬 나중의 일이었다. 조이는 힐튼 호텔의 실질적인 '키 맨'(key man)이 누구인지를 조사하고, 키 맨인 아시아/태평양 지역 세일즈 담당 부사장을 직접 만날 기회를 물색했다. 아일랜드 샹그릴라로 자리를 옮길 때도 그녀는 키 매니저가 누구인지를 확인하여 그와 만나서 직접 협상을 함으로써 그곳에서 직장을 구할 수 있었다. 그때부터 동료들과의 관계가 자신이 직장을 옮기는 데 매우 중요한 역할을 하게 되었다. 그녀는 동료들로부터 좋은 기회에 관한 소식을 전해 듣고 그 기회를 놓치지 않음으로써 크게 성공할 수 있었던 것이다.

그녀의 최근 전략과 계획은 좀더 사려 깊고, 원칙에 충실하면서 상황에 따라 유동적으로 변할 수 있는 그러한 형태를 띠고 있다. 지역적 한계를 가지고 있는 그녀 자신의 특수 상황을 극복하기 위해 그녀는 다음과 같이 말한다.

"첫째, 내가 다른 곳으로 이사하지 않으면, 내가 원하는 이상적인 직업을 구할 수 없으리라는 사실을 인정해야 했다. 그러한 사실이 내가 원하는 일이 어떤 유형인지에 대해 다시 생각하게 만들었고, 이제는 플로리다에서 일할 수만 있다면 꼭 내가 하고 싶어 하는 유형의 일이 아니더라도 할 수 있다는 생각을 갖게 되었다. 예를 들면, 호텔 그룹 차원의 글로벌 전략이나 발전 계획 수립에 관한 일을 하고 싶지만 그러한 일들은 대부분 본사에서 이루어지고 있는데, 플로리다에 본사를 두고 있는 호텔은 없는 형편이다. 따라서 글로벌 전략이 아닌 투자 분석이나 파트너 물색 혹은 전략 수립과 같은 일을 맡을 수는 없을까 하는 생각을 갖게 되었다.

두 번째로는, 조사가 엄청나게 중요하다는 사실이다. 자신이 종사하려고 하는 분야에 어떤 기업들이 활동하고 있는지를 알지 못하고서는 자신이 원하는 길로 나아갈 수 없다. 나는 이를 위해 시카고 켈로그 동창회에 전화나 이메일로 최신 산업 정보와 기업체 담당자들의 이름과 전화번호를 수시로 요청하곤 했다. 또한 인터넷의 고용 관련 웹사이트 등을 통해 많은 시간 조사 활동을 계속해 나갔다.

세 번째로는, 내가 존경하는 기업체 인사 담당자들과 헤드헌터들의 전화번호를 알아내 이들에게 전화로 도움을 요청했다."

플로리다에만 국한된 특수 근무 여건에 대한 현실적인 상황을 깨닫고 난 후, 조이는 시카고에 근무지가 있는 직장이라든지, 혹은 자신이 잘 알지 못하는 지역이나 아는 사람이 아무도 없는 곳에서 근무해야 할 가능성에 대비해 자신의 계획을 수정해 나가기 시작했다.

그녀는 자신이 찾고자 하는 유형의 직장에 대해서는 다소 유연한 생각을 갖고 있었지만, 전술에 있어서만은 확고한 원칙을 고수했다. 조이는 자신의 전술을 다음과 같이 설명하고 있다.

"나는 세 개의 고리가 달려 있는 바인더에 알파벳으로 색인표를 만들어 마치 성경책처럼 사용했다. 모든 관련 정보들(커버 레터와 이력서, 인쇄된 직업 관련 정보, 웹사이트에서 얻은 해당 기업체의 정보, 내 자신이 기록해 놓은 메모 등)이 그 바인더에 보관되어 있다. 나는 다음번 전화를 걸어야 할 날짜까지도 메모해 두었다. 하루 일과는 바인더에 기록된 내용들을 살펴보고, 걸어야 할 전화가 어디인지를 확인하는 것으로 시작했다. 그리고 그 날 내가 만났던 사람이나 했던 일들에 대해 빠짐없이 바인더에 기록했다.

기본적으로 나의 계획은 목표로 하는 직장이나 기업들에 계속 이력서를 보내는 것이다. 또한 온라인 탐색 작업은 월요일부터 금요일까지 일상적인 일의 한 부분이 되었다. 그리고 주말에는 휴식을 취했다."

조이는 또한 이메일과 전화를 이용하여 시카고 대학 동창회와 기타 네트워킹도 가동하였으며, 앞에서 언급했던 기업체 인사 담당자들이나 헤드헌터들과도 지속적으로 연락을 취했다.

취업 환경이 매우 안 좋은 시기임에도 불구하고, 조이는 마침내 놀라울 정도로 좋은 기회를 맞을 수 있었다. 그녀는 개인적으로 네트워크를 구축한 사람들로부터 직장과 관련된 좋은 소식들을 접할 수 있었으며, 과거에 근무하였던 호텔들의 인사 책임자들과도 면접 인터뷰를 가질 수 있었다. 그녀와 인터뷰했던 내용의 일부를 소개한다.

Q: 당신은 당신의 커리어 변화를 아주 훌륭하게 이루어 낸 것으로 보이는데, 어떤 특별한 비결이라도 있었습니까?

A: 저는 항상 새로운 것을 시도하고 싶었습니다. 완전히 새로운 환경에서 지금까지와는 전혀 다른 새로운 일을 해보고 싶다는 생각을 늘 가지고 있었습니다. 저는 제가 올바로 나가고 있는지를 살필 수 있는 나침반으로 직관이라는 좋은 장비를 갖추고 있다고 생각합니다. 직관적으로 그 일이 해야 될 일이라는 생각이 들면, 저는 그 일을 했습니다. "모험 없이는 아무것도 얻을 수 없다."라는 격언을 신봉하는 한편, 저는 제 자신의 직관을 신뢰했습니다. 저는 많은 사람들과 이야기를 나누며 생각의 폭을 넓혀 갔고 많은 조사 활동을 하였으며, 그 조사 활동 결과를 분석하는 데에도 많은 시간을 투자했습니다. 하지만 항상 내부의 소리에 귀를 기울이는 데 소홀하지 않았습니다.

Q: 당신의 커리어를 관리해 나가면서 가장 힘들었던 도전은 무엇이었으며, 어떻게 그 어려움을 헤쳐 나갈 수 있었습니까?

A: 가장 힘들었던 일 중 하나는 어떻게 변화를 시도해야 할 것인가였습니다. 좀더 쉽게 설명하자면, 어떤 직업이 일상적인 일

처럼 단조롭고 지루해지기 시작하면 변화가 필요한 때라는 것을 느끼게 됩니다. 하지만 어떠한 변화를 이루어야 하며, 그 변화를 이루기 위해서 어떤 길로 나가야 하는지를 아는 것은 결코 쉬운 일이 아닙니다. 또 다른 도전은 새로 구하려고 하는 직장에 자신을 소개하는 일이었습니다. 제가 가지고 있던 과거 경험 중 일부는 너무나 극적으로 그 일을 맡게 되어, 제 자신이 미처 그 일에 적합한 배경을 갖추지 못한 상태였습니다. 따라서 저는 해당 기업체에 제 자신의 기술과 부가 가치가 얼마나 되는지를 열심히 설명해야만 했습니다. 그나마 이러한 일이 가능했던 것은 제 자신을 정확하게 파악하고 있어서 무엇을 할 수 있으며 무엇을 할 수 없는지를 사람들 앞에서 분명하게 표현할 수 있었기 때문이라고 생각합니다.

Q: 당신의 커리어를 돌아보고 현재 상황을 감안할 때, 다른 사람들에게 도움이 될 만한 교훈으로는 어떤 것이 있을까요?

A: 인내하고 참고 지내면 반드시 보상이 따라옵니다. 당신이 일을 얼마나 잘하는지, 당신이 동료들이나 고객 또는 그 밖의 다른 사람들과 얼마나 좋은 관계를 유지하는지에 대한 평판은 대단히 중요합니다. 저는 자신과 반대되는 의견을 가지고 있는 사람들을 존중하는 법을 배웠습니다. 자신과 의견이 같지 않은 사람들로부터 항상 무엇인가를 배울 수 있습니다. 또한 과거의 경험을 돌이켜볼 때, 저는 저에게 불편한 것이 있을 때는 과감

하게 '노'라고 말해야 한다는 것도 배웠습니다. 특히 저의 상사에게 말입니다.

Q: 당신은 일과 생활의 균형에 관해 어떻게 생각하십니까? 또한 당신이 직업을 선택하는 데 있어서 돈은 어떠한 역할을 하였습니까?

A: 일과 생활 간의 균형을 유지하는 것은 점점 더 중요해져 가고 있습니다. 하지만 지금까지 저의 경험을 되돌아볼 때, 저는 직업과 커리어를 더 사랑했던 것 같습니다. 제가 20대였을 때 그리고 30대 초반의 나이가 될 때까지 일과 생활 간의 균형은 거의 없었습니다. 저는 항상 열심히 일해야 했고, 상사의 요구에 부응해야 했으며 잦은 출장도 마다하지 않고 다녔습니다. 또한 독신 여성으로서 재정적 안정은 저의 직장 생활의 매우 중요한 요소였습니다. 하지만 절대적인 것은 아니었던 것 같습니다. 왜냐하면 적은 급여를 주는 직장도 마다하지 않고 근무한 경험이 있었으니까요. 하지만 대학원에 다닐 때 학자금 대출을 받고는 그것을 상환해야 할 때가 되자, 충분한 돈을 벌어야겠다는 생각을 갖게 되었습니다. 그리고 사고 싶은 미술작품들이나 기타 여러 가지 갖고 싶은 것들도 마음껏 사고 싶다는 생각이 들었습니다.

자신만의 커리어를 소유하라

행복하고자 하는 자 그리고 지혜롭기를 원하는 자는
자주 변화를 시도해야 한다.

—공자

커리어 관리를 위한 10번째 원칙은 자신만의 고유한 커리어를 갖는 것이다. 이번 장은 크게 두 부분으로 나누어진다. 첫 번째 부분은 이 책에서 지금까지 논의하였던 다른 여러 조건들을 커리어 관리에 어떻게 종합적으로 활용할 수 있을까 하는 방법을 제시하고 있다. 한편, 두 번째 부분에서는 자신이 원하는 커리어를 소유하게 된 이후부터는 어떻게 해야 하는지를 언급하고 있다. 마지막으로는 커리어를 성공적으로 관리한 11명의 비즈니스 리더들이 어떻게 자신들에게 적합한 커리어를 파악하고 역동적으로 추구해 나갔는지 그 방법을 자세히 예시했다.

/ 인생의 비전 안에서 일하도록 하라 /

이 책의 핵심 내용 중 하나는 일이나 직장이 인생의 한 단면이라

커리어 관리를 위한 행동을 개시하라

417

는 것이다. 우리는 지금까지 여러 원칙들을 설명하면서, 인생을 창조하고 커리어를 관리하는 데 이러한 원칙들을 활용할 것을 권유했다. 당신이 마음먹기에 따라 직장이라는 곳이 당신의 인생에 있어서 끔찍한 한 부분이 될 수도 있으며, 무한한 만족과 개인적 성장 그리고 부를 가져다주는 곳이 될 수도 있다.

/ 이제 무엇을 할 것인가? /

일단 당신이 원하는 커리어를 달성하고 나면, 그 이후에는 어떻게 할 것인가? 만일 당신이 커리어라는 것은 인생에 있어서 단지 한 부분을 차지할 뿐이며 인생을 그보다는 훨씬 크게 생각하고 있다면, 이제 당신이 해야 할 일은 인생이라는 모자이크를 그려내고 완성해 가는 것이다. 이를 위해서는 순간순간 자신이 달성한 커리어에 대해 감사하며, 이를 지속적으로 관리해 나가기 위해 노력해야 한다. 당신의 커리어가 인생 전체에 걸쳐서 완성되게 하라. 커리어와 결혼하고 커리어를 양육시키며 커리어를 건축하고 기쁨으로 변화를 이루어 나가라. 자신의 커리어를 사랑하고, 커리어 안에서 만족과 충만함을 느끼도록 하라.

/ 자신만의 커리어 소유를 위한 지침 /

오랜 기간 동안 우리는 기업체 임원들, 관리자들 그리고 이제 막 직장 생활을 시작하여 자신의 커리어 관리를 시작한 사람들에게 커리어 관리에 관한 코칭을 실시해 왔다. 코칭의 핵심적인 내용은 자신에게 가장 적합한 커리어가 무엇인지를 파악하는 데 결정적 역할을 하는 태도, 전략, 기술에 관한 내용들이었다. 이 가운데 중요하다고 생각되는 것 몇 가지를 여기에서 다루고자 한다. 이러한 내용들은 자신의 커리어도 성공적으로 관리하였을 뿐만 아니라, 다른 사람들의 커리어 관리에 많은 도움을 주었던 몇몇 대표적인 기업체의 임원들이 생각하고 실시했던 방법들이다.

'커리어 진폭'을 확대하라

우리는 동계 올림픽을 즐겨 본다. 그중에서도 특히 새로운 올림픽 종목으로 채택된 스노보드 경기를 좋아한다. 이 경기에서의 승패는 스노보드를 탄 사람이 보여 준 진폭(amplitude)의 정도에 따라 결정된다. 즉, 얼마나 높이 올라갔으며, 우아하게 그 경사를 타고 다시 내려왔는가를 가지고 채점을 하는 것이다. 이것은 커리어에 대한 매우 적절한 비유라 하지 않을 수 없다. 당신은 어느 수준까지 달성하기를 원하는가? 그리고 어떤 방법으로 자신이 달성한 바를 측정하는가? 하지만 스노보드 경기와는 달리, 커리어에 있어서 성공 여부를 채점하는 사람은 바로 자기 자신이다.

자신의 커리어를 신뢰하도록 하라

신뢰는 태도에서 비롯된다. 자신이 가지고 있는 커리어에 대해 신뢰하는 태도를 갖는 것은 자신만의 커리어를 소유하는 데 있어서 매우 중요하다. 당신의 커리어에 대해 책임 있는 사람은 다른 사람이 아닌 바로 당신 자신임을 기억하라. 당신이 자신의 커리어에 책임을 져야 한다. 관리자의 역할은 조직의 목적에 부합되도록 여러 자원들을 배치하고 할당하는 것이다. 당신의 커리어 관리자는 바로 당신 자신이다. 따라서 당신은 자신의 목표나 인생의 목적이 무엇인지를 상기하고, 자신이 소유하고 있는 자원들을 적절하게 배치하고 관리해 나가는 관리자의 역할을 충실히 이행해야 한다.

좋은 사람에게도 나쁜 일이 생길 수 있다는 사실을 명심하라

누구에게나 실수나 실패 혹은 안 좋은 일이 생길 수 있다(원칙 2 참조). 좋은 사람들에게도 나쁜 일이 발생할 수 있다는 사실을 우리는 커리어 상담을 해오는 많은 사람들에게 조언해 왔다. 정치적 음모나 다양한 형태의 술수에 휘말려 들 수도 있으며, 다른 사람들로부터 시기를 받을 수도 있고, 불공정한 경쟁을 하게 되거나 자신의 약점으로 인해 곤란을 겪는 일도 생길 수 있다.

하지만 모든 경우에 있어서 좋은 사람들이 결국 승리하게 마련이다. 그들은 스스로를 추스르고 일어나서 먼지를 툭툭 털고 처음부터 다시 시작한다. 자기 자신을 신뢰하기에 어떤 경우에도 쾌활함을 잃지 않는다. 더욱더 고무적인 것은 그러한 어려운 상황으로부터 교훈을 얻어, 다음에는 다른 방식으로 행동하여 보다 훌륭한 결과를 이끌어 낸다는 것이다.

입사 전략 세우기

자신이 원하던 직장에 입사하게 되면, 이제는 새로운 조직이나 그룹의 일원으로서 어떻게 적응해 나가느냐가 중요하다. 그 적응 여부에 따라 후일 성공과 실패로 갈라지기 때문이다. 특히, 입사 후 첫 90일 동안이 새로운 직장에서 가장 중요한 때이다. 첫 발자국을 잘디디라는 말을 들어본 적이 있을 것이다. 당신은 과거 당신이 속해 있던 조직에 새로이 입사하여 직원들과 빠르게 동화하여 기업 문화를 익히며, 기대 이상으로 잘 해나간 사람을 기억할 수 있을 것이다. 또 처음에는 주위 사람들의 기대를 한 몸에 받고 입사하였으나, 전혀 기업 문화와 환경에 적응해 나가지 못해 당황해하는 사람들도 경험한 적이 있을 것이다. 그러한 사람들은 종종 자신들이 가지고 있는 잠재력을 충분히 발휘하지도 못한 채 스스로 조직을 떠나거나 조직으로부터 떠나 달라는 요청을 받기도 한다.

사람들은 당신이 회사에 입사하여 채 얼마 지나지도 않은 시점에서, 당신의 재능이나 기업 문화에 적응하는 모습 등을 토대로 당신에 관한 자신들의 생각을 정리해 버린다. 당신의 상사나 비즈니스 파트너, 동료, 고객, 협력업체, 기타 당신과 관계된 사람들은 이처럼 짧은 시간 동안 관찰한 결과를 가지고 당신을 판단하며, 당신과 어떤 관계를 맺어야 될지를 스스로 결정해 버린다. 따라서 자신도 모르는 사이에 기업 문화에 위배되는 행동을 한다든지, 혹은 상대방의 숨은 뜻을 헤아리지 못하고 커뮤니케이션에서 실수를 한다거나 그 밖에 잘못된 행동들을 하는 경우, 비록 시간이 지나면 회복될 수도 있겠지만 이러한 행동들은 당신을 원래의 궤도에서 이탈시키는 역할을 하게 된다.

주의해야 할 사항들 흔히 범하기 쉬운 실수에 주의하라. 다음은 우리가 보아온 미묘한 실수의 사례들이다.

- 당신이 속한 팀의 존속 여부에 대해 몇몇 임원들이 의문을 제기하고 있는 중이다. 그러나 당신은 사태의 심각성 그리고 팀이 빠른 시일 내에 보다 나은 재무 성과를 보여 주지 않으면 안 된다는 사실을 전혀 알아차리지 못하고 있다.
- 당신의 직속 상사 두 사람 사이에 정치적 알력이 있고, 이는 주요 프로젝트의 성과에 중대한 영향을 미치고 있음을 알아차리지 못하고 있다.
- 특정 사안에 대해 관련자에게 직접 이야기하지 않고 회사 내 전 직원에게 이메일을 보내는 등 기본적인 커뮤니케이션 룰을 깨뜨린다.
- 일을 맡고 나서야 그 일이 대중들 앞에서 프레젠테이션을 잘할 수 있는 능력을 필요로 한다는 사실을 뒤늦게 깨닫는다. 하지만 만일 당신이 그러한 능력을 가지고 있지 못한 경우 자신의 역할을 성공적으로 수행할 수 없다.

성공적인 입사를 위해 5Cs를 고려하라 5Cs는 새로운 직업이나 직장에 성공적으로 적응하는 데 도움을 주는 행동 지향적 기법으로, 저자가 기업 문화에 효과적으로 적응할 수 있도록 새로 입사한 사람들이나 기존 조직원들에게 코치하는 과정에서 개발한 프레임워크이다. 5Cs는 다음과 같다.

- 핵심 가치와 문화(Core values and culture)
- 상황이나 환경(Context)
- 커뮤니케이션(Communication)
- 동료들과의 관계(Connection)
- 핵심 역량(Core competencies)

이제 이 5Cs를 어떻게 적용시켜 나갈 것인지 살펴보기로 하자.

1. **핵심 가치와 문화를 배워라** 조직이나 자신의 팀에서 내세우고 있는 핵심 가치나 문화가 무엇인지를 알기 위해 노력하라. 조직에 있는 다른 사람들의 말을 들어보고 그들을 관찰하라. 특별히 조직 구성원들로부터 존경받고 있는 사람이나 리더의 위치에 있는 사람들을 주의 깊게 살펴보도록 하라. 그 사람들이 말하는 것이 가치 있는 것이 아니라, 그들이 보여 주는 행동이 가치 있는 것이라는 사실을 알라.

2. **상황(Context)에 주의를 기울여라** 웹스터 사전에서 'Context'의 의미를 살펴보면, "사건이나 행위 등이 일어나게 된 배경 또는

상황; 단어나 구 등의 의미를 설명하는 데 보조적으로 쓰는 문장의 전후 관계"라고 나와 있다. 무엇을 말해야 하고 무엇을 말해서는 안 되는지를 이해하라. 특수 상황이나 특별한 결정에 연관된 사항들로는 무엇이 있는지를 살펴보라.

3. **커뮤니케이션 규칙을 이해하라** 조직 내에서 사람들이 공식적 혹은 비공식적으로 어떻게 커뮤니케이션을 하는지 살펴보라. 사람들이 자신이 필요한 정보를 어떻게 찾고 있는가? 또한 누구에게 찾아가는 것이 좋은가? 항상 무슨 일이 진행되고 있는지 알고 있고, 찾아와 물어보면 어떤 상황인지를 쉽게 설명해 줄 수 있는 사람이 누구인가? 해당 조직이 커뮤니케이션 수단으로 이메일을 주로 이용하는가, 혹은 음성메일을 이용하는가? 그렇지 않으면 직접 만나서 이야기하는 방법을 택하는가? 또 중요한 정보들은 어떤 방법으로 공유하는가? 공식적인 모임을 통해서 전달되는가, 아니면 비공식적으로 전달되는가?

4. **사람들과 좋은 관계를 형성하라** 배우는 자세로 다른 사람들에게 관심을 기울여라. 그들이 무슨 일을 하며, 역할이 어떻게 전체적인 조화를 이루는지, 그들의 배경이나 동기 부여 또는 희망하는 것들로는 어떤 것이 있는지를 관심 있게 살펴보라. 특별히 인사 담당자와 친분을 유지하라. 인사 담당 부서에 있는 사람들은 조직원들을 관리하는 사람들이다. 하지만 그보다 더욱 중요한 것은 그들을 통해 당신의 커리어 발전을 위한 코칭을 받을 수 있다는 사실이다. 누가 기업 문화를 통제하는 사람인가?

리더와 멘토는 누구인가? 문제가 생겼을 때 찾아가면 도움을 받을 수 있는 사람은 누구인가? 또 주의해야 할 사람은 누구인가?

5. **핵심 능력에 집중하라** 당신의 역할을 잘해 내기 위해 당신이 필요로 하는 것은 무엇인가? 당신에게 부족한 점은 무엇인가? 당신은 그 부족한 점을 어떻게 메울 것인가? 아직 자신의 부족한 점을 보완하고 개선해 나갈 시간이 있을 때, 강화시켜야 할 필요가 있는 부분을 빨리 파악하도록 하라.

좀더 자세한 내용은 부록 D '새로운 직장에 성공적으로 적응해 나가기 위한 전략'을 참조하라.

조직 안과 바깥에서 자신의 커리어를 관리하라

자신이 지금 어디쯤 와 있으며 얼마나 잘 해내고 있는지를 평가하고 점검하여 보라. 또한 다음에는 무엇을 하는 것이 좋을지 그리고 어떻게 하면 그 일을 쉽게 달성할 수 있을지 생각해 보라. 조직 안과 바깥에서 지속적으로 자신의 커리어를 관리하라. 이를 위해 조직에서 활용할 수 있는 모든 자원들을 활용토록 하라. 당신의 상사와 상의한다든가, 인력 관리 프로그램을 이용한다든가, 혹은 조언이나 멘토를 구하는 행동 등이 이에 해당한다. 시간을 내어 다른 기업이나 직업에 대해서도 공부하도록 하라. 대외 활동도 적극적으로 하라. 전문가들의 모임이나 협회 혹은 봉사 단체에 가입하여 활동하라. 그리하여 당신이 속해 있는 산업에서 앞선 생각을 가진 사람이 되라.

자기만족에 빠지거나, 다른 사람들로부터 고립되거나 혹은 준비되지 않은 상태에 빠지지 않도록 노력하라.

당신의 조직 바깥에서 무슨 일이 벌어지고 있는지 항상 예의 주시하라. 당신이 일하고 있는 분야에 어떤 기회가 펼쳐지고 있는지를 살펴보라. 또한 앞으로 관심을 가져야 할 분야로는 어떤 것들이 있는지도 살펴보라. 시장 상황은 어떻게 변하고 있는가? 가장 성장 가능성이 높은 분야나 산업은 어떤 것인가? 어떤 기술과 능력이 앞으로 가장 각광을 받을 것으로 보이는가? 또 어떤 기술이나 능력이 시대에 뒤처질 것으로 보이는가? 당신이 일하고 있는 분야에서 다른 사람들과 좋은 관계를 유지하도록 하라. 또한 당신이 관심을 가지고 지켜보고 있는 다른 산업에 종사하고 있는 사람들과도 지속적으로 관계를 유지하도록 노력하라.

/ 결혼과 자녀 양육의 문제도 고려하라 /

결혼과 자녀 양육의 문제는 상당히 다루기 까다로운 문제로서 우리도 깊이 있게 논의하기는 쉽지 않다. 하지만 결혼을 바라거나 어떤 형태로든 서로 관계를 유지하고 있는 남성과 여성은 이 문제를 결코 쉽게 간과해서는 안 된다. 최근 실비아 앤 휴렛(Sylvia Ann Hewlett)이 출간한 『정에 굶주린 아이들: 어머니들의 새로운 전쟁(Baby Hunger: The New Battle for Motherhood)』은 상당히 많은 사람들의 관심을 불러일으켰다. 이 책에서 저자는 소위 잘 나가는 여성들이 성공

과정에서 아이들의 양육 문제보다는 자신의 커리어를 더 중시하는 경향을 보인다고 밝히고 있다. 하지만 의도적으로 그러한 행동을 하는 여성들은 30퍼센트 정도에 불과하며, 나머지는 본인이 전혀 의도하지 않은 상태에서 그러한 결과를 초래하여 뒤늦게 후회하는 모습을 보인다고 말하고 있다. 이 책에는 여성들을 위한 몇 가지 조언이 들어 있는데, 이는 남성들에게도 통용될 수 있는 것들이다.

휴렛은 사람들이 교육이나 커리어와 같은 지엽적인 부분에만 국한하여 생각할 것이 아니라, 자신의 전 생애를 조망하고 계획하여야 한다고 말하고 있다. 만일 당신이 지금 결혼하기를 원한다면, 미래에 태어날 자녀들을 포함한 가족 구성원을 지금 당신이 생각하는 인생의 목표에 포함시켜야 한다고 그녀는 주장한다. 휴렛은 '지나온 길에 대한 지도 그리기'(backward mapping)라는 개념을 소개하면서, 미래에 자신이 무엇을 원하게 될지를 알려면 과거 자신이 거쳐 왔던 길과 경험했던 것들을 살펴보아야 한다고 말한다.

그녀의 이러한 주장은 커리어를 인생의 전체적인 관점에서 관리하라고 권장했던 우리의 의견과 일치하고 있다. 일과 인생에서 당신의 비전을 달성하기 위해서는 현명한 선택과 결정이 필요하다.

열심히 일하되 맹목적인 충성은 금물

어떤 사람은 회사에 충성을 하는 것은 어리석은 일이며, 항상 최고의 회사를 찾아다녀야 한다고 말한다. 그러나 이 말은 참으로 잘못된 말이다. 당신이 일하고 있는 조직에 맹목적으로 충성하는 것과 조직에서 지시하는 사항을 충실히 수행하며 맡은 일에 최선을 다하는 것은 분명한 차이가 있다.

비록 최근 들어 고용 계약에 많은 변화가 일고 있지만, 여전히 고용주와 피고용인이 한 배를 타고 있는 동안 서로에게 관심을 갖고 도움을 주고받을 수 있는 여건을 조성하는 것은 얼마든지 가능한 일이다.

예를 들어, 어떤 조직이 구조 조정을 위해 만 오천 명의 근로자를 해고해야만 하는 상황에 처해 있다고 가정하자. 이러한 구조 조정 작업은 해고될 근로자들의 입장을 고려하지 않고도 얼마든지 일방적으로 진행할 수 있다. 하지만 근로자들과 마음을 열어 솔직한 대화를 나누고, 그들이 새로운 직장을 찾을 수 있도록 도와주면서 구조 조정 작업을 진행해 나가는 것이 좀더 사려 깊은 방법이 될 것이다.

이러할 때 근로자들은 다른 직장을 구해야 하는 상황을 별다른 불만 없이 수용할 수 있을 것이며, 자신들이 맡았던 임무를 인수인계하거나 회사 측에서 후임자를 정하는 과정에 적극 동참하게 될 것이다. 또한 회사를 나가는 날까지 진행 중인 프로젝트의 완성을 위해 최대한 협조를 아끼지 않을 것이다. 심지어는 자신들이 새로운 직업을 구하여 새 직장에 근무하면서도 틈틈이 시간을 내어 아직 끝나지 않은 일을 마무리하기 위해 노력을 기울일 수도 있다.

수직적·수평적 이동 모두에 관심을 가져라

이 책 앞부분에서 말했듯이, 과거 직장 생활에서 커리어 관리의 유형은 피라미드의 위쪽으로 상승하는 것이었다. 피라미드의 최정상 부분으로 승진하는 것은 부와 권력과 명예를 거머쥘 수 있음을 의미했다. 그러나 이제는 보다 폭넓은 커리어를 가지는 것, 즉 수평적 이동이나 지그재그식의 상하 이동, 다른 기업 또는 산업으로 자리를 옮기는 식의 나선형식 이동이 훨씬 더 큰 만족을 주며, 새로운 기회와 역할에 대한 경험을 통해 자기 발전을 도모해 나갈 수 있는 강력한 수단으로 인식되고 있다.

인사 담당 책임자와 좋은 관계를 유지해 나가라

범세계적 연구 조사 기관인 러셀 레이놀즈 협회 관리이사인 야나 리치(Jana Rich) 씨는 지역적으로 자신과 가까운 곳에 위치하고 있으며, 자신의 관심 분야에 근무하고 있는 인사 담당자들이 어떤 사람들인지를 파악하라고 제안한다. 리치는 다음과 같은 기준을 가지고 인사 담당자들을 살펴볼 것을 권하고 있다.

- 인사 담당자들이 어떤 루트를 통해서 필요한 인력을 채용하고 있는지 살펴보라. 현재 그들이 관심을 가지고 있는 산업에서 가장 잘 나가는 기업체에 근무하고 있는가?
- 그들이 지역 신문이나 해당 산업체 소식지 등에 자신의 글을 기고하고 있는가?
- 그들이 해당 산업에서 고객들이나 동료들로부터 존경을 받고 있는 사람들인가?

리치는 계속하여 다음과 같이 조언하고 있다. 만일 이와 같은 기준에 적합한 인사 담당 책임자를 발견하였다면, 그들과 오랫동안 지속될 수 있는 관계를 형성해 나가도록 노력하라는 것이다.

"예를 들어 만일 그들이 당신과 전혀 상관없는 분야에 대해 조사를 하고 있다면, 그들의 관심을 어떻게든 당신과 관계되는 분야 쪽으로 되돌리도록 노력하라. 이 과정에서는 그들에게 해당 분야에서 참고가 될 만한 좋은 자료들을 제공하는 것이 좋다. 그렇게 되면 그들은 당신을 기억하게 될 것이며, 최소한 당신이 매우 도움이 되는 사람이라고 자신들의 데이터베이스에 기록해 놓을 것이다."

리치는 또 다른 충고도 하고 있다.

"관심을 갖고 있는 산업이나 기업의 상황이 어떻게 돌아가고 있는지 파악하기 위해 그들과 대화할 수 있는 기회를 갖도록 하라. 어떤 직책에 누가 고용되었으며, 어느 정도의 급여나 보상이 주어질 것인지를 알아보도록 하라."

한 가지 기억해야 할 점은 현재 당신이 직장을 구하고 있는 중이라면, 당신과 관계를 맺고 있는 인사 담당자로부터 어떤 정보를 제공받기가 어려울 수도 있다는 점이다. 실제로 그가 당신에게 도움이 되는 경우란 자신이나 자신의 동료가 당신이 원하는 직장에서 근무하고 있는 경우에만 한정된다.

"만일 그들이 해당 분야에 종사하고 있지 않다면, 그들에게 계속 정보를 요청하는 것은 바람직한 방법이 아니다. 나중을 위해서 그들과 좋은 관계를 발전시켜 나가기를 원한다면, 그들이 당신을 기억할 수 있도록 만들어라."

/ 11명의 리더들로부터 얻은 교훈 /

다른 사람들을 이끌며, 동기를 부여하고, 의욕을 부추기는 방법

윌리엄 F. 미언 3세(William F. Meehan III):
맥킨지 사의 서부 지역장이자 스탠퍼드 경영대학원 전략 관리 과정 강사.

엄밀히 말하자면, 추종하는 사람 없이 당신 홀로 리더가 될 수는 없다. 그러나 어떤 특별한 상황이 발생했을 때 그 상황이 요구하는 리더란 어떤 사람이어야 하는지, 즉 어떻게 사람들의 관심을 이끌어 내고, 동기를 부여하며, 조직의 임무나 목표 달성을 위해 사람들을 이끌고 나가야 하는지를 살펴볼 수는 있다. 의심할 여지 없이, 당신을 따르는 사람들은 저마다 개인적인 관점에서 어떤 특별한 것을 당신에게 원하고 있다. 그럼에도 그들이 공통적으로 원하는 것은 다음과 같다. 특별한 방법으로 조직의 사명과 목표와 가치를 자신들에게 고무시킬 것, 목적을 명확하게 알 수 있도록 새로운 방법을 시도할 것, 그들 자신에게도 유익하며 조직의 목적을 달성하는 데 도움이 될 것으로 생각되는 기회를 제공할 것 등이다. 또한 리더들은 각 사람들에게 조직의 목적과 중요성을 강하게 인식시킬 수 있어야 하며, 과업의 이행을 초월하여 자신에게 충성을 할 수 있도록 유도할 수 있어

야 한다.

직원을 채용하고 해고하는 기술

리비 사틴: 야후! 인력 관리 담당 수석 부사장

비즈니스가 발전해 나감에 따라, 인력 담당자들은 직원의 채용에 있어서 여러 가지 과학적 접근 방법을 배우게 되었다. 과거에는 회사에서 특정한 직책의 자리가 비게 되어, 그 직책이 필요로 하는 기술이나 능력을 갖추고 있는 사람을 뽑게 되면 훌륭한 채용을 한 것으로 평가되었다. 그러나 이제는 이것 외에도 더 많은 것들을 고려해야 한다. 종종 어떤 직책은 그 직책에 필요한 기술과 학식, 경력 같은 배경 이상의 것을 요구하는 경우가 있다. 이를테면 사우스웨스트 항공사(Southwest Airlines)는 다음과 같은 인력 채용 방침을 굳게 지켜 나가고 있다.

"그 사람의 태도를 보고 채용하라. 기술은 교육을 시키면 된다."

지금까지 지원자 중에서 해당 직업에 적합한 사람을 확인하는 면접 과정에서는 그 사람이 그 직책을 잘 수행할 수 있는지 여부를 살펴왔다. 그러나 사우스웨스트 항공사와 같이 태도를 보고 채용을 하라고 하면, 도대체 어떤 행동적 특성이 해당 조직이나 직책에 적합한 것이라는 말일까? 이것이 내가 직원을 채용하는 업무를 좋아하게 된 이유이다. 나는 먼저 조직 문화에 잘 어울릴 사람을 선택한다. 유능

한 직원을 많이 보유하고 있을수록, 조직 문화에 어울리지 않거나 쉽게 동화될 수 없는 사람을 골라낼 줄 아는 능력을 키워서 좋은 사람만을 추려내는 것이 중요하다. 이러한 일들은 적어도 해당 직원이 그 직급에서 6개월 내지 1년 정도의 기간을 보내기 이전에 시행하는 것이 좋다.

외부에서 직원을 영입해 오는 경우에는 해당 직원을 위한 오리엔테이션 프로그램을 진행하면서 그가 프로그램에 잘 적응하는지를 판별해 내는 것이 매우 중요하다. 어느 회사나 기업 문화에 잘 적응하는 직원과 그렇지 못한 직원들이 있기 마련이다.

훌륭한 리더들은 잘 적응하지 못하는 직원을 초기에 잘라 버릴 줄 안다. 우리 모두 채용 과정에서 실수를 저지를 수 있다. 심지어는 우리 중에서 최고라는 사람까지도 실수한다. 그런데 더 큰 실수는 잘못 채용된 사람을 어떻게든 변화시키려고 노력함으로써 문제를 해결하려고 한다는 점이다. 이 일은 결코 성공할 수 없다. 단지 시간과 정력만 낭비할 뿐, 결코 그 사람을 통하여 높은 성과나 생산성을 이끌어 낼 수 없다.

켄 캄: 마케토크러시 사 CEO이며, 마케토크러시 마스터스 100 뮤추얼 펀드 수석 펀드 매니저

A급 직원을 고용하라: 최고 경영자 주변에 예스맨이나 아첨꾼으로 가득 차 있는 경우, 이는 해당 최고 경영자의 몰락이 임박했다는 확실한 신호다. 호랑이는 결코 자신의 무늬 색깔을 바꾸지 않는다. 상황에 따라 자신의 의견을 바꾸는 아첨꾼들이나 미성숙한 자들을 결코 채용해서는 안 된다. 사람의 성숙도는 상대에게 적대감을 보이거나 화를 내거나 자극을 주었을 때 그 반응의 정도로 측정할 수 있다. 미성숙한 사람은 가벼운 도발에도 즉각적으로 화를 내면서 공격 태세를 보인다.

크리스마스 트리 비유: 당신이 채용한 사람이 모두 완벽하리라는 기대는 하지 말라. 당신이 완벽한 사람들과만 일해야 한다고 생각하면, 팀을 결성할 때 당신의 선택폭은 매우 좁을 수밖에 없다. 크리스마스 트리처럼 모든 사람들에게는 나름대로의 결점이 있다. 크리스마스 트리를 배치하는 것과 같이 당신은 결점 부분을 벽 쪽으로 붙여 둠으로써 얼마든지 다른 사람들이 그것을 보지 못하게 할 수 있는 것이다. 사람을 채용할 때도 마찬가지이다. 가능한 한 상대의 강점을 보려고 노력하라. 약점만을 보는 사람은 결코 좋은 사람을 채용할 수 없다.

변화·문제·위기 관리 능력

리비 사틴: 야후! 인력 관리 담당 수석 부사장

나는 업무를 해오면서 위기, 변화 혹은 불확실한 상황에서 사람들을 이끌어 가는 리더십에 관하여 매우 간단한 교훈 몇 가지를 발견할 수 있었다. 사람들은 과도한 스트레스를 받으면 어떤 행동을 할지 예측하기가 불가능해진다. 또한 혼란의 시기에는 대부분의 사람들이 안전이나 안정과 같은 기본적인 욕구 충족을 위해 노력한다. 이것이 내가 인력관리 업무를 해오는 동안 그리고 긴급 상황 발생 시 대응 훈련을 해오면서 느낀 점이다.

어떤 특정 상황에 대한 책임을 맡고 있는 사람을 우리는 리더라고 말한다. 불확실한 상황에서 사람들은 리더로부터 긍정적인 대답을 듣기를 원한다. 하지만 진정한 리더란 위기를 헤쳐 나가면서 자신의 행동을 과장되게 포장해야 할 필요를 느끼는 순간에도 과장된 대답을 해서는 안 된다. 정직함과 성실함은 리더십에 있어서 어떤 경우에도 양보할 수 없는 것들이다. 이것이 신뢰를 이끌어 낸다. 신뢰 없이는 리더십이라는 것이 존재할 수 없다. 정직하다는 것은 사람들이 듣기 싫어하는 말도 분명하게 대답을 해주어야만 한다는 것을 의미한다. 때에 따라서는 불확실성이 가중되는 상황에서 당신에게 해결 방법이 없다는 사실을 사람들에게 설명해야만 할 수도 있다. 이에 따라 당신은 직원들로부터 사랑받지 못할 뿐만 아니라 인기도 없을 것이다. 하지만 당신은 직원들로부터 존경을 이끌어 낼 수 있다.

　나는 일반적으로 사람들이 관리되기보다는 리더에 의해 이끌림을 받기를 원한다는 사실을 깨달았다. 사람들은 영적으로 고무되기를 원하며, 자신들이 가치 있는 존재라고 느끼기를 원한다. 또한 사람들은 엄청난 목표를 이루어 내는 데 자신들이 기여할 수 있기를 원한다. 그리고 전망이 매우 희망적이기를 바란다. 그들은 희망을 필요로 하는 것이다. 그들은 비전 있는 미래를 보기를 원하며, 목표를 원하고, 분명하게 기대할 수 있는 기대치를 필요로 하며 그와 같은 조직을 바란다.

　위기가 닥치면 사람들은 정보를 필요로 한다. 그들은 어떤 위기가 닥쳤으며, 그들에게 개별적으로 어떤 영향을 미치게 될지를 알고 싶어 한다. 그들은 또한 자신들의 리더가 자신들을 잘 이끌어 주기를 기대한다. 명확한 비전과 집중력을 보이면서 용기와 열정 그리고 창조적으로 기업과 직원들을 미래로 이끌고 나가는 능력이 리더에게 분명하게 요구되고 있다. 다양한 가치 체계, 신속성, 정확성, 단순성, 유연성, 효과적인 커뮤니케이션 수단 등이 현대 산업사회에서 리더들에게 필요한 특성이다.

　혼란의 시기에는 상황이 매우 빠르게 그리고 급진적으로 변한다. 그러나 사람들은 여전히 자신들의 리더가 일관된 모습을 보여 주기를 기대한다. 사람들은 명확한 방향이나 목표를 자신들에게 말해 주지 않고 자신들을 기만하거나, 언행이 불일치하는 그러한 리더에게는 결코 신뢰를 보내지 않는다. 격정적인 혼란의 순간에는 일관된 모습으로 핵심 가치와 원칙을 준수하는 리더만이 신뢰를 얻고 직원들을 이끌어 나갈 수 있다.

다른 사람을 계발하는 능력

에릭 스나이더(Eric Snyder):
LVMH 일반 여행 부문 인력 관리 및 조직 개발 관련 부사장

관리자는 처음도 끝도 다른 사람을 계발시켜 주는 사람이다. 팀원들은 팀을 이끄는 팀장이나 관리자들이 자신들을 보살펴 주고 있음을 보여 줄 때 가치를 느끼며, 팀에 대해 충성심을 나타내게 된다. 보살핌이라는 것은 팀원들이 무엇을 하기를 원하는지 발견하여 그들이 그 목표를 이룰 수 있도록 도와주는 것을 의미한다. 또한 팀원들이 하고 있는 일을 점검하고, 진행 상황을 물어보며 그들의 말을 들어주고 지원과 용기를 북돋워 주는 행동을 하는 것을 의미한다.

팀워크가 잘 갖추어진 팀은 어떤 팀도 극복하지 못했던 장애물이나 문제들을 극복해 나가는 과정에서 팀의 리더가 팀을 효율적으로 이끌어 갈 수 있도록 적극 협력한다. 그럼에도 많은 관리자들이 팀원들의 능력을 계발하는 것의 중요성을 과소평가하여 궁극적으로는 팀원들의 능력으로 충분히 해낼 수 있는 많은 일들을 해내지 못하게 된다.

팀과 팀워크 구축하기

스티브 앤더슨(Steve Anderson):

KPCB(Kleiner, Perkins, Caufield & Byers Venture Capital) 파트너

효율적인 팀을 구축하는 가장 중요한 두 가지 요소는 다양성과 프로세스이다. 다양한 팀원으로 구성되어 있을 때 도출될 수 있는 견해와 경험의 다양성은 팀의 엄청난 강점으로 작용한다. 나는 그것을 '올바른 DNA를 갖춘 팀'이라고 부른다. 모든 사람들이 동일하다면, 결코 최상의 해결 방안이 창출될 수 없다. 만일 사람들이 다양한 아이디어를 가지고 테이블에서 협상을 벌이지 않았더라면, 승객을 태우고 지구를 반 바퀴나 돌 수 있는 비행기와 현미경 같은 것들은 결코 출현하지 못했을 것이다. 다양한 견해와 서로간의 의견 차이가 때로는 비경제적이고 혼란을 초래할 수도 있지만, 최상의 아이디어와 해답을 얻는 유일한 방법인 것만은 틀림없는 사실이다.

만일 팀원들이 서로의 의견에 무조건 찬성하고 동의하기만을 반복한다면, 그들을 함께 끌어 모아 팀을 구성할 이유가 어디에 있겠는가? 다양함이 강점을 가지는 이유는 그 안에 학력이나 경력, 경험, 특별한 재능과 같은 여러 가지 다양한 요소들이 포함되어 있기 때문이다. 좀더 포괄적으로 말하자면, 다양성에는 형식과 인식의 다양함이 포함되어 있다.

팀의 토대를 다지고 프로세스상의 문제들을 명확히 함으로써 그

결과에 많은 차이가 있음을 알 수 있다. 당신은 팀원들과 어떤 방식으로 일을 할 것인가? 다양한 성격의 팀원들 각자의 역할과 책임은 어떻게 설정할 것인가? 문제나 변화가 발생했을 경우, 어떤 방식으로 커뮤니케이션을 하여 문제를 해결할 것인가? 팀원들 중에 당신이 의도했던 대로 따라주지 않는 사람을 어떻게 다룰 생각인가? 또 중대한 결정을 내려야 할 경우에 당신은 만장일치 방식을 채택할 것인가, 아니면 다수결의 원칙으로 결정을 내릴 것인가? 혹은 그 밖의 다른 방법을 가지고 있는가?

재무 관리

앤디 밀러(Andy Miller): 오토데스크 사의 재무 관리 담당 부사장

닷컴 기업을 살펴보면, 왜 임원이나 관리자가 자신이 맡고 있는 역할이나 직책에 상관없이 재무 관리에 능통하고 능력을 갖추고 있어야 하는지 알 수 있다. 닷컴 기업들이 전성기를 누리는 동안에는 닷컴 기업들의 관심은 오직 과대 광고에 집중되었으며, 초기에 닷컴 기업에 투자한 벤처 캐피탈 투자가들은 자신들의 투자 지분을 일반 소액 투자자에게 넘기고 투자 수익을 챙기기에만 급급했다. 그리고 당시에는 닷컴 기업들마다 돈이 넘쳐났다. 예산 수립이나 기본적인 재무 관리 기법과 같은 것은 오래 전에 창문 밖으로 집어 던진 상태였다. 닷컴 기업의 임원들은 아무런 수익 모델이나 실제 성과 없이

단순히 자신들이 계획하고 있는 비즈니스의 비전만을 사람들에게 열심히 팔고 다녔다.

하지만 이제는 관심의 초점이 비즈니스의 근본인 가치 창출로 다시 되돌아왔으며, 얼마나 효율적으로 재무 관리를 할 수 있느냐에 관심이 모아지고 있다. 재무 관리 개념도 과거의 표준적인 운영 절차나 방식에 집중하고 있다. 투자 수익의 극대화가 CFO뿐만 아니라 마케팅을 담당하고 있는 임원들까지 모든 사람들의 최우선 과제가 되었다. R&D 부서 부사장이든 판매 담당 임원이든 혹은 인력 관리 담당 임원이든, 임원으로 성공하기 위해서는 재무 관리에 관한 해박한 지식과 기술을 갖추는 것이 필수가 되었다. 그 이유를 구체적으로 살펴보기로 하자.

R&D 부문 부사장은 자신이 진행하는 프로젝트로부터 예상되는 수익을 토대로 활용할 수 있는 자원을 분배하여야만 한다. 어느 프로젝트에 얼마의 예산을 할당할 것인지, 어느 부분을 아웃소싱할 것인지, 프로젝트 개발팀을 어느 지역에 위치시킬 것인지 등을 결정해야 한다. 또 제한된 시간 내에 그리고 허용된 예산 범위 내에서 프로젝트를 완성하여 결과물을 내놓을 수 있도록 관리해야 한다.

판매 관리 담당 부사장은 단순하게 수익만을 고려해서는 안 된다. 판매 관리 부사장은 어떤 유통 채널을 통하여 판매를 실시할 것이며, 어느 지역을 집중적으로 공략할 것인지에 대한 계획도 수립해야 하며, 좀더 많은 판매 수익을 올리기 위해 필요한 자원들을 공급하기 위한 자금 계획도 세워야 한다.

인력 관리 부문 부사장은 기업 전반에 관해 이해하고 있어야 하며, 인력 관리 부문에서 진행하는 인력 수급과 관련된 프로세스가 원가에 어떻게 반영되고 생산성과 이익에 어떤 영향을 미치는지를 정확하게 알고 있어야 한다. 경우에 따라서 인력 관리 부문을 맡고 있는 부사장은 직원 추가 채용에 따른 원가 부담의 증가 수준, 직원 인사 이동이 생산성에 미치는 영향, 새로운 인력 관리 프로그램을 시작하는 데 소요되는 비용까지도 예측하여야 하며, 또한 예산이 초과되지 않도록 신경을 써야 한다.

이러한 재무 관리 기술을 개발하기 위해서는 개인적으로 많은 투자가 필요하다. 이러한 기술의 구축에는 시간과 노력과 현장 경험 등이 요구되기 때문이다. 우선 회사 내에서 자신이 하는 일이나 결정에 있어서 재무적인 요소가 얼마나 고려되고 있는지를 생각해 보는 것부터 시작하라. 현재 많은 기업들이 재무 관리 지식 배경이 없는 관리자들을 위해 재무 관리 교육 프로그램을 진행하고 있다. 이러한 프로그램에 참여하는 것도 재무 관리 지식을 축적하는 데 좋은 기회가 될 수 있다. 한편, 재무 분석가와 함께 일하게 되면 기업 내에서 예산이 어떻게 편성되고 집행되는지, 자원과 자금은 어떠한 방법으로 배분되는지, 또 투자 결정은 어떻게 내려지는지 등을 더 잘 알 수 있게 된다. 또 회사 바깥으로 눈을 돌려서 대학의 재무 관리 프로그램이나 강의 과정도 개인적으로 재무 관리에 관한 지식과 기술의 축적을 위한 좋은 방법이다.

커뮤니케이션 기술

앤 포머로이(Ann Pomeroy): 인적 자원 관리 전문가 협회(Professional Emphasis Groups, Society for Human Resource Management) 편집장

성공적인 커리어의 구축에 있어서 대화와 문서를 통해 분명하게 그리고 효과적으로 커뮤니케이션 할 수 있는 능력보다 더 중요한 것은 없다고 생각한다. 이메일을 보내거나 편지를 쓰거나 이력서 혹은 보고서를 쓰거나 당신은 자신이 말하고자 하는 바를 분명하게 그리고 문법적으로 틀림이 없도록 작성해야만 한다. 글쓰기에 대해 자신이 없거나 확신을 갖지 못하는 사람은 자신이 쓴 편지나 문서를 글을 잘 쓴다고 생각되는 사람에게 가지고 가서 평가해 줄 것을 요청하도록 하라. 더러운 옷을 입고 사람들 앞에 모습을 드러내지 않는 것처럼, 주의 깊게 검증되지 않은 문서나 글 등을 다른 사람에게 보내지 않도록 하라. 만일 당신이 작성한 글이 매우 산만하고 미숙하다면, 사람들이 그 글을 받아 보고 당신을 어떻게 평가하겠는가?

커뮤니케이션 기술을 향상시키기 위한 방법으로, 비즈니스 서식 작성요령 프로그램에 참여할 것을 권장한다. 자신이 쓴 글이나 혹은 다른 사람이 쓴 글을 비평하면서 어떤 글이 좋은 글인지를 이해하고, 어떻게 해야 좋은 글을 쓸 수 있는가를 배우는 것은 자신에게 매우 큰 도움이 될 것이다. 또 자신의 문법과 구두법, 어휘 사용 능력 등을 향상시킬 수도 있을 것이다. 이 밖에 비즈니스 문서 작성에 관한 테

스트를 통해 자신의 비즈니스 문서 작성 능력이 얼마나 향상되었는지를 점검해 볼 수도 있다. 당신이 작성한 문서가 상대에게 전달하고자 하는 정보를 명확하게 전달하고 있는가? 만일 당신이 작성한 문서의 의미를 이해하기 위해 상대가 퍼즐 맞추듯이 시간을 보내야만 한다면, 당신의 문서를 받거나 읽기를 좋아할 사람은 아무도 없을 것이다. 당신은 당신의 문서를 받는 사람들을 편하게 해줄 의무가 있다.

린다 워드 피어스(Lynda Ward Pierce): 오르가닉(Organic) 사 인력 관리 부문 부사장

우리가 일하고 있는 산업 현장에서 중요한 것은 그 사람이 무엇을 알고 있느냐가 아니라 무엇을 이루어 낼 수 있느냐 하는 것이다. 학생들의 성공 기준은 자신이 얼마나 많이 알고 있는가를 표현하는 데 있지만(시험에서 좋은 성적을 올리는 것), 직업을 가진 사람들의 성공은 자신이 맡은 일을 얼마나 성공적으로 완수할 수 있는가 하는 능력에 달려 있다. 법학을 공부한 사람은 소송에서 승리할 수 있는지 여부, 엔지니어의 경우에는 다리를 건설할 수 있는지 여부, 마케팅을 전공한 사람의 경우에는 해당 제품을 판매할 수 있는지의 여부가 그 사람의 성공 여부를 결정한다. 자신이 가지고 있는 지식을 활용하여 직

장에서 성공적으로 적응해 나가는 데 있어서 장애가 되는 것은 자신이 가지고 있는 지식이나 아이디어, 해결 방안 또는 제안 등을 분명하고 간결하게 그리고 설득력 있게 말할 수 있는 능력이 부족하기 때문이다. 뛰어난 화술은 어떠한 직업이나 커리어 단계에 있든지 가장 필요한 핵심 기능이다. 만일 당신이 상대와 대화를 하면서 자신의 의사를 정확하게 전달할 수 없다면, 당신이 가지고 있는 지식이나 능력은 아무런 소용이 없게 된다. 당신은 상세한 내용을 상대에게 설명하여 납득시키고, 그에게 확신을 줄 수 있어야만 한다.

정보의 홍수 속에서 살고 있는 현대의 하이테크(High-Tech) 미디어 세계에서 커뮤니케이션 능력의 중요성은 더욱 절실해지고 있다. 자신의 생각을 적절하게 표현할 줄 아는 커뮤니케이션 능력을 갖고 있지 못하다면, 그 사람의 엄청난 생각과 기막힌 아이디어는 영원히 사장될 수밖에 없다. 대화야말로 사람들의 상호 관계에 있어서 가장 핵심적인 것이다. 그러나 불행하게도 아직까지 대부분의 교육 커리큘럼에 화술에 관한 교육이 빠져 있거나 턱없이 부족한 실정이다. 커뮤니케이션 기술은 성공을 바라는 직장인이라면 결코 간과해서는 안 될 중요한 특성이며, 투자할 만한 충분한 가치가 있는 기술이다.

사내 정치 능력

사이먼 서튼: 메트로-골드윈-메이어 사 국제 텔레비전 방송국 부사장

사이먼의 견해는 사내 정치라는 것이 반드시 나쁜 것만은 아니라는 것이다.

"사내 정치는 직장에서 사람들 상호간의 관계를 다루는 능력을 일컫는다. 사내 정치는 개인별로 가지고 있는 힘에 차이가 있고, 남을 설득하고 자원을 관리하는 능력에 차이가 있음으로 인해 발생하게 된다."

사이먼은 계속하여 다음과 같이 말한다.

"인식해야 할 중요한 점은 사람들이 저마다 다른 어젠다에 의해 영향을 받는다는 점이다. 몇 가지 기본적인 어젠다를 예로 들자면 자존심(ego), 신분, 돈, 근로 시간 단축, 흥미로운 경험 등과 같은 것들이 있다. 사람들은 종종 남들도 모두 자신과 동일한 것을 원한다고 생각하는 오류를 범한다. 그러나 오히려 그러한 일은 매우 드물다."

사이먼이 제안하는 사내 정치를 다루는 방법은 다음과 같다.

"사내 정치를 다루는 가장 좋은 방법은 다른 사람의 어젠다를 충족시켜 주는 것이다. 즉, 사람들이 원하는 것이 무엇이고, 왜 그들이 그것을 원하는지 알아차려 그것을 얻을 수 있도록 해주는 것이다. 당신은 이를 위해서 사람들에게 무엇을 이루고자 하는지 물어볼 수

445

도 있다(사실 많은 임원들이 이와 같은 일을 하지 않고 있다). 만일 당신이 자존심을 자신의 가장 중요한 어젠다로 생각하지만 않는다면, 상대에게 직접 물어보는 것이 훨씬 쉽게 일을 처리해 나갈 수 있는 방법이다. 자존심을 접기만 하면 상대의 어젠다를 충족시켜 나가는 일이 훨씬 수월해지며, 모순되게도 이로 인해 자신의 자존심이 더욱 세워지는 것을 경험할 수 있게 된다."

데이브 머피(Dave Murphy): 샌프란시스코 주정부 정기 간행물 편집장

데이브는 사내 정치에 관해 다음과 같은 세 가지 충고를 하고 있다.

1. **가능하면 상대가 이기도록 하라** 탁월한 상사나 힘을 효율적으로 사용할 줄 아는 정치가들은 힘이 절대적으로 필요한 경우 이외에는 결코 그 힘을 사용하지 않는다. 그들은 사람들을 힘에 의해 강제하는 것보다 스스로 하도록 설득함으로써 더 많은 것을 얻을 수 있다는 사실을 잘 알고 있다. 이것이 세세한 부분까지 간섭하고 나서는 관리자와 능력 있는 부하 직원이 자주 마찰을 빚게 되는 이유다. 모든 일을 자신의 방식대로 하고자 하는 관리자는 자신의 요구가 부하 직원들의 창의력을 앗아가 버린다는 사실을 깨달아야 한다.

2. 제휴나 협력 관계에 있어서 신중을 기하라 충성이라는 말은 당신의 배우자나 자녀, 당신에게 소중한 사람의 경우에나 어울리는 말이다. 맹목적인 믿음과 충성은 전혀 다른 것임을 알 필요가 있다. 비록 가장 친한 친구와 함께 일하더라도 때로는 공개적으로 반대를 표시하라. 만일 당신이 다른 사람의 복제판에 불과한 것처럼 보이게 되면, 특정 파벌에 속하지 않은 사람들은 당신을 결코 신뢰하지 않을 것이다. 약간 다른 문제이기는 하지만, CEO가 핵심 인물 몇 사람들의 말만 듣고 정책을 수행해 나가게 되면 문제가 생기게 된다. 보스의 지위에 있는 사람이 다양한 아이디어나 의견을 들을 수 있는 기회를 갖지 못하게 되면 회사가 곤경에 처하게 됨은 너무도 당연한 일이다.

3. 문서로 작성된 것만을 믿도록 하고, 결코 사람들이 말하는 것을 듣지 말라 그들의 행동을 지켜보라. 상사나 영향력 있는 사람들이 회사에서 물러난 뒤, 어디로 가는지 지켜보라. 그리고 누가 그들의 뒤를 대신하는지 살펴보라. 만일 회사에 구조 조정이 있었다면, 어떤 사람들이 그 대상이었는지를 파악하라. 당신에게 더 많은 협력자나 영향력 있는 사람이 필요하지는 않은지 살펴보라.

다른 사람에게 영향력을 행사하는 법, 자신의 생각을 마케팅하는 법

제이슨 골드버그(Jason S. Goldberg): AOL 사 국제 광대역 부문 전략 및 운영

제이슨은 특히 20대 후반 혹은 30대 초반으로 이제 막 직장 생활을 시작하려는 사람들에게 이 방법이 필요하다고 강조하고 있다. 이 방법은 직장 생활을 오래 한 사람들이나 다시 직장 생활을 시작하고자 하는 사람, 혹은 새로운 산업이나 분야로 뛰어들고자 하는 사람에게도 적용될 수 있다. 다음은 제이슨의 말이다.

> 짧은 커리어임에도 나는 팀원들 중에서 내가 가장 나이 어리고 경력이 짧았던 상황을 여러 차례 경험했다. 그러한 상황은 내가 미처 준비하지 못했던 상황으로, 매우 두렵고 때로는 위험에 처하기도 했다. 25세에 오클라호마 시의 폭탄 테러사건 상황을 대통령에게 브리핑하는 경우를 상상해 보라. 혹은 26세에 재무장관으로부터 브리핑을 받는 모습을 생각해 보라. 또 27세의 나이에 350명의 직원을 거느리고 이제 막 신설된 기업의 CFO로서 이사회에서 프레젠테이션을 해야 하는 상황이나, 29세의 나이에 세계에서 가장 큰 미디어 회사의 고위 경영자들에게 프레젠테이션을 해야만 하는 상황을 상상해 보라. 그러나 놀랍게도 나는 그와 같은 상황을 겪으면서, 다른 비즈니스 상황에서도 적용할 수 있는 동일 법칙이 존재한다는 사실을 발견했다. 나는 이 간단한 법칙을 혼자서 발견했다. 이 법

칙이 이 책을 읽는 독자들에게 도움이 되기를 바란다.

- 자신이 똑똑하다는 것을 입증하려 하지 말고 유용한 사람이라는 것을 보여라. 당신이 회의에 초대된 이유, 혹은 당신이 그 직장에 취업이 된 이유는 당신과 함께 일하고 있는 사람들이 당신을 똑똑하고 능력 있는 사람이라고 믿고 있기 때문이다. 그러므로 당신의 지적인 능력을 과시함으로써 쓸데없이 소중한 시간을 낭비하지 않도록 하라. 당신이 많이 알고 있음을 과시하려는 시도는 때때로 상대방으로 하여금 불쾌한 감정을 불러일으킬 수 있다. 대신, 당신이 그 팀에 매우 유용한 사람이라는 사실을 알리기 위해 노력하라. 회의에 참석한 사람들이나 당신 주변에 있는 사람들이 스스로 결론을 도출할 수 있도록 도와라. 그러면 당신의 진정한 지적 능력은 자연스럽게 드러나게 될 것이다.

- 가능한 한 객관성을 유지하되, 전략적인 의견을 내놓도록 하라. 당신의 나이가 어릴 경우, 다른 사람들은 당신의 의견을 그다지 중요하게 생각하지 않을지도 모른다. 따라서 가급적 자신의 주장을 내세우기보다는 논쟁이 되고 있는 주제의 장점과 단점에 관하여 객관적으로 이야기하도록 하라. 이를 위해서는 선택 가능한 여러 안들의 이면에 있는 논리적 근거들을 충분히 이해하도록 하라. 만일 당신이 문제 해결에 있어서 편견 없이 논리적으로 접근하는 모습을 보여 준다면, 사람들은 당신의 권

고나 의견에 조금씩 귀를 기울이게 될 것이며, 당신의 의견은 좀더 무게를 갖고 사람들에게 다가가게 될 것이다.

- 비록 그것이 중요하지 않은 것이라 할지라도 사람들이 좋아하거나 관심을 갖는 것에 대해서는 중요한 것처럼 생각하라. 결국 비즈니스는 다른 사람과의 관계에서 비롯된다. 당신과 비즈니스를 하고자 하는 사람은 기꺼이 즐거운 마음으로 비즈니스를 하려고 할 것이다. 반면, 당신과 비즈니스 하기를 싫어하는 사람은 무슨 말을 하더라도 결코 당신과 비즈니스를 하지 않으려고 할 것이다. 그들은 당신을 피하거나 당신 주변에서 일하는 것을 피할 것이다. 사람들이 의무감 때문에 억지로 당신과 마주하도록 하지 말고, 진정으로 함께 있기를 원하는 사람이 되도록 하라.

자신의 커리어를 예술적으로 관리한 교육자이자 경영 비전가

—짐 콜린스(Jim Collins)

위대한 성공으로 가는 진정한 길은 단순함과 근면함에 있다.
성공은 순간적으로 이루어지는 것이 아니라,
분명한 길을 꾸준히 나아갈 때 얻어진다.

—짐 콜린스

　짐 콜린스는 베스트셀러 작가이다. 『성공하는 기업들의 8가지 습관(Built to Last)』과 『좋은 기업을 넘어 위대한 기업으로(Good to Great)』가 바로 그의 작품이다. 그는 이 작품에서 '왜 어떤 기업은 성공을 하지만, 어떤 기업은 그렇지 못하는가?' 하는 이유를 밝히고 있다. 「비즈니스 위크(Business Week)」, 「포춘」, 「패스트 컴퍼니(Fast Company)」, 「뉴욕 타임스」에서 그의 특집 기사를 싣기도 했다. 짐 콜린스는 스탠퍼드 대학에서 응용수학을 전공하였고 MBA도 취득했다. 맥킨지 사와 휴렛-팩커드(Hewlett-Pakard) 사에서 근무하였고, 스탠퍼드 경영대학원에서 경영자들을 위한 창의력 과정을 강의하기도 했다. 그의 열정적이고도 영감을 불러일으키는 강의 스타일은 학생들로부터 대단한 찬사를 받았으며, 1992년에 그는 '최우수 강사상'(Distinguished Teaching Award)을 받기도 했다.

짐 콜린스는 자신의 강의 스타일을 한 단계 더 발전시키고 좀더 많은 사람들에게 강의하기 위해, 콜로라도 주 볼더(Boulder)에 연구실을 마련하고 그곳에서 자신만의 강의 스타일을 연구 개발하고 있는 중이다. 콜린스와 그의 부인 조앤(Joanne)이 각각 연구실의 지분 50퍼센트를 소유하고 있는데, 조앤은 전 철인 3종 경기 챔피언으로 현재 트랙 코치로 있다. 그들이 볼더를 선택하게 된 이유는 한편으로는 볼더 주변에 그들이 즐겨 하는 암벽등반을 위한 좋은 코스가 많기 때문이기도 했지만, 다른 한편으로는 짐이 12살부터 계속해서 이곳에서 살아왔기 때문이다. 연구실은 짐 콜린스가 초등학교 1학년을 다녔던 바로 그 학교 건물이다.

짐의 탁월한 커리어에 관해 이미 몇 가지 언급하기는 했지만, 이것만 가지고는 도저히 그의 본질의 깊이, 지혜, 자신에 대한 신뢰에서 우러나오는 겸손, 다방면에 걸친 능력 등을 모두 표현할 수는 없다. 짐 그 자신과 그가 인생에서 이루어 낸 것을 정확하게 평가하거나 기술하기는 불가능하다. 이를 위해서는 어쩌면 아이맥스 영화관이 필요할지도 모른다. 그처럼 그의 인생은 극적이고 모험으로 가득찬 것이기 때문이다. 그렇지만 우리는 그에 관한 이야기 중 일생 동안 커리어를 관리해 나가는 데 있어 우리에게 적용할 수 있는 몇 가지 교훈들을 뽑아내어 보여 주고자 한다.

짐은 자신만의 커리어 모자이크를 만들어 내기 위해 자신의 가치와 목적, 열정 그리고 재능을 결합시켜 나갔다. 그리고 자신이 가지고 있던 비전 내에서 흥미를 느끼는 일에 자신이 가진 모든 가치와 열정과 재능 등을 쏟아 부었다. 짐의 직업적 인생은 한편으로는 행운의 요소도 있었지만, 다른 한편으로는 자신이 의식적으로 커리어를 관리해 나가고자 하는 노력과 왕성한 지적 호기심에 의해 성취된 것이다. 하지만 그것은 결코 말처럼 쉽거나 수월하게 달성될 수 있는 성공이 아니었다. 그가 지나 온 길에는 온갖 장애물과 고난이 가득 널려 있었다.

짐의 인생은 냉혹한 환경에서부터 시작되었다. 부친은 그가 어렸을 때 암으로 세상을 떠났다. 어머니는 한 달에 간신히 2백 달러 정도를 벌었다. 가족을 위한 크리스마스 트리 같은 것은 생각할 수조차 없는 불우한 환경이었다. 대신 짐과 그의 동생은 바위에다가 빨간색과 초록색으로 페인트칠을 하여 크리스마스 바위를 만들었다. 그들에게 세끼 식사는 사치스러운 것이었으며, 항상 배고픔을 느껴야만 했다. 짐은 인생이 매우 고달픈 것이라는 것을 일찍부터 깨닫기 시작했다. 다행스러운 것은 이와 같은 비참한 삶을 통해 그는 성공에 대한 강한 열망을 품을 수 있었다는 점이다. 그는 우리와 가졌던 인터뷰에서 다음과 같이 말했다.

"당신이 아무것도 가지고 있지 않은 상태에서 출발하여 많은 역경을 이겨냈다면, 어떠한 상황에서도 살아남을 수 있다는 사실을 스스로 깨닫게 될 것입니다."

어릴 때 겪었던 아버지와 할아버지의 죽음, 어린 시절 겪어야만 했던 인생의 고달픔, 나이 들어 암벽등반을 하면서 생각해 왔던 삶과 죽음에 관한 문제들을 통해 짐은 인생이 매우 짧다는 것을 깨달았다. 그리고 인생이 가치 있는 삶이 되기 위해서는 자신이 진정으로 원하는 핵심 가치를 깨달아 그것을 누리며 살아야 한다는 생각을 갖게 되었다.

그의 저서 『좋은 기업을 넘어 위대한 기업으로』에서 짐은 다음과 같이 말하고 있다.

"좋은 상태로부터 위대한 상태로 나아가는 것은 엄청나게 크고 무거운 바퀴를 굴리는 것과 같다. 처음에 그 큰 바퀴를 굴리는 데는 엄청난 노력이 들며, 그러한 노력을 기울이더라도 바퀴는 한두 번 구르다가 멈추고 만다. 그러나 지속적으로 노력을 기울이면 마침내 바퀴는 도약 시점을 지나 계속 구르게 되고, 그 후에는 적은 힘만으로도 빠른 속도로 구르게 된다. 이처럼 획기적인 변화를 이루기 위해서는 반드시 인내가 필요하다. 자신이 원하는 것을 짧은 순간에 이루기 위해 무리하여 결국 자신을 파멸의 구렁텅이로 밀어 넣어서는 안 된다."

그와의 인터뷰를 통해, 그리고 십수 년 전에 학생이었던 시절부터 그를 보아왔던 우리는 짐이 일생을 통하여 역동적이고 의미 있는 자신만의 커리어를 구축하기 위해 그 거대한 바퀴를 힘차게 그리고 쉬지 않고 굴려 왔음을 분명히 알 수 있었다.

그와의 인터뷰는 우리에게 커리어 관리 측면에서 몇 가지 교훈적 메시지를 주었다. 짐은 어린 시절부터 어려움을 겪으면서, 인생에 무엇이 중요한지를 일찌감치 배워 왔다. 그는 25세 때 휴렛-팩커드에 입사하여 자신의 능력을 발휘하며 보수도 충분히 받고 있었지만, 결코 만족해하지는 않았다. 그는 스스로에게 다음과 같이 물었다.

"내가 만일 은행에 2백만 달러를 가지고 있고 5년밖에 살 수 없다면, 나의 인생을 어떻게 소비할 것인가? 내가 그만둘 것은 무엇이며, 계속해 나갈 것은 무엇이고, 새로 시작할 것은 무엇인가?"

자신의 생에 있어서 목적을 분명하게 하기 위하여, 그리고 자신의 핵심 가치가 무엇인지 파악하기 위하여 많은 시간을 투자했다. 그리고 마침내 찾아낸 그의 핵심 가치들은 그 후 15년이 지난 지금까지도 결코 변하지 않고 있다. 이 핵심 가치는 그의 인식의 기본이 되었으며, 그의 직업적 삶에 있어서 탄탄한 토대 역할을 하고 있다. 그의 핵심 가치는 다음과 같다.

1. 오래도록 지속될 수 있는 인간관계 유지—결혼, 우정, 가족 관계, 학생들 등.
2. 다른 사람을 존경하고 다른 사람들로부터 존경받고, 그리고 자신을 존중하는 것.
3. 순수한 열정—인생은 대단히 힘들기 때문에, 자신이 하는 일을 즐기는 것이 매우 중요하다.
4. 자신의 분야에서 탁월해지기 위해 끝없이 개선해 나가는 태

도—예를 들면, 짐은 지난 30년 동안 암벽등반을 해왔지만, 지금도 코치를 받아 암벽등반 기술을 개선해 나가고자 노력하고 있다.

5. 성실성—짐은 성실성을 「뉴욕 타임스」의 1면에 비유한다.

"자신의 24시간 동안의 생활을 비디오카메라로 촬영하라. 당신이 대화하는 내용, 결정을 내리는 것들, 일을 진행하는 방법 등 모든 것을 카메라에 담아라. 그리고 이 모든 내용들이 「뉴욕 타임스」 1면에 소개된다 해도 거리낄 게 없는지를 스스로에게 물어보라."

6. 등산을 하거나 자연과 벗하는 시간을 가져라. 산이야말로 나에게 있어서는 '마음의 성당'이었다.

삶 전체에 걸친 목적이 무엇이냐는 질문에 대해 짐은 다음과 같이 대답했다.

"내 기본적인 목적은 학습하고 그 학습한 것을 가르침으로써 사람들에게 기여하는 것입니다. 끊이지 않는 내 호기심과 배움에 대한 열망을 억누르는 것은 불가능한 일입니다. 그리고 그 호기심과 배움에 대한 열망으로 세상에 영향력을 행사하는 것이 내가 바라는 목표입니다."

여러 해 동안 어떻게 커리어를 관리해 왔느냐는 질문에 대해서도 짐은 다음과 같이 대답했다.

"내게는 믿을 수 없을 정도로 커다란 행운과 축복이 따라주었습니다. 예를 들어, 어려운 상황에 처하게 되면 그 상황을 극복할 수 있는 재능을 발견할 수 있었습니다. 기본적인 지식이라든가, 좋은 선생의 자질이라든가 등등…….

나는 정말 운이 좋은 사람임에 틀림없습니다. 나에게 멘토 역할을 해주었던 빌 레이지어(Bill Lazier)는 나에게 스탠퍼드 대학 강단에 설 수 있는 실로 믿기 어려운 좋은 기회를 제공해 주었습니다. 그는 학장에게 이렇게 말했습니다. '짐에게 과목을 맡기십시오. 만일 결과가 좋지 않다면 내가 책임을 지겠습니다.' 또한 아내 조앤을 만난 것도 무엇과도 바꿀 수 없는 커다란 행운이었습니다. 우리는 지금 결혼한 지 20년이 훨씬 넘어가고 있습니다.

하지만 나 역시 커리어 관리에 의식적으로 많은 노력을 기울여 왔습니다. 내가 커리어 관리를 위해 사용했던 기본적인 방법은 나의 열정과 재능이 발휘될 수 있는 곳을 찾는 것이었습니다. 일찍부터 나는 나의 열정과 재능에 어울리는 곳이 어디인지를 찾기 위해 노력해 왔습니다. 그래서 일단 그곳을 발견하게 되면, 그곳에서 내가 열정과 재능을 발휘할 수 있는 기회를 잡기 위해 집중하였습니다."

그는 다른 사람들도 다음과 같은 세 가지 기준에 입각하여 자신에게 적합한 직업을 찾아 나가도록 당부하고 있다. 그 기준은 다음과 같다.

(1) 당신이 열정을 느끼는 분야는 어떤 것인가? 당신이 목표하는 것은 무엇인가?

(2) 당신이 잘하는 분야는 무엇인가? 마치 물고기가 물을 만난 듯 본능적으로 자신이 잘할 수 있을 것이라고 생각되는 분야가 있는가?

(3) 그 일을 하는 대가로 사람들은 당신에게 무엇을 지불할 것인가? 당신이 기여한 것의 가치는 무엇인가?

짐이 자신의 커리어 관리에 있어서 중요하게 생각했던 다른 요소들로는 자신의 아내가 보여 주었던 것과 같은 파트너십, 돈에 관한 균형 잡힌 시각, 위험을 기꺼이 감수하려는 마음, 지속적 학습에 대한 욕구 등이었다. 짐은 자신의 아내에 대해 이렇게 말한다.

"조앤은 같이 일하고 싶은 마음이 드는 여자입니다. 우리는 50 대 50의 대등한 파트너십을 가지고 있습니다. 그러나 사실 나는 조앤의 결정에 전적으로 따랐습니다."

조앤은 세 명으로 구성된 '집행 위원회'(executive council) 위원 중 한 사람이었다. 집행 위원회는 조앤과 짐, 짐과 오랜 친분을 유지해 오고 있는 한 리서치 센터의 연구원으로 구성되어 있었다. 그리고 짐은 이 집행 위원회에서 만장일치의 결정이 나지 않는 한, 자신의 커리어에 관한 중대한 결정을 내리지 않았다.

커리어를 선택하는 데 있어서 돈의 중요성에 대해서는 어떻게 생각하느냐는 우리의 질문에 대해 짐은 다음과 같이 말한다.

"돈이 나에게 있어서 동기 유발 요인이 된 적은 결코 없습니다."

그는 항상 자신의 열정과 목표의식에 의해 동기가 유발되었으며,

자신의 열정과 목표가 무엇인지 항상 스스로 확인했다. 그는 자신의 첫 번째 작품이 베스트셀러가 되자 많은 돈을 벌었다. 만일 그가 쇄도하는 강연 요청과 컨설팅 의뢰에 모두 응했더라면 더욱 많은 돈을 훨씬 더 쉽게 벌 수 있었을 것이다. 그러나 그는 결코 그렇게 하지 않았다. 매년 그는 수많은 컨설팅 의뢰와 강연 요청, 그 밖의 각종 요청들을 거절해 오고 있다. 하지만 그는 자신이 수많은 위험을 기꺼이 감수하는 데는 돈과 경제적 안정이 큰 역할을 하고 있음을 부인하지 않는다.

"나는 커리어 관리에 있어서 일련의 비전통적인 모험을 감수해 왔습니다. 다행스럽게도 경제적으로는 다소 여유가 있는 편이었기 때문에 인생에 있어서 위험을 택하는 것이 남보다 훨씬 수월했습니다. 나는 매우 운이 좋은 투자가인 셈입니다."

짐은 기꺼이 위험을 감수하려는 성향이 짙어 대학 교수직에 필요한 박사학위 취득 과정을 거부했다. 『성공하는 기업들의 8가지 습관』을 저술하는 동안, 짐은 대다수 학생들이 묵는 자취방보다도 훨씬 못한 습기 찬 반지하방에서 3천3백 달러를 가지고 아내와 함께 5년을 지냈다. 그는 그 작업이 얼마나 걸릴지 그리고 그 책이 어떤 반응을 얻을지 전혀 알지 못했지만, 열정을 가지고 저술에 임했다. 그리고 그 일은 자신의 지속적인 학습 욕구와 또 자신이 알고 있는 바를 남에게 가르치고자 하는 목적에 부합하는 일이기도 했다. 짐의 그 다음 작품인 『좋은 기업을 넘어 위대한 기업으로』 역시 5년이나 걸렸으며, 그 결과 역시 예측할 수 없었다. 마침내 그의 책들은 엄청난 베스트셀러가 되었고, 그 책들이 비즈니스계와 경영에 미친 영향은 거의 전설적이라고 해도 과언이 아니다.

탁월함과 지속적인 학습 의욕은 짐의 DNA를 구성하고 있는 한 부분이다. 그는 지속적인 학습이야말로 오랜 기간 동안 탁월함을 유지할 수 있는 개인적 성장의 핵심이라고 강조한다.

다음은 그와 인터뷰한 내용의 일부를 발췌한 것이다.

Q: 당신이 다음 세대의 위대한 기업이나 새로운 비즈니스에 대해 연구하고 가르칠 때, 그러한 기업이나 비즈니스에 종사하는 사람들이 효율적으로 자신의 커리어를 관리하기 위해 필요한 것이 무엇이라고 생각하십니까?

A: 우선 어떤 사람인가가 제일 중요하고, 그 다음에는 무엇을 해야 하는가를 생각해야 합니다. 사람의 문제는 올바른 사람, 즉 당신이 함께 있고 싶은 사람, 함께 일하고 싶은 사람을 선택하는 것입니다.

Q: 당신은 현재 어떤 일을 하고 있습니까? 또 다음에는 어떤 큰 계획을 가지고 있습니까?

A: 나는 지금 테크놀로지에 기반을 둔 기업이 어떻게 하면 이 격변의 시기에 IPO를 통해 기업을 공개하고 위대한 기업으로 나아갈 수 있는지에 대해 연구하고 있습니다. 이것은 다른 사람들은 별로 관심을 갖지 않을 분야이지만 나에게는 대단히 중요

한 문제입니다. 그것은 무엇이 위대한 기업을 만드는가에 대한 이해를 구성하고 있는 또 다른 한 부분입니다. 나는 지금도 위대한 기업이 되는 조건이 무엇인지에 대해 질문을 받곤 하지만, 아직도 명쾌하게 대답할 수 없습니다. 그리고 그 밖에 온라인 교육 사이트를 구축하고 있는 중입니다. 이 사이트를 통해 세계 각국의 학생들이 필요한 지식이나 아이디어를 손쉽게 얻을 수 있도록 하고, 그들의 지적 욕구를 충족시켜 줄 계획입니다. 그리고 이 일이 끝나면, 나의 재능과 열정을 연구와 교육에 쏟을 생각입니다. 그 연구와 교육의 결과가 비즈니스계에 기여할 수 있다면 더 바랄 것이 없습니다.

그는 한 프로젝트가 끝나고 다음 프로젝트가 진행되기 전에 대체로 휴식 기간을 갖는다. 그리고 이 기간 동안 다음에 자신이 무엇을 할 것인가를 깊이 생각하고 계획한다.

"비록 완전한 의미의 휴식은 아니지만, 나는 이 휴식 기간을 매우 의미 있게 사용합니다."

그는 이 기간 동안 무엇인가 엄청난 아이디어를 얻을 수 있도록 끊임없이 생각하고 또 생각을 거듭한다. 때로는 그에게 수업을 받는 학생들이 아이디어와 해답을 제공해 주는 경우도 있다.

여기 삶 전체에 걸쳐 커리어를 소유하고 유지하는 일에 관해 짐이 이야기한 내용을 소개한다.

자신이 살아가는 근본적인 목적과 삶 속에서 그 목적을 표출하는 방법 사이에는 차이가 있을 수 있음을 이해하라. 당신은 어쩌면 학교 선생님에서 농구팀 코치로 직업이 바뀔 수도 있다. 그렇다 하더라도 당신은 여전히 가르치는 사람이다. 직업적 삶의 장기적 관점에서 가장 중요한 것은 이처럼 변화의 연속성을 유지하는 것이다. 즉, 당신이 가지고 있는 핵심 역량이 일생 동안 지속적으로 발휘될 수 있도록 노력해야 한다. 그 역량을 발휘할 수 있는 방법이나 직업은 얼마든지 바뀔 수 있다. 인생의 항로에서 과감하게 그리고 역동적으로 변화의 물결에 자신을 내맡길 수 있도록 하라.

짐은 자신의 직업적 인생의 성공에 대해 겸손한 모습을 보이는 반면, 자기 자신에 대해서는 매우 냉정하게 진단한다. 그는 자기 자신을 '해답을 알지 못해 신경이 예민해 있는 신경성 환자'라고 부른다. 현재 그는 자신이 엄청난 성공을 거두었다는 사실을 인정하지 않고 있으며, 자신이 해답을 구하고 있는 일에 성공할 수 있을 것이라는 확신도 아직 갖지 못하고 있다고 말한다.

"나는 누구보다도 나 자신의 결점에 대해 잘 알고 있습니다. 그리고 그 결점을 보완하기 위해 얼마나 많은 노력을 해야 하는지도 잘 알고 있습니다."

그는 계속해서 다음과 같이 말하고 있다.

"나는 내 자신에 대해 냉정하게 판단하는 성격입니다. 그리고 내가 훨씬 더 잘할 수 있었음에도 그것밖에 못했다는 사실에 대해 스스로를 항상 책망합니다."

그의 주변에는 그를 오랫동안 알아왔고 그래서 항상 그가 자신의 자리를 지킬 수 있도록 해주는 사람들로 채워져 있다. 짐 콜린스야말로 과거로부터 학습하고 현재를 직시하며 미래를 상상하여 자신의 커리어를 관리해 나감으로써, 자신의 삶에 다가오는 끊임없는 변화를 가치 있는 삶의 창조를 위한 기회로 활용하고 있는 대표적 인물이라고 할 수 있다.

짐은 자신이 원하는 커리어를 능동적으로 창조해 나가는 사람을 과감하고 역동적이며 의미 있는 인생을 살아가는 사람이라고 말한다. 하지만 자신에 대해서는 비록 인생이라는 여정을 계속 나아가고 있지만 자신이 원하는 지점에 도달할 수 있을지는 아직까지 확신하지 못하고 있다고 말하고 있다. 그는 앞으로도 계속하여 자신의 직업적 삶에 지속적으로 영감을 불어넣어 자신을 변화시키고, 학생들을 변화시키고 또 세상을 변화시켜 나가면서 자신의 커리어 모자이크를 완성해 나가겠다고 각오를 밝히고 있다.

CAREER
LESSON

부록

이력서와 커버 레터 작성법

이력서 작성은 두 가지 측면에서 고려해야 하는데, 내용과 스타일이 바로 그것이다. 스타일은 형식의 문제다. 눈에 띄는 기호를 사용하거나, 문단으로 나누어 강조할 부분으로 시선을 끌어 모으거나, 또는 날짜와 제목의 위치를 눈에 잘 띄는 곳에 두는 것 등이 포함된다. 반면 내용은 당신이 쓰고자 하는 본질을 말한다.

- 결과나 성취했던 것들을 강조하라. 또한 가능하다면 그것을 수치화하여 표시하도록 하라.
- 가지고 있는 기술, 경험과 지식이 해당 직책에 잘 활용될 수 있는 것들임을 부각시켜라.
- 이력서의 내용은 힘차게 그리고 간결하게 작성하도록 하라. 주요 활동 내용을 중심으로 작성하되 반복되지 않도록 주의하라.
- 나, 나를, 나의, 그, 하나의 등과 같은 어휘는 사용하지 말라. 이

러한 말들은 보는 사람의 눈만 피곤하게 만들 뿐이다.

- 진한 글씨, 이탤릭체, 혹은 대문자와 같은 것들은 보는 사람의 시선을 끌게 되어 있다. 이러한 것들을 사용할 때는 선택적으로 주의하여 사용해야 한다.

- 당신의 이력서를 복잡하게 만드는 다른 요소들이 있는지 살펴보라. 밑줄이라든가 괄호 혹은 인용부호 같은 것들이 이에 해당한다. 이와 같은 것들은 가능하면 사용하지 않는 것이 좋다.

- 당신의 경험이 15년을 초과하지 않았다면, 가능하면 이력서는 한 장 이내로 작성하도록 하라. 경험이 15년 이상이면 2장으로 작성하는 것이 좋다. 글자 크기는 10~12 포인트 정도가 적당하다.

- 모든 단어들이 각자 의미를 갖도록 하라. 빈 공간이나 여백에 대해 두려워하지 말라.

- 도시나 기업체 또는 국가를 쓸 때는 철자를 생략하지 않도록 조심하라.

- 문법과 철자에서 실수하지 않도록 세심한 주의를 기울여라. 이를 위해 이력서를 보내기 전에, 주변 사람에게 당신의 이력서를 주의 깊게 읽고 문법이나 철자에 고쳐야 할 점이 있는지를 점검해 달라고 부탁하는 것이 좋다.

- 문어체를 피하고 구어체로 마치 동작을 진행하듯이 표현하라.

- 이력서의 각 항목에 대해서는 PAR 원칙(문제/행동/결과 ; Problem/Action/Result)에 입각하여 작성하라(원칙 9 참조).

- 당신이 만일 새로운 산업에 이력서를 제출하는 것이라면, 전형

적인 형식의 이력서나 연대기 순으로 자신의 경험을 적어 나가
기보다는 기능적인 이력서를 작성하는 것이 바람직하다. 당신
이 가지고 있는 기술과 능력과 지식이 해당 직업에 매우 적합
한 것임을 강조하라.

- 이력서에 자신의 급여가 과거에 얼마였다든가 요구 사항, 전문
용어, 쓸데없는 말, 이전 직장을 그만두게 된 이유 등을 언급할
필요는 없다.
- 상대가 질문하지 않기를 바라는 사항이나 자신이 잘 알지 못하
는 사항은 이력서에 기재하지 않도록 주의하라.

/ 이력서와 관련하여 자주 발생하는 문제 해결법 /

기능·기술적 사항을 강조하는 이력서를 작성할 때

자신이 가지고 있는 경험이 해당 직장에서 원하는 경력과 일치하
지 않을 때는 기능 부문에 기초한 이력서를 작성하여 해당 직책에 적
합하지 않다는 인상을 피하는 것이 좋다. 당신이 과거 직장 생활 전
체를 통틀어 사용하였던 핵심적 기술 3~5개 정도를 부각시켜라. 그
리고 그러한 기술들이 당신이 채용되기를 원하는 직책에 대단히 적
합하다는 사실을 강조하라. 예를 들어 만일 당신이 마케팅 관련 직
종을 원하고 있는데 당신의 경력은 재무 분석가, 골프장 캐디, 컴퓨
터 상점의 점원으로 일한 경험이 전부라면, 당신은 다음과 같은 식으
로 자신의 기술이나 역량을 부각시켜야 한다. '대고객 서비스 관련

경험과 지식', '수익과 비용에 입각한 재무 분석 능력', '창조력', '컴퓨터 기술', '솔선수범하는 자세' 등이 그것이다. 그리고 그 각각의 기술이나 역량의 아래 부분에는 당신이 그러한 기술을 가지고 있음을 보여 줄 수 있는 성과를 구체적으로 기재하여야 한다.

커리어를 변경하고자 할 때 사용할 수 있는 가장 좋은 방법

당신이 커리어를 변경하고자 하는 경우, 당신의 신상에 대한 내용 바로 다음에 2~3 문장 정도로 자신을 소개하는 간단한 글을 쓰는 것이 좋다. 그리고 이러한 문장은 이력서 중앙에 위치하도록 하여 눈에 가장 잘 띄도록 해야 한다. 이와 같이 자기소개를 하는 이유는 채용 담당자가 당신의 이력서의 나머지 부분들을 읽기 전에 채용 담당자의 마음속에 당신의 이미지를 포지셔닝 시킬 수 있기 때문이다. 예를 들어 당신이 지금까지 투자은행에서 근무한 경력 이외에 별다른 경력이 없으나 지금 하이테크 회사의 운영 담당 관리자로 취업하기를 원하는 경우, 이럴 때는 다음과 같이 이력서를 작성하는 것이 좋다.

"저는 투자은행에서 근무하는 동안 여러 하이테크 회사들의 COO 들과 매우 긴밀한 관계를 맺을 수 있었습니다. 그리하여 여러 하이테크 회사들과 하이테크 산업 운영 전반에 관하여 많은 대화를 나눌 수 있었으며, 함께 문제를 해결하기 위해 많은 노력을 했습니다. 이 과정에서 저의 강점인 분석력과 문제 해결 능력, 재무 관리 능력을 발휘하여 문제점 지적과 해결에 결정적인 도움을 제공했습니다. 제가 가장 즐겁게 그리고 많은 기여를 할 수 있었던 부분은 하이테크 산업에 종사하는 관리자들에게 운영 계획에 대한 조언과 효율성 증가를 위한 아이디어를 제공한 것입니다."

취업 과정에 공백 기간이 있는 경우 이를 처리하는 방법

취업 과정에 공백 기간이 있는 경우 이를 감추어서는 안 된다. 그리고 가능한 경우 간단하게 공백 기간에 대한 이유를 언급하는 것이 좋다. 예를 들어 어머니의 병간호를 위해 6개월간 직장을 쉬게 되었다든가, 혹은 프로 여자 배구단에 입단하여 1년 정도 직장을 그만두게 되었다는 등의 구체적 이유를 적는 것이 바람직하다.

학위가 없거나 알려지지 않은 학교를 졸업한 경우 이력서 쓰는 법

당신이 해당 직책에 대해 충분한 경험을 가지고 있지만 학위가 없는 경우에는, 당신이 과거에 일했던 분야에 대해 자세하게 언급하면서 해당 직책에서 필요로 하는 지식과 기술을 소유하고 있음을 확실하게 보여 주어야 한다. 당신이 전 직장에서 해당 직책과 관련하여 이수한 교육 과정이 있거나 자체적으로 학습한 것이 있다면, '특기 사항'란에 필히 기재하도록 하라. 다음은 학위가 없는 경우의 예이다.

"기계 작동법과 회계학은 독학으로 공부하였으며, 마케팅 세미나에 수차례 참석하여 마케팅 기법을 익혔다. 재무 관리는 자원 봉사 프로젝트에 참여하여 익힐 수 있었으며, 기타 온라인 교육 프로그램에 등록하여 교육을 받았다."

만일 당신이 졸업한 학교가 그다지 이름이 알려지지 않은 학교인 경우에는 그 학교에 대해 긍정적으로 평가할 수 있는 부분을 강조하도록 하라. 만일 그러한 것도 없다면 학창 시절에 당신이 활동했던 분야에 대해 강조하거나, 상위 10퍼센트 안에 속하는 우수한 학업 성적을 강조하도록 하라. 혹은 해당 직책과 관련이 있는 당신의 논문이나 작품 활동에 대해서 부각시키는 것도 좋은 방법이다.

〈예〉

마크 피어슨 디자인 스쿨
북동부 지역의 운동복 패션 디자인 부문에서는 가장 권위 있는 학교

로잘레아 파렐라 대학
스페인에서 가장 전통 있는 진보적 미술대학

전 직장이 큰 회사지만 해당 분야 외에는 잘 알려지지 않은 경우
회사명 아래에 회사에 관한 내용을 간략하게 기재한다.

〈예〉

마케토크러시 사
매우 유망하며, 6만 개 이상의 포트폴리오를 운영하고 있는 세계적 뮤추얼 펀드 관리 회사. 「비즈니스 위크」지에서 해당 분야 선두주자로 선정되었음.

이와 같이 회사명 아래에 회사에 관한 간략한 내용을 기재한 후, 해당 회사에서 당신이 맡았던 직책을 언급하면 된다.

자신이 실질적으로 책임지고 있었던 부분에 대해 과장되지 않게 적절한 직책을 임의로 만들어라. 이때 만일 해당 직책을 임의로 사용해도 좋은지 확신이 들지 않거든 전직 상사나 고용주에게 확인받는 것이 좋다. 그래야만 혹시라도 지금 취업하려고 하는 회사에서 확인할 경우, 그들이 당신에게 유리한 답변을 해줄 것이다. 직책을 임의로 사용하는 예는 다음과 같다.

'프로젝트 관리자', '운영 책임자', '인력 관리 부문 대리', '팀장' 등.

적합한 직책이 없으면, 자신이 수행했던 기능이나 책임을 강조하여도 무방하다.

〈예〉

기업의 다양한 욕구를 충족시키는 업무를 수행하였음. 웹사이트 디자인을 포함하여 구매, 인력 관리, 채용 등을 포함한 핵심 업무를 담당하였음.

/ 커버 레터 작성하는 법 /

커버 레터를 작성하기 전에 스스로에게 다음 질문을 하고 그 답을 종이에 작성해 보라.

누가(Who)? 나는 누구인가? (한 문장으로 작성하라.) 그리고 누구에게 이 글을 쓰는가? 이 글을 보내고자 하는 사람에 대해 생각하라. 나는 그의 이름을 어떻게 알게 되었나? 그의 직무는 무엇이며 직책, 교육 배경, 인구 통계적 상황(나이, 성별 등)은 무엇인가?

왜(Why)? 왜 이 글을 쓰는가? 그리고 이 사람이 나에게 관심을 가져야 하는 이유는 무엇인가? 그로 하여금 나에 대해 관심을 갖도록 자극하는 것으로는 어떤 것이 있는가?

무엇을(What)? 나는 무엇을 제시해야 하는가? 내가 조사한 바에 의할 경우, 이 산업 혹은 해당 기업이 가지고 있거나 직면하고 있는 문제나 도전으로 2~3개를 꼽는다면 어떤 것이 있는가? 이러한 것을 충족시켜 줄 수 있는 나의 강점, 경험, 지식으로는 어떤 것이 있는가?

언제(When)? 이 편지가 언제 읽힐 것인가? 이 편지를 보내고 나서 언제 다음 조치를 취해야 하는가? 이 사람이 이 편지를 읽을 것이라고 추측되는 날은 언제인가?

어떻게(How)? 이 편지를 받는 사람이 나에 대해 어떻게 생각할 것인가? 내가 다른 사람과 다르게 보이도록 하기 위해서는 어떻게 해야 하는가? 이 편지를 받는 사람으로 하여금 내가 말하려고 하는 것을 읽도록 하기 위해서는 어떻게 흥미를 유발시키는 것이 좋은가?

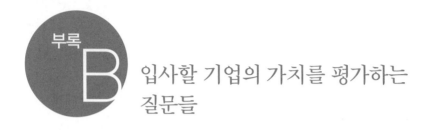

부록 B 입사할 기업의 가치를 평가하는
질문들

/ 조직의 본질적 가치 /

- 기업의 비전과 사명, 목적은 무엇인가?

- 기업의 우선순위는 어떻게 결정되는가? 해당 기업의 최우선 순
  위는 무엇인가?

- 근로자들에 대해 기업주는 어떤 견해를 가지고 있는가?

- 근로자 가족들에 대한 지원 프로그램이나 정책이 있는가?

- 면접 인터뷰 담당자가 느끼는 현 직장의 마음에 드는 점과 마
  음에 들지 않는 점은 각각 무엇인가?

- 여성이나 유색 인종에 대해 어떤 처우를 하고 있는가?

- 안 좋은 소식, 문제점, 기타 불리한 정보들이 직원들에게 솔직
  하게 공개되는가?

- 이 직책에 대해 기업이 원하는 가장 이상적인 프로필은 어떤

것인가?

- 성과가 나쁜 직원에 대해 어떤 조치를 취하고 있는가?

- 이 회사를 떠난 사람들은 대체로 어느 쪽으로 진출하는가? (커리어 관리 측면에서)

- 면접 인터뷰 담당자가 맡고 있는 일에서 가장 마음에 드는 점과 마음에 들지 않는 점은 각각 무엇인가?

- 이곳에서는 자원들이 어떤 방식으로 배분되는가?

- 조직에서 최근에 이루었던 가장 큰 성과는 무엇인가?

- 철저히 하는 것과 빠르게 하는 것, 두 가지 중에서 어느 것이 바람직하다고 생각하는가?

- 직원들이 특별히 좋아하는 요일이나 주가 있는가?

- 일의 흐름에 있어서 특별한 시즌이나 사이클이 있는가? 있다면 그 특징은 무엇인가?

- 이 기업의 작업 환경은 어떠한가?

- 근로자들이 조직에 대해 어떤 생각을 가지고 있는가?

- 근무할 때 어떤 복장으로 근무해야 하는가?

- 회사에서 특별히 기념하는 날은 며칠이나 되는가?

- 직원들이 자신의 성공을 어떤 방식으로 축하하는가?

- 직원들이 자신들의 실패나 실수를 어떻게 처리하는가?

/ 업무 관련 가치 /

- 직원들이 팀을 구축하여 협동적으로 업무를 수행해 나가는가, 아니면 개별적으로 수행하는가?

- 일과 후에 직원들이 어느 정도 범위까지 행동을 같이 하는가?

- 직원들에게 도움을 청하거나 필요한 자원을 요청하는 것이 자유로운가?

- 가치에 대한 직원들의 공유가 자유롭게 이루어지고 있는가?

- 직원들이 서로 경쟁하는 자세를 보이는가?

- 분쟁은 어떤 방식으로 조정이 되는가?

- 의견 차이에 대해서는 어떠한 방식으로 조율이 이루어지고 있는가?

- 이 직장의 사내 정치는 어떠한가? 어떤 특정 사례를 예시해 줄 수 있는가?

- 서로 다른 그룹이 함께 일하는 사례가 있는가?

- CEO와 임원들 상호간에 의견 교환은 어떤 식으로 이루어지는가?

- 직원들 간에 어떤 방식으로 경쟁이 이루어지고 있는가?

- 직원들이 회사에 대해 그리고 자신들이 속한 팀이나 조직에 대해 충성을 다하는가?

*출처: S. 다구치 저, 『가치에 근거한 직장 평가(Values-Based Work Assessment Inventory)』, Career Action Center, Cupertino, California, 1995.

급여 협상 시 고려 사항

여기에서는 급여 협상을 위해 고려해야 할 사항 몇 가지를 소개한다.

- 자신을 알라. 이것은 우리가 처음으로 다시 돌아가야 할 주제이다. 자신에 대해 철저하게 진단하라. 자신에게 필요한 것과 자신이 원하는 것 사이에 어떤 차이가 있는지 살펴보라. 돈에 관한 자신의 생각과 예산이나 개인적 재정 상태에 대해 알아보기 위해서는 원칙 4를 참조하도록 하라. 최종 결정을 내리기 전에 다음 사항에 대해 깊이 생각해 보는 것이 좋다.

- 당신이 예상하는 급여 수준은 어느 정도인가? 협상에서 좋은 결과를 이끌어 낼 경우 최대 금액은 어느 정도의 선이며, 협상 결과가 여의치 못할 경우 최소 금액은 어느 선까지 양보할 수 있는가?

- 협상 과정에서 상대에게 기꺼이 양보할 수 있을 것으로 생각되는 것들로는 어떤 것들이 있는가?
- 협상 과정에서 얻기 위해 포기하거나 포기하는 대신 얻어야 할 것들로는 어떤 것들이 있는가?
- 당신과 협상 테이블에 마주 앉을 사람이 누구인지, 그의 스타일은 어떠한지를 알아보라. 지위는 어느 정도나 되는가? 의사 결정자인가, 아니면 단순한 중개자에 불과한 사람인가? 이 사람을 화나게 하고 협상을 중단하게 만드는 것으로는 어떤 것들이 있는가? 협상을 포기하고 당신을 돌아서게 만들 수 있는 것으로는 어떤 것이 있는가? 협상 과정에서 협상 당사자가 당신에게 동료 의식을 느낄 수 있도록 좋은 분위기를 유지하면서, 결정적으로 당신에게 중요한 것을 얻어내기 위해 당신은 어떤 방법을 사용할 생각인가?

다음은 협상 과정에서 당신에게 도움이 되는 정보들과 그것을 얻을 수 있는 방법에 대한 설명이다.

- 해당 산업에 종사하는 사람이나 그 조직에서 근무하는 사람들. 그들은 당신에게 해당 기업의 급여 기준이나 급여에 대한 방침 그리고 협상 가능한 부분이 어느 부분까지인지에 대한 분명한 상황을 말해 줄 수 있다.
- 산업체 평균 급여라든지 기능별 급여 수준 등을 제공해 주는

웹사이트를 참조하라. 또한 자신이 입사하기를 원하는 회사의 홈페이지도 방문하여, 자격 요건이나 급여 수준에 대한 정보가 나와 있는지를 확인하도록 하라. 해당 기업과 경쟁하고 있는 5개 정도의 기업을 선정하여, 관련 정보를 상호 비교하여 보라.

*출처: S. 다구치 저, 『최고 조건의 직장을 얻어라(*Hiring the Best and the Brightest*)』(New York, NY: American Management Association – AMACOM Books, 2001).

부록
D

새로운 직장에 성공적으로 적응해 나가기 위한 전략

원하던 직장으로부터 근무 요청을 제안받고 난 후, 또는 그러한 제안을 받아들이기 전에 생각해 봐야 할 몇 가지 사항들이 있다. 이 마지막 단계에서 당신이 해야 할 일은 자신이 선택할 수 있는 여러 선택안들 중에서 가장 최상의 선택을 하는 것과, 일단 결정을 내렸으면 해당 직장에서 성공적으로 적응해 나가기 위해 준비하는 일이다.

/ 채용 담당자에게 다음 사항을 물어보라 /

1. 최종 결정까지 앞으로 얼마나 시간이 걸리는가?
2. 입사가 결정되면 언제부터 업무를 시작해야 하는가? (빠르면 또는 늦어도 언제부터 시작해야 하는가?)
3. 공식적인 입사 확정 통지서를 언제쯤 받을 수 있는가? 만일 편지 형식의 공식 확정 통지서를 보내지 않는다면 회사가 수용한

사항(가급적이면 받아들여지지 않은 사항들도)들을 이메일을 통해 비공식적으로 알려 줄 수 없겠는가? 나는 입사 확정 통지를 기다리는 동안 회사를 믿고, 또한 당신과의 협의 내용을 토대로 적극적으로 추가 협상에 임하겠다.

4. 추가로 문의 사항이 있을 때 당신에게 연락하면 되는가?

/ 채용 담당자로부터 다음 사항을 알아내라 /

1. 당신의 관리 스타일은 어떠한가? 어떤 식으로 결정을 내리는가? 어떤 방식으로 커뮤니케이션 하기를 선호하는가? 또 어떤 식으로 리더십을 발휘하고 있는가?

2. 당신이 생각하는 이 기업의 최우선 순위는 무엇인가?

3. 만일 내가 이 회사를 다니게 될 경우 반드시 알고 있어야 할 중요한 사항은 무엇인가? 또 효율적으로 적응하기 위해서 반드시 알고 있어야 할 사항은 어떤 것들이 있는가?

4. 당신은 스스로 성공을 어떻게 측정하는가?

5. 당신은 부하 직원들에 대해 어떤 식으로 보상을 하는가?

6. 직원들의 개인적 발전에 대해 어떤 견해를 가지고 있는가? 당신이 시행한 정책 중 특별히 자신 있게 내세울 만한 사례가 있는가?

7. 해당 기업에 새로이 취업한 직원이 저지를 수 있는 최악의 사례로는 어떤 일이 있을 수 있는가?

8. 내가 할 업무 중 가장 중요한 목표나 목적을 세 가지만 고른다면 무엇이라고 생각하는가? 그리고 그 일에 대한 성과는 어떤 방식으로 평가되는가?

9. 내가 하는 일에 대한 성과가 어떤 식으로 평가되는가? 보너스 체계는 어떻게 구성되어 있는가? 보너스의 몇 퍼센트가 개인적 성과에 기준하여 지급되며, 몇 퍼센트가 기업 전체 성과에 의해 지급되는가? 과거 2~3년 동안 지급한 보너스율은 어느 정도인가?

10. 내가 맡게 될 일에서 혹시 개선되어야 할 것이 있다면 무엇인가? 그 밖에 좀더 창의력을 발휘할 만한 기회는 어떤 것들이 있는가?

/ 해당 직장으로 결정을 내린 후 듣거나 배워야 할 것들 /

1. 나와 같은 학교 출신이 있는가? (혹은 이 직장에 오랜 기간 몸담고 있었던 사람 중 개인적으로 알고 싶은 사항을 물어볼 만한 사람이 있는가?)

2. 참석 가능한 큰 이벤트가 있는가? 예를 들면, 곧 열릴 예정인 회사 행사로서 참석이 가능한 행사가 있는가? (전 직원 모임, 회사 축하 행사, CEO와의 만남 등—이는 회사나 직원들 또는 기업 문화를 좀 더 깊이 알 수 있는 좋은 기회다.)

3. 당신이 잘 아는 사람으로 회사에 성공적으로 적응한 사람이 있

는가? 그의 전략은 무엇이었는가? 그는 특히 어떤 부분에 집중적으로 노력하여 조직에 적응하였으며, 효율적으로 업무를 수행하고 있는가?

4. 내가 업무를 시작하기 전에 더 나은 모습을 준비하기 위해 특별히 해야 할 일은 무엇인가?

5. 어떻게 해야 이 직장에서 확실하게 첫발을 내딛을 수 있는가?

- 최근에 채용된 사람 중에 조직 문화에 빨리 적응하여 상당히 높은 생산성을 보여 주고 있는 사람은 누구인가? 당신만의 새로운 직장 적응 전략을 준비하라. 배운 것들을 활용하라. 열심히 물어보고 조직에 몸담고 있는 사람과 의논하라. 그들이 그 조직에 효과적으로 적응하기 위해 사용했던 방법이 무엇인지를 주목하라. 특별히 그들이 과거에 실수하였거나 후회하고 있는 일들이 있다면 귀담아 들어라.

- 관계를 유지하도록 하라. 해당 직장에서 일을 시작할 시기가 1개월 이상 남았다면, 당신의 상사가 될 사람이나 팀 혹은 채용 과정에서 좋은 관계를 형성할 수 있었던 사람과 지속적으로 연락을 취하도록 하라. 간단한 이메일이나 전화가 좋을 것이다. 이러한 연락을 통해 그들의 마음속에 당신에 대한 관심이 남아 있게 될 것이며, 당신을 위해 준비하도록 할 수 있다. 또한 그러한 행위는 당신이 일을 시작하고 싶다는 열정을 보여 줄 수 있는 행위이기도 하다.

- 5Cs에 집중하라. 원칙 10에서 설명했던 5Cs를 참조하여 새로운 조직에 성공적으로 진입할 수 있도록 노력하라. 공식적, 비공식적으로 어떻게 5Cs의 감각을 얻을 것인지 생각해 보라. 그 방법을 어떻게 효과적으로 새로운 직장이나 조직에 적용할 것인지 생각하라.

- 피드백을 주고받아라. 당신이 새 직장에 출근하여 처음 90일 동안 상사로부터 당신이 잘 하고 있는지, 또 어떻게 하면 더 잘 할 수 있는지에 대한 피드백을 받도록 하라. 당신이 더 잘 하기 위해 필요한 것이 있으면 상사에게 요청하라.

- 진행 과정에서 실수가 있을 수 있음을 명심하라. 중요한 것은 얼마나 볼썽사납게 실패의 구덩이에 빠졌느냐 하는 것이 아니라, 그 구덩이로부터 얼마나 힘차게 튀어올라 오느냐 하는 것이다.

*출처: *HR Magazine*, Society of Human Resource Management, the EMA Report, 2002 5/6월호에 게재된 S. 다구치의 칼럼 「성공을 위한 전략―새로운 직장에서의 첫 90일(Getting Set for Success―New Hire Orientations and the First 90 Days)」, 2001년에 www.wetfeet.com에 기고한 칼럼 「면접에서 당신이 질문해야 할 때 반드시 물어보아야 할 사항들(What to Say When It's Your Turn to Ask Questions in An Interview)」에서 발췌.

옮긴이의 말

평생직장의 개념은 이제 더 이상 존재하지 않는다. 불과 채 10년 도 안 되어 우리 사회에 이러한 인식의 변화가 다가왔음을 느끼고는 깜짝 놀랄 때가 많다. 그러나 누군가가 말했듯이, 현재의 10년이 과 거 100년에 걸쳐서 변해 왔던 것보다 더 빠른 속도로 그리고 더 많은 것이 변하는 시기임은 틀림없는 사실인 것 같다.

최근 어느 조사 기관에서 조사한 바에 의하면, 미국인들이 한 직 장에서 평균적으로 머무는 기간은 3년 정도에 불과하다고 한다. 우 리나라도 정도의 차이는 있겠지만, 요즘 한 직장에서 평균적으로 머 무는 기간은 길어야 5년일 것으로 생각한다. 한편, 미국의 미래학자 인 피터 드러커는 현대의 지식 근로자들이 사회에 기여할 수 있는 기 간이 과거에 비해 더욱 길어졌다고 말하고 있다. 과거에는 평균적으 로 30년 정도 일할 수 있었지만, 지금은 40년 이상 일할 수 있다는 것 이 그의 주장이다.

이러한 관점에서 보았을 때, 이제 막 직장에 들어가 근무하기 시작한 사람들은 은퇴할 때까지 평균 7~8개 정도의 직장을 거쳐야 하는 셈이다. 과거 1~2개 직장에서 평생을 보내야 했던 우리의 선배들이나 아버지들 세대와 비교한다면, 이는 너무나 큰 변화가 아닐 수 없다. 이러한 변화의 시대에 과거에 안주하거나 과거의 패턴을 답습해서는 발전이 없다고 하겠다. 아직까지 그러한 방식으로 성공한 사례가 많지는 않지만, 과거와는 전혀 다른 새로운 방식으로 자신의 커리어를 관리하지 않고서는 이제 성공이라는 목표를 거머쥐기에는 어려움이 많을 것이라는 것이 대부분 사람들의 공통된 생각이다.

이 책에서 저자는 이러한 새로운 환경에 걸맞은 커리어 관리 방식을 소개하고 있다. 즉, 자신의 커리어를 성공적으로 관리하여 새로운 개념인 성공에 이르도록 하라는 것이다. 그리고 이러한 커리어를 관리하는 방식으로 커리어 모자이크라는 개념과 포트폴리오 커리어라는 개념을 소개하고 있다. 이를 요약한다면, 먼저 성공이 무엇인지를 명확하게 정의한 후, 그 성공을 이루기 위해 여러 성격의 직장을 거쳐 가면서 자신의 커리어를 발전시켜, 목표에 한발 한발 다가서는 것이 가장 바람직한 모습이라는 것이다.

과연 그렇다면 성공이란 무엇일까? 역자가 평소 잘 알고 지내던 사람에게 성공이라는 것이 무엇이라고 생각하느냐고 물었다. 그러자 그는 자신이 생각하는 성공을 그림으로 그려 보여 주었다. 도화지에 세 개의 상자를 그리는 것이었다. 그런데 가운데에 있는 상자의 크기가 유달리 컸으며, 나머지 좌우에 있는 두 개의 상자는 매우 보잘것없이 작아 보였다. 그러고는 나에게 이렇게 말하는 것이었다. "그동안 내 인생에 있어서 성공이란 다름 아닌 가운데에 있는 이 큰 상자였습니다." 바로 그 그림이야말로, 현재 나이 45세인 그 사람이 지금까지 자신의 삶에 대해 가지고 있던 인생의 결정판이었다.

그는 성공이라는 큰 상자 옆에 놓여 있는 두 개의 작은 상자들을 가리키며 그것들은 각각 가족과 자아(自我)를 지칭한다고 말했다. "이제부터의 목표는 모든 상자들의 크기를 동일하게 하는 것입니다. 그러나 그 일이 생각만큼 쉽지는 않을 것 같습니다." 이러한 상황에 처해 있는 사람이 그 사람만은 아닐 것이다. 오늘날 성공한 사람들 중에는 '무언가 부족함'을 느끼며, 그 부족한 것을 채우려고 애쓰는 사람들이 점차 늘어나고 있다. 그들이 생각했던 성공이란 재정적 관점으로 볼 때는 기념비적인 대사건이라 할 수 있다. 그러나 그것이 다른 무언가를 희생해야만 얻을 수 있는 이원론적인 것이라는 데 문제가 있는 것이다.

단란한 가족 관계를 희생해야 할 수도 있으며, 자신의 자아를 희생하는 대가로 얻게 될 수도 있다. 또 친구 관계나 사회적 관계를 희생해야만 얻게 되는 것일 수도 있다. 재정적 성공을 둘러싼 선택들은 이처럼 점차 제로섬 게임이 되어가고 있다. 재정적으로 성공을 이루기 위해서는 주변의 다른 것들을 포기하지 않으면 안 된다. 재정적 성공은 질적으로 수준 높은 생활이나 시간적 여유가 있는 풍요로운 생활과는 본질적으로 다른 것이다. 그러나 과거에는 불행히도 이러한 모든 것을 함께 충족시킬 수 있는 성공은 존재하지 않았던 것 같다.

이 책에서는 경제적 성공이 우리의 최종적 목표가 아님을 분명히 밝히고 있다. 오히려 성공이란 가족들과의 단란한 생활이라든가, 다른 사람들과의 긍정적인 관계 형성이라든가, 혹은 건전한 사회 활동을 통해서 얻어지는 것이라고 말하고 있다. 또 현재 많은 사람들이 경제적 풍요로움의 추구와 가치 지향적인 삶과의 사이에서 갈등하고 있다는 사실도 아울러 밝히고 있다.

과연 독자 여러분들은 성공을 무엇이라고 생각하는가? 이제 시대가 변하고 있는 만큼 우리의 성공에 대한 가치관도 변해야 할 때가 아닌가 생각한다. 그리고 이를 위해서는 자신이 가장 하고 싶은 것이 무엇인지, 또 자신에게 가장 자신이 있는 부분이 어떤 것인지를 정확하게 살피는 자기 진단 과정이 있어야 할 것이다. 그렇게 해서 자신에 대한 정확한 진단 결과가 나왔을 때, 그 결과를 바탕으로 자신만의 성공을 향한 목표를 설정하고, 한 단계 한 단계 자신의 커리어를 그 성공에 맞추어 나가야 할 것이다. 이는 저자가 말했던 것과 같이 퍼즐조각을 한 조각 한 조각 맞추어 나가는 것과 같은 과정일 것이다.

이제 갓 직장에 들어가 자기 나름대로 꿈과 야망을 펼칠 수 있는 기회가 주어지기를 기대하고 있는 사회 초년생들에게 이 책을 꼭 권하고 싶다. 또한 이미 사회에서 어느 정도 경력을 쌓아 자신감이 넘쳐 있는 중견 관리자들에게도 권하고 싶다. 그들이 목표로 하는 성공에 올바르게 도달할 수 있는 이정표로 사용할 수 있도록 말이다.

역자도 이 책을 접하면서, 만일 사회 초년생 시절 혹은 중견 관리자 시절에 이와 같은 책을 접할 수 있는 기회가 있었더라면 얼마나 좋았을까 하는 아쉬움을 느끼며 보다 많은 사람들이 이 책을 읽고 진정한 성공을 디자인할 수 있기를 바란다.

최종옥

커리어 수업

초판 1쇄 인쇄   2021년 11월 2일
초판 1쇄 발행   2021년 11월 8일

지은이   카렌 O. 다우드 · 셰리 공 다구치
옮긴이   최종옥
펴낸이   김형성
펴낸곳   (주)시아컨텐츠그룹
편집   강경수
디자인   공간42
인쇄제본   정민문화사

주소   서울시 마포구 월드컵북로5길 65 (서교동), 주원빌딩 2F
전화   02-3141-9671
팩스   02-3141-9673
이메일   siaabook9671@naver.com
등록번호   제406-251002014000093호
등록일   2014년 5월 7일

ISBN 979-11-88519-31-6 (03320)